U0511570

造像、仪式与地方集体记忆

大足南山摩崖造像艺术研究

周洁 著

上海三联书店

周 洁

艺术史博士，华东理工大学艺术设计与传媒学院副教授，美国
常春藤盟校 Dartmouth College 访问学者，发表 CSSCI 等检索
文章数十篇，得到人大复印资料全文转载。

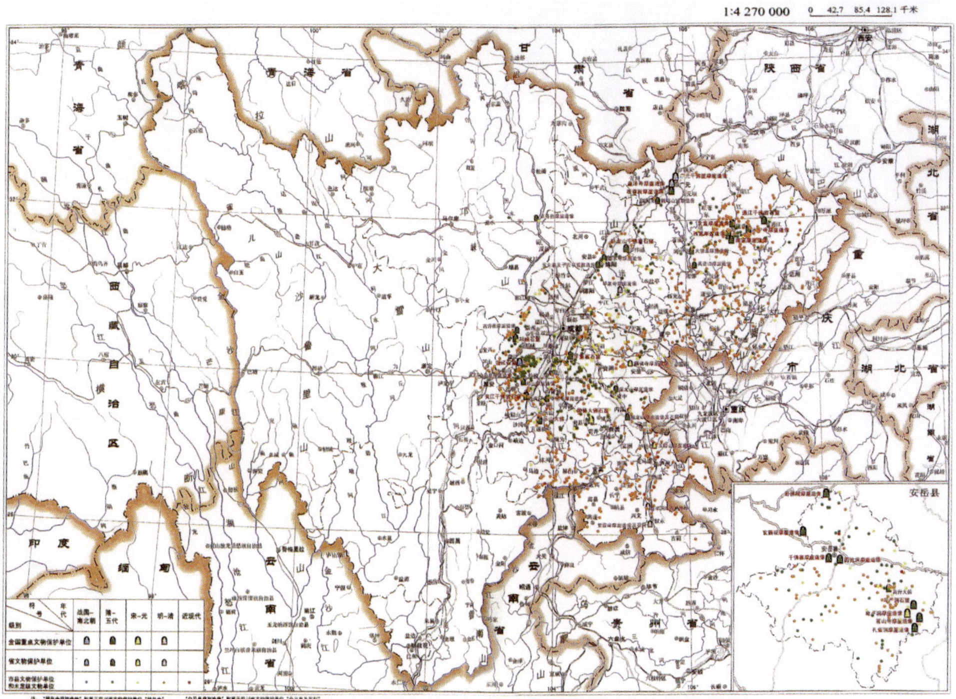

图 1 四川省摩崖造像分布示意图

底图采自国家文物局编:《中国文物地图集》四川卷(上),北京:文物出版社,2009年,第84—85页。

绿色:隋唐五代

明黄:宋元

土黄:明清

文物符号 ＼ 文物时代　　　文物级别	秦｜南北朝	隋｜五代	宋｜元	明｜清	近现代
全国重点文物保护单位		🪦	🪦		
市文物保护单位	🪦	🪦	🪦	🪦	
区县文物保护单位和未定级文物单位	•	•	•	•	•

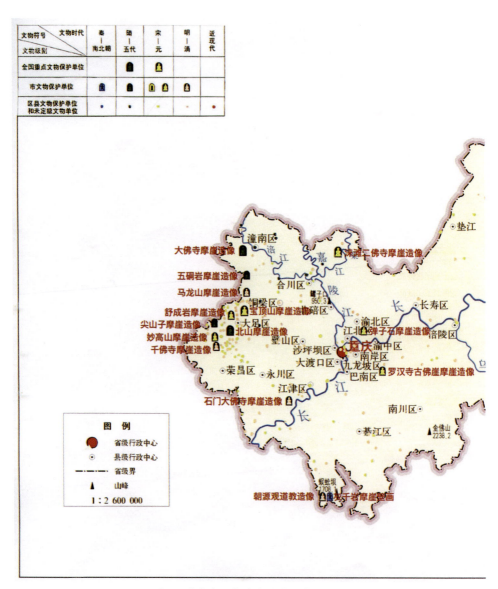

图2　重庆市西部摩崖造像分布示意图

参考国家文物局编：《中国文物地图集》四川卷（上），北京：文物出版社，2009年，第80页，作者改绘。

图3 大足地区宋代道教题材造像主要地点示意图

蓝圈道教题材造像示意　　红圈其他代表性石刻造像

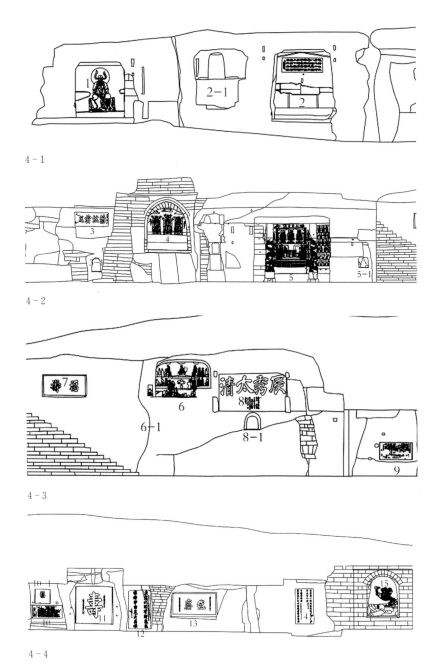

4-1

4-2

4-3

4-4

图 4　南山摩崖造像立面图（大足石刻研究院提供）

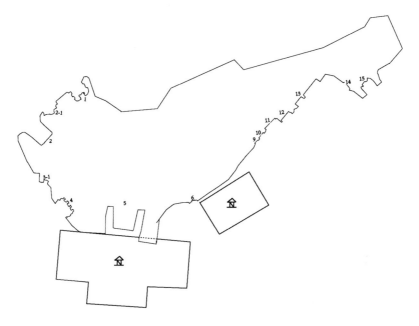

图5 大足南山摩崖造像平面示意图（笔者绘制）

图6 清代南山玉皇观 采自乾隆《四川大足县志》卷一，第12、13页。

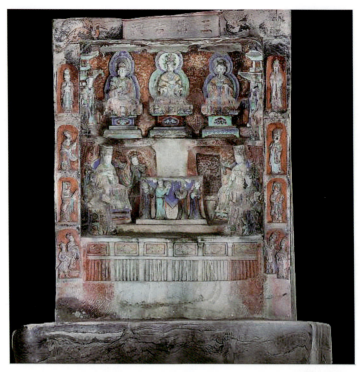

图7 三清古洞中心柱正面造像分布（大足石刻研究院提供）

图8 三清古洞（笔者拍摄）

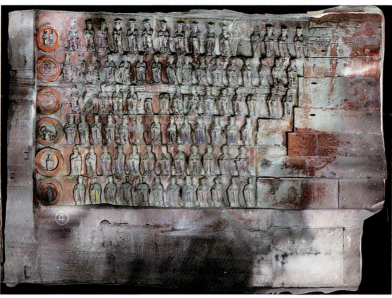

图9　南山三清古洞东、西两壁天神(大足石刻研究院提供)

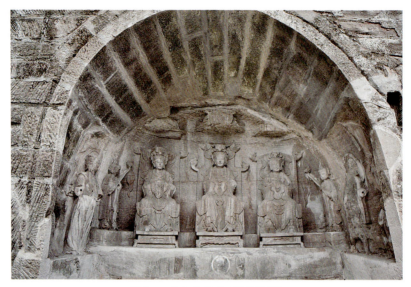

图 10　南山圣母龛(笔者拍摄)

图 11　南山龙洞(笔者拍摄)

图 12　南山巡游图与春龙起蛰图(笔者拍摄)

前　　言

　　川陕四路唐宋之际一直具有前线与边缘的双重属性：唐代因玄宗、僖宗入蜀，巴蜀成为京畿之外的庇护所；结束了前后蜀的统治，北宋中期以前巴蜀是政治上的疏离之地；由于蒙宋战争的影响，南宋时的巴蜀又成为宋廷对抗北部民族的前沿要地。大批宗教造像就出现在这样多重属性的区域中。

　　与丝路沿线的北方佛教相比，道教造像的发现与研究显得较为晚近。早期道像较为集中在陕西中部、南部地区，随着天师道的发展，扩散至河南等地，北周之后从京畿之地越过秦岭扩展至川北地区，道教造教活动也沿着金牛道、米仓道、荔枝道等重要线路进一步覆盖全省。特别是隋代至两宋，四川道像的开凿和保存相对集中，成为接续以北方为中心的重要实物遗存地。巴蜀道教造像的出现始于北朝，集中于隋、唐、五代，绵延至宋代中后期，是一个相对长时段的宗教、艺术和文化现象。

　　在物质特征上，北方道像多以可移动式造像碑出现，少部分为独立尊像。通过对南北朝至北宋蜀地道教摩崖造像的组合分析，发现在图式选择上，盛唐以前的道教造像与佛像存在较强的趋同性，多借用佛教一铺多尊的布局语言，常见天龙八部、力士等已成熟的佛教母题；盛唐时期三宝与教团活动的密切捆绑，是造像出现的重要动机，围绕某个具体摩崖造像地点，往往形成一个由高道、信众、崇道活动合一的区域性信仰中心。在造像组合特征上，佛道并置像亦与玄宗崇道的背景密切相关。在北方大型石窟寺营建与造像活动式微的情况下，晚唐五代蜀地造像异军突起，空间分布进一步扩大。北宋蜀地道教摩崖造像由川北、川西沿线，扩散至川中、川东地区，宋代之后尤以大足最具代表。川东大足在有限的区域内，造像活动特别集中在北京末至南宋高宗、孝宗年间，下限至理宗时期。

本书是对开凿于宋代绍兴年间重庆大足南山摩崖造像的一项综合研究。这处僻地山林的摩崖遗迹因完整保留了宋代"三清六御"而备受关注，又因密切参与到水旱祈祷仪式且灵验有应，由个人私产转变为地方宗教圣地，并与晚唐以来地方割据势力韦君靖所建立的佛教造像中心北山共同划分大足神圣空间。与此同时，这处规模不大的摩崖造像，与绍兴、淳熙年间大足地区涌现的家庙式造像空间，共同构筑了饶有特色的地方宗教景观。对南山进行的个案研究，是对宋代造像艺术、宋代地方社会中的道教、绍兴年间川东富民阶层与官吏互动等层面的多重观照。本书希望通过具体的个案研究，为整体的历史图景增添多样化的视域。

南山三清古洞在视觉设计上颇具时代特征。通过对文本、图像与地方功用等不同层面的讨论，一方面可以辨析宋代"三清六御"主尊身份，发掘三清古洞与宋代政教之间的关系，另一方面亦可对图像与文本在历史研究中的作用，做出应有回应。

作为一处宗教造像，除了视觉形象之外，无法摆脱宗教内史的影响。第二章着重讨论宗教造像与宋代兴盛的雷法之关联，在其动态开凿过程中，讨论代表性题材与宋代新符箓雷法之天心正法的关系。在宋代大规模的造神运动中，神祇一方面以一种更加官僚体系的模式扩大，折射出现实社会政权本身以及宗教在自我建构中的完善；另一方面在民众接受与信仰的世界中，圣俗之间的界域颇有缩小之势。

"龙洞、醮坛"是宋代人对南山的历史书写与记忆。第三章着力讨论南山与赞助人所代表的地方富民阶层及官吏、区域神圣空间建造的关系。大足有一批因赋税与战争影响而从西蜀及遂宁等地迁徙至此的富民阶层，这一阶层实际参与到地方神圣空间的建造活动中。何正言舍地捐山开凿的南山，又因在亢旱之年祈雨有应，从个人私产转变为区域信仰胜地，并因此吸引地方官的驻足与歌咏。本章借助诗文意象与实物遗存,试图讨论道教造像与仪式空间的关系。

　　本书借助艺术史、考古学、宗教史与地方社会区域史等不同视角,将"层累"造成的南山渐次剥离,以期在动态的历史文化变迁中,综合考察其产生、接受与转变的过程。

目　　录

绪　论

　一　研究对象 ……………………………………………………… 2

　二　研究路径及反思 ……………………………………………… 5

　三　材料与方法 …………………………………………………… 22

　四　研究思路与章节主旨 ………………………………………… 23

第一章　南山三清古洞研究

　引　言 ……………………………………………………………… 29

　第一节　三清古洞布局分析 ……………………………………… 31

　　一　"中心柱窟式" ……………………………………………… 31

　　二　道教主尊视觉特征与来源 ………………………………… 36

　　三　道教图像系统的黄道十二宫 ……………………………… 39

　　四　三清古洞的设计特征 ……………………………………… 45

　第二节　图像抑或文本：主尊身份辨析 ………………………… 48

　　一　重要"物证"：安岳老君岩 ………………………………… 49

　　二　主尊演变 …………………………………………………… 61

　　三　文本依据 …………………………………………………… 68

　　四　祈雨仪式 …………………………………………………… 78

　第三节　制造圣祖 ………………………………………………… 85

　　一　圣祖崇奉与宋代宫观网络的建造 ………………………… 87

　　二　南宋明堂郊祀对象 ……………………………………… 101

　　三　翁同龢藏《黄庭经图》与圣祖形象 …………………… 103

结　语 ……………………………………………………… 110

第二章　道教摩崖造像与宋代雷法

引　言 ……………………………………………………… 111

第一节　道教雷法中的"圣母"形象 ……………………… 112

　　一　道教雷法文本中的"注生后土圣母"与监生大神 ……… 113

　　二　宋代"圣母"的图像表现与想象 …………………… 120

第二节　舒成岩与天心正法 ……………………………… 132

　　一　舒成岩宋代道教造像开凿顺序 …………………… 133

　　二　从造像题记看舒成岩的宗教法派 ………………… 138

　　三　紫微大帝像的增刻与天心正法的关联 …………… 144

　　四　进入道教神祠系统中的东岳大帝 ………………… 147

　　五　结语 ………………………………………………… 155

第三节　宋代道教造像新题材："紫微大帝并四圣" ……… 155

　　一　大足宋代"四圣"造像实物遗存 ………………… 158

　　二　宋代四圣组合和形象特征 ………………………… 161

第四节　雷神、雷法两套图像系统 ……………………… 175

结　语 ……………………………………………………… 181

第三章　祈年设醮　旱岁飞符

引　言 ……………………………………………………… 183

第一节　作为地方传统的"龙洞" ……………………… 184

　　一　"龙洞"进入道教造像空间 ……………………… 184

　　二　龙水题材在宋代画科分类中的兴起 ……………… 191

第二节　南山醮坛之形制 ………………………………… 209

　　一　诗题中的道坛意象 ………………………………… 209

　　二　斋醮之变的时代 …………………………………… 224

第三节　士绅的选择与记忆 ……………………………… 231

　　一　士冠并西眉：赞助人何正言与他的时代 ………… 231

　　二　地方官的选择与记忆 ……………………………… 244

第四节 大足宗教造像空间的建立与转换 …………………… 248

　　一 军事驻扎与宗教空间合一的北山佛湾 ……………… 249

　　二 南山：绍兴年间新兴的地方神圣空间 ……………… 256

　　三 后浪云涌宝顶兴 …………………………………… 267

　　四 从地方胜地到文人碑刻景观 ……………………… 269

参考文献 ………………………………………………………… 277

附录1 谢阁兰对长江上游摩崖造像的考察与研究 …………… 309

　　一 对长江上游摩崖石刻的考察计划 ………………… 310

　　二 具体研究 …………………………………………… 312

　　三 方法与贡献 ………………………………………… 317

附录2 南山大事年表 …………………………………………… 329

附录3 宋代四川地区水旱灾害记录表 ………………………… 333

附录4 清代玉皇观田产转让碑 ………………………………… 337

附录5 宋元四川战争大事件 …………………………………… 339

后 记 …………………………………………………………… 341

图　　录

图 1　　四川省摩崖造像分布示意图 ………………………………… 1

图 2　　重庆市西部摩崖造像分布示意图 …………………………… 2

图 3　　大足地区宋代道教题材造像主要地点示意图 ……………… 3

图 4　　南山摩崖造像立面图 ………………………………………… 4

图 5　　大足南山摩崖造像平面示意图 ……………………………… 5

图 6　　清代南山玉皇观 ……………………………………………… 5

图 7　　三清古洞中心柱正面造像分布 ……………………………… 6

图 8　　三清古洞 ……………………………………………………… 6

图 9　　南山三清古洞东、西两壁天神 ……………………………… 7

图 10　　南山圣母龛 ………………………………………………… 8

图 11　　南山龙洞 …………………………………………………… 8

图 12　　南山巡游图与春龙起蛰图 ………………………………… 9

图 1-1　　南山三清古洞右壁天尊像 ……………………………… 30

图 1-2　　北山第 149 窟右壁天官像 ……………………………… 30

图 1-3　　南山第 5 号窟窟顶仰视图 ……………………………… 32

图 1-4　　北山佛湾第三期龛窟平、剖面图 ……………………… 33

图 1-5　　北山石窟造像平面图 …………………………………… 34

图 1-6　　石门山第 8 号孔雀洞布局示意图 ……………………… 34

图 1-7　　三清古洞中心柱上赞助人像 …………………………… 35

图 1-8　　南山圣母龛左壁最外侧赞助人父子像 ………………… 36

图 1-9　　[北宋]李公麟　孝经图卷·感应章（局部）………… 38

图 1 - 10 三清古洞十二宫的图像程序 ……………………… 44
图 1 - 11 三清古洞正面主尊排列及视线分析 ……………… 47
图 1 - 12 三清古洞正面主尊像 ………………………………… 50
图 1 - 13 南山巡游图与春龙起蛰图 ……………………… 52
图 1 - 14 安岳老君岩宋代三清六御上层平面布置示意图 …… 54
图 1 - 15 安岳老君岩①号龛 ………………………………… 54
图 1 - 16 安岳老君岩②号三清龛 …………………………… 54
图 1 - 17 安岳老君岩③号龛 ………………………………… 55
图 1 - 18 安岳老君岩④号真武大帝龛 …………………… 55
图 1 - 19 安岳老君岩漫漶的十王龛 ……………………… 57
图 1 - 20 四川安岳圣泉寺地藏十王龛 …………………… 58
图 1 - 21 四川安岳长河源石锣沟摩崖造像第 14 龛 …… 58
图 1 - 22 安岳老君岩地藏龛 ………………………………… 59
图 1 - 23 安岳老君岩南康郡王像 …………………………… 60
图 1 - 24 石室观第 1 窟 ……………………………………… 62
图 1 - 25 安岳玄妙观老君龛 ………………………………… 63
图 1 - 26 广元剑阁鹤鸣山道教主尊立像 ………………… 63
图 1 - 27 绵阳玉女泉第 31 龛 ……………………………… 64
图 1 - 28 绵阳玉女泉第 17 龛 ……………………………… 64
图 1 - 29 坛神岩 69 号龛天尊老君释迦并置像 ………… 65
图 1 - 30 安岳玄妙观佛道并坐像 …………………………… 66
图 1 - 31 石门山三皇洞三主尊头部上方残存的道像 …… 67
图 1 - 32 《灵宝领教济度金书》坛图 ……………………… 70
图 1 - 33 玉清和阳宫主殿、挟殿与奉祀神像之关系示意 …… 96
图 1 - 34 玉清和阳宫玉虚殿主尊位序示意图 …………… 98
图 1 - 35 《圣祖降临图》 …………………………………… 104
图 1 - 36 《圣祖降临图》右侧道教科仪场景 …………… 109

图 2 - 1 九天监生司群像 …………………………………… 114
图 2 - 2 峰山寺圣母像 ……………………………………… 115

图 2-3 巴中南龛第 81、68 龛 ………………………… 124

图 2-4 多宝塔第 72 龛圣母像 ………………………… 125

图 2-5 开封出土金代圣母坐像陶模 ………………… 128

图 2-6 《玉枢经》中的监生高元帅 …………………… 130

图 2-7 何正言与子、乡贡进士何浩 …………………… 130

图 2-8 中国微山两城山东汉画像石 ………………… 131

图 2-9 山东莒县双河村汉代铜造像 ………………… 131

图 2-10 犍陀罗风格诃利帝母 ………………………… 131

图 2-11 吐鲁番交河故城 9 世纪寺院幡画上的诃利帝母模本

………………………………………………… 131

图 2-12 舒成岩龛窟位置示意图 ……………………… 132

图 2-13 舒成岩东岳大帝像 …………………………… 134

图 2-14 清代天仙圣母挂轴 …………………………… 135

图 2-15 舒成岩淑明皇后龛 …………………………… 136

图 2-16 舒成岩紫微大帝像 …………………………… 138

图 2-17 石门山第 11 号东岳夫妇龛平面、剖面图 …… 151

图 2-18 桂花庙东岳大帝龛 …………………………… 151

图 2-19 杨粲墓男女墓主像 …………………………… 154

图 2-20 大足石门山东岳夫妇龛 ……………………… 154

图 2-21 南山第 6 龛 …………………………………… 157

图 2-22 石门山第 10 窟四圣像 ……………………… 160

图 2-23 贵州遵义南宋杨粲墓出土三台镇墓石 ……… 163

图 2-24 佛儿岩 4 号龛左壁下方天蓬、右壁中央天猷 … 164

图 2-25 南山第 6 龛中层残存的四圣 ………………… 164

图 2-26 南山第 6 龛正壁中央主尊 …………………… 165

图 2-27 四川安岳长河源石锣沟摩崖造像第 5 龛外龛下

侧雷神俑 …………………………………… 179

图 3-1 燕妃墓十二屏风壁画 ………………………… 196

图 3-2 杜堇,《十八学士图屏》之《焚香弹琴》卷 ……… 196

图 3-3 《玉髓真经》中蛰龙上升形 ･････････････････ *199*

图 3-4 陈容《九龙图》 ･･･････････････ *202*

图 3-5 《九龙图》之吴全节跋 ･･･････････ *204*

图 3-6 《九龙图》之第三十九代天师张嗣成跋 ･････ *204*

图 3-7 《九龙图》之张翥题跋 ･･････････ *205*

图 3-8 《九龙图》之王伯易跋 ･････････ *206*

图 3-9 三才象三坛之回图 ･････････････ *217*

图 3-10 三天总炁坛剖面示意图 ･･･････ *219*

图 3-11 三界醮坛图 ･･･････････････ *220*

图 3-12 《灵宝领教济度金书》坛外威仪图 ･･･････ *220*

图 3-13 王希孟《千里江山图》卷中出现的三层道坛 ･････ *221*

图 3-14 永乐宫纯阳殿西壁醮坛图 ･･･････ *222*

图 3-15 清代皇宫中举行道教仪式的道坛 ･････ *223*

图 3-16 清代南山玉皇观 ･････････････ *269*

表 录

表 1 《道藏》有关黄道十二宫的经文名称与排列位序 ············· 42

表 2 宋代四川龙祠赐额统计 ································· 187

表 3 宋代画史中擅长龙水题材的画家与画作 ················· 207

表 4 熙宁十年川陕四路岁赋统计表 ····················· 240

表 5 唐代北山佛湾纪年造像信息表 ····················· 251

表 6 宋代北山佛湾纪年造像表 ························· 254

表 7 宋代四川地区水旱灾害记录表 ····················· 257

表 8 南山宋代纪年铭文题记列表 ······················· 264

绪　　论

　　据北宋仁宗朝道士李思聪在《洞渊集》中对宋代洞天福地的划分可知，十大洞天中位于五斗米道策源地川陕四路的有第三洞天西城山、第五洞天青城山；三十六小洞天中有第七峨眉山；七十二福地中有第四十六福地大面山、第五十九福地绵竹山、第六十福地甘山。[①]除甘山位于黔州外，其余多集中在西蜀地区。川东地区道教造像颇盛的昌州大足，包括临近郡县圣地都无一上榜。在区域上，洞天福地所代表的道教仙境及宇宙观念，与地方社会中真实存在的道教信仰与社群活动之间，存在某些区隔。除了官方正史与道教内部所呈现的整体轮廓以外，地方社会中保存了珍贵的"无名"宗教艺术遗存。以往道教史研究常将视野集中在经典文献和精英思想两方面，诸多历史现象和文本研究之间可以建立起更鲜活、更丰富的联系。

　　当北方石窟造像在唐代由盛而衰时，唐宋之际川渝地区的摩崖造像异军突起。其中宋代道教摩崖造像在川渝地区遗存最丰，恰与司马虚（Strickmann Michel）《最长的道经》中提出的论断相合：道教至宋代并非由盛而衰，而是一个"复兴"的新时代。[②] 宋代四川摩崖造像以大足石刻最为繁荣。除北宋元丰元年（1078）开凿的石篆山和

---

①　李思聪：《洞渊集》，《道藏》，第 23 册，上海书店、文物出版社、天津古籍出版社，1988 年，第 838、839、844 页；有关宋代洞天福地的研究，参见萧百芳：《南宋道教的"洞天福地"研究》，2006 年台湾成功大学博士学位论文；程民生：《宋代地域文化研究》，合肥：安徽文艺出版社，2017 年，第 242—250 页。

②　Strickmann Michel. "The Longest Taoist Scripture". *History of Religion*. 17. 1978：pp. 331—354.

绍圣元年（1094）出现的石门山外，其余造像的纪年皆集中在南宋绍兴、乾道年间（1131—1173）。现已发现宋代大足摩崖 40 余处，其中出现道教题材者有 14 处，分别是：南山、舒成岩、石篆山、妙高山、石门山、玉皇庙、佛安桥、佛耳岩、石壁寺、桂花庙、峰山寺、半边庙、老君庙、石佛寺。与北方皇亲贵胄捐资造像不同，大足宋代出现的这些小型摩崖造像，多为地方士绅个人或家族出资供养，尤其在北宋中期至南宋淳熙年间，呈现出题材多样且多与佛教和民间神祇共存的特点。

其中，南山是大足道教题材造像中规模最大、制作最为精美、整体保存较好的一处。

赞助人为南宋当地居民何正言与子、乡贡进士何浩。何氏一家除了除捐造南山之外，还出资供养北塔第 8、9 号龛，以及观音坡 1 号龛。此外，大足区域内其他宋代摩崖龛窟如严逊所造石篆山、冯楫所造妙高山、古及之所造佛安桥等，所在山田土地皆作为捐资者个人私产或庙产而存在。"大足石刻"之所以能在这样的历史背景下产生，与宋代富家大户的集中存在密不可分。他们个人的选择与喜好，对大足地区宗教造像景观的建立，起到了直接作用。本文所要讨论的南山摩崖龛窟及其道教造像，亦诞生于这样的时空背景，是 12 世纪川东地区大规模民间造像活动中的一个个案。

南山从绍兴年间的个人私产到地方宗教圣迹，与五代以来的大足佛教信仰争夺造像空间，因受到蒙宋战争的波及而由盛转衰，清代之后逐渐从宗教圣地转而成为文人游赏题刻文字的聚集地，以及地方官交游与旌表政绩之处，直到 20 世纪 50 年代成为大足地区摩崖石刻历史文化遗产的一部分。对南山道教摩崖造像长时段动态发展与演变过程的追寻，可超越艺术史中"雕塑"或考古学"摩崖造像"的分类，对其进行多元化及动态式梳理与讨论，可以更为清晰地看到历史、宗教、地方社会多重因素裹挟之下"层累"造成的南山。

一　研究对象

南山位于重庆大足区，唐代为泸、普、渝、合、资、荣等六州交界处，据《方舆胜览》载，唐肃宗时割以上六州边界设置昌州，此后被张朝等叛贼焚毁,此后昌州隶属于静南军用以镇压蛮獠。① 五代时期昌州归于遂州。光启年初(885),昌州州治位于大足。宋代昌州升为上州,与昌元、永川共同隶属于潼川府路。② 元代废除昌州,大足遂并入合州。明代初年重新设立大足。大足县城周围不足五里,南山位于大足区城龙岗镇南 2 公里处,海拔 514 米。龛窟开凿于长 86米、高 3.5—10.2 米的崖面上。根据赞助人何正言的卒年(1148)可知,南山摩崖石刻的主体开凿于 12 世纪 50 年代之前。此后,明代增开 1 龛,明清以降陆续增添匾额碑记。1996 年,南山石刻被批准为全国重点文物保护单位,与宝顶山、北山、石门山、石篆山共同构成大足石刻五山,为世界自然与人文遗产。南山现存宋代造像龛 4 处,明代造像 1 处,碑刻窟 1 处,另有南宋至民国历代延续的题字匾额 28处,通编共 15 号,而其中最为人所关注的是凿建于南宋绍兴(1131—1162)年间的道教摩崖造像。

1. 第 4 号注生后土圣母龛。弧形顶龛,高 3.2 米,宽 2.8 米,深1.6 米。三位女性主尊雕刻于正壁之上。正中主尊坐姿,头戴凤冠,着华服,双手拱于胸前捧笏(已残)。头顶上方悬有八角宝盖,正面线刻有莲花座牌匾,内阴线刻字"注生后土圣母"。头戴孔雀金钗,其余服饰坐具与主尊相似。龛左壁下方内侧有一位男性立像,着盔甲,持长剑,残损严重,据题记可知为"九天监生大神"。龛右壁一位女像题记为"九天送生夫人"。在龛壁口两侧下方各有两位供养人像,左侧为两位侧面男立像,刻有"何正言乡贡进士何浩";右侧两位女供养人立像,面向主尊,其身份应为何正言家族女眷。龛窟左外侧,竖刻"开山化首张全一",现已漫漶。③

2. 第 5 号三清古洞。此龛造像坐北朝南,平顶方形窟,平面呈 Π形。窟内正中有中心柱,与东、西、北三处壁面之间形成甬道,甬道宽

---

① 李吉甫:《元和郡县志》卷 34,《景印文渊阁四库全书》,第 468 册,台湾商务印书馆,1986 年,第 565 页;祝穆撰、祝洙增订、施和金点校:《方舆胜览》卷 64,北京:中华书局,2003 年,第 1121 页。

② 乐史撰、王文楚点校:《太平寰宇记》,北京:中华书局,2007 年,第 1746—1756 页。

③ 陈明光编著:《大足石刻档案》,重庆:重庆出版社,2012 年,第 53 页。

1 米,长 2.6 米。窟门处有两根支撑顶部岩壁的蟠龙柱。中心柱上刻有九位主尊,分上下两层三面分布。除了正面三位主尊外,其余六位斜向布置在左右和第二层。下层正中有一供桌,桌后正壁刻有排位,左、右分别阴刻题记:

> 舍地开山造功德何正言同杨氏
> 开山化首凿洞张全一同赵氏

中心柱左侧东壁上方开有两龛高浮雕。上方为天尊巡游图题材。华盖之下全身身光之中有一持圭的主尊立于云彩之上,面向南,头戴冕旒。围绕其周围共有十九尊像,其中有三尊持笏,其余为手持幡、伞、华盖、扇等器物的侍者。下方龛中造像主题为春龙起蛰。龛内有一条首南尾北向、呈五折样式的龙,三足踩于山石之上,做腾空状。龙头右上方有一屈膝捧物、头包软巾、面向龙首的男像。东西壁最外侧背向造像的南侧,各有六个圆形"画框",内雕黄道十二宫。中心柱以外东、西、北三壁上有六层装饰带,上面雕刻有人物立像,现存共计195 位天尊像。如此规模宏大、整齐有序的道教神祇造像,其风格来源、象征意涵以及出现在此时此地的因由,值得进一步讨论。

　　3. 第 6 号残龛。此龛位于地面之上约 4 米处的崖面上,周围被三清古洞的木构建筑遮挡,位置较为隐蔽。平顶龛,龛内壁面分层雕刻。龛高 1.65 米,宽 2.9 米,深 1.26 米。龛内造像分三层,每阶上有一层。上层主像居中面南,结跏趺坐。着翻领长袍,双手持物已残,有圆形背光。平行的左右两壁面上,各有尊像一位相对坐于二龙头椅上。

　　4. 第 15 号龙洞。正壁面向东南,只雕凿一只曲身四折的飞龙,龙头东向,龙尾西向,头部微上扬,右前爪托云,左前爪按山,龙身直径 20 厘米,全长 7 米。龙的左边角、四爪及龙尾已部分残破。原窟有裂缝,窟门破损,如今所见龛口为 20 世纪 80 年代修补样貌。①

---

　　①　胡文和、刘长久、李永翘编:《大足石刻研究》,成都:四川省社会科学院出版社,1985 年,第 525 页。

与大足其他 10 余处道教题材龛窟不同的是,南山制作尤为精工,设计缜密、神谱有序、技艺精湛。南山本为绍兴年间大足地方富民何正言的私产,他舍地开山造功德捐与道观,在此镌石造像。早在南宋绍兴、淳熙年间就有人不断来此踏访并撰写题记,现存南宋地方官撰写的多篇碑记长文与唱和诗,《舆地纪胜》中有对南山最初的历史记载,是有着龙洞、醮坛、祈祷辄应之处。《何光震饯郡守王梦应记》碑是南宋时期南山最后的痕迹,镌刻于 1250 年亦即大足开窟造像活动衰落之时,其中折射出 13 世纪中叶四川东部遭蒙古军队攻掠后的社会政治历史基本情况。

二　研究路径及反思

与其他佛教造像等物质遗产类似,四川地区道教造像的发现过程,主要通过三种途径:一是延续传统金石学的路径;二是 21 世纪初至 60 年代以来,随着建筑学与考古学等学科在中国的初建,学者将摩崖造像置于建筑门类之下,对其进行田野考察,与此同时日本、西方学者以踏查或探险之名义进入中国境地,对文物古迹展开的搜集及相关科学研究;三是 80 年代之后,伴随着城市建设及第二次全国文物普查工作的开展,在科学考古基础上对造像遗迹进行的发掘、测绘及研究。对以南山为代表的宋代四川地区道教摩崖造像遗存,相关学术史检索应不囿于个案,而是将其置于四川道教造像目类下进行整体回顾,主要有考古学、艺术史、道教史、地方社会与信仰几大路径。

（一）考古学研究

对大足石刻造像的集中发现与研究,可上溯至清代知县张澍(1776—1847)对大足碑刻古迹的整理。在《养素堂文集》以及嘉庆《大足县志》中均有收录。[①] 道光年间邑人李型典对大足碑刻辑录收入至嘉庆、光绪年间的《大足县志》中。早期多延续北宋以降传统金

---

① 张澍有关蜀地的诗文多收录于氏著《养素堂文集》中,后收入苗普生编:《中国西北文献丛书》第 167 卷,北京:线装书局,2006 年;另见张安兴、张彦:《西安碑林博物馆藏张澍〈大足金石录〉考略》,收入大足石刻研究院编:《2014 大足学国际学术研讨会论文集》,重庆:重庆出版社,2016 年,第 491—499 页。

石学的路径,借由对于文字的重视高于对图像的关注,相关石刻的宗教属性也非关注重点。

1939—1940 年间,中国营造学社对四川地区的古建筑遗迹包括宗教石刻进行调查测绘,涉及大足北山、宝顶以及潼南大佛寺,相关文字、图片主要收录于刘敦桢撰写的《川、康古建筑调查日记》中,后汇入《中国营造学社汇刊》。① 营造学社偏重于唐宋时期的佛教遗迹,同处大足的南山、舒成岩等道教造像遗迹并没有作为当时考察的对象,亦与整体规模偏小、分布零散、艺术价值稍逊等因素有关。陈习删编撰的《民国重修大足县志》,突出宝顶山、北山两处大型石窟的规模与特色,增加对唐代以来大足碑刻题记的补录,另在《大足石刻志略》,收录了南山摩崖造像中的 3 处碑刻、4 窟造像,以及 11 处题记,是首次专门对南山的文字与造像做整体勘察的成果,对造像的宗教价值、工匠、碑文与制度等问题,均有简要涉猎。②

这项工作引起了杨家骆、马衡、顾颉刚、傅振伦等人的兴趣,一行十余人据县志与《志略》按图索骥,于 1945 年组织了国内首次"大足石刻考察团",集中对北山、宝顶山进行系统的测绘、拍照、编号、记录,相关数据披露与整理工作陆续展开,考察成果"大足石刻图征初编"被纳入《民国重修大足县志》,③对南山的开凿年代、性质、主要造

① 刘敦桢:《川、康古建筑调查日记》,《中国营造学社汇刊》,北京:知识产权出版社,2006 年;刘敦桢著:《刘敦桢全集》,第 3 卷,北京:中国建筑工业出版社,2007 年,第 265—324 页。

② 其中提出的很多研究角度很具前瞻性。比如针对当时学界对宋代造像不予重视,以及认为四川造像是西来的犍陀罗风格等想象,他专门撰文认为要剔除研究中的"崇古"与"崇欧"的思想。作者还极为重视蜀地石刻与绘画史的关系。认为中国绘画唐宋最盛,唐宋画又以蜀人为最多最精。蜀地石刻造像很多样式来自南宋末期画院中人。如石篆山孔子像及十弟子仿自张僧繇,妙高山十六罗汉题东坡《水陆法像赞》,底本为张侯原作。南山石龙与孙位《春龙起蛰图》如出一手等。他在跨媒介和美术史方向上的诸多提议,但并未得到后学的进一步深化。虽然很多问题未及详述,但奠定了四川以大足为中心的石刻造像研究基础,参见陈习删撰:《大足石刻志略》,1955 年油印本,第 201—213 页,后来收入胡文和、刘长久、李永翘编:《大足石刻研究》,成都:四川省社会科学院,1985 年。

③ 陈习删将此次考察的有关资料和文章辑为《大足石刻图征初编》,刊于《民国重修大足县志》卷首。

像主题均有涉猎。① 50 年代四川摩崖造像的考古工作陆续展开,以简要的材料介绍为主。② 四川美院李已生在 20 世纪 50 年代末首次从"雕塑"角度对大足石刻摩崖造像行进调查,将拍摄图片与初步资料整理编辑成为《大足石刻》一书,其中收录南山第 3 号龛、第 5 号及石龙三龛造像。③ 1962 年阎文儒领队对南山摩崖造像进行考察,并进一步编号、记录、对部分题材进行讨论。

　　80、90 年代以后是摩崖造像考古研究的发展时期,仍旧集中调查重要县市保存较好的龛窟,如大足、安岳、广元、绵阳等。1985 年刘长久、李永翘、胡文和共同编撰《大足石刻研究》,是对大足摩崖造像、铭文与相关研究合一的出版物。④ 安岳与大足之间连带关系、安岳分散且丰富的遗迹以及川东地区亦纳入考古学家的视野中。⑤ 吴

---

　　① 杨家洛:《大足龙岗区石刻记略——世界学院中国学典馆大足石刻考察团记略之一》《大足宝顶区石刻记略——世界学院中国学典馆大足石刻考察团考察记略之二》《大足龙岗宝顶以外各区石刻记略——世界学院中国学典馆大足石刻考察团记略之三》,原载《文物周刊》第 22 期,1947 年,后收入刘长久、胡文和、李永翘编著:《大足石刻研究》,成都:四川省社会科学院出版社,1985 年,第 24—31 页。在讨论龙岗、宝顶以外各区的石刻造像中,作者着重考察了五处小型摩崖造像,分别是广华区、舒城区、石门区、石篆区、妙高区。以上五处的共性是并非纯粹佛教造像,且规模较小、位置分散。

　　② 张圣奘:《大足安岳的石窟艺术》,载胡文和、刘长久、李永翘编:《大足石刻研究》,成都:四川省社会科学院出版社,1985 年,第 37—41 页;吴觉非:《四川安岳县的石刻》,《文物参考资料》,1956 年第 5 期,第 47—50 页;王家祐:《广元皇泽寺及其石刻》,《文物参考资料》1956 年第 5 期,第 57—60 页;温廷宽:《广元千佛崖简介》,《文物》,1961 年第 12 期,第 31—37 页;陶鸣宽:《四川巴中南龛的摩崖造像》,《文物参考资料》,1956 年第 5 期,第 51—58 页;陶鸣宽:《通江县的摩崖造像》,《文物参考资料》,1957 年第 11 期,第 50、70—71 页;曹恒钧:《四川荣县与绵阳的石刻造像》,《文物参考资料》,1956 年第 12 期,第 12—22 页;吴觉非:《四川仁寿望峨台的摩崖造像》,《文物参考资料》,1957 年第 10 期,第 37—38 页。

　　③ 四川美术学院雕塑系编:《大足石刻》,朝花美术出版社,1962 年,第 108—114 页。

　　④ 刘长久、李永翘、胡文和编撰:《大足石刻研究》,成都:四川省社会科学院出版社,1985 年。

　　⑤ 傅成金、唐承义:《四川安岳石刻普查简报》,《敦煌研究》,1993 年第 1 期,第 37—53 页;彭家胜:《四川安岳卧佛院调查》,《文物》,1988 年第 8 期,第 1—31 页;李良、邓之金:《安岳卧佛院窟群总目》,《四川文物》,1997 年第 4 期,第 38—46 页;胡文和、陈昌其:《浅谈安岳圆觉洞摩崖造像》,《四川文物》,1986 年第 1 期,第 22—25 页;李官智:《安岳华严洞石窟》,《四川文物》,1994 年第 3 期,第 40—43 页;曹丹、赵昑:《安岳毗卢(转下页注)

觉非、胡文和、刘长久、李远国、王家祐、丁祖春、黄海德①都是较早关注四川地区道教石刻造像的学者。随着材料的发掘,对巴蜀摩崖造像的考古学研究从分期与分区两方面逐渐展开。

分期方面,胡文和最早对巴蜀地区佛道摩崖造像分别进行分期。其中将佛教造像分为五期,分别为(一)南北朝至隋;(二)初唐至盛唐;(三)中晚唐;(四)五代;(五)宋。将道教造像分为三期,分别是隋、唐、宋。② 刘长久对以四川为代表的西南石窟艺术做进一步补充,将石窟造像分为四期,分别是(一)北魏与北周,这一阶段基本是对北方中原地区石窟造像的模拟;(二)隋到盛唐,认为主要受到麦积山和龙门石窟的影响;(三)中晚唐至两宋,巴蜀石窟兴盛以及出现地方化与世俗化的阶段,并且逐渐形成自我体系;(四)元明清衰落期。③ 类似分区标准还可见于黄海德。④ 随着考古材料的进一步发现,雷玉华在已有材料基础上对四川摩崖造像进一步细分,主要划分为七期:(1)南北朝;(2)北周至初唐;(3)盛唐;(4)中唐;(5)唐末至北宋初期;(6)北宋中晚期至南宋;(7)明清,并对各期代表性龛窟、组合、题材等有较为全面的论述。⑤

(接上页注)洞石窟调查研究》,《四川文物》,1994 年第 3 期,第 34—39 页;黄理、任进、杨旭德、罗世杰:《合川涞滩摩崖石刻造像》,《四川文物》,1989 年第 3 期,第 29—33 页;刘敏:《广安冲相寺摩崖造像及石刻调查纪要》,《四川文物》,1997 年第 3 期,第 45—50 页;方文华:《四川忠县临江岩发现唐代摩崖石刻》,《文物》,1986 年第 5 期,第 95—96 页;马彦、丁明夷:《广元千佛崖石窟调查记》,《文物》,1990 年第 6 期,第 1—24 页;程崇勋:《巴中石窟艺术》,北京:文物出版社,2009 年。

① 吴觉非:《试谈四川的道教石刻》,《四川文物》,1984 年第 2 期,第 25—28 页;刘长久、胡文和:《四川石刻造像艺术概述》《社会科学研究》,1985 年第 6 期,第 68—73 页;李远国:《大足石刻道教造像渊源初探》,《四川文物》,1986 年第 S1 期,第 61—65 页;王家祐、丁祖春:《四川道教摩崖石刻造像》,《四川文物》,1986 年第 S1 期,第 57—62 页;王家祐:《四川道教摩崖造像概况》,《中国道教》,1987 年第 1 期,第 49—51 页;黄海德:《中国西部古代道教石刻造像研究》,《世界宗教研究》,1994 年第 1 期,第 93—103 页;

② 胡文和:《四川道教、佛教石刻艺术》,成都:四川人民出版社,1994 年,第 124—176 页。

③ 刘长久:《中国西南石窟艺术》,成都:四川人民出版社,1998 年。

④ 黄海德:《中国西部古代道教石刻造像研究》,《世界宗教研究》,1994 年第 1 期,第 93—103 页;刘长久:《中国西南石窟艺术》,成都:四川人民出版社,1998 年。

⑤ 雷玉华:《四川石窟的分区与分期初论》,《南方民族考古》,2014 年,第 195—216 页。

分区方面,胡文和按照河流水系的分布分为七个区域,分别为:(一)嘉陵江流域,其下包含广元千佛崖、皇泽寺、观崖、剑阁鹤鸣山、苍旺佛子崖、阆中大像山、南部禹迹山、营山透明岩、南充、岳池、合川等九个县市的 12 处遗迹;(二)岷江、青衣江流域,包含茂汶、蒲江、邛崃、大邑、丹棱、乐山、眉山等 11 县市的 19 处遗迹;(三)沱江流域,包含简阳、乐至、资阳、资中、富顺 5 个县市的 10 处造像;(四)涪江流域,包含绵阳、三台、梓潼、蓬溪、潼南 5 个县市的 9 处;(五)沱江和涪江之间,包含安岳、大足 2 个县市的 29 处造像;(六)沱江和岷江之间仁寿、威远、荣县、井研等 4 个县市的 8 处造像;(七)南江、巴江、通江、宕水、渠江流域的 3 个县市 9 处造像。道教造像几乎与佛教造像共同遍布于以上七条水系中,以沱江涪江之间的安岳、大足两县分布最为集中。在此基础上作者又将四川道教石窟按照隋、唐、宋三个时期,对其龛窟形制、造像题材、形象和服饰特征做考古学分类。① 这一研究成果在其后氏著《中国道教石刻艺术》中得到进一步的细化和深入。② 将区域性文化遗迹与重要水系的地理分布相结合是考古类型学的一种重要分类方式。早在 20 世纪 30 年代史克门(Laurence C. S. Sickman)就关注到晋南地区雕塑风格所具有的统一性,并将其命名为"汾河流域绘塑工匠群"(Fen River Valley School of skilled Painter-Sculpture Craftsmen)。③

除了将水系作为分区之外,亦有研究关注到巴蜀地区摩崖造像按照三条重要蜀道分布:一条是河南道、吐谷浑道,自和田、且末、若羌或敦煌张掖南下青海,出吐谷浑到达成都,此条交通线路为南北朝时期的巴与北方的重要交通要道。④ 二为隋唐时期最重要的一条主干道金牛道,自陕西汉中,经广元、剑阁到达成都。⑤ 三为米仓道,自

① 胡文和:《四川道教、佛教石窟艺术》,成都:四川人民出版社,1994 年。

② 胡文和:《中国道教石刻艺术》,北京:高等教育出版社,2004 年。

③ 孟嗣徽:《元代晋南寺观壁画群研究》,北京:紫禁城出版社,2007 年,第 7 页。

④ 严耕望:《唐代河湟青海地区交通军镇图考》,《新亚学报》11 卷上,1974 年;唐长孺:《南北朝期间西域与南朝的陆道交通》,《魏晋南北朝史论拾遗》,北京:中华书局,1983 年。

⑤ 严耕望:《唐代交通图考》,北京:商务印书馆,1986 年,第 863—906 页。

陕南越秦岭、米仓山到巴州，继续西向到达广元阆中、三台，与金牛道重合到达成都。特别是隋唐时期巴蜀摩崖造像主要集中分布在长安入蜀的交通要道上。

对川北摩崖造像的关注是因为此造像风格来源及与中原政教关系极为密切。雷玉华、程崇勋、姚崇新、王剑平等均对川北地区的巴中石窟、广元石窟做过分片区的考古类型学的系统调查。① 在梳理佛教造像时，少量道教造像亦成为比对对象。雷玉华论及唐代四川道教造像，认为具有如下几个特征：1. 四川唐代道教造像在玄宗天宝年间的遗存最多，还出现了几处专门的道教摩崖造像，有碑铭记载。2. 道教已经具备完整的经典系统，从造像碑记中可以反映出来。3. 造像旁边多设有道观，多处道观及造像还得到了皇帝或地方官的支持。4. 多佛道合龛造像。天宝年间的多道像居左，佛像居右；武周时期多佛像居左。宋代之后由于道教龛窟形制趋向于多样化和复杂化，不如隋唐时期规整有序，因此对于宋代之后四川地区道教、佛教龛窟造像的研究还有可深入和系统挖掘的空间。

对道教造像的关注角度主要集中在以下几点：（1）道教石窟的考察与主尊身份的辨析；（2）从考古学角度对龛窟形制、年代、分期与具体特点做梳理；（3）集中于个别龛窟的讨论；（4）区域道教石窟的特征；（5）南北朝道教及佛道造像碑等。以上研究都关注到道教造像材料在大足丰富的唐宋石刻造像中不可忽视的位置。对于在特定时间、区域中出现的一类宗教艺术现象，还需要深度挖掘其产生的多元因由。

由于四川地区散见龛窟分布极为广泛，几乎每个县市都有分布，因此对四川摩崖造像地毯式的基础调查和考古梳理工作仍在继续，这一方面以雷玉华、白彬、于春、蒋晓春等个人，② 以及四川大学、四

① 程崇勋：《巴中石窟》，北京：文物出版社，2009 年；姚崇新：《巴蜀佛教石窟造像初步研究》，北京：中华书局，2010 年；王剑平、雷玉华：《6 世纪末至 7 世纪初的四川造像》，载《麦积山石窟研究》，北京：文物出版社，2010 年，第 388—402 页；雷玉华：《巴中石窟研究》，北京：民族出版社，2011 年。

② 于春、王婷：《绵阳龛窟：四川绵阳古代造像调查研究报告集》，北京：文物出版社，2010 年；于春、王婷：《夹江千佛岩：四川夹江千佛岩古代摩崖造像考古调查报（转下页注）

川省文物考古所、成都考古所、大足石刻研究院等研究机构贡献最丰。这些考古调查工作一方面是对已发现龛窟的报告再整理,借助三维扫描等技术为学界提供更为细致精准的信息和考古学研究;另外是对以往关注较少新发现遗迹的收集和整理。仅 2017 年就有两卷本《四川散见唐宋佛道龛窟内容总录》以及 19 卷本的《大足石刻全集》面世,①不但拓展了学界对于四川龛窟了解的广度,同时细化和精深了对以往遗迹的认知。

（二）图像与艺术史研究

道教图像学研究中对神祇身份的讨论是基础。其中对朝元图的探究则最为集中。自王逊对永乐宫三清殿壁画朝元图模式的考证与界定始,这一题材成为道教图像学研究的重要议题。② 对大足地区道教造像的研究,亦主要集中在对三清古洞、石门山三皇洞中神祇的身份比对与判定中。李淞先后撰写一批与四川道像相关的文章,如《三宝与五圣:唐代道教石窟及殿堂的主像构成》,讨论唐宋道教美术的图像学,追溯图像的产生与匹配过程,论述唐宋两代道教图像结构上的差异,探讨图像变异的原因,并对四川隋唐道教雕塑和大足宋代道教雕塑进行专门论述。③

在对神祇进行判断的过程中,对文献与图像仰赖程度的不同,往往会影响到神祇身份的判定。巫鸿从"建筑和图像程序"的角度,考察石窟的建造设计和供养人之间的意图,并在此基础上观照图像所

（接上页注）告》,北京:文物出版社,2012 年;六卷本《中国道教考古》主要对两汉到唐宋时期的重要道教考古材料,以单篇长文做了较为深入细致的论述,既关注到地面建筑、碑刻,又设涉及大量墓葬考古材料,参见张勋燎、白彬:《中国道教考古》,北京:线装书局,2006 年。

①　四川省文物考古研究院:《四川散见唐宋佛道龛窟内容总录——自贡卷》,《四川散见唐宋佛道龛窟内容总录——达州卷》,北京:文物出版社,2017 年;黎方银主编:《大足石刻全集》,重庆:重庆出版社,2017 年。

②　Lennert Gesterkamp, *The Heavenly Court : Daoist Temple Painting in China*, 1200—1400. Leiden:Brill Press. 2011. 葛思康:《朝元图与道教科仪》,载李淞编《道教美术新论》,济南:山东美术出版社,2008 年,第 242—261 页。

③　李淞:《三宝与五圣:唐代道教石窟及殿堂的主像构成》,《湖北美术学院学报》,2004 年第 3 期,第 65—70 页。

具有的宗教属性和政教关系。景安宁将此方法应用到对晋南元代全真派宫观绘塑群的研究上。作者注意到四川仁寿牛角寨三清龛、大足南山三清古洞等川渝重要造像遗迹,在研究中景安宁已有意强调经典和神像两者并非存在直接的对比应征关系,有可能是相互刺激启发的综合产物,削足适履、以图证史的方法往往是各取所需,所以作者对道经与神像关系的处理极为审慎,对三清等神祇谱系也未照搬经典,并大胆提出"道教造像并没有一个超越时空、穿越历史环境的神系,成为道教万古不变的造像准则。不但道教,甚至远比道教造像发达的中国佛教造像也没有固定的程序"。① 这一颇具启发性的论断可能会令很多致力于寻找不同于文本、专属于图像内在系统的学者为之警觉与反思。景安宁对道教壁绘作了系列研究,其突出的特点在于将道教视觉文化与宗教史、地方社会史做密切结合。对山西祠观"神仙赴会图"的研究,置于蒙元佛道之争的背景之下,对佛道主尊的位序做出分析。又如对山西龙山石窟、永乐宫壁画的研究,突破单一的艺术史风格学的比对,将分散的视觉遗存与元代全真教的教义、祖师谱系与祠观做结合,讨论物质遗存与宗教制度建设之间的关系,亦为本文的撰写提供较多观照角度。

李星明以墓葬美术为着眼点,剖析道教斋醮仪式、符咒、炼丹的鼎炉坛式,如何借助图像和实物反应当时对宇宙认知与图像模式,进一步指出墓志上的图像布置与道教通神法术关系密切,可谓较早深入系统地将唐宋考古实物结合美术史和礼仪互动,对道教宇宙观念进行探究的成果。② 黄士珊所著《图画真形》是近年来最为注重从物质文化和图像学角度进行道教艺术研究的成果。③ 除却对经典、文本的探讨,作者关注从图像本身及物质文化的角度寻求道教发展演

---

① 景安宁:《道教全真派宫观、造像与祖师》(修订版),北京:中华书局,2012 年,第 320 页。

② 李星明:《唐代墓室壁画研究》,西安:陕西人民美术出版社,2005 年。尤其是氏著第六章,详见第 171—228 页。

③ Shih-Shan Susan Huang. *Picturing the True Form: Daoist Visual Culture in Traditional China*. Cambridge and London: Harvard University Asia Center, 2012.

变的脉络,并且努力在道教艺术和道教史研究之间建立起对话的桥梁。全书试图在"象征的文化系统"中讨论道教图像,将研究重心从传统的文本图像方法论及知识意义转移到图像的制作、生产和实物中。有关宋代,作者提出道教仪式神圣空间与前代不同的是分内外两坛,在外坛基础上增设内坛,通过幕作为连接。包括仪式方面三官信仰与黄箓斋的关系,这些都是宋代道教物质形式与科仪活动的重要连接点。除此之外,对宋元时期部分区域所存的壁绘作品,仍有多部专著与学位论文,在此类别中,其实物遗存本身的审美、风格与制作特征是美术学科背景的撰写者所更为关注的面向。①

　　Philip Bloom 认为宋代佛教视觉艺术中一个矛盾的现象:一方面神祇系统以一种更加官僚体系的模式扩大,折射出现实社会政权本身;另一方面,神圣界域与人类现实世界的边界越来越模糊,鬼神成为日常生活中无处不在的部分。如何处理这两种矛盾的现象——一方面是指向理性的秩序,另一方面是不可预测的无常变化——这为宋代佛教视觉文化提出了一个截然不同的问题,促使图式再现进入一个新的发展阶段。作者认为理解这些新的艺术形式的关键是水陆斋。仪式实践者创造了一种开放的仪式语法,为了与供养人的需求保持一致,可以采取多种形式,同时还可以吸收非佛教传统中的神祇和活动。② Philip 是从佛教的角度,讨论宋代的官僚与神灵体系之间出现的圆融或模糊的边界。从另一方面,道教本身是否也存在类似的情况? 一方面官僚象征体系越发明确清晰,另一方面从宗教实

---

①　魏小杰:《晋南唐宋元寺观彩塑样式研究》,西安美术学院美术学 2013 年博士学位毕业论文;张玮:《试论山西晋城玉皇庙二十八星宿的艺术特征》,西安美术学院美术学2014 年博士学位论文。

②　文章第一部分依靠日本的绘画、四川的摩崖石刻和大量经典文书,发掘宋朝的社会地域、技法和水陆斋的视觉概况;第二部分关注水陆斋图像和文本中的"云"母题。通过对装饰有"云"的降临神祇的考察,作者认为体现了神祇降临中自然再现的轨迹。第三部分考察宋代佛教礼仪化的仪式实践和图像制作。水陆斋的参与者从道教和当时政府中借用一种官僚语汇,创造了一种新的佛教宇宙图景。参见 Philip Emmanual Bloom, *Descent of the Deities: The Water-Land Retreat and the Transformation of the Visual Culture of Song-Dynasty*(960—1279)*Buddhism*. 2013. Harvard University.

践的角度,与其他宗教以及民间宗教活动的区隔越发模糊,这一问题值得针对有意义的个案进行深入探究,以期避免"三教合一"的泛论中。

从视觉文化的角度还可以对以下方向的问题进行探索:道教在唐宋之际四川盆地的政治斗争和宗教生活中的地位如何,相对封闭的四川盆地如何与关中及更广泛的北方地区以及长江下游地区进行文化上的交融?巴蜀作为传统道教发展重镇之一,无论是偶像式实物遗存还是法器、符箓等,都与中原宗教媒介关系密切,尤其是造像部分,宋代以前多与佛教共享相似的造像语言,但这些造像是否可以体现出道教自我建构的因素。

从美术史的角度,西蜀与南唐两个五代时期的地方政权,其创造的具有区域特色的艺术样式成为书写晚唐五代时期艺术史构成的主流线索。北宋统一之后,这些地方政权的重要艺术家有不少均效力于宋廷,因此无论是"黄家富贵"还是重屏会棋的工丽,都影响了宋代绘画艺术的风貌。宋代遗存的大量帝王写真像具有极强的时代特色,且有较强的统一性和趋同性。这些被展示在原庙中用于祭享的帝王像具有祖先像和圣物的双重属性,并进一步影响了佛教、道教及世俗社会中的偶像形象。

（三）宋代道教造像与宗教史研究

南山摩崖造像常作为宋代道教史的"以图证史"的例证,特别是集中在对三清古洞造像以及神灵体系的讨论上。王家祐、丁祖春在讨论四川道教造像时,认为大足地区道教造像遗存反映的是 1169 年全真教创立三教平等会之后出现的神灵体系。[①] 李远国在《大足石刻道教造像渊源初探》中认为这批造像说明到南宋,道教已经确立了三清、玉皇及四御为主的道教神系,并且也出现了石门山三皇与北帝四圣的题材。[②] 陈澍、丁明夷均在相关问题上做论证,丁明夷进一步认为宋代

----

① 王家祐、丁祖春:《四川道教摩崖石刻造像》,《四川文物》,1986 年第 S1 期,第 57—62 页。

② 李远国:《大足石刻道教造像渊源初探》,《四川文物》,1986 年第 S1 期,第 61—65 页。

以三清四御为主的道教造像和三教造像比北方地区早数百年。① 邓之金在较为详细介绍了大足石刻中保存较好的 19 处道教或与佛、民间造像并存的造像遗迹，并且认为宋代大足石刻的异常繁荣源自政治需要，上行下效。② 刘红娟探讨两宋四川道教石窟造像反映的道教神灵信仰。③ 李远国在对道教雷法梳理的过程中，将南山圣母龛视为神霄雷法影响下的龛窟代表，开启造像与宗教史之间以图证史的论证路径。④ 从经典文本到民众接受与信仰世界之间，宗教造像在形象选择上究竟有何对应与偏差，值得进一步思考。这种神灵体系在民间社会是否也如制度般凝固，是否还有可能通过造像建构出一种更广泛的道教神灵体系，在这一体系中，不仅有官方自上而下的三清六御，还有地方道教法派以及民间社区神灵体系共同交融的立体图景。此外李小强将三清古洞视为道教醮坛，道教造像与仪式空间、坛场在宋代出现的关联在道教史中讨论相较充分，从物质文化的角度对以南山为代表的道教摩崖造像的研究仍有值得探寻的空间。⑤

　　晋唐之际对四川道教的研究大多强调其与官方政权的联系。如唐长孺最早关注道教与成汉政权关系，刘九生、唐明邦都有接续。⑥ 祁泰履（Terry Kleeman）讨论成汉政权借由宗教和族属来强化王权。⑦

　　① 陈澍：《初析大足南山石刻中的道教思想》，《中国道教》，1987 年第 3 期，第 39—41、55 页；丁明夷：《四川石窟杂识》，《四川文物》，1988 年第 8 期，第 46—58 页。

　　② 邓之金：《大足石刻中的道教造像》，《四川文物》，1990 年第 4 期，第 34—42 页。

　　③ 刘红娟：《从两宋时期四川地区道教石窟造像龛道教神灵信仰特征》，四川大学道教与宗教文化研究所硕士学位论文，2005 年。

　　④ 李远国：《神霄雷法：道教神霄派沿革与思想》，成都：四川人民出版社，2003 年。

　　⑤ 李小强：《大足南山道教醮坛造像》，《中国道教》，2003 年第 1 期，第 39—40 页。

　　⑥ 唐长孺：《范长生与巴氏据蜀的关系》，《历史研究》，1954 第 4 期，第 115—123 页；刘九生：《巴賨建国的宗教背景》，《陕西师大学报》，1986 年 1 期，1986 年第 1 期，第 95—102 页；唐明邦：《范长生的易学思想》，《宗教学研究》，2001 年第 4 期，第 9—14 页；具体道教对中古史研究的贡献见刘屹：《敬天与崇道：中古经教道教形成的思想史背景》，北京：中华书局，2005 年。

　　⑦ Terry Kleeman. *Great Perfection-Religion and Ethnicity in A Chinese Millennial Kingdom*. University of Hawaii. 1998. 刘屹：《近年来道教研究对中古史研究的贡献》，《中国史研究动态》2004 年第 8 期，第 12—20 页。

吉冈忠夫以青城山为例，讨论唐代蜀地的佛道之争。道教在前蜀建立过程中也起到重要作用，傅飞岚以杜光庭为主线，探讨道教对五代政治、宗教与社会的影响。① 还有一些近年来才被发现和使用的材料。如常志静（Florian Reiter）、胡文和、黄海德、刘屹等对四川仁寿县《南竺观记》碑文的关注。② 唐代剑首次从制度史角度全面讨论宋代道教。③ 刘仲宇深入到道教内部，讨论长期被忽略、但却是道教本质的受箓制度。④ 这些都涉及作为宗教的内部制度史的核心要素。

宋代帝王与道教的关联始于太祖，多次召见道士，整理道经、敕建宫观。蜀地高道陈抟与太宗往来密切，得赐"希夷先生"。除此外蜀地得到赐号的高道还有冲显宝应先生魏汉津、灵应真人张四郎、冲退处士章詧等。太宗时期因四川梓潼神"淳化年间助平王均、李顺"而被封为英显王，中江县真武将军庙"因邑之灾祥旱涝，有祷必应"，被赐名为"真灵观"。北宋官方创造一系列道教神灵以卫疆土，如黑煞、真武。以上神祇在四川地区都保存了较早的图像原型。澶渊之盟（1005）后，真宗一系列崇道举措与其政治目的密切关联，如天书下降与圣祖降临。徽宗自称"道君皇帝"，与众多高道过从甚密，如刘混康、王仔昔、林灵素等。蜀中妙通真人皇甫坦可以"得三避五假之术，后遁迹于蜀之峨嵋"，绍兴二十七年（1157）治愈显仁皇太后眼疾，高宗命其致道于青城山丈人观。蜀地较好地传播和保存了道教传统和

---

① Franciscus Verellen. "Liturgy and Sovereignty: The Role of Taoist Ritual in the Foundation of the Shu Kingdom(907—925)." *Asia Major*, 3rd 2—1:1989.

② 胡文和:《仁寿县坛神岩第 53 号"三宝"窟右壁"南竺观记"中道藏经目研究》，《世界宗教研究》，1998 年第 2 期，第 123—133 页；黄海德:《唐代四川"三宝窟"道教神像与"三清"之由来》，《道教神仙信仰研究》，中华大道文化事业股份有限公司，2000;《试论道教"三清"信仰的宗教内涵及其历史演变》，《世界宗教研究》，2002 年第 2 期，第 72—79 页;刘屹:《唐前期道藏经目研究:以南竺观记和敦煌道经为中心》，2001 年洪堡大学会议论文，in Poul Andersen and Florian C. Reiter eds. *Scriptures, Schools and Forms of Practicein Daoism: A Berlin Symposium.* Harrassowitz Verlag, Wiesbaden, 2005, pp. 191—192。

③ 唐代剑:《宋代道教管理制度研究》，北京:线装书局，2003 年。

④ 刘仲宇:《道教受箓制度研究》，北京:中国社会科学出版社，2014 年。

前代文献,为地域性道教研究的展开,提供较多有益参考。① 谢一峰对宋代道教研究做过较为详尽的综述,着重于南、北宋之间的政教关系。② 本文着重于讨论物质造像与道教史的关系。在物质遗存与宗教自我建构过程中寻找合适的对话,不仅从外部如政教关系或经典文本等进行透析,更需要从宗教内部及赞助者、个人角度进行发掘。

　　造像与仪式的关系值得进一步研究。2007 年小林正美以四川绵阳、安岳、大足摩崖造像为中心进行考察,讨论造像与道教经典及科仪活动相联系,认为南宋之前四川地区道教造像基本按照金箓斋法的仪轨进行塑造,可见是天师道系统中的造像,并且造像供养人都是信仰天师道“道教”的道士及信仰者,道教造像的神格是天师道金箓斋法流行的结果,其论证过程、结论与石窟遗存现状事实还可以进一步讨论。③ 德国海德堡大学赵洲博士,以安岳、大足石刻为题于2010 年完成博士论文,作者从佛教与三教圆融的角度,讨论两宋间四川民间造像与斋仪、宗教艺术与社会背景之间的紧密联系。④ 最初黎方银提出石篆山等在内的几处石刻都是水陆道场的遗迹,⑤侯冲认为整个大足宝顶山就是一个水陆道场,特别是石篆山造像中出现的云纹,是神祇降临的标志。⑥ 李小强将南宋末年石壁寺置于佛

---

　　① 有关四川地区道教文献的具体保存状况,龙显昭有简要总结,见龙显昭、黄海德编:《巴蜀道教碑文集成》,成都:四川大学出版社,1997 年。

　　② 谢一峰:《南宋道教研究述评》,《道教研究学报:宗教、历史与社会》,2014 年第 6期,第 335—363 页。

　　③ 小林正美:《东洋の思想与宗教》2005 年第 22 期,第 18—57 页;小林正美著、白文译:《金箓法斋与道教造像的形成与展开——以四川省绵阳、安岳、大足摩崖造像为中心》,《艺术探索》,2007 年 8 月第 3 期,第 32—47 页;后又整理收入氏著、王皓月译:《新范式道教史的建构》,济南:齐鲁书社,2014 年;小林正美根据受箓制度与法位关系的排比,认为唐代只存在天师道,具体论著参见氏著、王皓月译:《唐代的道教与天师道》,济南:齐鲁书社,2013 年。

　　④ 复旦大学文史研究院“交错的文化史”研习班(第 26 期),主讲人赵洲,题目《造像、斋仪与圆融——论安岳圆觉洞的宋代造像》,2013 年 4 月 27 日(周六)15:00—17:00,复旦大学光华楼西主楼 2801 报告厅,主持人邓菲。

　　⑤ 黎方银:《大足宋代石窟中的水陆遗迹》,《大足石刻研究文集③》,北京:中国文联出版社,2002 年。

　　⑥ 侯冲:《石篆山石刻——雕在石头上的水陆画》,大足石刻研究院编:《2009 年中国重庆大足石刻国际学术研讨会论文集》,重庆:重庆出版社,2013 年,第 182—199 页。

教水陆道场的具体背景中,联系佛教水陆上下堂的布置,讨论岩壁造像的构成。[①] 如何借助实物和文献,进行情景式整体还原,亦可以借助这些难得的造像实物予以探索。

　　Christine Mollier 在 *Buddhism and Taoism Face to Face* 一书中,全面讨论了中古时代佛教与道教在经典文本、仪式与图像学层面的互动。[②] 正如该书书名所提示的那样,该书在讨论佛、道交涉时不再将问题局限于文本尤其是经典层面的互动,而是充分注意到宗教的实践层面如宗教仪轨和图像材料在佛、道之间的相互影响,从而进一步扩展了中古时代佛、道交涉文化史的材料范围和研究视域。此研究继承了法国道教研究中用宗教方式处理宗教史(Treat religions as religion)的传统,亦即宗教史首先是宗教的历史。在研究佛道交涉过程中,作者对四川地区唐代佛道并坐的摩崖造像极为关注,以玄妙观、牛角寨、飞仙阁为主,兼及刘嘴等地,多次实地考察并撰文研究。面对佛道造像相同尺寸、系统排列、佛居右,道居左的定式,作者认为这种方位的次序遵循了阳性宗教在左、阴性宗教在右的原则,并且这一原则最早由道教提出,用以定义佛道关系。穆瑞明认为在《化胡经》被禁的五十年内,释迦老君并置造像是由于玄宗治世扶持道教的特定背景下《化胡经》重新兴盛的结果。[③] 造像这一载体承载了佛教与道教对话的媒介功用。实际上,无论是从佛教的角度来理解道教,还是反之,从方法论的角度二者并无本质不同。今天的宗教研究不再是以往各个宗教分封划地,各自为营,也不是看似清晰的儒道释三教分立或三教合一,甚至还不是强调佛教从道教那里吸收、借鉴了什么,而是更加强调

---

　　① 李小强、姚淇琳:《大足石壁寺石窟初探》,《石窟寺研究》第 3 辑,2012 年,第259—273 页

　　② Christine Mollier. *Buddhism and Taoism Face to Face*:*Scripture*,*Ritual*,*and Iconographic Exchange in Medieval China*,Honolulu:University of Hawaii Press,2008. 全书选取了五个不同的主题:第一章围绕厨神展开,第二章以术士作法主题,第三章讨论长生之术,第四章是对星神的讨论,第五章以道教中的观音为个案,讨论佛教神祇系统对道教的影响。

　　③ Chiristine Mollier. Iconizing the Daoist-Buddhist Relationship. 载《道教研究学报:宗教历史与社会》,香港中文大学出版社,2010 年第 2 辑,第 95—133 页。

从主体的角度,探讨宗教如何在激烈的历史斗争中完成自我建构。

虽然历代的道教科仪经典都有不断撰写和补充的过程,但宋代由于地方道派的兴起,道经编撰活动不断展开,以雷法为代表的法派和科仪在道教史上也愈发扮演重要角色。留用光、蒋叔舆、宁全真、林灵真、金允中、王契真、路时中、吕太古、吕元素等人,也将各类道经与科仪进行重新归纳编撰。① 目前对宋代道教具体派系的研究日趋增多。特别是集中在对净明道、天心正法、清微等。五代两宋时期,道教的炼养派与道法派在四川都颇为流行。有些道法派甚至得到朝廷崇信。四川道士刘若拙为左街道录,每遇水旱灾,"必召于禁中,设坛场致祷,其法信精审,上甚重之。"②这些现象都与宋代新兴起的各种符箓派有关。以天心正法派、神霄派、净明派、清微派为主,这些道教法派活跃在以南方为主的乡村中。李远国注意到几处大足石刻的材料属于神霄雷法的痕迹。③ 在南宋,雷法和天心正法属于正一系统,其道门领袖张天师在宋真宗时被朝廷赐予封号。在《夷坚志》《容斋随笔》为代表的笔记小说中,可以看到宋代民间宗教活动中有关天心正法和雷法等多种实践表现,民间宗教活动中丰富的物质形态和宗教交流,如长江上游宋代墓葬中出现大量具有道教因素的镇墓真文、华盖宫文、敕告文;道教题材的壁画、墓俑亦多出现在南方地区。文本记载与实物遗存都指向宋代丰富多样的道教法派影响。

（四）道教造像与地域社会研究

从社会史角度对晋唐之际道教造像的研究已展开。张英莉、戴禾以佛道造像碑为材料,对南北朝义邑形成时间、兴盛原因和等级制度做了考证与分析。④ 张珣泽结合社会史与宗教史对北朝关中造像

① 张泽洪:《林灵真与〈灵宝领教济度金书〉的编撰及其意义》,《中国高校社会科学》2015 年第 5 期,第 101 页。

② 《续资治通鉴长编》卷 13,第 1 册,第 290 页;贾大泉主编:《四川通史》卷 4,成都:四川人民出版社,2010 年,第 550 页。

③ 李远国:《神霄雷法——道教神霄派沿革与思想》,成都:四川人民出版社,2003 年,第 201 页—211 页。

④ 张英莉、戴禾:《义邑制度述略——兼论南北朝佛道混合之原因》,《世界宗教研究》,1982 年第 4 期,第 48—54 页。

记进行较为系统的研究。^① 对造像记的关注还可见于侯旭东、颜娟英等著作。需要注意的是,在关注造像记的同时,也很容易忽视造像本身传达的信息。张勋燎则在此基础上,进一步讨论北朝道教造像的类型、参与者身份、经费来源、斋会活动、祈愿内容和人际理念、邑义组织的职事分工、女性在造像活动中的角色以及佛道二教和不同民族之间的关系,并且在讨论北朝道像的地域分布与图像志特点之外,还涉及造像与斋会科仪、天师道和灵宝派的关系。^② 研究者主要是通过石刻及图像材料,强调当时一般的宗教社会生活状况。这种将道像与道教和社会史做结合的方法,值得借鉴,相关推进工作仍在继续。宗教石刻和其他艺术载体首先是宗教活动的产物。本文希望不只是通过道教造像来看社会生活,还希望从中挖掘道教史本身的相关线索,做内外史的结合。

巴蜀地域文化与大足石刻以及大足的政治、经济、社会存在着千丝万缕的关系。自吴玠 1134 年取得仙人关大捷后,南宋初年川陕四路短暂的稳定,亦为蜀地经济文化的复苏与发展提供空间。对大足地区摩崖道教造像最早进行专门梳理和论述的应为胡齐畏、胡若水,1989 年出版《大足道教摩崖造像》,后作为《大足文史》第五辑出版。在文中作者论及大足道教造像兴起的原因。在政治形势方面,大足虽非战争第一前线,但却饱受战乱影响,土著户受征兵、征粮之苦;外来移民人口担心家庭与亲友存亡;广大信众心存幻想,纷纷祈请天神、朝山进香、捐资办会、修缮庙宇。^③ 张划从大足自唐中期的地理、政治、经济、社会、人物因素进行了探索,指出唯具上列五方面因素者

---

① 张泽珣:《北魏关中道教造像记研究:地域的宗教文化与仪式活动》,香港中文大学博士论文,2003 年。作者主要从碑记的角度讨论北朝时期道教造像的社会活动。由于研究重点的限制,对于造像本身的图像性以及更具历史价值的背阴文字,都涉及较少。

② 张勋燎:《北朝道教造像再研究》,《南方民族考古》第六辑,科学出版社,2010 年,第 183—184 页。

③ 邓之金、陈明光:《试述大足石刻的成因》,《四川文物》,1985 年第 1 期,第 45—49 页;胡齐畏、胡若水编:《大足文史第五辑:大足道教摩崖造像》,大足县政协文史资料委员会,1990 年。

只有大足，是大足石刻崛起的内在原因。①

不少历史学者借助碑刻内容研究巴蜀宋代历史或地域文化，起到以碑补史的作用。特别是围绕大足北山与《韦君靖碑》展开的讨论，如胡道修从《韦君靖碑》将校题名看唐末巴渝地区州县镇寨化、军队家族化的关系。另有关注造像与区域信仰的关系，以北山或宝顶为代表的佛教造像为主，讨论宗派的发展与形成，如胡良学《试论四川密教造像的成因》，②孙修身《四川地区文殊菩萨信仰述论》，③胡文和《四川石崖华严经系统的研究》，向世山《从"圆觉经变"石刻造像论宋代四川民间佛教信仰的特征》等。④ 李小强对大足现存道教摩崖造像做过细致梳理和整合，试图将区域性道教造像所呈现的整体面貌做勾勒。⑤ 如何能在整体的理论架构基础上，发掘大足道教摩崖造像与宗教史和区域神圣空间建立的关系，是有待进一步突破的角度。

以往提到巴蜀地区的三教像，难免流入三教"合一"抑或"圆融"的旧论中。张圣奘早在 50 年代就指出三教合一的地区特色，⑥之后陆续有学者加入讨论，如赵锐涛、程崇勋、程英、黄心川、李福睿、胡学良、陈静等。⑦ 是否儒释道三教造像的出现可以成为表征"三教合

---

① 张划：《宋代大足石刻崛起内因探讨》，《四川文物》，1991 年第 2 期，第 40—44 页。

② 胡良学：《试论四川密教造像的成因》，载重庆大足石刻研究会、重庆大足石刻艺术博物馆编：《大足石刻研究文选：四川石窟艺术研讨会暨重庆大足石刻研究会第三届年会专集》，中共四川省委第二党校印刷，1995 年，第 272—283 页。

③ 孙修身：《四川地区文殊菩萨信仰述论》，《敦煌研究》，1997 年第 4 期，第 73—92 页。

④ 向世山：《从"圆觉经变"石刻造像论宋代四川民间佛教信仰的特征》，《中华文化论坛》，1995 年第 1 期，第 87—92 页。

⑤ 李小强：《大足道教石刻论稿》，重庆：重庆出版社，2016 年。

⑥ 张圣奘：《大足安岳的石窟艺术》，载胡文和、刘长久、李永翘编：《大足石刻研究》，成都：四川省社会科学院出版社，1985 年，第 36—40 页。

⑦ 赵锐涛：《从大足石刻的"三教合一"造像浅析三教的交流与融合》，载重庆大足石刻艺术博物馆、重庆大足石刻研究会编《大足石刻研究文集 5》，重庆：重庆出版社，2005 年，第 33—48 页；程崇勋、程英：《试探巴中大足石窟中的道教及儒释道三教融合造像》，《大足石刻研究文集 5》，第 20—30 页；郭相颖主编：《大足石刻研究文集 3》，北京：中国文联出版社，2002 年，第 1—11 页；李福睿：《谈谈大足石刻"三教合一"的宗教意识倾向性》，《大足石刻研究文集 3》，第 518—521 页；胡学良、陈静：《大足石篆山、妙高山摩崖造像的调查研究》，《大足石刻研究文集 3》，第 42—47 页。

一"思想的途径，三教因素是否呈三足鼎立之势。三教像固然是本地特色，但通过分析可知，不同赞助人造三教像的立场、目的多不一致。今人对于这些造像的解读，难免建立在某些先入为主的概念上，造像本身到底承载哪些意涵，或许要借助造像本身、透过"赞助之眼"为这一问题提供某些偏见。对于造像的研究，神祇身份的认定是基础，在此基础之上统一的宗教空间、具体的开凿过程、供养人身份、寺庙宫观管理制度、经济、社会因素等，都是成为影响造像出现的重要原因，有时还是最直接的原因，而三教造像的复杂性也正蕴含其中。因此这一现象无法仅用"三教合一"抑或"三教圆融"的字眼盖棺论定。

三　材料与方法

本论题需要借助美术史中的图像学、风格学，以及历史文献和田野调查等方法综合完成。

首先，文本方面，分为教内文献、一般历史史料和地方志。《道藏》是历代道教文献的百科全书，其中包含不少与科仪相关的图像，对道教文献的使用，有助于从宗教教义及宗教史的角度进行理解。宋代基本历史文献中，亦包含大量道教与礼仪关系互动的证据，《四库》中所收录的《中兴礼书》及唐宋文集，亦提供重要文献史料。明清以来地方志对了解所讨论的议题及区域风土物貌提供直接参照标准。作为艺术史研究的对象，还应充分利用唐宋时期的画史著作，寻找艺术家、绘画题材与造像母体和图像表达系统之间的联系。

其次，实物方面，充分利用已发表的考古报告，结合田野调查，将散落资料进行尽可能全面的收集整理。加强对以大足石刻博物馆为中心的馆藏文物及档案材料的使用。另需对论题所涉及的铭文、碑刻、出土墓志进行仔细研读，发掘具体历史文献信息。突出宗教神圣空间关系的构建，以及在此过程中叠加或删减因素，打破物质媒介之间的界限，发掘其中隐含的统一线索。

再次，在使用材料和进行具体论述时，着重于从静态的物质文化遗存，到整体活态宗教行为、文化空间的重构。摩崖造像作为空间艺术门类下的雕塑一系，本书在撰写过程中会反思空间构成过程以及在较长时间段内,物质文化在意义上的叠加与转变。通过追溯区域宗教空间的建立过程,考察地域社会大背景之下南山所呈现的多样与复杂性。

以上三个方面基于对图像、文本与地方实践三重不同面向的综合考虑,在方法与材料上,从原境视角寻找二重证据之外的多重证据。在宗教图像与艺术史研究方面,道教开展的时间晚于佛教艺术,由于受到实物遗存数量和质量的限制,对南山在内的宋代道教艺术的探索仍属进行式议题。本书希望能不囿于艺术史的风格学与图像学,考古学中的形式分析与类型学方法,走出"唐宋变革"对相关议题的统摄性影响,通过个案研究做具体讨论。方法上首先对研究材料在"是什么"层面做出有效判断,继而进一步探索其与物质空间、信仰实践的关联,着眼于这处道教摩崖造像与宗教史、地域社会产生的联动关系,反窥道教图像在历史时空中的自我建构,以期为全面立体的宗教艺术史图景增添多样化的视域。

四　研究思路与章节主旨

作为一处摩崖造像石刻遗迹,对南山宗教属性的判定异常重要但又易被忽视。作为一处与宋代地方社会发生关联的宗教空间,其属性是否真的可以清晰划分到儒释道任一阵营中;无论是隶属于佛道、三教还是道教,是否就可以完整地体现一个层累地造成的"南山"。宋代道教究竟如何与儒释、道教法派、地方社会斡旋。以大足南山摩崖造像为切入点,可以讨论以下几个问题:第一,不同阶层对待南山摩崖造像的态度如何。第二,以造像为载体的宗教物质文化在民众之间是否产生了一般性的认知与信仰。第三,集中在川东地区的摩崖造像在地方社会中发生了怎样的功用。根植于区域社会,在试图协助官方建立稳定的秩序与宗教景观中,如何在积极迎合地方需求,同时又与官方层面发生微妙互动。第四,道教造像与宋代新符箓道派、法派的兴起有何关系? 实际上晋唐之间从文本和经典层面进行研究的道教史成果较为丰富,但道教造像作为宗教文化的物质载体,如何与道教史、社会生活发生联系,尚有很大的探究空间,这也为重新考察宋代巴蜀地区道教造像提供了多种维度。

这处由个人舍地开山做功德的摩崖石刻造像,可以折射出宋代不断扩大丰富并饶有秩序的道教神系。从赞助人何正言与历史经历者地方官员的角度,可以讨论赞助者的信仰、动因,在水旱灾害频发之际,南宋大足地方官员多次在南山留下祈祷有应的碑刻题记,这一现象不见于大足其他造像遗迹。作为以道教题材为主的摩崖造像空间,具有物质、宗教、艺术、区域社会、文化遗产等多重属性。艺术史和风格学在此类型的研究中常捉襟见肘,与"大师之作"或经典艺术相较,对以南山摩崖造像为核心的个案综合研究,更关涉到以道教为线索的宋代宗教与社会文化的往复交融。

道教造像主要有三种媒介类别:一是可移动式造像碑,是道教造像出现的最早媒介,集中于北朝至唐,主要分布在关中、山西地区,长江上游亦有少量发现;[①]二是单体造像,主要见于各时期道观内,有金、石、土、木等不同材质之分。单体造像与道观建筑空间、供养模式的发展相关,目前发现南北朝时期的资料较少,仅在四川窖藏中与佛教同时出土一件,唐代以后增多;三是石窟与摩崖石刻造像,主要见于山西、山东、杭州、川渝等地区。自陕西福地水库出现摩崖造像开始,唐宋时期最为兴盛,元代集中在北方全真道覆盖的太行山东西两侧,明清时期道教摩崖造像的出现范围进一步扩大,四川及重庆依旧以数量众多、辐射范围较广的唐宋道教造像而著称。据初步统计,整个川渝地区道教石窟共有百余处。[②]

道教摩崖造像主要出现在北周之后,并集中出现在唐宋,主要在四川、重庆、杭州及广西等长江流域分布。对于一种物质媒介的选择。地域特色与制造习惯深刻影响到物质媒介的表现。山西地区以大量丰富优质的宋金元地面木构建筑而闻名,同样,四川地区则以保

---

① 有关关中地区道教造像碑的研究,参见李淞:《长安艺术与宗教文明》,北京:中华书局,2002 年;罗宏才:《中国佛道造像碑研究:以关中地区为考察中心》,上海:上海大学出版社,2008 年。

② 蒋晓春、符永利、杨洋:《四川剑阁老君庙石窟及题记时代考辨》,《考古与文物》,2015 年第 3 期,第 92—96 页。

存了古代优秀的石质文物而著称，无论是汉代崖墓、汉晋石阙、南北朝造像、唐宋摩崖，无一不是对石质的利用。就道教本身来说，对摩崖的选择也有文字和图像两种形式。

摩崖是借助天然岩体在表面进行文字雕凿或形象雕刻，一般多将文字载体称为摩崖石刻，而将形象载体称为摩崖造像。摩崖石刻盛行于北朝至隋唐、宋元及以后，如泰山石刻、褒斜道石门摩崖石刻、丹霞山摩崖石刻、山东摩崖刻经等，内容既有文人雅士诗文游记题刻，亦有宗教经典，其时间与地域跨度均较大，多作为书法、文学、历史或宗教学的研究对象。与蔚为大观的佛教刻经相比，道教名山大川中以神仙道家旨趣进行诗歌唱颂、题写碑刻的形式较多，但并未有道经刻石传统。以图像为主的道教摩崖造像，较为集中出现在川渝、山陕、鲁豫等地，宋代江浙亦有少量出现。与北方大型石窟寺相比，西南地区摩崖造像多沿山体露天开凿，佛道及民间神祇都出现在造像系统中，如川北广元皇泽寺、千佛崖、大足宝顶山均是代表性大型摩崖造像遗存。由于造像多依托山体成片出现，因此数量众多的龛窟常构成当地重要的自然文化与宗教景观，成为立体宗教图景的一部分，亦常作为区域性宗教神圣空间存在。

大足宋代集中出现了一批道教题材的摩崖造像，特别集中在高宗、孝宗年间，南山是诸多造像当中规模较大、神祇体系完备的一处。从历时性角度，部分题材在后代仍有延续，并成为道教庞大神系组织中的重要部分。从共时性角度，相似题材在同一区域以"和而不同"的样式出现。其次，与大足其它名不见经传或保存状况堪忧的遗迹相比，南山又是少数能进入到历史书写中的一处造像。此处有延续近千年的文人题记，和丰富精致的图像配置，对南山宗教与人文景观的形成具有重要意义。南山可视为"整体"宗教线索中的一个侧面，通过对具体问题的讨论，能达到认识整体的目的。[①] 同时从图像学与艺术史的角度，南山摩崖既有强烈的"象征性"艺术表现符号，又有

---

① 有关个案研究的方法与意义，参见王富伟：《个案研究的意义和限度——基于知识的增长》，《社会学研究》，2013 年第 2 期，第 137—138 页。

部分叙述性图像题材，同时还能从宗教内史当中探求与艺术、历史、与地方社会及宗教空间的关系。

以往对南山的研究以综述或概论性质的讨论居多，特别集中在对"三清六御"的争论上。从研究对象的角度，三清六御并不足以代表或体现南山的整体风貌与历史文化变迁。除了神域造像之外，南山还有圣母龛、龙洞等龛窟造像，另有绍兴年间至民国的碑刻题记。从历史性角度，南山自开凿之初至今天，在历史书写和民众的接受与信仰世界中，其身份和象征性意涵是否一以贯之，抑或存在变迁，均值得讨论。从研究方法的角度，除了"以史证图"之外，图像与文本之间是否还存在有待"商榷"的中间地带，而这一部分恰好正是艺术史研究的魅力所在。

由于对南山的多样性与复杂性缺乏整体深入的研究与认识，将其置于宋代道教、道教造像、地方社会的大背景中进行个案研究，寻找南山所具有的普遍性与特殊性。这一点上，景安宁的系列研究论著为宋元道教艺术与物质文化研究领域作出了较好示范。[①] 褚国娟对石篆山进行了较为细致的个案研究，将此摩崖造像置于地域社会宗教活动中进行综合讨论，然在具体问题的考定以及与宗教史的联系方面，尚有进一步论证与探讨的空间。[②] 以南山为中心的个案研究，一方面是对南山摩崖造像和碑刻进行整体探索，避免陷入对一窟一像的细节探讨，另外一方面，亦可将南山置于地方社会、大足宗教神圣空间的建构以及宋代道教等大的历史背景中，寻找南山应有的历史定位，发掘其真正的意义与价值。

阐释人类学学者克利福德·格尔茨（Clifford Geertz, 1926—2006）精专于对"地方知识"（local knowledge）的探索与研究，格尔茨多以个案为基础，探寻事物内在发展以及相关知识在学科上的地位。[③]

---

　① 景安宁：《道教全真派宫观、造像与祖师》，北京：中华书局，2012 年；《元代壁画：神仙赴会图（第二版）》，北京：北京大学出版社，2012 年。

　② 褚国娟：《石篆山研究》，北京大学艺术学院博士学位论文，指导老师：李凇，2015 年。

　③ 克利福德·格尔茨著、杨德睿译：《地方知识——阐释人类学论文集》，北京：商务印书馆，2016 年，第 3 页。

本书稿从南山着手,采用"扩展个案法",反观整体发展线索,在区域性和普遍性中寻找往复沟通的环节。本书拟分三章进行论述:

第一章从南山摩崖造像代表性的龛窟三清古洞入手,首先从物质文化的角度分析其龛窟形制与特征、来源、主尊样式特征、来源,将其置于石窟与道教造像的时空背景中,探讨宋代三清古洞造像所产生的新的形式语汇,从而发掘宋代摩崖造像主尊神系受到严格的儒家礼仪与造像规制的影响,并接受以墓葬系统为代表的墓主造像与装饰的因素,形成具有宋代时代特征的三清诸御主尊样式。第二节通过辨析主尊身份,发掘三清古洞与宋代政教之间的关系。其中圣祖降临是宋代政教中的重要事件,是赵宋皇权神圣合法性的象征性形象。过往研究从历史的角度关注到圣祖在历史与书写中的特殊身份,本章第三节则借由宫观、造像、绘画等多重视觉媒介,对圣祖形象进行综合讨论,进而对第一节所讨论的三清古洞主尊布局的产生和来源做出合理性的判断。赵宋官方如何将代表皇权合法性的圣祖融入到道教三清六御体系中,并成为道教奏告天神的最高神祇系统之一。

第二章将南山摩崖造像置于宋代道教史的框架之下,讨论宗教造像与宋代兴盛的雷法之关联。不只将造像视为静止题材,而是将以南山为核心的大足道教造像遗迹视为动态的开凿过程,在其动态开凿与细节增添的过程中,讨论造像与宗教的关系。

第三章着重于论述南山摩崖造在地方社会与集体记忆中所发挥的功用。首先"龙洞、醮坛"是宋人对南山的历史书写与记忆,这两处有形的物质载体与地方神圣空间之间的建立有何关联。其次考察赞助人与他的时代,以及整体所处的区域背景。大量围绕祈雨活动而撰写的碑刻题记,反映出地方官员的宗教选择。宋代之后,南山的宗教景观有哪些增减,其中是否可以折射出地方社会对南山的不同记忆和文化诉求。

第一章　南山三清古洞研究

引　言

在对本议题进行讨论之前,首先应讨论三清古洞的建造年代问题。杨家骆最先认为南山是一处珍贵的纯粹道教造像遗迹,年代下限在南宋乾道以前,并最先认为三清洞两壁的三百七十六位天尊像与中座老君及左侧真人像,疑似明代补刻。① 杨家骆的判断依据是雕凿过于粗糙,两壁天尊形象与北山第 288 窟"大明蜀总制林公之像"风格类似。② 林公之像是北山最晚的一处纪年造像。根据方珂对此龛铭文的整理研究可知,像主林公是明朝中期较有影响的官员,他本人是一位反宗教人士,曾弹劾妖僧入狱,焚毁寺院。因此以第288 窟明代官员的造像风格来比对南山三清古洞左右两壁造像年代,不妥。且北山第 288 窟尊像整体趋于扁平,造型概念且缺乏细

---

① 杨家骆:《大足龙岗宝顶以外各区石刻记略》,载刘长久、胡文和、李永翘编著:《大足石刻研究》,成都:四川省社会科学出版社,1985 年,第 28 页。

② 杨家骆:《大足龙岗宝顶以外各区石刻记略》,载刘长久、胡文和、李永翘编著:《大足石刻研究》,1985 年,第 28 页;林公之像是北山最晚的一处纪年造像。根据方珂对此龛铭文的整理研究可知,像主林公是明朝中期较有影响的官员,他本人是一位反宗教人士,曾弹劾妖僧入狱,焚毁寺院,此窟左右两壁出现的明代地方官,表示对林公废佛的支持,特毁掉该窟原本的宋代造像,并在此基础上增修林公生祠。因此以第 288 窟造像风格来比对南山三清古洞左右两壁造像年代,不妥。且北山第 288 窟造像整体趋于扁平,造型概念且缺乏细节,实与南山三清古洞精工造像的风格存在明显差别。方珂:《大足石刻北山288 号、290 号龛林俊像及碑文研究》,《文物世界》,2010 年第 6 期,第 17—20 页。

节,实与南山三清古洞精工造像的风格存在明显差别。此外,三清古
洞左右两壁天官小像(图 1－1)与以石门山第 10 窟为代表的二十八
宿像、北山第 149 窟(图 1－2)等宋代龛窟两壁造像,在体量、服饰、
手持物、排列组合等方面均有较强的统一性。

图 1－1　南山三清古洞右壁天尊像

图 1－2　北山第149窟右壁天官像

1985年出版的《大足石刻内容总录》将南山摩崖大致判定为宋代。陈澍在《初析大足南山石刻中的道教思想》一文中，进一步认为其修建年代约在北宋崇宁三年(1104)或稍后一段时间，并根据石刻题记的内容认为不会在南宋之后开凿。原因之一是大足区志中曾多次言及大足有"葛仙之遗迹"，而宋徽宗曾在熙宁三年(1070)封葛玄为"冲应真人"，因此为纪念葛仙翁，在他曾经修道的大足地区修建一道观。南山"北宋说"既不符合赞助人何正言在大足的主要造像时间段和个人生平，亦无法证明南山就是徽宗时期为纪念葛仙翁而建造的道观。王家祐、丁祖春根据赞助人何正言在观音坡造像题记中留下的去世年代信息，认为三清古洞应开凿于绍兴年间(1131—1162)，而对中心柱之外的两壁天尊像，则延续了杨家骆在1945年进行调查时的判断。本书认为三清古洞左右两壁同样开凿于南宋绍兴年间，与中心柱龛及造像同时开凿。

对南山三清古洞主尊身份的判定不乏讨论，但对其空间布置特征与样式来源则鲜有涉及。本章首先从空间特征、物质属性等角度对三清古洞进行探讨，并结合其重要的题材组合排列，发掘以三清古洞为代表的宋代道教神御空间建构的知识来源与营造方式，以期从历时性与共时性的角度对南宋时期道教神系的构成做探讨。其次从图像、文本与地方功用三重视角，对三清古洞主尊身份做辨析。其中圣祖的加入是宋代道教神系形成与官方祀典的重要环节，如何将圣祖制造成为多重神格且可视、可感的形象，是第三节拟要讨论的问题。虽然由官方礼制自上而下地牵引形成天庆观、圣祖殿以及道教三清六御的神系组合，但在地方社会中三清六御的视觉表现与存在空间仍旧存在多样化及在地化倾向，本章第四节则从大足及周边现存宋代道教造像入手，从物质实物遗存现状，对宋代道教神御在地方社会中的真实存在空间作探究。

第一节　三清古洞布局分析

一　"中心柱窟式"

三清古洞坐北朝南，平顶方形窟，平面呈Ⅱ形，内有中心柱，与东、西、北三处壁面之间形成甬道(图1-3)。中心柱将三清古洞划分为两个空间:中心柱三面开窟造像,主尊神御布置其中;周围为左、右、后三方甬道,分层布置天尊降临和十二星宫。平面布局类似早期佛教洞窟的中心塔柱式(又译为支提窟Chaitya)洞窟。这一样式可追溯至印度早期寺院中心窣堵波(Stupa)。在公元前2世纪的阿旃陀石窟中,中心柱窟已是重要的龛窟类型。随着佛教造像与建筑技术的东传,在中亚进入中国境内第一站的克孜尔石窟中,中心柱窟仍然是佛教龛窟的主要样式。我国中心柱式主要分布在北方丝绸之路沿线,自龟兹、敦煌至河西走廊。其中河西走廊的中心柱窟遗存十分丰富,集中出现在金塔寺东窟、千佛洞南区第2窟、中区第8窟、马蹄寺北寺第8窟、文殊山千佛洞、昌马石窟群第2、4窟等。以上洞窟多开凿于十六国五凉(301—439)时期,北凉最为兴盛。云冈石窟中仍有出现,以第2窟为代表。但至长安以东,以洛阳龙门、邯郸南、北响堂山为代表的中原龛窟中,均不见中心柱式。亦可认为中心柱式窟形在我国流行的年代主要集中在南北朝至隋之间,流行区域主要分布于河西走廊及以西的地区。北周之后、平城以南及以东的地区均未出现。中心柱窟多呈现三面或四面、上下分层开小龛造像,将中原木构建筑楼阁式分层建造方式借用到石窟造像中,为信众提供绕行观礼的空间。中心柱的发展过程,也是从塔到像的礼拜重心的转变。

大足三清古洞是我国晚期中心柱窟的重要遗存,也是道教龛窟造像中年代最早的中心柱窟实例。宋代道教龛窟中采用中心柱式有

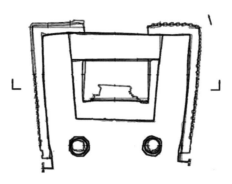

图1-3 南山第5号窟窟顶仰视图

其必然原因。首先,宋代道教承载了书写王权合法性和正统性的使命,道教神祇不断清整,一改唐代道教神祇三宝五帝或佛道并坐像的样式,宋代将三清六御作为道教最高神祇的崇拜对象,南山的中心柱成为神居之所,以此区别最高神祇和其他众神。其次宋代道教一大特色是宗教与地方社会的深入结合,类似中心柱式龛窟布局可以为信众和仪式人员提供更多活动和绕行观礼的空间。

在龛窟体量上,三清古洞高 3.91 米,宽 5.08 米,进深 5.58 米,①一改隋唐之际道教造像一铺多尊的平面式布局,具有殿堂式倾向。这一特征的出现,与大足南宋以来富民阶层的兴起、家族式或与地方官共同参与开凿大型龛窟的时代风气有关。大足北山摩崖造像活动始于晚唐,兴盛和基本面貌的形成则在宋代。北山建造分三期(图 1-5),②其中南段开凿较早,多浅龛。自第 83 窟开始出现宋代纪年造像,宋代造像活动主要集中在北段。其中大型龛窟开凿主要集中在北宋初至南宋绍兴年间,如 136、149、155、168、180 窟,都是北山大型洞窟的代表(图 1-4)。其中第 136 转轮藏窟,是绍兴年间

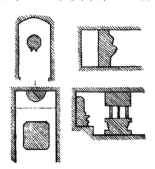

图 1-4　北山佛湾第三期龛窟平、
剖面图,第 155、136 窟③

①　国家文物局主编:《中国文物地图集》重庆分册(下),文物出版社,2010 年,第293 页。

②　黎方银、王熙祥:《大足北山佛湾石窟的分期》,《文物》,1988 年第 8 期,第 31—45页;宋朗秋:《大足石刻分期述论》,《敦煌研究》,1996 年第 3 期,第 64—76 页。

③　采自黎方银、王熙祥:《大足北山佛湾石窟的分期》,《文物》,1988 第 8 期,第 43 页。

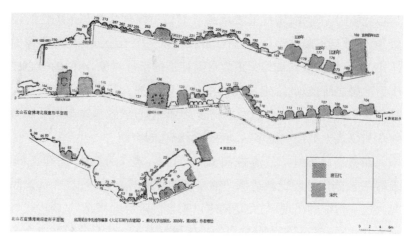

北山石窟佛湾考北段意形平面图

北山石窟佛湾南段意形平面图　　成图采自李先逵等编著《大足石刻与古建筑》，重庆大学出版社，2018年，第9页，作者增绘

图 1 - 5　北山石窟造像平面图（笔者增绘）

北山制作最为精致、颇具设计的大型龛窟。其赞助人既有大足昌州直辖官员，如昌州军州事张莘民、昌州军录事赵彭年，也有本地信仰佛道的富民，如"在城奉佛弟子王升同政何氏""城郭外居住奉善弟子陈某与郭氏"。除北山之外，类似大型殿堂式体量的龛窟还见于大足石门山的十圣观音窟、第 8 窟孔雀洞（图 1 - 6）、第 10 号三皇窟等。

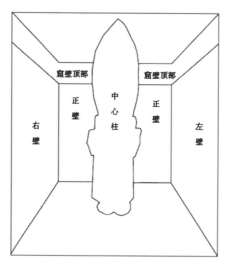

图 1 - 6　石门山第 8 号孔雀洞布局示意图①

① 采自《大足石刻全集》第五册上，图版 151，第 215 页。

　　结束了晚唐五代以来的动荡局面,北宋之后随着地方的稳定和发展,不少龛窟造像重新以家族结社或富民阶层出资的形式统一开凿镌刻,使得北宋之后大型龛窟的出现成为可能。南山道教摩崖造像原由功德主何正言舍地开山造功德所建,中心柱正中有供桌,桌后正壁刻有排位,左、右分别阴刻题记:舍地开山造功德何正言同杨氏、开山化首凿洞张全一同赵氏,并有赞助人供养像(图1-7)。在南山圣母龛中,还可以看到赞助人何正言、何浩夫妇祭拜的形象(图1-8)。以个人之力舍地开山造功德,在大足同时期还可以找到如严逊以个人私产开凿石篆山等例证。

图1-7　三清古洞中心柱上赞助人像

　　因此南山三清古洞中心柱式大型龛窟样式来源,一方面受到佛教龛窟样式影响,是道教中心柱式现存的最早遗迹,另一方面,受到本地富民阶层舍地开山或官民结社共同出资建造大窟的影响,这种全景式、殿堂式布满神祇的布局样式,为道教龛窟的窟形、规制的转型研究、元明之际道教殿堂布局,提供了极为重要的参照样本。

图1-8 南山圣母龛左壁最外侧赞助人父子像

二 道教主尊视觉特征与来源

三清古洞九位主尊均集中在中心柱上,分上下两层、左右中三面布局。正壁上层最中央三位主像坐于束腰矩形台座上。其余六位神御斜向布置在中心柱两侧。以往对主尊的身份讨论较多,但未有定论。根据《舆地记胜》对大足南山的书写:"有龙洞醮坛,旱祷辄应"①,结合科仪文献和仪式功能,发现《道门科范大全》祈求雨雪道场启奏的三清六御神系,更接近并符合三清古洞的神祇排列。② 三清古洞主尊身份应为:最上层三主尊分别是太上大道君、虚无自然元始天尊、太上老君。老君左侧为昊天玉皇上帝,对面为紫微天皇大帝。左下为紫微北极大帝和后土皇地祇,右下为圣祖上灵高道九天司命保生天尊大帝和元天大圣后。相关神祇也出现在包括《太上出家传度仪》《道门定制》等文献中。需要注意的是,

① 宋王象之著、李永先点校,《舆地纪胜》卷一百六一,四川大学出版社2005年,第4880页。

② 《道藏》第31册,文物出版社、上海书店、天津古籍出版社,1988,第786页。

"三清六御"在宋代并非一个固定组合,其中四御相对稳定,余下二御则根据不同的科仪、祈禳目的和特定历史时期有所变化。① 南山三清六御神祇组合,也是目前这一题材年代最早、保存最完整的实例。

　　南山出现宋代帝王主尊形象具有明显的宋代儒家祀典特征。宋代崇尚以孝治理天下,非常看重对祖先的祭拜,特别是在宋辽交战的背景之下,通过图像化的表达,强调君权神授的神圣合法性。宋真宗在玉清昭应宫内供奉宋太祖、太宗,并通过宫观造像、御容印本等不同方式,广泛流布于各辖区。这些帝王像具有祖先像和神圣崇拜物的双重作用,将祖先像纳入到道教最高神系的组合中,也是宋代道教在神系构成中的一大特色。《宋会要辑稿》载:"徽宗政和三年四月二十四日,以福宁殿东今上诞圣之地作玉清和阳宫,凡为正殿三,挟殿六。前曰玉虚,以奉三清、玉皇、圣祖、北极、天皇、元天大圣后、后土等九位"。② 政和六年玉清和阳宫举行玉皇上圣号的祀典,采用儒家南郊祭祀之礼,仪式中的陈设采用儒家礼法。

　　三清古洞中主尊出现的两组帝后像是宋代道教主尊新样式。在天书下降和君权神授制造过程中,元天大圣后是不断加封并具有独立神格的过程。大中祥符五年上"圣祖母"号,天禧元年(1017)上圣母尊号为元天大圣后。该神御同样是一位由赵宋官方专门建构出来用以匹配圣祖的神祇,进入道教神谱之后,具有自己独立的形象和神格特点:"元天大圣后相,素衣,老容,慈悲。常善救物,专解亢旱,兆民灾伤,兵革四兴之事,与青阳同。凡行法人一切急难,首当告之"。③ 元天大圣后专解亢旱,与黄帝之子玄嚣相类。这里圣祖母已从赵宋皇室成员转化为具有宗教神灵特色的神祇。后土原为男性神格,武则天时期祭祀后土的系列活动以及文本《后土夫人》的产生,使

① 周洁:《图像抑或文本——大足南山三清古洞主尊身份辨析》,《中国美术研究》,第 2 期,第 39—49 页。
② 徐松编《宋会要辑稿》03,礼 51,第 1894 页,上海古籍出版社,2014。
③ 《道藏》第 29 册,第 629 页。

得这位神祇具备女性神格特征："后土，即朝廷祀皇地祇于方止是也。王者所尊合上帝，为天父地母焉。"①

　　从图像布置的角度，六御尊像并不与中央三主尊平行，而是以斜设的形式出现，与北宋李公麟《孝经图》中的儒家牌位的构图类似（图1-9），景安宁认为可体现儒家祭祀的昭穆制度。② 三清古洞主尊排列表现出不同的观看视角和人物形象。四分之三侧面的主尊形象第一次出现在道教造像中。人物以半侧面形象表达空间构成的现象可上溯至汉代大量的画像石与画像砖中。佛教对正面肖像与形象的影响明确且深远。宋代御容四分之三侧面的表达方式则为宋代道教神

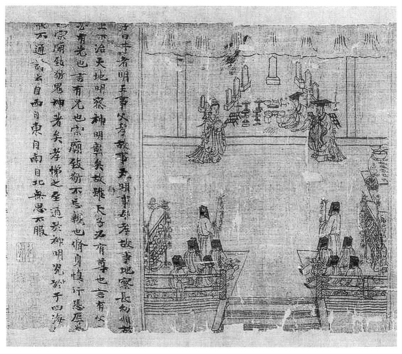

图 1-9　［北宋］李公麟　孝经图卷·感应章（局部）
绢本墨笔　纵 26.4 厘米　横 529.9 厘米，纽约大都会博物馆藏

---

　　① 《道藏》第 31 册，第 668—669 页。
　　② 景安宁：《三清古洞的主神位次与皇家祭祖神位》，收入黎方银主编：《2005 年重庆大足石刻国际学术研讨会论文集》，北京：文物出版社，2007 年，第 345—354 页。

御的图像表现提供参照。这一侧面样式，使得神御不单纯作为神祇，而具备神人合一的属性，一方面是信众供奉与瞻仰的神，同时亦向最高天神三清进行朝拜，具有君权神授的特征。端坐于双头龙椅、无头光的样式，又凸显其非神性的一面。隋唐之际道教主尊多坐于束腰须弥座或莲台之上，三清古洞中三清以外的神御均坐于高背椅上。双头龙椅更是宋代神御画像中的固定搭配。真实皇权社会中，这一坐具是地位与权力的象征。雷德侯将其作为一种模件化的图像志来看待，认为无论是屏风还是"太师椅"，都为身置于座位前的人物提供庇护，引导观者从正面进入并观看，造像中采用的双头椅类似于宗教形象中的圣光。①

宋代人物形象延续五代以来宫观壁绘的传统，对道释形象做出了具体品评标准：大率图画，风力气韵，固在当人。其如种种之要，不可不察也。画人物者必分贵贱气貌、朝代衣冠。释门则有善功方便之颜，道像必具修真度世之范，帝王当崇上圣天日之表。② 借助图绘、雕塑等多种表现途径，通过形象、服饰等视觉元素，表达出不同形象的身份与姿态，通过造像强调等级秩序以及王权和君权神授的合法性。

三　道教图像系统的黄道十二宫

三清古洞东西壁最外侧各有六个圆形"画框"，其中内部刻有图像，旁边原有榜题框，现无刻划与墨书痕迹辨认。图像内容东壁自上而下分别是①漫漶；②残缺的动物；③牛；④头戴冠的男像和女立像；⑤蟹；⑥狮；西壁自上而下为①两位身着中长款背子的女立像；②带中式秤砣的秤；③蝎；④人牵马；⑤持笏男立像；⑥瓶。可以明确为黄道十二宫主题。

针对这一问题多位学者从天文、考古、历史、宗教等各角度均进

---

①　雷德侯著、张总等译：《万物——中国艺术中的模件化和规模化生产》，生活·读书·新知三联书店，2017年，第241页。

②　郭若虚撰、王栗群点校：《图画见闻志》，浙江人民美术出版社，2013年，第21页。

行过具体论述。① 唐宋辽金之际黄道十二宫图像多出现在北方地区的敦煌、黑水城、宣化等地,长江流域主要出现在四川、重庆以及下游苏州。媒介材质包括壁画、绢画、麻布、石刻、雕版印刷以及铜镜等。张彦远在"述古之秘画珍图"中已记载"十二星官图三"。② 构图样式大致分为以下几种:1. 炽盛光并星曜行进式;2. 曼陀罗坛图式;3. 多重同心圆式。最早的十二宫图像为初唐7世纪中叶至8世纪左右的雕版梵文陀罗尼经咒。一行撰《梵天火罗九曜》中的火罗图呈曼陀罗坛图式布置,顶部为北斗七星君,残存的双女、天秤、天蝎与二十八宿共同用于占卜。十二宫图像在西夏黑水城出土物中保存最为丰富,共计二十四件,以麻布和彩绘绢本材质为主,均以炽盛光佛环绕九耀、十一曜、在画面最上方左右两层布置有二十八宿与黄道十二宫为图像表现方式。这批作品以悬像形式使用,除了占卜功用以外,更多用于祈祷供奉以致消灾解厄,其图式脱胎于唐代乾宁年间行进时的炽盛光佛并七曜。中国出现的黄道十二宫知识与图像,无论是从经典翻译的角度抑或环绕的炽盛光身份主尊,均首先出现在佛教语境。

　　韦兵曾对日本所藏北宋的开宝刻经星图进行过具体研究,认为

---

① 以往研究主要关注的面向有:黄道十二宫与密教经典的传播与译介关系;十二宫与二十八宿组合产生的"中国化"问题;与天文历法和科学的关系等。具体研究参阅郭沫若:《释干支》,《郭沫若全集》第1卷,北京:科学出版社,1982年;王逊:《永乐宫三清殿壁画题材试探》,《文物》,1963第8期,第19—39页;夏鼐:《从宣化辽墓的星图论二十八宿和黄道十二宫》,《考古学报》,1976年第2期,第35—58页;饶宗颐:《论七曜与十一曜——记敦煌开宝七年(974)康遵批命课》,《选堂集林·史林》,香港:中华书局,1984年,第771—793页;潘鼐:《中国恒星观测史》,上海:学林出版社,1989年;江晓原:《天学真原》,沈阳:辽宁教育出版社,1991年;孟嗣徽:《炽盛光佛变相图图像研究》,《敦煌吐鲁番研究》第二卷,北京:北京大学出版社,1996年,第101—148页;李远国、王家祐:《大足三清洞十二宫神考辨》,《四川文物》,1997年第2期,第37—38页;钮卫星:《西望梵天:汉译佛经中的天文学源流》,上海:上海交通大学出版社,2004年;韦兵:《日本新发现北宋开宝五年刻〈炽盛光佛顶大威德消灾吉祥陀罗尼经〉星图考——兼论黄道十二宫在宋、辽、西夏地区的传播》,《自然科学史研究》第24卷,2005年第3期,第214—221页;吴宇虹:《巴比伦天文学的黄道十二宫和中华天文学的十二辰之各自起源》,《世界历史》,2009年第3期,第115—129页;陈万成:《中外文化交流探绎:星学、医学、其他》,北京:中华书局,2010;孙伟杰、盖建民:《黄道十二宫与道教关系考论》,《中国哲学史》,2015年第3期,第74—82页。

② 张彦远:《历代名画记》,杭州:浙江人民美术出版社,2013年,第65页。

这件卷首扉画是现今所见较早的完整的十二宫与中国本土二十八宿相配合的星图，上承唐代写本星图，下启宣化辽墓星图，最大的特点是将西方黄道十二宫与中国传统二十八宿完整地结合到一起。[①] 苏州瑞光寺出土的北宋景德二年(1005)《大随求陀罗尼》梵文经咒图像与日本所藏北宋开宝五年(972)的刻经星图在材质、图文关系上均有类似。墓葬当中以宣化辽墓十二宫图出现得最为集中，出现较为规整的三重同心圆式、十二宫与二十四宿相对应的图像。在宋代星曜、星宫知识业已完备的情况之下，更需谨慎对待图像的序列问题，特别是出现在整体规划场景和空间中的图像。

黄道十二宫与二十八宿知识结合的过程中，亦进入道教系统中。十二宫最早出现在唐代道经《内音经》中。[②] 根据经文内容可以发现此经受到密教经典中有关十一曜知识的影响颇深。蜀地对星曜知识的了解不晚于晚唐。作为晚唐五代重要的雕版印刷中心，敦煌发现了882年刻于成都的《剑南西川成都府樊赏家印本历日》、[③]青神县中岩寺玉泉晚唐遗存"炽盛光佛并九耀"，都可见星曜知识与图像，相关天文学或占卜类知识已在日常社会中得到广泛传播，成为民间祈禳、祭拜、造像的重要母题。川东大足地区就较为集中出现炽盛光佛并九曜及十一曜题材，如北山第39龛炽盛光九曜、开凿于12世纪初的169龛炽盛光十一曜以及石篆山的十一曜。随着星曜系统、密教经典与图像的传播，与道教的关联也越发密切，道教吸取了源自西方的十二宫的知识，并进入道教斋仪与经典编撰中，十二宫名至五代杜光庭编撰的《玉函经》中已定型。实物中在道教主题中出现黄道十二宫的情况较少。在宋代之前现存的道教图像系统中，并未出现黄道十二宫题材。甚至与星象知识有关的其他图像也未明确进入到道教

---

① 韦兵:《日本新发现北宋开宝五年刻〈炽盛光佛顶大威德销灾吉祥陀罗尼经〉星图考—兼论黄道十二宫在宋、辽、西夏地区的传播》,《自然科学史研究》第24卷第3期,2005年,第214—221页。

② 孙伟杰、盖建民:《黄道十二宫与道教关系考论》,《中国哲学史》2015年第3期,第75页。

③ 邓文宽:《敦煌天文历法文献辑校》,南京:江苏古籍出版社,1996年,第232页。

图像中。宋代最有代表性的《八十七神仙卷》和《朝元仙仗图》画稿，仅有表示方位的青龙白虎以及队列前方用于引导与护卫的护法，这一宫观壁绘粉本并未出现星曜来表示时空的现象。

　　大足半边寺现存宋代造像一龛。圆拱形龛楣，窟高185厘米、宽258厘米、深240厘米，三壁造像。正壁三尊坐像，左像刻有"昊天玉皇上帝"，右像遗存"圣母"二字。左右两壁分上下两层布局，正中各有一位天尊坐像，左壁伴有题记"长生保命天尊"，其左右两侧分立五位和六位道真。左壁下层有十一位立像真君，并留有完整的十一真君题记。根据此龛造像题记可知是一位奉道弟子供养。十一曜进入到道教系统中，均称为"星君"。根据供养人宗教信仰、道教主尊铭文及图像构成，可以确定这是一处十一曜与道教主尊结合的实例，是星曜在12世纪独立于密教而与道教主尊相结合的难得例证。

表1 《道藏》有关黄道十二宫的经文名称与排列位序

一	二	三	四	五	六
《灵宝领教济度金书》卷七	《灵宝领教济度金书》卷三百二十	《无上黄箓大斋立成仪》卷五十二	《道门定制》卷三	《中天紫微星真宝忏》	《天皇至道太清玉册》
宝瓶	人马	天秤	天秤	天秤	宝瓶
人马	双鱼	天蝎	天蝎	天蝎	磨竭
天秤	宝瓶	人马	人马	人马	人马
狮子	磨竭	磨竭	磨竭	磨竭	天蝎
阴阳	天蝎	双鱼	双鱼	宝瓶	天秤
白羊	白羊	宝瓶	宝缾	双鱼	双女
磨竭	天称	白羊	白羊	白羊	狮子
天蝎	金牛	金牛	金牛	金牛	巨蟹
双女	双女	阴阳	阴阳	阴阳	阴阳
巨蟹	阴阳	巨蟹	巨蟹	巨蟹	金牛
金牛	狮子	狮子	狮子	狮子	白羊
双鱼	巨蟹	双女	双女	双女	双鱼

　　《道藏》中有关黄道十二宫有多种不同的排列顺序（表1），因此在对十二宫进行位序排列时，无法仅依据某一种文献中的位序逻辑就对应图像的排列，并做出图像排列是否"正确"与"错误"的判断。受制于制作年代、保存状况等因素的影响，有些图像保存至今仅为片段。一方面在十二宫图像传入之处，对一种知识从文本到图像的表现会略显生硬或出现偏差。另一方面，与经典文本不同的图像排序方式，是否有其内在逻辑或意涵。

　　《灵宝领教济度金书》卷七中，十二宫成为紫府醮三十六分位时需要祈请的神祇，十二宫就按照左右两班的样式进行排列。左班依次为：

> 宝瓶宫土德星君，人马宫木德星君，天秤宫金德星君，狮子宫太阳星君，阴阳宫水德星君，白羊宫火德星君，右班为磨竭宫土德星君，天蝎宫火德星君，双女宫水德星君，巨蟹宫太阴星君，金牛宫金德星君，双鱼宫木德星君。①

　　《灵宝领教济度金书》卷七中的十二宫排列次序在藏经中仅出现在《文殊师利菩萨及诸仙所说吉凶时日善恶宿曜经》里面。② 此序列符合开宝五年《陀罗尼经》扉页的十二宫图像布置。③ 南山十二宫亦采用左右两侧分列布置的样式，在道教中更明确将其作为两侧醮位分别排列，并为之后的道教十二星宫的醮位提供了位序范例。从中也可以看到五代杜光庭时期的醮位排列对十二宫进入道教空间布局与图像系统的影响。

　　《汉书·天文志》载："天文以东行为顺，西行为逆"，④左旋为"顺行"，

---

　　①　《灵宝领教济度金书》卷7，《道藏》，第7册，第73页。
　　②　钮卫星：《西望梵天：汉译佛经中的天文学源流》，上海：上海交通大学出版社，2004年，第196页。
　　③　宋神秘：《继承、改造和融合：文化渗透视野下的唐宋星命术研究》，上海交通大学博士论文，2014年，第77页。
　　④　《汉书》第26卷，志2，天文志第6，第1307页。

右旋为"逆行",中国古代的书写顺序与天文顺逆有关,书写习惯与阅读顺序相同,以左旋即逆行为主,综合来看,自上而下,自右及左是中国传统图像与文字的一般书绘与阅读规律。根据南山黄道十二宫的图像组合顺序,可以发现与中国传统二十四节气的观看与象征位序(C)相应(图1-10)。由于南山十二宫所处的位置与用于礼拜的中心柱神祇的面向方位相反,在象征宇宙时序的同时,以一种"透明之石"的设计意涵,为从正面用于祭拜和观礼的观众提供了自右及左、自上而下的序列,而三清古洞的殿堂式空间,又为观者提供了身体在其中活动与观看的可能。

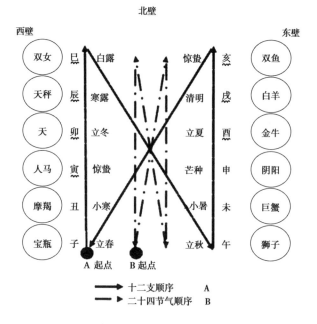

图 1-10   三清古洞十二宫的图像程序(笔者绘制)

后世道教人士必须通过了十二宫方可习得星宿知识,"欲课五星者,宜先识十二宫分名及所属"。① 十二宫中国化到何种程度,道教对十二宫的知识是全盘吸收还是有所取舍,则值得具体讨论。一方面是星宫在经典中的顺序排列,另一方面则是具体星宫的图像表现,在以上两个方面中,都可以看到黄道十二宫与中国传统知识与图像符号的关联。

---

① 《灵宝领教济度金书》卷 320 斋醮须知品,《道藏》,第 8 册,第 822 页。

各地现已发现的十二宫图像中一方面有部分图像呈现出超越时代、地区的稳定传承性，如巨蟹、双鱼、天蝎；同时也常会在一组图像中出现明显具有时代和区域特色的现象，如双女、摩羯。在现存实物中，梁令瓒所绘制的五星二十八宿亦有明显的多臂或外道特色。宋代以后则对前代兴盛的多臂或异域形象神祇十分排斥，至北宋末神宗元丰年间（1078—1085），进一步规定卤簿之上源自域外的二十八宿等图像均需采用人物形象。"有司乃取方士之说，绘为人形，于礼无据。伏请改制，各着其像，以则天文"。① 徽宗进一步规定，星神形象不能有异域服装样式，一律以朝服衣冠出现，特别于宣和元年（1119）颁布图写九星二十八宿朝元冠服的规制：

> 朕丕承宝绪，抚育黎元。遵道庇民，咸跻寿域。其于严恭肖像，罔有弗虔。比览宫观祠宇，九星二十八宿真形，有服牛乘马、操戈执戟者。有戎衣端坐，露顶跣足者。或裸袒其体，或瓮缶以居。率皆诞怪万状，黩侮靡常。欲祈降格上真，丕冒景贶，莫可得也。朕以谓高辰列曜，参拱玉帝，以辅元化。莫非冠服端肃，俨然之相。隐显虽殊，天人不远。正如世谛君臣之礼。曾何若是。万几暇日。稽考琼文玉笈，究其杳然。果得其详，躬御丹青，图写《九星二十八宿朝元冠服图》颁行天下，昭示多方。庶使群动倾瞻，咸趋妙道。穰穰之福，以逮邦家。岂不伟欤？②

从梁令瓒的异域五星系统，到密教星曜系统，直至徽宗宣和年间颁布的朝元冠服规制，使得人格化星神形象得以从制度层面确立。

四　三清古洞的设计特征

无论是南北朝的造像碑、微型浅龛，还是隋唐时期等身像、群神共现、佛道并坐等特质，均属于道教造像史中"偶像性"视觉再现阶

---

①　李焘：《续资治通鉴长编》卷 306，第 12 册，第 7439 页。
②　佚名：《宋大诏令集》卷 136，北京：中华书局，1997 年，第 482 页。

段,在空间艺术门类中隶属雕塑一系。① 就目前所见材料,南山三清古洞是首例兼具雕塑与建筑双重属性的实例。这种建筑性空间的出现,很有可能受到唐、五代以来西蜀地区极度繁荣的寺观建筑壁绘影响。最著名的成都大慈寺,不仅是宗教寺院,亦是著名绘塑大师炫技与竞技的舞台,同时还是游人如织的热门景点,亦在四时节令时成为盛世狂欢之所。② 根据三清古洞空间设计特色,可以认为带有预设性的引导观看成为此洞窟造像在空间设计上的匠心。一方面可以体现出道教造像艺术至宋代,在形式与空间上的自我完善;另一方面,亦与宋代道教活动在此地的兴盛,以及高功仪式人员在道教活动中扮演着沟通天人与圣俗的重要作用有关。这处宋代摩崖造像,表明道教雕塑不仅仅是偶像式崇拜的再现媒介,高悬于巨石摩崖之上被人遥望或祭拜,亦不仅限于为道教内部人员提供观想天神的塑像,更为一般信众提供近距离体验、观看的空间。

　　通过对神祇目光进行分析,发现三清中央尊神位于透视和视线的焦点上,对于三清的突出与强调为前代道教造像所未出现的样式。整个洞窟具有高度的设计感,三清古洞的视觉中心正位于中央主尊上。周围环绕的神御与启奏天神,均呈现出闭合性的空间与视线构成特征(图 1-11)。这种构成方式在更早的盛唐西方净土样式中已成熟,被习惯于焦点透视和线性透视的西方史学家认为是中国艺术家对空间"统一和总括"的表现,是"对自然进行纯粹描绘的态度"。③ 与此相应的是,道教经变题材最早有记录的当为唐代展子虔所作《道经变相图》,并为宋代御府所藏。④ 这种闭合型兼对称式构图样式在

---

① 周洁:《谢阁兰对长江上游摩崖造像的调查与研究》,《艺术设计研究》,2021 年第 4 期,第 89—96 页。

② 周洁:《龙水题材在唐宋画史中的分类书写和品评转换》,《美术学报》,2022 年第 1 期,第 38—44 页。

③ L. Bachhofer,"Die Raumdarstellung in der Chinesischen Malerei des ersten Jahrtausends n. Chr." Munchner Jahrbuch der bildenden Kunst, Band Ⅷ,1931. Trans. Harold Joachim, manuscript in the Rubel Library, Harvard University. 转引自巫鸿:《空间的美术史》,上海人民出版社,2018 年,第 22 页。

④ 王栗群点校:《宣和画谱》,浙江人民美术出版社,2013 年,第 12 页。

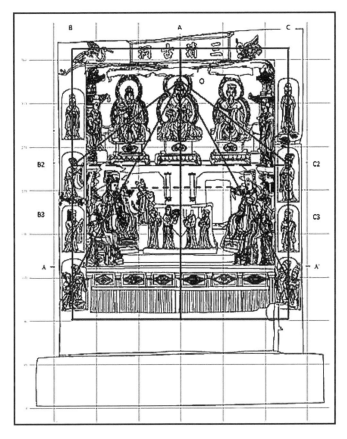

图 1-11　三清古洞正面主尊排列及视线分析①

道教造像中则晚至宋代以后方在摩崖龛窟中出现。虽然流传至今的北宋玉清昭应宫的朝元仙仗图亦可作为道教神系的发展演变脉络之一，但仅就现存稿本来说，人物几乎都呈现出单一方向的行进式样式，而非有视线接引、层层嵌套的围合式封闭构图。

　　作为建筑空间内的道教雕塑，三清古洞出现的造像母题，是目前为止对道教宇宙空间进行视觉表达最早最完整的实例。以三清六御为中心，加入唐代以来出现并流行的朝元模式，建构完整的数百天尊朝拜体系，以宋代儒家昭穆之制的构图进行重新排列，并将作为宇宙

---

　　①　底图采自黎方银主编：《大足石刻全集》，第五卷（上册），第 320 页。

时序的黄道十二宫纳入道教图像系统,成为宋代新出现且固定下来的道教祈请最高天神的图像组合样式。其自右及左、自下而上的观礼程序符合《道藏》中以宝瓶为始的排列次序,又恰好与中国传统十二支的顺序相合,可谓是黄道十二宫知识与信仰体系完全中国化的体现。三清古洞表现的是道教在宋代已经成型的图像化宇宙系统,可视为后代水陆画以及寺观壁绘中的图像"粉本"来源之一。在此后山西地区遗存的大量道教寺观壁画中,仍旧可以看到三清古洞图像构成的余续。

道教造像从无到有受到佛教像教艺术的影响至深。纵观宋代之前的道教造像,无论是北方中原地区魏晋时期的造像碑,还是长江上游隋唐之际的摩崖石刻,都在形制、神祇排列、样式等方面存在模仿佛教或佛道相竞的元素。从视觉特征的角度,宋代之后的道教造像,已经在空间布局、神系构成、观礼仪式等方面,有了形式上的新探索,呈现出造像艺术中国化的面貌,在此后民间社会和地方性寺观壁塑中大放异彩。三清古洞可视为本土宗教视觉形式建构发展与演变过程中的一个例证。

第二节　图像抑或文本：主尊身份辨析

学界关于三清古洞主尊身份问题虽论述颇多,但未有定论。该议题可纳入道教美术史或视觉文化中重要的"朝元图"母题研究中。大足南山是相关遗存中年代最早、规模宏大、神祇布置最为完整的摩崖石刻,由宋代个人舍地开山供养,而非全真教内部或官方主持营建。平面布局不以三清像为绝对视觉中心,而将"三清六御"作为整体,协同供养人像共同置于中心柱上。虽然相关图像遗存都不同程度保有宋代遗风,但三清古洞是考察宋代道教神祇组合最为直接的例证。历来对主尊身份的不同判定,主要集中在对以下问题的探讨:两位女性神御的身份、安岳老君岩能否作为三清古洞的判定依据、诸多经典文本与南山造像之间究竟有何直接关联等。① 以上不同结论也体现出道教造像研究的两种主要取径,第一种从考古实物入手,辅以经典文献;第二种则以文本为主要证据。因此本文的出发点是,我们应该更相信图像实物还是应该更相信文献经典?本书希望能在两者基础上,进一步考察实物遗存样貌与可能的地方性石刻造像功用,以此从方法的角度对这一问题做推进。

一　重要"物证":安岳老君岩

三清古洞。现编号为第 5 龛,与注生后土圣母龛、龙洞同为南宋绍兴年间作品。东西北壁各划分出六层装饰带,每层均雕刻有立像,现存共计 195 位天尊像。其中以文官持笏形象居多,兼有数位带冠道士形象,另有明确的三位女像。像高约 0.46 米,宽 0.13 米。清人重装碑记中,将其称之为"三百六十感应天尊"。其中东壁六层各有 17 位立像,每位旁边均刻有榜题栏,现场观察如今已无墨书或雕刻痕迹。最底层立像全部饰有通天冠,为文官形象。倒数第二层自南向北第 5、6、7 是三位武士,各持兵器横置于腕部,呈作揖态。第二层最南侧靠近星宫的是一位左肩扛长柄斧的武将形象,其后十位立像均着莲花冠,其后六位戴通天冠。最上层最外侧第一立像双手持物,

① 黄海德:《中国西部古代道教石刻造像》,《世界宗教研究》,1994 年第 1 期,第 97 页;石衍丰:《试释大足南山"三清古洞"石刻造像》,《四川文物》,1989 年第 2 期,第 34 页;胡文和:《大足南山三清古洞和石门山三皇洞再识》,《四川文物》,1990 年第 4 期,第 42—46 页;胡文和:《四川道教佛教石窟艺术》,成都:四川人民出版社,1994 年,第 192—194 页;黎方银认为"四御"分别为玉皇大帝、紫微大帝、勾陈大帝、后土皇地祇,在勾陈大帝和后土皇地祇身边的两位君身份不明,见氏著《大足石窟艺术》,重庆:重庆出版社,1998 年,第 186—191 页;景安宁:《元代壁画——神仙赴会图》,北京:北京大学出版社,2002 年,第 79—80 页;景安宁:《三清古洞的主神位次与皇家祭祖神位》,收入黎方银主编:《2005 年重庆大足石刻国际学术研讨会论文集》,北京:文物出版社,2007 年,第 348 页;李凇认为六御为北极紫微大帝、玉皇大帝、勾陈大帝、后土皇地祇、圣祖和元天大圣后,见《〈论八十七神仙卷〉与〈朝元仙仗图〉之原位》,《艺术探索》,2007 年第 3 期,第 5—24 页。作者曾指出题记可能为后来补提;耿纪朋认为真宗、高宗时期皇家祀典的现实原型宋太祖和宋太宗及各自皇后是三清古洞下层四位神御的身份,见《大足南山三清古洞主尊身份考略》,《2009 年中国重庆大足石刻国际学术研讨会论文集》,重庆:重庆出版社,2013 年,第 542—554 页。

漫漶不清。第5、6、7位为女像。北壁靠近东壁转角处,还残存十位立像。西壁自上而下六层分别设置15、16、15、13、12、12位立像。东西壁最外侧各有六个圆形"画框",内雕有十二宫。

中心柱上刻有主尊、供养人、真仙等,上下两层分布九位主尊。除了正面三位外,其余六位斜向布置在左右和第二层(图1-12)。正壁上层最中央三位主像均坐北面南,盘膝坐于束腰矩形台座上,基座饰有覆莲花瓣。三主尊均头戴莲花冠,蓄须,外着道袍,内着交领衫,束带飘于胸前。身后饰有圆形头光与身光,内饰有火焰纹,头顶上方各悬华盖。中央坐像华盖之上向龛顶发出四道毫光,内侧两道光在龛顶环绕形成三个圆圈,每圈内各有一位天尊化身坐像。外侧两道毫光经龛顶曲行飘于龛外。中像双手放于三足凭几之上。左像带须,双手执如意。右像左手平放,右手执扇。

左壁、右壁两侧各有一御,左御面有长髯,右御样貌颇年轻,均头

图1-12　三清古洞正面主尊像,大足石刻研究院供图

戴冕旒，两侧垂有香袋靆𬭊，身着朝服，坐于二龙头靠椅上，双足着云头靴，双手捧笏。左右两御上方，均有双层珠帘华盖。尊像两侧各分布一位手持长柄日月宝扇的侍者。

下层：左右壁内侧各有一帝王神御，造型与服饰同上层左右壁中间主像相似，双手捧玉圭，坐于龙头靠背椅上。像高 0.86 米，宽 0.21 米。两帝王像外侧略低处各有一位女性坐像，凤冠高髻，身着霞帔，端坐于双龙头靠背椅上，双手捧笏。

龛外门楣上有一楷书横刻的匾额，内刻"三清古洞"。龛外两门柱上自上而下各开四个长方形小龛，每龛高约 0.48 米，宽 0.23 米。自上而下第一龛内为男像，戴束发小冠，着圆领宽袍，左龛像有长须，右龛像净面手捧笏。第二龛男立像，手持拂尘，头戴方冠，捧笏。第三龛男立像，头戴披耳方冠，手捧卷薄。第四龛内为二武士，头戴幞头，身着便服，左龛二人背负宝剑，手捧簿册；右龛二人腰挂刀剑，一像捧簿。

下层正中供桌后方正壁左侧刻有：舍地开山造功德何正言同杨氏；右侧铭文：开山化首凿洞张全一同赵氏。供桌前有四立像，中间为二男像，身着斜领窄袖袍服，腰部系带，左像残。右像手捧一盘，内盛鲜花果品。旁边为二女立像，右像手持宝瓶，左像持物不明。

中心柱左侧东壁上方开有两龛高浮雕。上方龛高 1.6 米、宽 1.75 米，题材为天尊巡游图。华盖之下在全身身光笼罩中有一持圭主尊立于云彩之上，面向南，头戴冕旒。周围共有十九尊像环绕，其中三尊持笏，其余为手持幡、伞、华盖、扇等器物等的侍者。下方龛高 1.66 米、宽 1.19 米，主题为春龙起蛰。龛内主要形象是一条首南尾北呈五折弯曲的龙，三足踩于山石之上，做腾空状。龙头右上方有一屈膝捧物、头包软巾、面向龙首的男像（图 1-13）。①

---

① 景安宁在注释中提到这一组图像可能有祈雨功用，见《三清古洞的主神位次与皇家祭祖神位》，2007，第 353 页；有关三清古洞原始测量数据，参阅刘长久、胡文和、李永翘编《大足石刻研究》，成都：四川省社会科学出版社，1985 年，第 520—523 页。

图1-13 南山巡游图与春龙起蛰图(笔者拍摄)

老君岩。毗邻大足的安岳老君岩是判定三清古洞主尊身份的重要实物依据之一(图1-14—图1-23)。此处石质以砂岩为主,风化日趋严重,已有部分题记披露,尚不完整。① 作者曾于2016年10月实地考察,现将初步调查情况记录如下。

老君岩(又称狮子岩)位于四川资阳市安岳县东南45公里的瑞云乡圆门村,旧有东岩观在瑞云山之巅,周围环绕茗山、五台山、普庆山。茗山之上的茗山寺以及附近毗卢洞同为宋代摩崖遗存。明末张任学曾率兵驻扎于此作为抵抗张献忠的基地。

老君岩宋代造像龛窟沿崖体斜面分上下两层做不规则分布。上层开四龛,下层开两龛。其中上层1—3龛及下层中央一龛各有三位主尊,均通体重妆饰以金粉。最上层右侧第1龛,整龛高2.684米,宽3.812米。三主尊均坐于高背双头龙椅上,其中最右侧主尊为女像,头戴凤冠,双手捧巾,着圆领衫,肩披帔帛,龛口立有持卷侍女。女主尊右侧阴刻题记:

什子常灯妆
元天大圣后一
尊栽培福果

第1龛中央主尊蓄须老相,头戴庄子巾,双手捧于胸前。其左为一位饰有黇纩的男像,身前饰有玉环绶。两男像中间壁面刻有题记:

比丘永用无为妆
北极紫微大帝
比丘真鉴觉明妆
圣祖保生天尊
乙酉三月吉日志

---

① 胡文和李凇都曾提及部分铭文,详见胡文和《中国道教石刻艺术史》下册,北京:高等教育出版社,2004年,第72—73页;李凇《浮山县老君洞的初步调查》,载《山西寺观壁画新证》,北京:北京大学出版社,2011年,第19页。

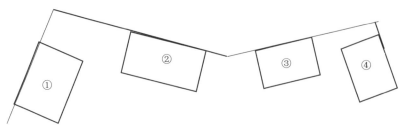

图 1-14   安岳老君岩宋代三清六御上层平面布置示意图(笔者绘制)

图 1-15   安岳老君岩①号龛,自左至右分别为北极紫微大帝、
圣祖天尊大帝、元天大圣后(笔者拍摄)

图 1-16   安岳老君岩②号三清龛,头部均被改刻(笔者拍摄)

图1-17　安岳老君岩③号龛,自右至左分别为:南极长生大帝、
云宫玉皇上帝、后土皇地祇(笔者拍摄)

图1-18　安岳老君岩④号真武大帝龛(笔者拍摄)

左侧主尊与龛口处有一头戴莲花冠的侍者像,中央铭文与其他处相
比,字迹更为草率:

接引天公□二位　妆彩　门□真逊德安

　　第 2 龛居于顶层中央，龛高 2.415 米，宽 4.674 米。龛口左右两侧分别有一位站立侍者。中央主尊现状为螺发并油漆成蓝色，造像旁有一块嘉庆十六年(1811)重修碑，其中明确提到"老君三清"。如今所见样貌应为嘉靖乙酉(1525)、嘉庆十六年、80 年代和近年多次重妆的结果。[①] 该龛左侧主尊左手在上，右手在下，手掌虚空，与手持玉如意的灵宝天尊动态类似；右侧主尊左手扶膝，右手在上，手掌虚空，与持羽扇的道德天尊动态相同。

　　第 3 龛宽 3.212 米，高 2.147 米，内置三主尊。最右侧男性主尊无须，双手持笏，双肩佩有矩形连环玉饰品，坠以珠饰，似与原本冠式连为一体，大带下系结。中央主尊所戴冠饰与大足地区"三皇洞"中的风格类似，饰有黇纩，双手持笏，大带下系有玉环绶。左侧女像肩披方巾，头部裹巾，双手捧于胸前，其右侧刻有题记：

后土皇地祇一尊　父母□□□田氏　男王公佐公□公□　信士王永秀杨氏四

此龛中像与右像之间，题记为：

加靖乙酉三月吉旦　南极天皇大帝　比丘真签觉明大　云宫玉皇上帝　比丘□□□

***

　　① 胡文和：《中国道教石刻艺术史》(下册)，北京：高等教育出版社，2004 年，第 72 页；李淞《对宋代道教图像志的观察——以大足北山 111 龛和南山 6 龛、安岳老君岩造像为例》，收入《2014 大足学国际学术研讨会论文汇编》(二)，会议资料，2014 年，第 330—339 页。

顶层左侧第 4 龛为真武大帝像,龛宽 2.484 米,高 2.331 米。主尊披发跣足,着翻领衣,左脚踩龟。

在顶层造像之下,第二层中央主要有大小两龛。右侧小龛风化严重,龛高 3.861 米,宽 1.143 米,浅浮雕小像分三层布局,最上层清晰可辨为一主尊二胁持,第二、三层各排列五位坐像,左下方有一矩形铭文框,高约 1.599 米,宽 1.730 米,内有阴刻铭文,现场录为:

> 嘉靖乙酉三月吉旦
> 记本持号慧庵庵
> 镌妆五位十王
> 祈一生办道同
> □□□□□□

据题记可知此处漫漶严重的龛窟应为十王龛,并与临近的安岳圣泉寺十王像在布局上有较强的连带关系(图 1-19、1-20、1-21),十王均分上下两层布置,地藏位于龛窟中央位置。圣泉寺为安岳老君岩十王龛的原貌提供了复原依据,同时也增加了宋代十王造像与道教摩崖共处同一空间的实例。

在十王龛左侧是位于崖面中央的大龛,从龛窟尺寸、镌造风格均

图 1-19　安岳老君岩漫漶的十王龛(笔者拍摄)

图 1-20　四川安岳圣泉寺地藏十王龛①

图 1-21　四川安岳长河源石锣沟摩崖造像第 14 龛②

与 1—4 龛类似,疑似为同时代作品(图 1-22)。中央一尊头戴五佛冠,饰有身光、头光。左手拖佛钵,身下系带,部分线条粗糙无力,改刻痕迹明显。左右两主尊均坐于双龙头椅上,双手交叉为捧笏状,上身肩部两侧遗存连接冠饰的飘带。主尊之间原本有铭文,目前风化严重,仅能辨识数个单字,"……侍……佛释……"及"…子……

---

①　采自张总:《四川安岳圣泉寺地藏十王龛》,《敦煌学辑刊》2007 年第 2 期,第 43 页。

②　采自王丽君等:《四川安岳长河源石锣沟摩崖造像调查简报》,《文物》,2017 年第 9 期,第 97 页。

图 1-22　安岳老君岩地藏龛（笔者拍摄）

妆……福……"等。

此外在崖面右下方、上下两层之间的楼梯右侧有一龛规模不大的士大夫像（图 1-23）。龛高 1.399 米,高 1.588 米,宽 1.730 米。在造像之上有矩形题记框,碑文上方与崖面相交之处有加固痕迹,最上面一行字几乎已漫漶不清,一位自称奉道的罗姓教徒在"三清六御"造像之下,供养一龛南康郡王,笔者现场录文如下:[①]

⑪ 谨记耳

⑩ 壬申元命日工就

⑨ □□念七日

⑧ □□丙午闰七月

⑦ □□□

⑥ □孙昌盛老少安

⑤ □向进一门清畅

④ 东岩镌妆祈

③ □氏家眷等发心

② 道信士罗□同室

① 南康郡王一堂奉

根据实物遗存与题记,老君岩宋代摩崖造像的主尊构成应为三

---

① 李淞对此碑文有收录,可识别字数较今天更多,以此参阅补充;②行首字李文录为"清",笔者识为"道",③行李文首字录为"梁",现漫漶;⑥行"孙"前李文多一"子"字,现不可识;⑧行第二字李文录为"岁",现不可识。参见《对宋代道教图像志的观察——以大足北山 111 龛和南山 6 龛、安岳老君岩造像为例》,《2014 大足学国际学术研讨会暨大足石刻首次科学考察 70 周年纪念会论文汇编(二)》,第 330—339 页。

图 1-23　安岳老君岩南康郡王像（笔者拍摄）

清、南极长生大帝、玉皇上帝、后土皇地祇、北极紫微大帝、圣祖天尊大帝、元天大圣后，与地藏十王、南康郡王共处同一空间。安岳临近大足，唐宋之际两地造像活动极为兴盛，有延续数代的工匠世家往来，两地常共享同一造像母题，著名的如宝顶山大佛湾柳本尊十炼与安岳毗卢洞十炼图，安岳石羊镇孔雀洞造像与大足多处孔雀明王题材，造型相似度极高，很有可能为同一制作粉本，以上题材还常沿用至明清。因此无论在地缘、工匠系统、造像题材等诸方面，安岳老君岩都具备成为辨析南山三清古洞主尊身份的实物例证。其次，题记时间为明代嘉靖初年，老君岩的道教主尊由僧人比丘主持妆彩，在三清两侧还有身着佛衣的僧人侍者形象。嘉靖皇帝笃信道教，明代诸多藩王在分封的各地也大肆崇道。明代官方自上而下禁止佛教寺院扩张，也限制佛寺大规模的修葺活动。在这样的背景下，重妆道教主尊不失为佛教徒示好道教并为自我谋福利的途径。因此嘉靖年间的题记反而强化了道教主尊身份的真实性与合理性。

这里需要注意的是，老君岩虽为南宋道教摩崖造像的主尊样貌提供了重要的图像与布局参照，但却不是直接和唯一例证。从图像排列的角度，与大足"三清六御"像仍有不吻合之处。首先南山主尊神祇均为身着朝服，老君岩则出现常服，如圣祖头戴庄子巾，着交领衣，无冠式及组佩等;其次,南山在六御以外,环绕 195 位感应天尊以及象征宇宙时序的黄道十二宫,是完整的道教天界神祇的图像表现,老君岩仅出现主尊。如需进一步考大足南山的神祇身份,还应借助其他证据链。

二　主尊演变

三清古洞中央三主尊为"三清"尚无异议。"一气化三清"的演变过程在道教史中论述颇丰。[1] 不同主尊来自不同的道教经典派别。具体来说太上老君是东汉末年天师道所创立的最高神,北朝至唐是老君崇拜的主要时期。元始天尊是东晋灵宝经所创立的最高神,太上大道君应归于上清经的创立,以上两位是南朝道教发展中主要崇拜的尊神。道教史学者认为上述三尊构成的"三清观念"在初唐已完成并成熟。[2] 但是造像实践方面,隋唐之际三清并置像出现极少,虽然唐代文献中有很多有关三清的记载,但多为三清之境或三洞经书或三宝等意涵,较少并置尊像之意。

从造像实物的角度,隋唐之际道像主尊多为天尊、老君等形象。龛窟布置多挪用或借鉴唐代佛教石窟"一铺多尊"的样式。主尊左右两旁的胁侍弟子常以持笏姿势出现,护法甚至直接借用佛教力士形象。这种布局多出现在隋唐至五代时期,宋代之后较少。如阆中石室观隋代开皇年间 K1、K2(图 1-24)、K3(595 年)、K12 布局类似,均为一天尊二弟子二胁侍兼或二侍童样式。由 K3 题记可知,三洞弟子赵法会协同五位道民共同供养,目的是祈愿亡者离苦得乐。[3] 又如四川丹棱开元年间的龙鹄山摩崖道像,第 23 龛天尊说法像,亦沿用佛龛样式。[4] 川东巴中市水宁寺第 12、14、15、18、19 龛,以及蒲江观音岩 7 号龛等,

①　黄海德:《试论道教"三清"信仰的宗教内涵及其历史演变》,《世界宗教研究》,2004年第 2 期,第 72—79 页;孙亦平:《东亚道教研究》,人民出版社,2014 年,第 618—623 页。

②　《道藏》,第 25 册,第 340 页;王承文:《论中古时期道教"三清"神灵体系的形成》,《中山大学学报》社科版,2008 年第 2 期,第 34、50—51 页。

③　蒋晓春等:《四川阆中石室观隋唐摩崖造像》,《文物》,2013 年第 7 期,第 59—67 页。

④　曾仁德:《四川省丹棱县龙鹄山道教摩崖造像》,《敦煌研究》,2011 年第 1 期,第49—52 页。

均沿用相似布局。①

图 1-24　石室观第 1 窟②

隋唐石刻道像多出现在陕西、山西及位于关中通往巴蜀的金牛道、米仓道沿线上，并随着时间推移，逐渐延伸至四川腹地。根据实物资料可知，蜀地隋唐道像主尊主要有下列几种组合类型：

主尊为独立老君像或天尊像。阆中石室观隋开皇年间（581—600）K1 造像，③宝珠形龛楣，主尊饰有桃形头光，盘腿坐于仰莲之上，底座两侧浮雕装饰有莲茎、卷草纹饰，转角处似浮雕兽。两侧各有两尊立像。主尊位于两棵菩提树下。这一类型在巴中南龛、广元千佛崖等地常出现。安岳玄妙观开元十八年（730）老君龛（图 1-25），太上老君手持五明宝扇坐于莲花高台上。广元剑阁鹤鸣山主要

---

　　①　江学礼、程崇勋：《四川巴中水宁寺唐代摩崖造像》，《文物》，1998 年第 8 期，第 14—18 页；卢丁、雷玉华、肥田路美等编：《中国四川唐代摩崖造像——蒲江、邛崃地区调查研究报告》，重庆：重庆出版社，2006 年，第 197—198 页。

　　②　采自蒋晓春等：《四川阆中石室观隋唐摩崖造像》《文物》2013 年第 7 期，第 61 页。

　　③　蒋晓春、郑勇德、刘富立：《四川阆中石室观隋唐摩崖造像》，《文物》，2013 年第 7 期，第 59—67 页。

图 1-25 安岳玄妙观老君龛（笔者拍摄）

修建于唐代大中年间，以第 3 号龛为代表，主尊为头戴莲花冠、背光饰有五珠纹的独尊站立天尊像（图 1-26）。安岳圆觉洞第 71 号开

图 1-26 广元剑阁鹤鸣山道教主尊立像（笔者拍摄）

元二十四年(736)天尊像,跌坐于八角束腰坛座上,着交领衣,饰桃形光,左右胁侍二童二仙,龛门有两位唐代力士像。据题记可知功德主为当地五品黎令宾,由栖岩寺沙门玄应书写。①

天尊、老君并坐像。以咸通十二年(871 年)绵阳玉女泉第 31 龛为代表(图 1－27),②上元二年(675 年)的第 17 龛(图 1－28)、巴中水宁寺第 19 号龛等沿用相似布局。龙鹄山出现的实例较丰富。南方上清派逐渐占据道教中的统治地位之后,北方楼观道受此影响,在

图 1－27　绵阳玉女泉第 31 龛③

图 1－28　绵阳玉女泉第 17 龛④

①　傅成金:《再识安岳圆觉洞摩崖造像》,《四川文物》,1991 年第 6 期,第 40 页。
②　刘睿:《绵阳玉女泉 31 龛天尊、老君合龛像研究》,《四川文物》,2015 年第 5 期,第 74—80 页。
③　采自《绵阳市西山玉女泉摩崖造像调查报告》,《四川文物》,2010 年第 4 期,第 17 页。
④　采自《绵阳市西山玉女泉摩崖造像调查报告》,《四川文物》,2010 年第 4 期,第 12 页。

过去太上老君崇拜的基础上，又加强了对元始天尊的信仰。因此这一时期天尊、老君并坐像并不罕见。一龛之内出现两位主尊的现象可视为道教灵宝派融合江南上清派后，在造像实践方面的体现。

安岳玄妙观开元年间的南面摩崖造像以佛道混合为主，主要采取两种并置类型：释迦牟尼与老君并置或释迦与天尊并置。安岳圆觉洞第25号佛道合龛，方形平顶，分上下两层，下层正壁中央为原始天尊，左壁正中为老君，右壁中为释迦，背后饰有天龙八部。仁寿坛神岩天宝年间69号龛，中央天尊、左侧老君、右侧释迦（图1-29）。这种佛道并坐的摩崖造像，在玄妙观（图1-30）、牛角寨、飞仙阁、刘

图1-29　坛神岩69号龛天尊老君释迦
并置像（笔者拍摄）

图 1-30　安岳玄妙观佛道并坐像（笔者拍摄）

嘴等地均有出现。并且多遵循佛道尺寸相同且佛居右，道居左的定式。有学者认为这种方位的次序遵循了阳性宗教在左、阴性宗教在右的原则，并且最早由道教提出，用以定义佛道关系。穆瑞明认为在《化胡经》被禁的五十年内，释迦老君并置造像是由于玄宗治世扶持道教的特定背景下《化胡经》重新兴盛的结果。①

　　通过考古实例的梳理可以发现，道教三清思想与造像实物之间存在"错时"发展的现象，②即"三清"思想和观念已成熟，但中唐之前实物遗存较少。亦即代表道教史与道教思想的经典文献，并不能完全与造像实物相契合。

　　太清观碑记中载："奉为皇帝陛下、师僧、父母敬造老子三尊一□刊□"，③此处最有可能是对一气化三清的实物表现。五代之后，三清并置像的实物与记载出现更加频繁。南宋御府藏有唐初阎立本（约 601—673）所绘制的"三清像"和"元始天尊"像各一幅。④ 七世纪

---

　　①　ChiristineMollier. Iconizing the Daoist-Buddhist Relationship.《道教研究学报：宗教历史与社会》，香港：香港中文大学出版社，2010 年第 2 辑，第 95—133 页。

　　②　"错时"（anachronique）本是法国艺术史学家阿拉斯本用以阐释作品与观者之间关系的概念，亦即存在三个时代：我们所处的时代、作品问世的时代、从作品问世到我们所处的时代之间。本文借用此概念，用以概括图像与文本和观念之间常常并不同一的现象。丹尼尔·阿拉斯著、李军译：《拉斐尔的异象灵见》，北京：北京大学出版社，2014 年；相关研究见李军：《交错的共时：为了建构一种当代艺术的美学》，《美术向导》，第 118—126 页。

　　③　《全唐文》第 10 册，卷 989，北京：中华书局，1983 年，第 10238 页。

　　④　王群栗点校，《宣和画谱》，杭州：浙江人民美术出版社，2012 年，第 14 页。

图 1-31　石门山三皇洞三主尊
头部上方残存的道像（笔者拍摄）

时元始天尊与三清像仍旧需要分别绘制和祭拜。这是三清并置像在画史中最早的记载，但不见初唐实物遗存。南宋御府还曾收藏前蜀黄筌所绘的三幅"三清像"。① 北宋李公麟（1049—1106）也曾绘"三清图"。② 大中祥符元年（1008），临安官方敕建的崇道观中有吴越国王所舍的檀香三清像一龛，计二百六十区，以及铜三清像，历代供奉。③ 天圣二年（1024）建长宁宫供奉三清、玉皇道像，并在降真阁中安奉真宗御容。徽宗时期官方的宗教立场已经接受三清作为最高尊神，组织编辑《道史》《道典》，据《混元圣纪》记载："道纪断自天地始分，以三清为首，三皇而下，帝王之得道者，以世次先后列于纪。"④政和三年（1113），三清像已安奉在玉清和阳宫的三座主殿之首的玉虚殿内。和阳宫是过去福宁殿所在地，也就是宋徽宗的诞生之地。与三清像同时并存的还有玉皇、圣祖、北极天皇、元天太圣后、后土等像。⑤

———————

　① 王群栗点校《宣和画谱》，杭州：浙江人民美术出版社，2012 年，第 173 页。
　② 张丑：《清河书画舫》卷八，《景印文渊阁四库全书》，台北：台湾商务印书馆，1986 年，第 817 册，第 312 页。
　③ 钱泳：《履园丛话》，北京：中华书局，1979 年，第 488—489 页。
　④ 《混元圣纪》卷 9，《道藏》，第 17 册，第 883 页。
　⑤ 徐松等辑录、刘琳、刁忠民、舒大刚、尹波等点校：《宋会要辑稿》礼 51，第 3 册，第 1894 页。

三 文本依据

除了倚仗实物与图像之外，第二种考证路径则多从经典文本出发。小林正美（Kobayashi Masayoshi）比对《金箓大斋宿启仪》与《金箓设醮仪》，由于后者"上启"的神御名号排列更为整齐规范，并出现"三张"及天师道历代传法道师们的神格名称，因此推测三清古洞三清四御主尊并不是依据北宋末的金箓法斋建造，而是依据南宋初期的《金箓设醮仪》，分别推断为昊天至尊玉皇上帝、勾陈星官天皇、中天北极紫微大帝、后土皇地祇、南极长生大帝，最下层右壁的女性坐像据坐姿大致推测为"后土圣母"。① 小林氏精于古灵宝经和早期天师道文献的相关研究，依照《道藏》经典，认为西南道教造像都是延续天师道的传统，包括南山三清古洞。作者将仪式活动与造像实物做结合的方式值得关注，②同时也衍生出笔者以下的思考：

首先，在宋元之际实物图像中，无论是《八十七神仙卷》《朝元仙仗图》及永乐宫三清殿壁画，东极青华与南极长生大帝多以男性神格的尊像出现，以上任何一位神祇出现在三清古洞主尊中，则六御之中应出现五位男性神祇，与南山四位男性神御加两位女性主尊的实况不同。再次相同神祇可以出现在道教不同的科仪中，甚至同一部经典之内，也可根据不同仪式，祈请不同神祇。以包含南极长生、后土圣母的三清诸御为例，这一组合不仅出现在《金箓斋仪》之中，还出现在《玉箓资度宿启仪》《太上灵宝朝天谢罪大忏》《灵宝领教济度金书》（卷一百九十四、一百九十五、一百九十六等）、《无上黄箓大斋立成仪》《道门科范大全》等相关道经中。以上神谱除了可置于金箓法斋

---

① 小林正美著、王皓月译：《新范式道教史的构建》，济南：齐鲁书社，2014年，第209—210页；小林正美著、白文译：《金箓斋法与道教造像的形成与展开—以四川省绵阳、安岳、大足摩崖道教造像为中心》，《艺术探索》，2007年第3期，第41—43页。

② 葛兆光：《从小林正美〈唐代の道教と天师道〉讨论佛教道教宗派研究的方法》，载《唐研究》第十卷，北京：北京大学出版社，2004年，第29—44页；刘屹：《评小林正美〈唐代的道教与天师道〉》，《唐研究》第十卷，北京：北京大学出版社，2004年，第598—604页；Christine Mollier. Buddhism and Taoism Face to Face：Scripture，Ritual，and Iconographic Exchange in Medieval China. University of Hawaii Press. 2008。

谱系之下,还可能受到其他斋法影响。并且金箓斋主要用于"保镇国祚,消灾延寿"。① 绵阳玉女泉子云亭下留有题记的隋代造像 2 处,唐代造像 1 处。开凿于隋大业六年(610),由道士黄法暾奉为存亡二世,造天尊像。大业十年(614)正月初八,女弟子文托生母,为儿托生造天尊像一龛,目的是"愿生长寿子,福沾存亡,恩被五道供养。"②唐代由三洞真一道士孙灵讽供养造像一龛,并在咸通十二年(871)三月十一日举行了为期三天的黄箓斋。造像题记明确说明是为了济度家人生死,并非专为保国赈灾所设。神像与神位在仪式过程中,更像是仪式师奏报文书沟通天界之后,无形之道借助具象形体的显现。唐代编撰而成的《洞玄灵宝三洞奉道科戒营始》"造像"品中,将具体的神仙圣像描述为天地宫府诸仙降临的显现。③

历来从文献角度对三清古洞主尊身份进行讨论,多以南宋金允中《上清灵宝大法》、留用光《无上黄箓大斋立成仪》以及宁全真《灵宝领教济度金书》为参照。然而在以上文献中,三清与诸御的组合形式也并不固定,并且同一经典也会出现不同的诸御组合。因此仅从道经文献着手,仍旧无法明确造像的身份。

三清古洞中央三主尊为"三清"尚无异议,余下的二位女像争论较多。从图像布置的角度,二御尊像并不与中央三主尊平行,而是以斜设的形式出现,且无头光、身光。景安宁认为与北宋李公麟《孝经图》中的构图类似,可体现儒家祭祀的昭穆制度。④ 在此基础上,古洞主尊神祇还以纵向分层的方式以示诸御尊卑(图 1-32)。《灵宝领教济度金书》,明确图示出道教灵宝醮坛的样式:南北向醮坛呈三壁倒 U 形排列,以北为尊设置三清位,前置六御,以内外有别的形式

---

① 《道藏》,第 1 册,第 598 页。

② 龙显昭、黄海德编:《巴蜀道教碑文集成》,成都:四川大学出版社,1997 年,第 12 页。

③ 李丰懋:《道教坛场与科仪空间》,《2006 道文化国际学术研讨会论文集》,高雄:昶景文化事业有限公司,2006 年,第 590—591 页。

④ 景安宁:《三清古洞的主神位次与皇家祭祖神位》,收入黎方银主编:《2005 年重庆大足石刻国际学术研讨会论文集》,北京:文物出版社,2007 年,第 345—354 页。

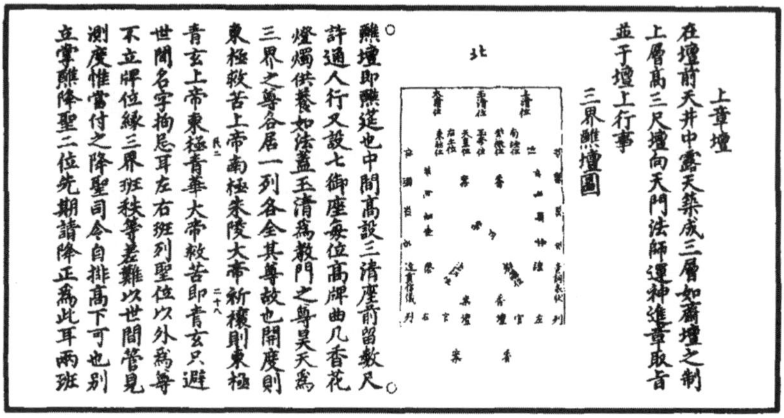

醮壇即醮筵也中間高設三清座前留數尺
許通人行又設七御座安位高牌曲几香花
燈燭供養如法蓋玉清為教門之尊昊天為
三界之尊合居一列各全其尊故也開度則
東極救苦上帝南極救苦青玄大帝祈禳則東極
青玄上帝東極青華大帝救苦即青玄只避
世間名字拘忌尹在右班列聖位以外為每
不立牌位緣三界班秩等差難以世間管見
測度惟當付之降聖司令也別
立掌醮降聖二位先期請降正為此耳兩班

上章壇
在壇前天井中露天築成三層如齋壇之制
上層高三尺壇向天門法師運神進章取旨
並于壇上行事
三界醮壇圖

北

图 1 - 32《灵宝领教济度金书》坛图①

区隔主次尊卑。这一布局样式与道经中有关盛真班位品中对天神等
级次序的排列类似：

　　　上御筵

　　　上层中列

　　　玉清圣境虚无自然元始天尊妙无上帝。

　　　上清真境虚皇玉晨灵宝天尊妙有上帝。

　　　太清仙境万变混沌道德天尊至真大帝。

　　　上层第二列

　　　在中列前，低中列五寸

　　　太上开天执符御历含真体道昊天至尊金阙玉皇上帝。

　　　紫微中天北极大帝。

　　　紫微上宫天皇大帝。

　　　东极救苦青玄上帝。

　　　神霄真王长生大帝。

　　　承天效法后土皇地祇。

　　　以上并奏请，三清称道慈，诸帝称天慈，后土称宸慈。并

------

① 《灵宝领教济度金书》卷1，《道藏》，第7册，第28页。

御座。

 左右班三百六十位①

此经文对三清六御及其余三百六十位天神的位序等级做了区隔。在祈禳奏请科仪中，需要依次奏告位于上层中列的道慈三清、天慈诸御和宸慈后土。以上经典将六御看作整体，并未具体区别女性神祇与其余四御。但在实际布置中，两位女性形象置于更低处。只是在上述经典中，只有后土皇地祇为女性神格，与三清古洞情况略有不同。

 后土原为男性神格，武则天时期祭祀后土的系列活动以及文本《后土夫人》的产生，使得这位神祇具备女性神格特征，后土也在唐宋之际完成了从官方系统到民间神祇的转变。廖咸惠以扬州地区的后土崇拜为例，分析其中不同政治、宗教与地方社会的力量对神祇演变的影响。最重要的是，高骈通过修建装饰后土庙与神像，成为大众可以祈祷的圣地。② 有趣的是，只在五代前蜀时期道士杨勋的法术中出现后土发挥军事方面神力的记载。③ "后土，即朝廷祀皇地祇于方止是也。王者所尊合上帝，为天父地母焉。"④

 另一位出现在南宋六御中具有女性神格的应为元天大圣后。圣母尊号在宋代也有不断加封的过程。先是大中祥符五年上"圣祖母"号，兖州太极观成，择日奉上至是诏王旦等行册礼。天禧元年（1017）上圣母尊号为元天大圣后。欧阳修撰有景灵宫雅饰元天大圣后圣容的道场青词："伏以珍宇邃严，奉真灵而有素；玉容清穆，谨修被以惟时。爰按仙科，俾申虔告。载瞻道荫，宜鉴冲诚。"⑤ 该神御同样是一位由赵宋官方专门建构出来用以匹配圣祖的神祇，进入道教

---

① 《灵宝领教济度金书》卷 4,《道藏》,第 7 册,第 50 页。

② 廖咸惠:《唐宋时期南方后土信仰的演变——以扬州后土崇拜为例》,《汉学研究》第 14 卷第 2 期,第 103—134 页。

③ 吴任辰:《十国春秋》卷 47,《景印文渊阁四库全书》,第 465 册,第 9—10 页。

④ 《道门定制》卷 2,《道藏》,第 31 册,第 668—669 页。

⑤ 欧阳修撰、周必大编:《文忠集》卷 86,《景印文渊阁四库全书》,第 1102 册,第 684 页上。

神谱之后,具有自己独立的形象和神格特点:"元天大圣后相,素衣,老容,慈悲。常善救物,专解亢旱,兆民灾伤,兵革四兴之事,与青阳同。凡行法人一切急难,首当告之"。① 道门内部赋予元天大圣后专解亢旱之职,并将之与黄帝之子玄嚣做类比。这里圣祖母已从赵宋皇室成员转化为具有宗教神灵特色的神祇。

在宋代道教经典之中,圣祖天尊的位序并不固定,主要有两种排布方式,一是紧跟三清、玉皇之后,为诸御中第二位,如王契真《上清灵宝大法》卷二十八、卷六十二;《灵宝领教济度金书》以及《无上皇录大斋立成仪》等;二是位列玉皇、天皇、北极之后,处于诸御中第四位,如《道门科范大全》卷三十四、《太上出家传度仪》等。这应是仁宗景祐元年(1034)四月重新审定醮位的结果。而根据圣祖不同的排列位序,宋代道教官方的掌控与制度化的整理极具特点,尤其是代表皇家祭祀系统的圣祖和圣祖母,通过官方下诏和全国宫观网络的建立,成为道教内部重要的尊神,成为特定历史时期独具特色的"三清四帝二后"神祇构成。但道门内部对于这种来自官方的命题作文态度如何,是主动迎合还是被动吸收,自上而下对道教内部重要神祇组合进行重组,道内人士究竟如何看待这种重组现象?

圣祖降临事件之后,宰相王钦若主持上书,要求上九天司命赵氏始祖和圣祖母尊号,王契真撰《上清灵宝大法》卷十记载圣祖和天书下降以及相配圣祖母的过程,两位神祇可以位列天地九位。在文中作者直言:

> 黄龙一炁司命保生天尊,乃神仙人物之主,天子王侯之尊也。何其证耶。不知真庙以前,圣祖未降之时,天子王侯又谁为之尊耶。君子于其所不知,岂可强言,迷误后学,贻笑无穷。②

---

① 《道法会元》卷132,《道藏》,第29册,第629页。
② 王契真:《上清灵宝大法》卷10,《道藏》,第30册,第731页。

作为黄箓斋法全书的《无上黄箓大斋立成仪》卷十五中也录有"圣祖位序说",作者概述了宋代圣祖位序的变迁。[①] 北宋初天书下降之后,皇家在景灵宫内侍奉圣祖,州郡天庆观均设立圣祖殿。北宋年间彭定年等人参与修订的醮仪位序中,为了凸显圣祖的地位以及皇权的正统性,将其置于北极、紫微之上,这两位道教神祇都负责掌管宇宙时序。《宋会要辑稿》载:

> 徽宗政和三年四月二十四日,以福宁殿东今上诞圣之地作玉清和阳宫,凡为正殿三,挟殿六。前曰玉虚,以奉三清、玉皇、圣祖、北极、天皇、元天大圣后、后土等九位。[②]

这种改造在道教内部看来,打乱了神圣秩序,是导致诸多郡县出现灾异的原因。每次遇到斋醮仪式时,儒家祭祀系统都会在圣祖殿供养圣祖天尊,由官员撰写青词用以奏告并成为定制。当时还有很多地方性或偏远的宫观小庙尚未增设圣祖殿,在祭祀活动中也必须为"圣祖"专门设置牌位。从事科仪的道士们后来逐渐将"圣祖"融入到请神下坛的神谱中。建炎南渡后,朝廷做各种醮仪和祭祀,更是需要延续圣祖赵玄朗的"天书下降"之说以示正统。在南宋蒋叔舆(1156年—1217)看来,设醮祈祷时官方在圣祖殿祭拜圣祖,虽没有召请其他道教仙真降临,但在皇家内部具有家庙性质的场所进行祭祀仪式,也算合理。而在皇家礼仪场所以外,由各州县官僚和士大夫主持和参与的祈禳仪式中,再在道教仪式中增添圣祖之位,则根本就是僭越行为。实际上,以蒋叔舆为代表的道门内部人士极为巧妙又坚定地否定了将"圣祖"纳入道教祈禳特别是地方祈禳仪式的请神范畴中,另一方面也可从中窥探,通过自上而下的官方敕令与影响,在南宋地

---

① 《无上黄箓大斋立成仪》卷15,《道藏》,第9册,第464页。
② 徐松等辑录、刘琳、刁忠民、舒大刚、尹波等点校:《宋会要辑稿》礼51,第3册,上海:上海古籍出版社,2014年,第1894页;有关玉皇与皇家南郊祭祀的相关研究,参见吴铮强、杜正贞:《北宋南郊神位变革与玉皇祀典的构建》,《历史研究》,2011年第5期,第47—59页;谢聪辉:《新天地之命:玉皇、梓潼与飞鸾》,台湾:商务印书馆,2013年。

方性的祈禳仪式中尊请"圣祖"的现象已较为普遍。

对于圣祖跃居北极之上还是带来很多讨论。官至礼部尚书的魏了翁曾这样谈及：

> 李唐之先，莫知所始，自乾封追崇老君之号，天宝而后则加名以圣祖，馆之新庙，太清兴庆之祠，殚极巨丽。盖世儒之说，谓帝王之生皆出神明之裔，郑氏至谓帝王之始，皆感天而生，语虽神怪，大抵推世德以崇帝胄，神天命以弭奸觊，此圣祖殿之所为所作也。①

从学术史的角度，对三清古洞主尊组合的考察也从最初的"三清四御"明确为"三清六御"。这种对道教尊神组合的统称应形成时间较晚。直到成书于元代的《修真十书》中才明确出现"三清四御"的说法："九九道至成真日，三清四御朝天节"。② 宋元年间成书的《道法会元》将三清四御七位尊神统称为"七宝"。③ 宋代重要的《无上黄箓大斋立成仪》中，三清之后多罗列昊天六御宸尊。④ 学界一般认为"三清六御"的组合形成于真宗之后。大规模的封神运动的确使得道教神系不断扩充并完备。《道藏》里明确以"六御"统称请神降临主尊的情况仅在署名杜光庭、仲励编撰的《道门科范大全》中出现过两次，分别是：

卷二四《文昌注禄拜章道场仪》散坛行道中"上启金阙虚无三清上帝，昊天六御宸尊"。⑤ 此处"六御"没有具体所指，但在同一科仪本卷十九《文昌注箓拜章道场仪启坛行道》中"六御"名下为："洞真自

---

① 魏了翁：《鹤山集》卷 50，《洋州天庆观圣祖殿记》，《景印文渊阁四库全书》，第 1172 册，第 568 页。

② 《修真全书》，《道藏》，第 4 册，第 628 页。

③ 《道法会元》卷 3，《道藏》，第 28 册，第 683 页。

④ 石衍丰：《道教奉神的演变与神系的形成》，《四川文物》，1988 年第 2 期，第 3—9 页。

⑤ 《道门科范大全》卷 24，《道藏》，第 31 册，第 812 页。

然元始天尊、洞玄大道玉宸道君、洞神大道混元老君、昊天玉皇上帝、南极天皇大帝、北极紫微大帝、后土皇地祇",这里只列出四御。同一科仪本卷二十中分列"太上虚无自然元始天尊,玉晨大道灵宝天尊,万天教主道德天尊,昊天至尊玉皇上帝,南极天皇大帝,北极紫微大帝,后土皇地祇,圣母元君",四御之外多了一位圣母元君。卷十九至卷二十四是完整的一部有关文章注箓拜章的科仪,分为启坛(卷十九)、早、中、晚三场行道科仪(卷二十、卷二一、卷二二)及散坛(卷二三)三个主要部分,是典型的灵宝斋仪步骤,因此应将以上六卷文本看成一个仪式整体。综合看来,这里的六御比四御多了一位圣母元君,还缺少的一位尊神,应为元代被删减的圣祖,才能共同构成卷二十四中所谓的"六御"。

　　同样《道门科范大全》卷三十七至卷四十都是关于"安宅解犯"科仪的文本,分别包含启坛、清旦、临午和晚朝行道。以上四卷作为仪式文本的整体内容上应会存在相互补充之处。在卷四十《安宅解犯仪晚朝行道》中,提到"虚无三境六御宸尊",但并未有六御具体尊号。① 卷三十八分列各自分位:"太上无极大道元始天尊,太上道君,太上老君,昊天至尊玉皇上帝,勾陈星宫天皇大帝,中天星主紫微大帝,承天效法后土皇地祇"。② "三清"之下只有四御,这种缺失的二御现象在道经编撰中并非孤例。典型的如四川江源县天庆观南宋道士吕元素 1188 年编撰的《道门定制》卷二中出现"九皇御号",③在文中也只指罗列了三清之外的四位:昊天玉皇上帝、天皇大帝、北极大帝、后土皇地祇。但在卷五中,仍旧出现圣祖保生天尊和元天大圣后的名号。④

　　西蜀道士吕元素淳熙年间修订的《道门定制》卷二表状章词中,详细罗列明确九皇各自的身份:

---

① 《道门科范大全》卷 40,《道藏》,第 31 册,第 848 页。

② 《道门科范大全》卷 38《道藏》,第 31 册,第 843 页。

③ 《道门定制》卷 2,《道藏》,第 31 册,第 668 页。

④ 《道门定制》卷 2,《道藏》,第 31 册,第 710 页。

九皇御号

洞真大道金阙自然高真大圣元始天尊金阙下,元始以一炁化生三才,于龙汉初劫,说洞真之道,开化人天,为万道之祖。

洞玄大道玉宸元皇道君大圣灵宝天尊金阙下,道君降生郁芬天国,受教于元始,于赤明劫,说洞玄之道,开度众生。

洞神大道金阙玄元老君大圣降生天尊金阙下,老君始自开辟,历为帝师,于开皇劫,说洞神之道,受元始教命,降生商周,开导众生。

开天执符御历含真体道昊天玉皇上帝玉陛下,玉皇即朝廷圆丘所尊昊天上帝,是谓造物者真武降言,吾侍卫玉帝,唯见通明殿中,红云郁勃,即上帝临御也,未尝得瞻帝容焉。

上宫紫微天皇大帝玉陛下,句陈口中一星,曰天皇大帝,其神曰耀魄,实主御群灵焉。

中天紫微北极大帝玉陛下,北极有五星,中一星为紫微大帝,又曰北辰,故云居其所而众星拱之。四星为辅,出度受正。

承天效法厚德光太后土皇地祇,后土,即朝廷祀皇地祇于方止是也。王者所尊合上帝,为天父地母焉。①

这里所谓的九皇,既不是《太平经》中所说的天有三皇、地有三皇、人有三皇的九皇或《天皇至道太清玉册》中的上三皇、中三皇、下三皇;也不是《上清河图内玄经》及《北斗九皇隐讳经》中所谓的北斗九星的"九皇君",而是在三清四御基础上建立起来的神祇系统。但细读经文可发现,"九皇御号"名下,实际上只有三清及另外四位天神,缺失了两位神祇。同时经文中对玉皇的身份做了解释:本为朝廷官方圆丘所祭祀的昊天上帝,可见此处昊天玉皇上帝是宋代由官方整合进入道教的一位神祇。景德二年之后的郊祀神位变革在王钦若的主持下,与宋初延续的大唐开元礼郊祀制度有所不同,特别是将天皇大帝置于神坛第一龛第一位,跃居"五方帝"之上、"昊天上帝"之下,在吴

---

① 《道门定制》卷2,《道藏》,第31册,第668—669页。

铮强看来是受到署名杜光庭编撰的《太上黄箓斋仪》的启发。①

以此为参照,可推测在《道门科范大全》中,六御构成中也有可能出现圣祖和圣母。该经典虽归于杜光庭名下,但无法认为该经文及"六御"称号就诞生于唐末,全文更多应基于南宋时期仲励的改编。如经文中出现"太上开天执符御历含真体道昊天玉皇上帝"的法位,该徽号诏敕于政和六年(1116),并在同年九月旨在玉清和阳宫上"太上开天执符御历含真体道昊天玉皇上帝"徽号宝册,要求在宫观之中设昊天玉皇上帝塑像。② 北京故宫藏有一件宋徽宗题写的一支玉简,政和六年(1116),在为玉皇上帝加上圣号的祀典中,玉简所归属的玉册被徽宗安奉在汴梁玉清和阳宫的玉虚殿内。玉简遗存徽宗御书瘦金体"太上开天执符御历含真体"十一字,字内填金。③

玉皇在宋代政治和宗教中扮演了重要角色,谢聪辉以玉皇为主线,综合不同版本的《玉皇本行集经》,结合区域神祇梓潼帝君化书,讨论更新与变化的天帝,从中可以看到新的国家神话、礼仪制度、封号与神谱位阶的更迭,道教为宋代政权的合法性做出的努力。同时还可以看到民间地方社会以及道教内部对玉皇的接受与反应,作为天师道和梓潼信仰发源地的四川,以飞鸾开化的形式降世新的经书,《玉皇经》的出现可体现出官方宗教诉求与地方社会生发的宗教信仰密切地联系到一起。④

通过《大全》中出现的以上加封徽号时间,可证明今天所见署名杜光庭撰的《道门科范大全》,实际上不太可能完成于晚唐,极可能呈现的是1116年之后仲励重编的面貌,应会体现较多宋之后的时代面貌。

有关道教造像的仪式功能与文本基础、道教学的阐释尚有进一

---

① 吴铮强、杜正贞:《北宋南郊神位变革与玉皇祀典的构建》,《历史研究》,2011年第5期,第47—58页。

② 脱脱等:《宋史》卷21,第2册,第396页。

③ 陶金:《钦安遗珍:钦安殿藏宋徽宗玉简与十二雷将神像画》,《紫禁城》,2015年第5期,第68—81页。

④ 谢聪辉:《新天地之命:玉皇、梓潼与飞鸾》,台湾:商务印书馆,2013年。

步探究的空间,神祇判断是相关研究中基础却又重要的一环。无论是从实物还是文献角度着手,还是应回到最早宋代王象之对南山言简意赅的记载:

> 南山,在大足区南五里,上有龙洞、醮坛,旱祷辄应。淳化二年,供奉官卢斌平蜀余贼任诱等,斌率兵驻昌州南斗山,南山最高,望眼阔远。土人云:他郡有警,则置烽火于此。①

北宋初年,南山是一个与地方民事及军政活动密切相关的地点。卢斌负责平定当时活动在大足东龙水镇一带以任诱为首的蜀贼。宋人对南山的记载止于南宋理宗淳祐七年(1247),地方官何光震为郡守王梦应在此饯别,撰写碑文并上石。明代杜应芳在《补续全蜀艺文志》中载:

> 玉皇古洞在治南二里,山如屏,有石洞深广丈许,宋知昌州军事何格非与知剑州军事张宗彦及古今题咏皆列洞左。②

明代《蜀中广记》、清代《金石苑》《续金石苑》《石语》中均有关于四川道教石刻碑文的著录。与一般意义上所谓民众功德造像不同的,这是一处曾明确用于祈雨仪式的摩崖造像。

四 祈雨仪式

祈雨在宋代社会中扮演了重要角色,由此产生大量的祈求雨雪的青词、醮词、斋文等文本形式。儒释道、地方民众、官员乃至帝王都

---

① 王象之撰、李永先点校:《舆地纪胜》,卷 161,成都:四川大学出版社,2005 年,第 4880 页;祝穆:《方舆胜览》,卷 64,上海:上海古籍出版社,1991 年,第 548 页;陈澍:《初析大足南山石刻中的道教思想》,《中国道教》,1987 年第 3 期,第 39—41、55 页;李小强:《大足南山道教醮坛造像》,《中国道教》,2003 年第 1 期,第 39—40 页。

② 杜应芳编:《补续全蜀艺文志》,卷 55,《续修四库全书》编纂委员会编:《续修四库全书》,第 1677 册,上海:上海古籍出版社,2002 年,第 1284 页。

会参与到这样一项关乎国运与民生的仪式活动中。对于祈雨活动的研究,一方面将农业社会中的祈雨活动置于政治文化与社会的背景下,讨论国家祀典与祈雨实践的关系,探讨其中的联动因素,在这一方面以雷闻、皮庆生等最具代表;①其次通过对祈祷活动中诞生的宋代青词,探讨其文学特征或文人心态。② 此外,由于儒释道均深刻参与到祈祷活动中,如何通过祈雨文本与实践,探究不同宗教之间的竞争,亦值得细致分析。除此之外,祈祷水旱作为农业社会中重要的沟通与交感方式,图像表现源远流长,早在汉画像中就有明确的水旱神像。③ 如何勾连造像实物与道教仪式之间的关系,对南山石刻以及三清古洞主尊身份问题的讨论,都是无法忽视却又较少被提及的角度。

大足石门山十圣观音窟同为南宋造像,在正壁与左壁转角处有一位男供养人像,在高 61 厘米、宽 48 厘米的题记栏上有绍兴四年(1134)铭文,其中明确提及:

> 见天忽亢旱雨不应,时民不足,于是遂兴丹恳,大建良因。集远近信心,就此石门山上建观音大洞一所,无量寿佛并十圣菩萨,祈风雨顺时、五谷丰盛,始自丙辰兴工至庚申残腊了毕。上愿皇土永固、佛日增辉。④

---

① 参见雷闻:《郊庙之外——隋唐国家祭祀与宗教》,北京:生活·读书·新知三联书店,2009 年,第 293—340 页;皮庆生:《宋代民众祠神信仰研究》,上海:上海古籍出版社,2008 年。

② 刘欢萍:《试论中国古代祈雨文的主题特征及其文化内蕴》,《文化遗产》,2012 年第 3 期,第 68—76 页;夏广兴:《密教传持与宋代民俗风情——以宋代祈雨习俗为中心》,《民俗研究》,2015 年第 1 期,第 104—111 页;研究综述方面可参阅叶蕾蕾《西方汉学家的中国祈雨仪式研究》,《南京工程学院学报》,2016 年第 1 期,第 30—33 页;谢一峰:《延续中的嬗变:两宋道教与政治、社会、文化的关系》,复旦大学文史研究院中国史博士学位论文,2017 年,第 172—175 页。

③ 崔华、牛耕:《从汉画中的水旱神画像看我国汉代的祈雨风俗》,《中原文物》,1996 年第 3 期,第 75—83 页。

④ 重庆大足石刻艺术博物馆编:《大足石刻铭文录》,重庆:重庆出版社,1999 年,第 352 页。

1134 年由于大足亢旱不雨,地方居民岑忠用与裴氏夫妇募化远近信士,开凿佛教造像以做功德,祈求风调雨顺。大足地区造像与宗教仪式的密切关联已在学界展开讨论。宝顶山大佛湾就被认为是佛教密宗整体设计用于仪式活动的道场,其中毗卢洞门楣上刻有"毗卢道场"。北宋末至南宋初的个人私产石篆山,包含儒释道及民间造像不同题材,侯冲认为这是 12 世纪佛教水陆法会盛行下的产物,三教造像的出现源自水陆法会中需要祈请的三教神祇,作为到场的证据。① 因此大足宋代摩崖造像的出现与祈请仪式与祈雨活动之间存在直接关联。

前一节中已提及,明确以"六御"统称临坛主尊的情况仅出现在《道门科范大全》中。此书是一部南宋时补编的道门科仪文本,包含生日本命、禳灾消灾、祈嗣、祈求雨雪、文昌注箓、祈嗣、安宅等近 20项科仪目类,每项科仪又多分为三朝行道及启坛、散坛等主要仪式步骤。卷十二《祈求雨雪仪启坛行道》在升坛、都讲举,各礼师存、高功宣卫灵咒、鸣法鼓二十四通、高功发炉之后,详细罗列道士召请临坛的神祇法位:

> 具位臣某与临坛官众等,谨同诚上启,虚无自然元始天尊,无极大道太上道君,太上老君混元上德皇帝,昊天至尊玉皇上帝,上宫紫微天皇大帝,中天北极紫微大帝,圣祖上灵高道九天司命保生大帝,承天效法厚德光大后土皇地祇,元天大圣后,五福十神太一真君,三十二天帝君,东华、南极、西灵、北真、仙都、玉京、七宝、瑶台、紫微上官灵宝帝君,明皇道君,三十六部尊经玄中大法师……府界县境、诸庙福神,三界应感,一切真灵。②

神祇法位需要通过"启"这样一个启动仪式过程的节点,唤请神灵。③

---

① 侯冲:《石篆山石刻——雕在石头上的水陆画》,大足石刻研究院编:《2009 年中国重庆大足石刻国际学术研讨会论文集》,重庆:重庆出版社,2013 年,第 182—199 页。

② 《道门科范大全》卷 12,《道藏》第 31 册,第 786 页。

③ John Lageway. Taoist Ritual in Chinese Society and History. New York, 1987, pp. 174—177.

以道士或法师作为中介,通过对某些特定神灵的召请,使其降临,达成世俗空间与神圣空间的交通。启坛仪式之后,还需要在早、中、晚一天的时间里先后举行三场醮仪,称作清旦行道(卷十三)、临午行道(卷十四)、晚朝行道(卷十五)。以上三场仪式中召请的神祇都有:

> 具位臣某与临坛官众等,谨同诚上启,虚无自然元始天尊,无极大道太上道君,太上老君混元上德皇帝,太上开天执符御历含真体道昊天玉皇上帝,紫微天皇大帝,中天北极大帝,圣祖上灵高道九天司命保生天尊大帝,后土皇地祇,元天大圣后,五福十神太一真君,三十二天帝君,三十六部尊经玄中大法师,东华、南极、西灵、北真、仙都、玉京、金阙、七宝、瑶台、紫微上宫,灵宝至真明皇道君,上相上宰,上保上傅,三皇五帝,十一大曜星君,北斗七元星君,二十八宿星君,九宫十精太一君,北极四圣真君,扶桑大帝,旸谷神君,洞渊龙王,十洞五岳,九江水帝,八海龙王,三河四渎、五湖七泽、溪谷川源、五方行雨龙王,风云雷电、阴阳主宰,府界县境、诸庙神祇,城隍社令,三界应感,一切神灵。臣闻妙道难明,运三才于无间;至神莫测,宰万物于有形。旁昭日月之明,肃震风霆之号,协四时而和象,鉴百善以降祥。惟德乃亲,克诚是享。今某伏为阴阳谬序,风雨、雨雪愆时,将害农田,实忧民疚,辄省循于匪德,惧尸素以贻殃。是敢蠲露钦修,祇严禳祷,冀诞臻于嘉应,祈溥洽于鸿休。臣等叨佩秘文,获承师训,凤殚疏牖,戒奉关行,所具词诚,谨当宣奏。
>
> 宣词。
>
> 按如词言,精诚允达。臣闻道之为用,蕴众妙以若冲;神之格思,本无方而善应。惟斋明之虔恪,符真眖以丕臻,凤荐宝熏,上崇宸佑。以今清旦行道,请法众等运兹初捻上香,愿此香烟,腾空上彻,供养十方无上道宝天尊。臣等皈身、皈神、皈命,首体投地,以是捻香功德,上祝当今皇帝陛下。伏愿天麻滋至,宝历斯昌,巩基构于亿年,茂本枝于百世。五风十雨,靡愆合序之和;四陬万邦,共戴承流之化。今故烧香,自皈依道尊大圣众至真之

德。得道之后,保天长存,和与道合真。

以今清旦行道,请法众等运兹二捻上香,愿此香烟,腾空上彻,供养十方无上经宝天尊。臣等皈身、皈神、皈命,首体投地,以是捻香功德,保绥郡宰,逮及属僚。伏愿妙道凝休,至神辅德。恺风绵远,一麾敦坐肃之良;甘雨应期,百里颂鸣琴之化。官联雅协,民瘼咸蠲,阴阳无愆伏之灾,稼穑有丰穰之望。今故烧香,自皈依经尊大圣众至真之德。得道之后,保天长存,和与道合真。

以今清旦行道,请法众等运兹三捻上香,愿此香烟,腾空上彻,供养十方无上师宝天尊。臣等皈身、皈神、皈命,首体投地,以是捻香功德,保佑斯民,逮兹合境。伏愿帝晖下烛,道阴俯周,介百顺于幅员,殄三灾于井邑。雨旸常若,提封无水旱之伤;禾稼多登,比屋有仓箱之庆。今故烧香,自皈依师尊大圣众至真之德。得道之后,保天长存,和与道合真。

唱方,忏方,命魔。

举,祈雨颂。

至道合元气,阴阳育万灵。下民多过犯。上帝降刑名。恳志勤朝忏,虔心悔杳冥。愿当垂雨雪,洒润遍无情。

三礼。

重称法位。

具位臣某与合坛官众等,谨同诚上启,大罗无上三清上帝,太上昊天玉皇上帝,九品高真,十方上圣,诸天诸帝,真经真师,圆穹上象,列宿星辰,厚地洞宫,岳渎主宰,水府洞渊,兴云致雨,城隍社令,一切威灵。臣闻圆穹杳默,神化隐于无言;大道洪蒙,元功运乎不宰。至于阴阳舒惨,天地密移,或沴气之所侵,则因时而为旱。靡有钦崇之典,曷伸请祷之诚。至忱则景贶丕临,精感乃灵休乞格。今有某等,伏为久愆甘雨,将害良田,将周华岁,未降祥霡,念守符于此邦,寔字民之为务。徒祈求之匪应,每震恐而自思。或治人有暗于诏条,或察狱有差于刑罚,积兹悔吝,罔召和平。是用祗洁瑶坛,茂宣药简,敢侧躬而谢咎,庶转祸以为祥。仰惟琼阙高真，玉京上圣，十方真宰，三界威神，洞启灵心，下垂慈施，驱灵窿元冥而呼屏翳，叱云将而驾风师。大需甘膏，覃沾雾润。普降飞霙，覃沾嘉润。幅员千里，潜消疫疠之虞；畎亩万家，俱获顺成之望。上明天尊大慈之泽，下副臣等祈向之诚，谨启以闻。

举，十二愿。

高功复炉。

香官使者、左右龙虎君、侍香诸灵官，当令臣向来清旦升坛行道之所，自然生金液丹碧，芝英百灵，众真交会，在此香火炉前。当愿十方仙童玉女，接侍兰烟，传臣向来所启之诚，速达径御至真无极大道、三清上圣、昊天玉皇上帝御前。

知磬举，出堂颂。

出户，引至六幕堂。①

第二个与祈雨有关的六御例证体现在灵宝科仪祈求雨雪道场的醮仪中，《大全》卷十七、十八②召请神祇的法位名称与以上法位一致，此不赘列。在十八卷中，除了出现三清六御为主尊的神灵系统外，特别强调在运用这一科仪来召唤神祇时，需奏告当地"府界县境、诸庙福神"。道教祈雨仪式的举行场地不限于道教宫观，还可以是地方性小庙，所召请的神祇不限于科仪本中所罗列出的十方仙真，还包括地方性庙宇中的神祇。道教仪式无论是空间选择还是召请神灵的名单中，都可以发现地方性因素的渗透与介入。

宋代参与祈雨活动的道教科仪种类虽多，但以雷霆斋最为灵验：

诸祈雨有碧玉斋、九龙斋、灵宝斋、洞渊斋、雷霆斋、孚泽斋，皆有成式感应，可以举行。今惟以雷霆斋为准第。③

---

① 《道门科范大全》卷13、14、15，《道藏》，第31册，第788、790、793页。
② 《道门科范大全》卷17、18，《道藏》，第31册，第795、798页。
③ 《灵宝领教济度金书》卷320，《道藏》，第8册，第823页。

法师通过步破地召雷罡,役使雷神下雨,焚符念咒,得以降雨。宋代逐渐兴盛的道教雷法术,也赋予诸位主尊在以祈求雨雪为主的雷部中,拥有明确的神格与法力规定,如:

> 三清上圣,雷霆祖也,十极至尊,雷霆本也,昊天玉皇上帝,号令雷霆也,后土皇地祇,节制雷霆也,北极紫微大帝掌握五雷也。①

《道门科范大全》祈雨科仪召请的法位一方面与三清古洞主尊的实际布置样貌相似,同时安岳老君岩也可以找到主尊神祇的线索,这与宋人笔下对南山"龙洞醮坛、祈祷辄应"言简意赅的记载不谋而合。

因此以历史记载、科仪文献和地方仪式功能为参照,《道门科范大全》祈求雨雪道场中,启奏的三清六御神系,更接近并符合三清古洞的神祇排列。三清古洞主尊身份应为:最上层三尊中央是虚无自然元始天尊,其左侧为太上大道君,右侧为太上老君。老君左侧为昊天玉皇上帝,对应紫微天皇大帝。左下为紫微北极大帝和后土皇地祇,右下为圣祖上灵高道九天司命保生天尊大帝和元天大圣后。相关神祇也出现在包括《太上出家传度仪》《道门定制》等文献中。据《太上出家传度仪》可知,指引弟子在坛前,三拜上香之后,须奉养三清上圣、十极高真、玉皇大天帝、紫微天皇大帝、紫微北极大帝、后土皇地祇、圣祖天尊大帝、元天大圣后。② 该经文虽然主要记述道士出家受戒的礼仪法事,但其中的神谱与南山三清六御的身份存在契合之处,可以佐证宋代实物中出现了由圣祖、元天大圣后构成的六御组合。

景安宁的研究为三清古洞做出重要推进。作者认为从真宗时期出现的四帝二后等同于皇家祭祖的三昭三穆,在最高级别的道场醮位中,

---

① 《九天应元雷声普化天尊玉枢宝经集注上》,《道藏》,第 2 册,第 569—570 页;《道藏》,第 1 册,第 752 页。

② 《太上出家传度仪》,《道藏》,第 32 册,第 161 页。

六御是必请的主神。并进一步认为宋元时期六御的六位主神位次成为定数,不能多也不能少。① 在宋代官方祀典系统中,四帝二后组合比较固定,然通过郊祀神位的梳理可知,宋光宗继位(1189 年)之后,明堂郊祀礼制中已不见奉祀元天大圣后的记载。因此这仅是北宋真宗至南宋光宗之间重要的神御组合样式。并且随着宋代道教醮仪的进一步丰富,六御神祇在宋代并非一个固定组合,其中四御相对稳定,余下二御则根据不同的科仪、祈禳目的和特定历史时期有所变化。② 四御在元明之后多会搭配金母元君、后土、西王母或先天一炁圣母元君等,构成了新的道教最高神祇的组合。四御与六御之间的关系,也非线演变过程,六御或多御不同的组合方式较为集中地出现在晚唐至两宋之间,也是继五方、五老之后,三清与诸御不断发生调整的过程,并经后人不断地删选、概括,最终明确了以北极紫微大帝、南极长生大帝、勾陈上宫天皇大帝、承天效法后土皇地祇所构成的相对稳定的"三清四御"。

第三节　制造圣祖

近年随着道教艺术研究的展开,某些特定图像成为重点关注对象,如《三才定位图》。③ 对图像进行图像志考辨是道教美术研究中的重要步骤。借由辨析出的神谱,可以讨论其中蕴含的宇宙观念,窥视道教内部自我建构的逻辑,并能进一步映射政教关系。尹翠琪通过对《正统道藏》本《三才定位图》的研究,考察北宋徽宗一朝道教宇宙神谱,认为此图以《度人经》为基础,通过融合不同道派传统,建立《三才

---

① 景安宁:《元代壁画:神仙赴会图》(第二版),北京:北京大学出版社,2016 年,第130 页;《三清古洞的主神位次与皇家祭祖神位》,2007 年,第 345—354 页。

② 胡孚深编:《中华道教大辞典》,北京:中国社会科学出版社,1996 年,第 1464 页。

③ 参见吴羽:《〈三才定位图〉考论》,中山大学艺术史研究中心编:《艺术史研究》10,广州:中山大学出版社,2008 年,第 191—201 页;许宜兰:《道经图像研究》,成都:巴蜀书社,2009 年,第 33—65 页;张鲁君、韩吉绍:《〈三才定位图〉研究》,《世界宗教研究》,2011年第 5 期,第 108—120 页。

定位图》中天真皇人、灵宝君与圣祖的关系，以此确立国朝合一的宇宙谱系，强调赵氏圣祖度人救世的特质，这一图像应被视为北宋瑞图文化下的产物。① 对南山三清古洞主尊神祇的身份讨论仍在继续，然不可否认的是，这处造像体现出较强的儒家祖先昭幕之制与宋代帝后御容特征，为宋代之前道教造像与神御形象所未出现之新现象。

宋代尊崇圣祖赵玄朗的问题，从史学的角度已论述颇丰。本节主要讨论圣祖如何通过视觉形象、建筑空间与仪式活动共同被塑造和建构出来。"制造圣祖"的模式并非真宗独创。唐代开元二十九年（741），玄宗在梦中受到启示，令人前往陕西周至楼观道求老子像一幅，御制《玄元皇帝临降制》颁布天下，并将老子像授予全国范围内的开元观供养。在前朝有本可依的情况之下，宋真宗几乎原样复刻了唐朝的崇圣活动。宋代追认赵玄朗为赵姓皇族祖先，并对圣祖的形象和身份进行不同角度的建构与神化。

制造圣祖有一个被熟知的故事：天书下降。天书本身被视为道教神圣经典降世的途径，从上清派的魏华存到宋代天心正法派的饶洞天，无不以经书下降而获得天启。天书本身就与儒家社会传统的谶纬或祥瑞之说不同，带有明显的道教色彩。真宗时期天书下降多达五次，依次为大中祥符元年（1008）正月降于大内左承天门、同年四月一日于大内功德阁、②同年六月于泰山、③天禧三年（1019）三月于京兆府乾祐县、④同年（1019）八月同降于乾祐县。⑤ 史学研究者关注到天书选择下降的地点，由宫廷苑囿之内，到山岳市邑。⑥ 如何让天

---

① 尹翠琪：《〈正统道藏〉本〈三才定位图〉研究——北宋徽宗朝的道教宇宙神谱》，《美术史研究集刊》第三十三期，2012 年，第 113—138 页。

② 李焘：《续资治通鉴长编》，卷 68，第 1530 页。

③ 《宋会要辑稿》礼 22，第 2 册，第 1126 页。

④ 李焘：《续资治通鉴长编》，卷 93，第 2141—2142 页。

⑤ 李焘：《续资治通鉴长编》，卷 94，第 2163 页。

⑥ 邓小南：《祖宗之法——北宋前期政治述略》，北京：生活·读书·新知三联书店，2006 年，第 316—319 页；方诚峰：《祥瑞与北宋徽宗朝的政治文化》，《中华文史论丛》，2011 第 4 期，第 217—223 页；方燕：《宋真宗时期的神异流言———以天书事件和帽妖流言为中心的考察》，《四川师范大学学报（社会科学版）》，2017 年第 6 期，第 159 页。

书下降的过程变得更为真实可信,在文本叙述中增添更多具体场景和细节描写,如六人降临,着彩色衣衫等,在空间和地点选择上,从形式上的私密梦境,到越发开放的公共空间。作为赵宋王朝君权神授的关键中转环节,明确的降示场所和具体的形象描述都是对圣祖降临真实性的增补。

圣祖的形象并非静态出现在历史书写中,而是以绘画、造像、建筑等诸多形式示现,并且借助节日、礼制规制的引导竭尽可能地参与到神圣与日常之间,体现出臣民的尊崇与忠诚之心。圣祖降临在视觉媒介中成为具有政治意涵和彰表忠孝的意涵。

通过前文的分析可知,这位代表皇家政权合法性的祖先,成为道教祈请奏告的六御对象,圣祖的形象因此也具有人、神双重属性,又因蒙元时期毁坏道经与圣祖像而得以终止。但宋代形成的三清诸御神系组合模式,以及纵向层级分明的神祇构图方式,被宋代以来的水陆画所继承,成为沿用至今的道教神祇图像。圣祖是宋代宗教与皇权中的公共形象,是典型的宗教、艺术与权力斡旋的结果。

一 圣祖崇奉与宋代宫观网络的建造

对于南山三清古洞主尊身份排列的来源近年来有学者讨论,三清诸御的主要样式被认为是受到北宋玉清昭应宫的影响。[①] 吴羽借助玉清昭应宫的神系排列,讨论真宗朝确立的道教神谱。[②] 实际上这处北宋时期的皇家宫观在布局样式上颇多时代特色。其中最重要的一点就是玉清昭应宫并未以三清殿为主殿,亦即玉清昭应宫以及与此相关的壁画稿本,虽有朝元图之样式,但所朝谒对象并非三清。[③] 以大

---

① 胡文和:《大足宋代道教造像的神祇图像源流再探索》,大足石刻研究院编《大足学刊》第一辑,重庆出版社,2016 年,第 251—265 页

② 吴羽:《唐宋道教与世俗礼仪互动研究》,北京:中国社会科学出版社,2013 年,第 58—73 页。

③ 对玉清昭应宫的研究参阅吴羽:《北宋玉清昭应宫与道教艺术》,《艺术史研究》第 7 辑,广州:中山大学出版社,2005 年,第 139 — 178 页;有关唐宋时期三清殿设置的历史梳理,可见吴羽:《文传北宋武宗元〈朝元仙仗图〉主神组合考释——兼论其与唐宋道观殿堂壁画的关联》,《故宫博物院院刊》,2008 年第 1 期,第 89—90 页。

足南山、安岳老君岩、大足佛耳岩等宋代遗存，无一例外所有神御均朝拜三清。又由于玉清昭应宫从建造完成至焚毁（1014—1029），这座北宋皇家道观仅存世十四年，北宋皇家道观神祇稿本样式，与大足南山之间传播的中间环节，欠缺讨论。对于三清六御的讨论，主要集中在剩余二御的身份上，亦即圣祖与元天大圣后进入宋代道教神御系统中的可能性与具体途径。

真宗时期全国天庆观和圣祖殿的增建，为南宋川东偏远之地的南山道庵提供包括圣祖在内的神御形象的可能。宋真宗大中祥符年间，诏令在全国范围内修建天庆观与圣祖殿，《续资治通鉴长编》卷二十七载：

> 诸路、州、府、军、监、关、县择官地建道观，并以天庆为额，民有愿舍地备材创盖者亦听。先是，道教之行，时罕习尚，惟江西、剑南人素崇重。及是，天下始遍有道像矣。[1]

在这一建筑空间之内，承载了包括圣祖在内的重要道教神御与造像。做过景灵宫、集贤院判官的夏竦（985—1051），曾奏上，昌州大足圣祖殿生出祥瑞：

> 四月昌州奏，圣祖殿下生芝草，一本四茎，及面有红光，如悦怿之状。昌元远地凝和气，真祖仙宫发帝祺。穆穆睟容分喜色，煌煌宝座秀灵芝。已彰日监灵心显，更表晨敷协气滋。元后钦崇膺瑞命，殊庭荐号答繁禧。[2]

昌州生出芝草的圣祖殿应设置在天庆观中。王象之《舆地纪胜》中曾记载昌州天庆观由旧观昌元观改造而成，这也是各地天庆观设立的两种主要方式：一种为新修，另一种则在旧有宫观基础上改建。不过

---

① 李焘：《续资治通鉴长编》卷72，北京：中华书局，2004年，第1637页。
② 宋庠：《元宪集》（上），卷12，上海：商务印书馆，1937年，第118页。

如何在各州县修建天庆观与圣祖殿,对于地方官来说是一件颇为费心且惶恐的事情,因为在大中祥符初年并未有具体圣像制作的标准。大中祥符六年(1013),知处州张若谷言:

> 奉诏修圣祖殿,未蒙降到圣像、部像。又,旧有轩辕庙处并议修崇。当州仙都山轩辕黄帝祠宫已重修正殿,及添部从。窃闻皇帝得六相而天下治,命蚩尤明天道,太常察地利,青龙辨东方,祝融辨南方,大封辨西方,后土辨北方。又御札,有六人躬揖天尊就坐。以臣参详,必当时六相。按唐天宝六年敕,三皇五帝各有配享,惟神农以祝融配,黄帝以后土配,其余蚩尤、太常、青龙、大封各未有配。以臣愚见,乞于黄帝殿内安六大相塑像,并加谥号,增入醮位。事下详定所参议,且乞所以加谥号。伏缘神灵之事,不可备知,恐难执据。今请添入设醮六位,及于殿内安塑像。望令玉清昭应宫与圣祖样同诏下。从之。是年,以朝谒太清宫,诏亳州、应天府圣祖殿,自京造像,往彼奉安,及车驾至,皆诣殿朝拜。[1]

因而地方宫观只能依据既有传统,按照三皇五帝及其配偶的样式予以模拟,并增加谥号添入祈祷醮位,按照天书下降描述的斜设六位,造六位神祇塑像并奉于殿内,这位处州官员进一步表达希望官方能将圣祖画样降于各州县,以供奉安标准像的想法。同样大中祥符六年(1013)雄州知州李允就曾以个人俸禄和名义创建北极殿,并获得赐额,但不久又先后得到诏令要分别修建天庆观与圣祖殿:

> 州无道观,以己俸创北极殿,蒙赐列真观额。近奉诏盖天庆观,当州别无地位,遂就列真观醮设。今又令修圣祖殿,已于观

---

① 刘琳、刁忠民、舒大刚、尹波等点校:《宋会要辑稿》礼5,第2册,上海:上海古籍出版社,2004年,第572页。

　　北置得空地。缘本观未有三清、玉皇殿，今欲盖造，未知圣祖殿合在三清殿前后，乞降式样，仍改赐天庆为额。①

大中祥符六年（1013）之前，州一级的宫观建设中许多并未设立三清殿与玉皇殿，更遑论三清与玉皇宫观的空间布置。第二年（1014）圣像在京城由官方统一制作完成，以御赐方式送往各级圣祖殿。最终雄州天庆观按照学士院规定，按《道藏》中三清为上，玉皇次之，圣祖又次之，北极更次之的顺序建造。尚未设立三清、玉皇殿的各州天庆观，亦按此序列布置殿堂或神像，并且此后醮告青词的撰写也需遵循此顺序。大中祥符九年（1016）真宗将梦中之境编撰为《圣祖降临记》颁布天下，并御制圣像颁布天下统一供奉。

　　仁宗天圣元年（1023）九月，根据秦州知州陈尧咨言可知，城中的天庆观前身为紫极宫，安奉圣祖。为了修建城北的天庆观，特别占用秦州寿山佛寺三分之二的面积改作道观，在其中增设圣祖殿。此外神宗熙宁四年（1071）颁布一条新令，使得供奉圣祖及祖宗神御的地方宫观能获得实际利益：

　　　　颁募役法于天下。诏崇奉圣祖及祖宗陵寝神御寺院宫观，免纳役钱。②

比邻大足的普州安岳城北一里的位置有天庆观，在唐代开元观基础之上，于宫观旁侧新设圣祖殿用以崇奉圣祖。嘉定十二年（1219）郡守杨太之主持修葺工作，宋人王烈撰写《敕赐兴修天庆观记》：

　　　　恭惟祖宗仁覆天下，克享天心，文教四敷，神道熙和。视汉唐有加焉。逮于祥符初治化隆洽，乃诏天下郡国咸筑道观，赐号

---

① 徐松等辑录、刘琳、刁忠民、舒大刚、尹波等点校：《宋会要辑稿》礼5，第2册，第572页。
② 马端临：《文献通考》卷13·职役考二，第384—394页。

天庆。五年又诏即观创殿,严奉圣祖像,陈设有仪,朝谒有史,视州制天下邑立社稷祠堂命州祀老子其来尤远,所以极推其本所自也。祠宫之设既所以章圣绪昭灵贶,又所以一民望教民顺,益永无疆。丕祖之宫位于东,虽冈阜清幽规模宏壮,然岁月滋久风雨盅蚀上颓下圮势将压焉。递递相承因循简陋不敢辙易,一椽岂非以役广费繁事大体重与嘉定十有二年冬。臣泰之被命来守傲修觐谒栋宇之倾剥惕然。^① 谓是尊祖之地,岂宜坐视其敝而恬不加意哉? 越明年,急下令鸠材役,议彻其颓弛蠹腐,自殿宇以及于肃客之所,悉更新之。竹木筒瓦、石工廪费,皆从官给,一毫弗以累民。傥工于季秋,告成于季冬,虽赤白囊交驰之际,工役鼎兴,民不告病,运用有成。乃谓臣烈曰:是役也,典礼之所重,而教化之所关,臣子之所修,而文物之所寓。匪徒为虚玄清寂之奉而已,不可以弗识也。烈曰:明王以孝治天下,而天下之人亦知以孝为心,然事可以义举,今之奉祖于观,其亦充仁孝而以义举者矣。^②

此圣祖殿中亦有圣祖像:

煌煌圣祖,威神在天。衍庆邦中,本支绵绵。云行雨施,垂三百年,华夏蛮貊,归于幅员。翠华宝辂,严殿遂筵。万国是瞻,畴敢不严。峨峨凤领,冠冕左蜀。顾瞻神宇,久圮弗肃。侯来自西,载顾载祗,兹焉弗治,心乎怛悯,军调方兴,力虽弗瞻,祖庙当严,修崇敢缓,输樟运杞,转轮是梓,炳炳薨楹,陾陾栋础,朝觐之容,臣工之恭,亿万斯年,继祀无穷。宋王烈撰。^③

---

① 《安岳县志》,载故宫博物院编:《故宫珍本丛刊—四川府州县志》第四册,海口:海南出版社,2001年,第78—79页。

② 《安岳县志》,载故宫博物院编:《故宫珍本丛刊—四川府州县志》第四册,第78—79页;龙显昭、黄海德编:《巴蜀道教碑文集成》,成都:四川大学出版社,1997年,第160—161页。

③ 《安岳县志》,载故宫博物院编:《故宫珍本丛刊—四川府州县志》第四册,第79页。

安岳天庆观碑记复述了一个史实,即大中祥符初年真宗在全国范围内敕建天庆观,大中祥符五年(1012)要求在天庆观之中增设圣祖殿崇奉圣祖。这一崇奉圣祖的活动自真宗朝起,在徽宗朝达到顶峰,无论是尊像陈设、朝谒仪式都有典可据。

徽宗崇宁元年(1102):

> 天下州军天庆观圣祖像有系泥塑者,并令合属计置,改充漆布塑像,物料工直至置造银花瓶并以系省钱充。殿牌皆以金字。其余务在严洁恭肃,以称尊祖钦崇之意。①

政和七年(1117)正月再诏:

> 诸路州县官吏每遇朝拜天庆观,并先诣昊天玉皇上帝殿,次诣圣祖殿。②

天庆观中圣祖殿的制式在徽宗年间得以统合,并成为各级官吏必须朝谒的对象,形成礼仪制度的牵引。南宋初年高宗在临安举行的一系列祭祀活动更以天庆观为核心展开。南宋初又由于宋金战争的紧张局势,天庆观成为一系列崇祖与祀典仪式的展开空间,这一建筑空间自两京至全国范围均有分布,成为宣示政治权力合法性的空间网络,以圣祖为代表的神御体系,对赵宋政权合法性的彰显是最为直接有效的载体。这项崇祖活动一直延续至南宋末,各地仍旧有不断重修和刻碑上石的工作。

正是宫观性网络的建立以及对崇奉圣祖规制的制定,使得这一奉祀对象和诸御造像能自上而下在地方社会广泛散播,这也是三清古洞主尊身份与官方祀典体系之间联系的重要中间环节。宋代全国天庆官的数量非常可观,覆盖范围路府州县各级行政单位。大足有

---

① 《宋会要辑稿》礼5,第2册,上海:上海古籍出版社,2004年,第573—574页。
② 《宋会要辑稿》礼5,第2册,第572页。

记载的天庆观至少有一处,明确是在旧昌元观基础之上修茸而成。宫观建筑内包含圣祖在内的造像,大大增加了圣祖被地方官员与民众看"见"的机会,而地方行政机构对承载圣祖像的宫观进行朝谒,也成为表达顺从与忠诚的重要途径。

天庆观中不但有圣祖像,还需要有朝元题材与场景,共同拜谒三清与包括圣祖在内的神御。饶州天庆观可追溯至南齐玄真观,从大中祥符年间改名为天庆,宣和年间进一步加封宫观匾额,道教、道观、道士之兴,受惠于林灵素及所开建的神霄宫和箓坛。至淳熙年间,饶州天庆观已毁,南宋末再次修复并增设朝元阁。这处宫观自述的源流、兴盛、焚毁及重修的过程,可折射出地方天庆观及所负载道教及神御造像之兴衰变化,南宋末最后的修复工程无尽奢靡,沥粉贴金、壮丽重威:

> 旧观在湖水北,去郭可二里。建于南齐,名玄真观。梁陂震泽,唐改元,至大中初,郡人夜闻风雷,黎明开观,移于郭内湖水之南。旧记如此:祥符改名天庆,宣和加神运二字,淳熙庚子毁焉,新观仅复,旧规未完,道士程闻一谋新三门,未遂而蜕。其徒李师古,追述师志,募众力捐私钱,门既雄壮,遂建朝元阁五间,高百尺,横径二十余丈。层檐入云,危槛平虚,中列仙圣,外饰金碧。縻钱五千缗太守玉堂林公希逸大书"神运福地"四大字揭于外檐。师古谓:余尝仕于番以记见属余惟老氏之道,以俭为宝。其言曰:舍俭且广死矣。至列子始夸大,化人之宫若神鬼所营,侔于清都紫微,钧天之居其流为竹宫甲帐珍间馆之事,及林灵素辈出神霄宫,遂遍天下黄冠尤贵者,秩视法从聚京师,美衣玉食者几二万人。[①]

徽宗政和三年(1113)再一次重述天书下降及天真降临的典故,

---

① 刘克庄著、辛更儒校注:《刘克庄集笺校》,第 9 册,北京:中华书局,2011 年,第 3868—3869 页。

并将降示活动变成文本自上而下颁布。道教通过宫观空间、圣像与仪式活动与宋代国家祀典和礼制发生互动，其中徽宗政和三年(1113)的景灵宫安奉圣像活动强调了皇家祀典的神御体系。徽宗在玉清和阳宫(1117年更名玉清神霄宫)安奉圣像：

> 政和三年四月二十四日，以福宁殿东今上诞圣之地作玉清和阳宫，凡为正殿三，挟殿六。前日玉虚，以奉三清、玉皇、圣祖、北极、天皇、元天太圣后、后土等九位；东挟曰三光，以奉十一曜；西挟曰宰御，以奉南北斗。中日泰畤，以奉太一；东挟曰灵一，以奉天蓬、天猷、翊圣、真武；西挟曰正一，以奉正一静应真君。后曰景命万年，以奉皇帝本命；东挟曰峻极，以奉五岳；西挟曰三洞琼文，以奉《道藏》。[①]

根据《宋会要》描述可清楚了解和阳宫的建筑特点：首先这是一处呈现中轴对称的三进式院落。玉清和阳宫中前殿为玉虚殿，东、西挟殿分别供奉十一曜和南北斗，均为天界星宿神祇。十一曜本是佛教密宗系统中有关天文星象的知识，但最晚到五代时期，已与道教发生交融，成为道教天象星神中的构成部分；挟殿供奉南、北二斗，本为民间信奉的二斗辰星被道教吸收后，分别成为注生与注死的代表，随着宋代兴起的炼度仪，南北二斗亦成为炼度仪的重要斗部神祇。

　　第二进院落正殿名为"泰畤"奉祀太一，东挟殿"灵一殿"奉四圣，西挟殿奉张道陵，南朝道士已尊称他为"正一真人三天法师"，唐玄宗曾奉其为"太师"，唐僖宗中和四年(884)封"三天扶教大法师"。[②] 宋徽宗时期敕封其为"正一静应真君"。《汉天师世家》补充说：宋神宗熙宁年间(1068—1077)加号"三天扶教辅元大法师"。[③] 徽宗大观二年(1108)册封"真君"。泰畤殿所奉祀的太一神自北宋初年开始作为

---

① 徐松等辑录、刘琳、刁忠民、舒大刚、尹波等点校：《宋会要辑稿》礼51，第3册，第1894—1895页。

② 沈德符撰：《万历野获篇》，北京：中华书局，1959年，第918页。

③ 李修生主编：《全元文》第377卷，南京：江苏古籍出版社，1998年，第172页。

国家祭祀的神祇,《宋会要辑稿补编》载:

> 太宗太平兴国初,司天楚芝兰言:按《太一式》有五福、君綦、大游、小游、天一、臣綦、直符、民綦、四神、地一,凡十太一,皆天之尊神。[①]

对这一神祇的性质判断主要有两种观点,一种认为该神祇具有道教属性,另一种则认为是礼制之下代表国家祭祀的对象,目的是要消弭晚唐以降的地方主体意识,是北宋初重建国家认同和社会秩序的一项政治措施。[②]

最后一进院落的正殿称为“景命万年”,用于奉祀帝王本命。由于道教的倡导,晚唐以来民众与帝王尤为注重对本命日的祈禳,成为道教重要的斋醮日期。以宋徽宗敕建的玉清和阳宫为代表,自上及下不少宫观都专门为皇帝设立用以祈福延寿的“本命殿”,遇到皇帝本命月及本命年均会在此举行求福祈寿的活动。宋人文集中也出现大量文人雅士为帝后撰写的青词。

玉虚殿居和阳宫三大殿之首,其中所奉祀的“九皇”并非道教中北斗九神斗姆神,而是明确为三清、玉皇、圣祖、北极、天皇、元天大圣后、后土等神祇。所供奉圣像的位序将圣祖置于玉皇之下、北极之上,可谓是强调圣祖尊玉帝之命降临的背景。

按照这段史料对和阳宫进行建筑空间的复原,可进一步明晰这处官式建筑的布局特点。除了中轴对称之外,还有重要的挟屋所处

---

① 徐松辑,陈智超整理《宋会要辑稿补编》,全国图书馆文献缩微复制中心出版社,1988 年,第 19 页。

② 顾颉刚、杨向奎:《三皇考》,载《古史辨》第 7 册中编,上海:上海古籍出版社,1982 年,第 189—203 页;汪圣铎:《宋朝礼与道教》,《国际宋代文化研讨会论文集》,成都:四川大学出版社,1991 年,第 219—231 页;刘屹:《敬天与崇道——中古经道教形成的思想史背景》,北京:中华书局,2005 年,第 147—199 页;汪圣铎:《宋代政教关系研究》,北京:人民出版社,2010 年,第 614—624 页;吴丽娱:《论九宫祭祀与道教崇拜》,《唐研究》第 9 卷,2003 年,北京:北京大学出版社,第 283—314 页;吴羽:《宋代太一宫及其礼仪——兼论十神太一信仰与晚唐至宋的政治、社会变迁》,《中国史研究》,2011 年第 3 期,第 87—103 页。

的位置。梁思成在对《营造法式》进行校读时,认为宋元时期主要殿堂左右两侧,常有与之并列的较小殿堂,即为"挟屋",建造挟屋以便突出中央主体殿堂建筑,结合陈明达及营造学社对大同善化寺大雄宝殿与左右两侧挟屋的测绘,参照河北正定隆兴寺与山西大同晋祠等相关的宫观建筑遗存,[①]可以大致将和阳宫奉安圣像的殿堂院落空间作还原(图 1-33)。

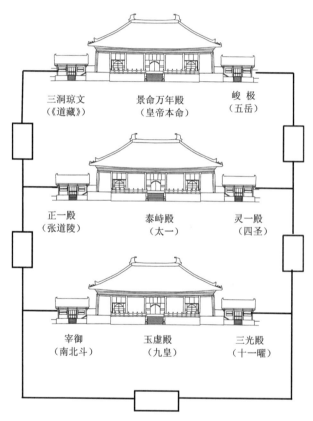

图 1-33 玉清和阳宫主殿、挟殿与
奉祀神像之关系示意(笔者绘制)

① 陈明达:《〈营造法式〉研究札记》(续二),贾君编:《建筑史》,第 23 辑,2008 年,第 10—32 页;梁思成:《梁思成全集》第二卷,北京:中国建筑工业出版社,2001 年,第 50 页;李若水:《南宋临安城北内慈福宫建筑组群复原初探——兼论南宋宫殿中的朵殿、挟屋和隔门配置》,《中国建筑史论汇刊》,2015 年第 1 期,第 266—297 页。

　　将玉清和阳宫中轴线主殿中所供奉的神祇视为有机的线索,可以发现有其内在逻辑,九皇是官方祀典融入道教神祇在造像供养上的表现。在这次以安奉圣像为目的的祀典活动中,由"三清、玉皇、圣祖、北极、天皇、元天太圣后、后土"九位尊神的位得到强调,形成皇家祭祀稳定合理的神祇组合。吴铮强在研究中指出,与元禧元年(1017)的"玉帝"祀典比较,除了玉帝与二圣祖之外,玉帝之上新增了道教尊神"三清";元禧元年神系中的"紫微大帝""七元辅弼真君",又被"北极""天皇"及"后土"所取代。这里的"北极""天皇"正是景德二年(1005)南郊神位变革的主角,但排序被调整过,而且景德二年神位中也没有"后土"。因此这次祀典中的"北极""天皇""后土",更可能来源于宋仁宗景祐二年(1035)的郊祀神位"南郊第一龛缋五方帝、大明、夜明、神州地祇、北极、天皇大帝"。道教"三清"与南郊神位的"北极""天皇""后土"同时加入"玉皇"奉祀神系,可作为儒教祀典与道教神系进一步融合而形成的一种新型国家祀典对象。①

　　高宗绍兴年间,进一步恢复与加强真宗与徽宗时期的宫观网络建设以及圣像规制。绍兴七年(1137)将临安因兵火烧毁的圣祖殿在太庙内重建闰十月二十四日:

> 太庙殿宇可赐临安府充圣祖殿。……惟临安府天庆观圣祖圣像并殿宇,顷因兵火烧毁,若因旧修立,宜无不可。今来乃赐太庙以为圣祖殿,在理寔有未安。②

通过真宗与徽宗两朝的努力,虽然各地修建起天庆观与圣祖殿,但在地方社会中仍旧出现圣像规制及神御次序不一的情况:

> 诸州天庆观圣祖殿神御位次多或不同,有失崇奉之意,乞下

---

　　①　吴铮强、杜正贞:《北宋南郊神位变革与玉皇祀典的构建》,《历史研究》,2011年第5期,第47—58页。

　　②　徐松等辑录、刘琳、刁忠民、舒大刚、尹波等点校:《宋会要辑稿》礼5,第2册,第574页。

礼院讲究元本制度。①

　　绍兴二十七年(1157)，将真宗时期圣祖降临的斜设六位侍从置于圣祖旁边，并增设金童玉女。诏令天下州、军、府、监在天庆观中设立圣祖殿，并且要通过将六位神祇编入道藏中的醮位：

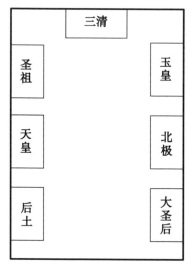

图 1-34　玉清和阳宫玉虚殿主
尊位序示意图(笔者绘制)

　　诏天下州、军、府、监并于天庆观置圣祖殿，其尊像、侍从令玉清昭应宫立式。详定所言：其六位仙官，望令编修道藏所添入醮位，及于圣祖殿设像，仍令玉清昭应宫并圣祖画像同降诸路。又录到《圣祖九天司命保生天尊降临记》，照得天尊冠簪衣服如道像中元始天尊。有六人，皆秉玉珪。其中四人冠类天尊冠，无起云紫，衣服亦同；二人冠通天冠，服绛袍。天尊就坐，六人躬揖天尊就坐。天尊左侧有四真人，二童子分东西侍立，侍坐者各有

　　①　徐松等辑录、刘琳、刁忠民、舒大刚、尹波等点校：《宋会要辑稿》礼5，第 2 册，第 574—575 页。

一童子。本寺今欲依制度,并所设次序塑像,令诸路州军随意措置施行,不得夤缘骚扰。①

自上而下降至诸路的圣祖画像与天庆观的地方宫观网络建设,共同成为南山三清古洞及相似造像出现的来源与依据。当然,在地方社会中,由于信众以家族或家庙方式增开造像,在三清六御基本道教最高神御组合基础上,又出现多样化的组合方式。这种多样化体现在:神祇数量的增加、三清诸御与其他造像题材共处一室。1985年发现邮亭长河村佛耳岩造像。② 佛耳岩总共四龛造像,除了三号真武龛开凿于光绪年间之外,其余三龛均开凿于南宋12世纪中期。第3窟绍兴年间三清题材。正壁上层刻三清坐像,两侧分侍二尊者;下层刻立像15尊;左壁雕三圣母及十武士,右刻圣母武士各1身。4号三清龛,中央三主尊坐于莲台上,右侧像右手手持羽扇,左侧像左手持如意状持物,中央主尊头部残缺,手臂残,右手搭于膝上。左壁面刻有三尊站像,③右壁坍塌,2号天尊像龛,高2.5米,宽3米。正壁造像分三层,上层应为三清四御坐像,呈平面排列。中下层各13天尊坐像,头部皆残。右壁刻3天尊坐像;下刻一武士站立。1号龛右上根据题刻可知开凿于南宋乾道三年,由地方工匠家族文玠携三位儿子共同制作完成。2号龛居于崖面中央最高处,高于地面三米多。正壁三主尊并坐于莲花束腰台座之上,均设有头光与身光。中央头像残坏,左手上举于胸前,右手平放于胸前。左边坐像左手持如意于胸前,右手抚膝。右边尊像头戴冠,右手持扇,左手放于膝上。整龛左侧现存三身立像,身着圆领袍服,双手皆放于胸前作捧物状。

① 徐松等辑录、刘琳、刁忠民、舒大刚、尹波等点校:《宋会要辑稿》礼5,第2册,第574页。

② 李小强对佛耳岩有更为详细的引介和讨论,参见李小强:《12世纪道教艺术的杰作——大足南宋道教石刻——以大足佛耳岩石窟为主的追溯性考察》,《长江文明》,第17辑,2014年,第21—33页。

③ 国家文物局主编:《中国文物地图册》重庆下,北京:文物出版社,2010年,第304页。

右侧崖面坍塌，仅残存立像一尊，漫漶严重，头部为重塑。

4 号龛，现存整龛宽约 3.4 米。正壁造像有两层，上层正中为并坐三主尊，与 2 号龛比较稍有不同的是：三天尊道袍自然下垂于台座上；台座无莲座等。三清左右刻有 4 身帝王像，坐于龙头靠背椅上，双手于胸前捧朝笏。上层左壁因崩塌，现存 1 身坐像，头像明显为后世重塑，上身披有方巾霞帔，双手于胸前捧有布帛，结合南山三清古洞同类图像，该像当为女像。

上层右壁有 3 身坐像，由内向外第 1 身为女像，凤冠霞帔，双手恭捧于胸前，端坐于龙头靠背椅上。第 2、3 身像为男像，双手捧朝笏于胸前，端坐于靠背椅上。下层正壁雕刻 15 身天尊站像，头基本上为后世重塑，双手放于胸前，姿态不一，下垂衣摆左右飘拂，表现出有微风吹拂状。左壁仅存有 1 像，即位于近正壁处的武将像，头疑为后世重塑。右壁存像 11 身，近正壁处 1 身为武将像，余为文官像。武将像头戴束发小冠，身着甲胄，有 4 臂，上举 2 臂，分别持物（物残）。身后的文官像，身姿多朝向正壁，作恭敬状。该龛现存有两则题记。一则在右壁的仰莲座牌位上，书写"奉道弟子"赵宁等发心镌造，在发愿中，有对其母牟氏十六娘的祈愿，以及希望夫妇二人寿算（年龄）延长。镌记时间有"戊申岁"，《大足石刻铭文录》同铭文条下，对此识道："疑为与乾道相近的淳熙十五年"，即 1188 年。另一则题记位于下排天尊群像左下壁，可辨"祈乞天神"等字。

爆花村老君庙。右手第一龛三清诸御龛：整龛宽 4.754 米，高 3.04 米，深 0.603 米，整龛分上下两层。上层高约 1.018 米，下层高约 1 米。上层共有十三像，正壁中央为三清，坐像高约 0.768 米。三清头上两侧分布有若干榫卯洞口。头戴莲花冠盘坐于莲台宝座上。饰有圆形背光桃形身光，道德天尊手持扇。三清左侧有三位男性神御，右侧分布三位女性神御，均头饰莲花冠，手持笏，相邻的两位女像仅捧巾，无莲花冠头饰。右壁最外侧女像座椅上刻有光绪三十一年（1905）的碑刻题记。

下层布置有三组判官像。中央第一组有三位主尊神像左右各布置一位侧面朝向主尊、手持笏板的侍者。左侧为判官主尊加两位胁侍,右侧同样为一位判官加两位侍者。在鬼子母龛左上角有阴刻题记:

> 昌州大足
> 任氏等发心□□□佛龛乞愿
> 庚戌建炎四年五月初八日乙酉

三清六御造像所处的宗教空间,在地方社会中,附近村落民众以家族或血缘为主要纽带联系在一起,共同集会造像。真宗、徽宗年间至高宗朝,由于官方对道教神祇的不断厘清,加之天庆观等多次下诏等官方管控的方式,使得造像题材出现较强的统一性,然而在地方民众信仰与实践的真实世界中,仍旧将其与佛像、道教其他题材及地方神祇造像共置一处。造像神祇组合在绍兴年间形式上越发整齐有序,而在地方仪式实践与观念之中,则在和而不同中彰显张力。

二　南宋明堂郊祀对象

景灵宫虽在真宗大中祥符五年创建以奉圣祖,但其规模并不能与北宋玉清昭应宫相比,经过宋神宗对景灵宫的改造,北宋中期之后景灵宫以原庙性质供奉帝后容御地位愈发提高。有关景灵宫的历史学研究成果丰硕,Patricia Ebrey 着重于神御塑像与建筑空间的关系,山内弘一着重于对北宋原庙中的结构、仪式环节与帝后位序等问题做具体探讨,吾妻重二通过景灵宫中所奉御容,讨论道教与儒教在祭祀仪式中的作用。[1] 在儒家祭祀礼仪中最高形式的郊祀中,景灵宫所奉的圣祖与圣祖母成为重要祈请对象,但并非一直流行于整个宋朝,而特别集中在高宗、孝宗年间。早在北宋政和年间,徽宗就通

---

[1]　Patricia Ebrey,"Portrait Sculptures in Imperial Ancestral Rites in Song China," T'oung Pao 83:1—3(1997):42—92. 山内一弘:《北宋の国家と玉皇——新礼恭谢天地を中心に一》,《东方学》,1981 年,第 83—97 页;朱溢:《事邦国之神祇:唐至北宋吉礼变迁研究》,上海:上海古籍出版社,2014 年,第 15 页。

过赐度牒予天庆观、圣祖殿,以及御制郊祀大礼等途径,将圣祖与元天大圣后纳入到明堂郊祀的对象中。政和五年(1115)赐度牒普修天庆观圣祖殿,并制郊祀大礼。高宗绍兴年间进一步维护郊祀之制,重颁圣祖服制、仪制、从祀等规制,在郊祀活动中,祭祀景灵宫圣祖与元天大圣后:

> 自真宗以来,三岁一郊,必先有事景灵,遍飨太庙,乃祀天地。①

并将此视为"国朝之礼"。高宗时期绍兴元年(1131)在明堂大加祭祀景灵宫圣祖天尊大帝、元天大圣后。② 此后绍兴四年(1134)、③绍兴七年(1137)、④绍兴十年(1140)、⑤绍兴十三年(1143)⑥、绍兴十六年(1146)、⑦绍兴十九年(1149)、⑧绍兴二十二年(1152)、⑨绍兴二十五年(1155)、⑩绍兴二十八年(1158)、⑪绍兴三十一年(1161)⑫高宗基本每隔三年都在郊祀前两日,分别大祀赵氏祖先及元天大圣后,并且修建道教道场,与宋代"三岁一郊祀"规制相合,不少士大夫如刘克庄、魏了翁等都会据此撰写诒颂青词。

　　孝宗时期也是祭祀太祖和元天大圣后的集中时期。乾道三年(1167),郊祀前两天分别在景灵宫祭祀赵氏宗祖与元天大圣后。⑬

---

① 李焘撰:《续资治通鉴长编》卷481,第19册,第11454页。
② 《中兴礼书》卷77,《续修四库全书》,第822册,第315页。
③ 同上书,第316页。
④ 同上书,第316页。
⑤ 同上书,第317页。
⑥ 同上书,第129页。
⑦ 同上书,第132页。
⑧ 同上书,第134页。
⑨ 同上书,第134—135页。
⑩ 同上书,第136页。
⑪ 同上书,第138页。
⑫ 同上书,第317页。
⑬ 同上书,第142页。

乾道六年(1170)、①乾道九年(1173)、②淳熙三年(1176)、③淳熙六年(1179)九月(《中兴礼书》卷七七)、④淳熙九年(1182)、⑤淳熙十二年(1185)、⑥淳熙十五(1188)年九月。⑦

宋光宗继位(1189 年)之后,在明堂郊祀礼制中,不见奉祀元天大圣后的记载。元朝至元二十九年(1292),元世祖下诏毁圣祖像。从大中祥符五年(1012)真宗尊崇圣祖,上封号并将圣祖置于玉清昭应宫祭拜,一直到元世祖诏毁圣像,存在于宫观中的圣祖及圣祖母,被崇奉了二百八十余年。因此圣祖、元天大圣后加入四御之中,构成六御的道教主尊神祇,不只出现在赵宋祀典之中,还通过天庆观与御制图像,将这一神御体系扩散至路府州县各级行政单位,完成了自上而下的扩散。儒家祀典人物体系与道教仪式、宫观场所相结合,虽然这一模式形成于真宗时期,但由于徽宗的提倡与恢复,直至高宗与孝宗时期达到鼎盛,成为宋代特定时间出现的神祇组合现象。

三 翁同龢藏《黄庭经图》与圣祖形象

有一幅流散在美国的白描作品旧称《道君图》或《黄庭经图》(图 1-35),曾在 2001 旧金山亚洲艺术馆举办的"道教与中国艺术"展览中公开展出,后收录至由 Stephen Little 和 Shawn Eichman 编撰的展览图录中。⑧ 这幅经折扉画,规格为 26×74 厘米,纸本水墨白描。画心分为三段式构图,中央为坐于莲花宝座上的道教主尊形象携众仙,其中主尊右侧有五位持笏道人,三位执幡、幢的侍女;主尊左侧有六位持笏戴冠仙人,两位持幡、幢侍者,一位捧奉鲜花。主尊左右前

---

① 《中兴礼书》卷 32,《续修四库全书》,第 822 册,第 144 页。
② 同上书,第 146 页。
③ 同上书,第 148 页。
④ 同上书,第 318 页。
⑤ 同上书,第 320 页。
⑥ 同上书,第 150 页。
⑦ 《中兴礼书续编》卷 8,《续修四库全书》,第 823 册,第 489 页。
⑧ Stephen Little. Shawn Eichman. ed. Taoism and the arts of China. University of California Press. p. 178. 2001.

图 1-35 《圣祖降临图》①

侧各有一位持兵器武士,并配有青龙、白虎动物形象。主尊视线前有
一位呈跪拜状的人物,以上均为云中示现场景。此幅道经扉画与佛
经扉画布局相仿。唐代以来逐渐兴盛的雕版印刷成为宗教知识普及
和图像化的重要媒介。

画心之后有两段墨书题跋,前段为大德五年(1301)署名赵孟頫
临写的楷书《黄庭经》,因此元代以来此道教扉画亦被称为《黄庭经
图》,张丑在《真迹日录》三集以及吴其贞在《书画记》卷三中将其称之
为《黄庭经神像》。画心之后有明代书法家王穉登(1535—1612)于隆
庆戊辰年(1568)的跋文,王氏认为此作品与梁楷其他善于以焦墨点
染的画风不同,是其纤细微妙笔法的代表,并认定《黄庭经》为赵孟頫
真迹:

> 赵公此书,亦极力临摹,无丝发不似。盖鹅经为右将军书第
> 一,而此卷亦足称荣禄书第一。

跋文还记载了此画流传过程:最初从宫廷流至江南,后被上海顾氏收
藏,复又流入社会。翁同龢(1830—1904)在书画日记中对此画的记
载可呼应以上流传过程:

> 沪客持书画来售,有梁楷白描天尊,松雪书黄庭经合装卷

① 采自中华世纪坛世界艺术馆、中华嘉德国际拍卖有限公司编:《传承与守望:翁同
龢家藏书画珍品》,北京:文物出版社,2008 年,图 1。

子,陈老莲画水浒三十六人,皆精。次日,沪客管邵洪所携甚少,价甚高。细玩赵字,恐是模本,有两三处墨痕不均,究竟纤弱。

清代润州笪重光(1623—1692)判定此画为梁楷真迹。虽然翁同龢对托名赵孟頫所书写的黄庭经不置可否,但却并未怀疑梁楷所作天尊像的真伪。此后杨仁恺、谢稚柳都将其判定为梁楷现存最早的墨笔。[①] 2014 年中华世纪坛与中国嘉德共同举办《传承与守望:翁同龢家藏书画珍品》展,这幅翁氏旧藏中唯一一件宋代作品再次展出,题名为《道君图》,画面主尊识为元始天尊,认为是梁楷宁宗嘉泰年间的作品,兼有李公麟的雅致及李唐、夏圭的苍劲。[②]

Shawn Eichman 和 Stephen Little 认为此幅作品是灵宝经典的反映,特别是对度人经的一种图像表现。画面左下方表现的地狱场景与宋代炼度仪有关,炼度观念的盛行与画家活跃的年代一致。而画面中画家自署“臣梁楷”则进一步表明此画的服务对象,即梁楷所服务的宁宗朝宫廷。两位学者还指出画末署名赵孟頫的《黄庭经》提拔与画面本身无关。[③]《黄庭经》是否为赵孟頫的真迹书画鉴藏史上争议较多的问题,在此基础上,关注道君图像与《黄庭经》之间的关系也应值得从宗教、历史以及图像的维度进行思考。

将此画命名为《黄庭经图》的主要依据即是画尾后面的跋文内容。实际上源自道教上清派的《黄庭经》较为注重存思与自我修炼,因此唐宋之际的文人雅士或崇道之人常常书写或念诵。北宋末第二十代正一天师张继先曾记载青城山道士每天诵读《黄庭经》。宋代诵读《黄庭经》需要焚香沐浴,身着法服,入户北向。诵读道经是一项十分郑重的宗教活动。《云笈七签》曾记载诵读黄庭经的步骤口诀:“入室诵《黄庭内景玉经》,当烧香清斋,身冠法服,入户北向,四拜长跪,

---

① 杨仁恺:《莱溪雅集读画追忆》,《艺苑掇英》第 34 期,1987 年,第 54—55 页。

② 中华世纪坛世界艺术馆、中国嘉德国际拍卖有限公司编:《传承与守望:翁同龢家藏书画珍品》,北京:文物出版社,2009 年,第 1—4 页。

③ Stephen Little. Shawn Eichman. ed. Taoism and the arts of China. University of California Press. pp. 178—179. 2001.

叩齿二十四通。"①务成子注曰："读《黄庭内景经》者,常在别室烧香洁净,乃执之也。"诵读《黄庭经》需斋戒自身,以表恭敬;香火伴随,以仿烟雾缭绕之仙境。② 因此如果将文字内容与诵读黄庭经所需要的斋洁过程与画面进行对照,可以发现画面既不是对黄庭经的图解,也不是对诵读黄庭经行为和仪式过程的表现。

此幅作品还曾被视为张天师画传。张天师持剑驱鬼散发的形象特征,与画面中端坐、戴莲花冠、倚三足几的形象存在明显差距。景安宁在《元代壁画——神仙赴会图》的修订版中,增添一节专门讨论这幅《道君图》,为学界重新讨论和认识幅作品提供契机。作者认为画面内容、形象与张天师和《黄庭经》均无关系。③ 景安宁从图像学的角度对主要内容、表现场景做了厘清。作者认为左侧三部分分别叙述圣祖救贫、王捷舍财放生、圣祖降临营救王捷,右侧部分则描绘装饰玉清昭应宫的系列场景。④ 作者经过对图像的再次识别辨认,认为这件道经扉画应命名为《圣祖降临图》,并进一步认为画面表现了宋朝崇圣的事件,画末元代书写的《黄庭经》应为宋代皇室赵孟頫之真迹,能通过叙事性画面表现出书写者的遗民心态。这幅作品的出现不但丰富了梁楷的绘画风貌,同时还为北宋真宗时期出现的"圣祖"形象提供了有力的图像印证。

梁楷画作右侧最上方先后出现画工画像、以木骨泥胎来塑像的制作场景,与醮筵、拜表、显圣等系列叙事场景整合来看,绘塑部分是将圣祖形象进行实体化、可视化的必备过程。画面下方展现的是道教仪式场景,在大殿之内设案拜访供物,殿堂之外有高耸竖立的道

---

① 张君房、李永晟点校:《云笈七签》卷 11,北京:中华书局,2003 年,第 189—198 页。

② 张振谦:《唐宋文人对〈黄庭经〉的接受》,《暨南学报(哲学社会科学版)》,2012 年第 3 期,第 108—113 页。

③ Stephen Little ed, Realm of the Immortals: Daoism in the Arts of China. Cleveland: The Cleveland Museum of Art. 1988. pp. 27—28. 景安宁:《元代壁画:神仙赴会图》(第二版),北京:北京大学出版社,2016 年,第 200 页。

④ 景安宁:《元代壁画:神仙赴会图》第二版,北京:北京大学出版社,2016 年,第198—208 页。

幡,殿门正中有道教灯仪中所用的树形灯。左侧有四位持笏道士,另有一位正在宣读表文的,右侧有六位身着法衣的道士。云雾之中隐约可见道教仪仗用品。

作为一个大规模集中奉祀的时代,对圣祖的封祀与对地方官员或有德行之人进行加封不同:在民间社会备受推崇的人,在现实社会多有诸多善行,或救群体于危难中,或为群体利益牺牲自我等。圣祖兼具神仙与人君的多重身份,对其神迹和德行的图绘表达,有助于圣祖形象的建立、传播与接受。画面右方同样为三段叙事性场景。画心左侧出现圣祖营救地狱中人的场景。最下方烈火中烧的油锅和牛头鬼面的形象,表现的是地狱和阎罗殿场景。道君的降世能将油锅中人救赎。特别是在十殿阎罗中的第七殿,泰山王董,三月二十七日诞辰,凡有盗窃、诬告、敲诈、谋财害命行迹者,均将遭受下油锅之刑罚;地狱救赎场景在宋代之前的道教图像中均未出现。此卷本中地狱场景位于画面左下方,救赎本身就具有救赎与炼度的多重意涵表达,这一情节使得圣祖具有与佛陀、天尊同样的超能力量。画面最中央出现天尊样貌的圣祖像,圣祖出现的位置居于视觉中心,可视为显现与权力的中心。

右侧画面以叙事性方式阐述圣祖的示现和降临。对圣祖超自然能力的图像表现借助降临这一瞬间活动表现。神祇降临是道教题材绘画中表现的重要母题,周昉就曾作《降真图》。[①] 但一般作品多以降示或示现瞬间作为图像表现重点,如墓葬壁画中出现的降真图。此幅作品则是难得地描述神祇如何降世的过程和需要依靠的途径与手段。

降真召灵是道教仪式中的一个重要步骤。神祇降临多乘辇舆,有神虎在前方引导,侍者持节、幡,钟鼓乐箫等。《灵宝无量度人上品妙经》卷二十三中记载降真场景:

---

① 朱景玄著、吴企明校注:《唐朝名画录校注》(上册),合肥:黄山书社,2016 年,第31 页。

十方降真召灵神王,长生度世无量大神,并乘三素华云飞
飙,霞辇浮耀,玉舆翼卫,镢天大兽,神虎辟邪,建降真之节,召灵
之旛,前列钟鼓震响,后参广乐箫歌,景龙碧凤,音韵相和,千真
驰驱,万象回旋,天仙兵马,罗布亿千,倾光回耀,应化而来。神
霄上宰,太极诸天,玄机玉辅,二台仙卿,奉符秉籍,简奏晨玄,真
皇敷化,告下三元八极世界,洞府泉源,重河九垒,酆都六宫,南
阙北溟,百二十曹。检校仙士,学真之人,丹心渊彻,志念精微,
感通妙际,契会幽机,随所昭格。敢有愆违,玉都上房,锡命灵
飞,上清六甲,豁落五符,左招无英,右挟白元,保炼形骨,与天齐
年。永度三涂五苦八难,超凌三界,逍遥上清。上清之天,天帝
合元,无色之境梵行。①

　　唐末以后随着道教斋醮科仪的进一步发展与完善,道士成为连
接世俗、沟通人、神之间的重要媒介。神像形式有二维图像及三维塑
像。通过绘塑结合,完成神祇的物质性表现,借由科仪完成由俗而圣
的空间转换。其中右侧画面中央部分表现的应为数天醮仪之中筵席
的场景(图 1-36),檐廊之下长条方桌铺有幕布,在道教法师的引导
下,有两对人物抬举物品分享。在数天仪式活动中,有一个重要的仪
式节点现在画面最下方:左侧五位着法服的道士中有一位正在宣读
表文,表现的即为道教科仪中"进表"环节。通过宣读表文,表达祈请
要求,以便奏告天庭。借助高功法师为媒介的上表活动,人神可进行
沟通,并为神祇降示提供必要的中间环节。而真正祈请之人正俯首
作揖,据直角幞头的形制,与南薰殿所藏宋代帝王像冠式类似,景安
宁据此认为画面中俯首作揖的应为宋真宗。② 仪式中奏告对象与降
示对象合而为一。

　　宋廷采取各种不同的方法对圣祖的身份与形象进行强调,梁楷

---

① 《灵宝无量度人上品妙经》卷23,《道藏》,第1册,第152—53页。
② 景安宁:《元代壁画:神仙赴会图》第二版,北京:北京大学出版社,2016年,第
207页。

图 1 - 36　《圣祖降临图》右侧道教科仪场景

绘制的《降临图》仅为多种途径之一。本文的问题就是想在清理圣祖
被制造的途径,进一步讨论圣祖形象以及借助不同形象所表达的身
份转化,从中可以窥见一个多样的圣祖,以及这一身份形象在道教与
政治史之间的往复关系。

　　一位供职于南宋宫廷画院的画师,借助宋代盛行的道教救赎与
炼度理念,从唐代以来的佛教扉画、佛教俗讲、经变画以及宋代以来
世俗社会中流行的志怪、传奇小说等汲取元素,将道教中的圣传故事
与宋代以来流行的叙事性图像①表达相结合,将赵宋皇家圣祖表现
成一位符合宗教精神与教义的主尊样式,成为宋代道教艺术一种新
的表现模式。无论是通过举国上下建立起的天庆观地方网络,还是
政和三年的景灵宫雅饰圣像的行为,包括对明堂郊祀对象的调整,以
及通过视觉绘画的形式赋予圣祖宗教性的形象,都通过物质手段、视
觉形式以及可视的造型语汇建构起崇奉圣祖的一部分,具有宋代时
代特色的圣祖形象通过制作、示现降临与救赎等几个重要图像环节,

---

　　①　有关宋代叙事性绘画研究参阅孟久丽著、何前译:《道德镜鉴:中国叙述性图画与
儒家意识形态》,北京:生活·读书·新知三联书店,2014 年;张鲁军在讨论《道藏》图像时
亦已关注到宋元道经的叙事性特点,参见张鲁君:《〈道藏〉图像研究》,济南:齐鲁书社,
2017 年,第 80—104 页。

使得圣祖不再是仅仅出现在传说或文本天书下降的"感应者",而是一位具体可观可感的有形形象。

结　语

对图像和文本两方不同的仰赖程度,不仅决定着对相应材料的使用及书写,更会影响研究者在"是什么"这一基本问题上的判断。特别是对宗教神祇来说,宋代大规模神系形成之时,如何在图像与文本、政治与宗教之间形成良好的互动或交流,并极力避免"以图证史"的陷阱,需要不断警惕与反思。基于此,本文通过对三清古洞这一具有典型时代特征的象征性主尊形象,在图像与文本二重恒证据基础上,进一步结合实物在地方社会中所发挥的功用,做出综合辨析与判断。

在宋代兴盛的造神运动中,无论是自民间而官方的神祇,还是自上而下的如圣祖、元天大圣后,都共同构成道教庞大神系的一部分。三清六御神祇组合既出现在官方祀典之中,又是道教斋醮仪式祈请的重要神祇,依照不同的斋醮目的祈请相应神祇,仍旧出现三清六御的神祇组合模式,与单纯的神祇对应相比,宋代道教祈请的最高神祇组合其实更加具有时代特色。这也是为何在大足众多出现道教题材的造像之中,仅有为数不多的南山三清古洞能够进入到历史、宗教与艺术史的上下文语境之中。

第二章　道教摩崖造像与宋代雷法

引　言

根据《宋会要》录入的道士数量可知，[①]北宋天禧五年（1021），川陕地区注册在籍的道士有 4653 人，占所有地区道士总和的 23%，位列首位。位列第二的是江南地区，有道士 3557 人，约占总人数的18%；第三位是广南地区（3079 人），约 16%；其次是两浙（2547 人）、荆湖（1716 人）两地，分别为 13% 和 9%；人数最少的是河东地区，仅有 1%（229 人）；其余东京（959）、淮南（691）、福建（569）、陕西（467）、京西（397）、河北（360）均在 5% 至 2% 之间。除了位于第二位的江南地区之外，川陕及广南（广西）均位于西南地区。从北宋年间道士人数的分布来看，以西南地区最为大宗，江南、两浙为其次，而北方地区道士数量明显降低，东京仅占 5%，其余陕西、京西、河北均为 2%，可一定程度上反映宋代在籍道士与道教在不同区域中的兴盛和活跃程度。

有文字记载的大足道教教团及活动主要发生在唐末。唐末大足道士杜从德（？ —901）曾利用道教组织昌州、普州、合州的民众，在昭宗天复元年（901）发动起义，用以对抗唐末战乱、困顿的社会现实。王建作为掌管地方军政的官吏，遣派王宗黯与东川地方武装势力共

---

① 徐松等辑录、刘琳、刁忠民、舒大刚、尹波等点校：《宋会要辑稿》道释 1，第 16 册，第 9979—9980 页。

同围剿杜从德势力。[①] 此外,大足道教教团活动记载很少,但道教题材的造像却兴盛于北宋末至南宋。

司马虚(Michel Strickmann)在代表性论著《最长的道经》中提出,道教至宋代并非由盛而衰,而是一个"复兴"的新时代。[②] 所谓复兴,特指历经唐末乱世与五代割据的局面之后,诸多地方性宗教活动的兴盛,道教进一步扩大对民间神祇与民间仪式活动的吸收,为道教自身的发展创造了条件,各种新兴的道派与法派比其他历史时期更为卓越地涌现出来。而《道藏》中所收录的大量类书特别集中在宋代,从受到徽宗推崇的神霄雷法到各种地方法派。[③] 本章将着重对南山及相关道教造像题材进行分析,探讨造像题材与道教史特别是宋代道教法派之间的关系,勾勒南宋绍兴年间川东大足地区道教法派的活动情况。

第一节　道教雷法中的"圣母"形象

南山绍兴年间第 4 龛,弧形顶龛,三位女性主尊雕刻于正壁之上。最中央主尊面西端坐于双凤椅上,头戴凤冠、着华服,双手拱于胸前捧巾。正面线刻有莲花座牌匾,内阴线刻"注生后土圣母"六字。其左右两侧各有一位女性坐像,服饰坐具与中央主尊相似。三主尊头上均悬华盖,两侧各有一位女性侍者。龛左壁下方内侧有一位身着铠甲、手持垂地长柄兵器的男立像,残像高 86 米,左臂屈肘外展,

---

① 胡齐畏、胡若水编:《大足文史第五辑:大足道教摩崖造像》,大足县政协文史资料委员会,1990 年,第 29 页。

② Strickman. "The Longest Taoist Scripture". History of Religion. 17. pp. 131—154.

③ Boltz Judith M. A survey of Taoist Literature: Tenth to Seventeenth Centuries. Berkeley: University of California Press. 1987. Van der Loon Piet. "A Taoist Collection of the Fourteenth Century". In W. Bauer. ed., Studis Sino —Mongolica: Festschrift fur Herbert Franke. Wiesbaden: Franz Steiner, 1979. pp. 401—5. 索安:《西方道教研究编年史》,北京:中华书局,2008 年,第 65 页。

前臂毁,右臂残断。头部饰有飘带,持长剑,像左上方刻一方形仰莲碑,内有阴线刻题记"九天监生大神"六字。对面壁面有一女侍者立像,高104厘米,头部饰有飘动的冠带。头部右上方残存方碑,存"九天送生夫人"阴刻铭文。龛壁口两侧下方各有两位供养人像,左壁靠近龛口处为两位作揖男性形象,刻有"何正言、乡贡进士何浩"(图2-6);右侧有两位俗家女性供养人立像,面向主尊,应为何正言之妻杨氏与何浩之妻谢氏。除了主尊三像之外,其余人物形象均有不同程度漫漶。通过题记可知这是一处难得的南宋绍兴年间表现"九天监生司"的造像实例。李远国最早用这一龛窟图示神霄诸帝与雷部众神中的保胎神。[1]

宋代之前道教女性形象仅作为真人或侍者出现,并无女性主尊。南山是现存最早一处道教女性主尊造像。在相同区域相似时代,鬼子母、诃利帝母等女性神祇均由相同工匠制作,道教女性主尊在形象选择上有何偏好与考虑? 主尊与胁侍存在何种关系,造像与道教史之间是否是对应关系,圣母龛究竟是特例还是当时普遍祈禳的神祇,均为本节拟做讨论的问题。

一　道教雷法文本中的"注生后土圣母"与监生大神

从文本角度,《道藏》中并无一位明确为"注生后土圣母"的神祇。缀以"注生"的神祇主要有"南极注生大帝""注生真君""南斗注生""注生真君"等。后土则是儒家官方祀典系统中的土地神,本为男性形象,武则天时期由于后土文本的流行以及女皇的比附,完成了从男性神格向女性神格的转变。[2]"圣母"的来源更为宽泛,可将其视为综合儒家、道教、佛教与地方神祇信仰与形象的一个女性尊神的统合。结合南山"监生大神"与"送生夫人"的铭文与造像神格,可知南山第4龛"注生后土圣母"在道教文本中的

---

① 李远国:《神霄雷法——道教神霄派沿革与思想》,成都:四川人民出版社,2003年,第201—211页。

② 廖咸惠:《唐宋时期南方后土信仰的演变——以扬州后土崇拜为例》,《汉学研究》第14卷第2期,第103—134页。

原型应为"九天卫房圣母",隶属于九天监生司,多出现在宋代以来的众多雷法科仪文本中。此处造像是有关九天监生司最早的实物遗存。

　　监生司是九天之中的神职机构之一,主要有保产护卫之功用,旗下由众多神祇构成(图2-1):九天监生大神、九天卫房圣母、九天定生大神、九天感化大神、九天定胎大神、九天易胎大神、九天助生君、九天顺生君、九天速生君、九天全生君,六甲符吏催生童子、保生童子、速生童子;南昌分胎功曹、南昌主产功曹、九天掌胞胎魂魄脏腑鼓景神圣众。① 在《祈嗣醮仪》《监生醮仪》《祈禄醮仪》等篇章中,监生司负责祈嗣、监生、祈禄,②特别是遇到"胎产殒命,子母未分,形神痛苦,腥秽莫近之众"等情况,最需奏报九天监生司。③

图 2-1　九天监生司群像④

---

　　① 《灵宝领教济度金书》卷 57,《道藏》,第 7 册,第 280 页。
　　② 《灵宝领教济度金书》卷 238、239、243,分别见于《道藏》,第 8 册,第 177 页、第 179页、第 190 页。
　　③ 《灵宝领教济度金书》卷 69,《道藏》第 7 册,第 354 页。
　　④ 明代重彩绢本,纵 163 厘米,横 107 厘米,北京白云观藏。

图 2-2　峰山寺圣母像（笔者拍摄）

在黄箓开度用的诸司幕仪中，共设九幕，与监生幕并列的还有承受幕、驿吏幕、混元幕、解结幕、天医幕、监生幕、沐浴幕、巾笥幕以及炼度幕，其中九天监生大神与卫房圣母及九天监生司众是监生幕中需召请驱役的神祇。[①] 宋代出现的监生醮仪祈嗣文本中，以九天无极大道无上自然生神上帝为主法，九天监生大神与九天卫房圣母位列行法最前列。[②]

仅冠以雷部保胎神之名，并无法呈现南山第 4 龛主尊所附着的其他宗教、历史、一般知识与信仰的信息。九天监生司主要出现在不断扩大的雷法神系中，集中出现在《太乙火府奏告祈禳仪》《道门定制》（卷三、卷九）、两部《上清灵宝大法》、唐宋之际的《太上老君说五斗金章受圣经》《上清天心正法》（卷三）、《道门科范大全》《无上黄箓大斋立成仪》（卷五十五）、《大慈好生九天卫房圣母元君灵应宝忏》等经典中，特别在《灵宝领教济度金书》中，由监生大神和卫房圣母等其余神祇形成九天监生司，与宋代符箓派的北极驱邪院及雷霆九司并列构成宋代以后道教雷法三大天庭机构。[③]

以上经典和法派的出现、传播与巴蜀地区多有一定地域关联。《太乙火府奏告祈禳仪》自溯为唐代开元年间，由祖师紫府冯真人

① 《灵宝领教济度金书》卷 57，《道藏》，第 7 册，第 280 页。

② 《灵宝领教济度金书》卷 239，《道藏》，第 8 册，第 179 页。

③ 《灵宝领教济度金书》卷 307，《道藏》，第 8 册，第 683 页。

于梦境中获得圣母天启灵书,四川青城山即为此派发端之地。流传有序的传法真人约有八位,启教紫府冯真人、纯素妙道希夷陈真人、太极上相通玄刘真人、中天枢相伏魔许真人、清隐上仙披云杨真人、浦城真常先生云庄黄真人、宗师西台风雨令玉田叶真人。①其中比邻大足的普州安岳,就有太乙火府法派所奉祖师之一的陈抟墓。《夷坚志》中曾记载,距离青城山三十里的地方有麻姑洞,丈人观的道士寇子隆曾前往拜见,中途遇到村妇舍予食物,于是神清气爽,无老疾病,为人设章醮,自称"火部尚书",寿过百岁,直到隆兴年间去世。② 按《太乙火府五雷大法》所载,"太乙火府雷者乃玉清内院之秘法",以北斗真炁的化身太乙月孛为五雷之主法。太乙月孛在唐代以后多以女性形象出现。唐代天宝元年七月,四川境内遭遇水旱虫蝗灾害,毒炁流行,各种妖邪、偷财、淫泆等泛滥,当时绵州太守冯佑持诚启奏,夜梦北阴圣母启示得道。此后凡有水旱妖孽,立坛呼召,其神即应。北阴乃北斗,北阴圣母应为斗母,斗母与月孛均为雷法之斗部。③ 此法不仅可以劾治妖邪,更可以治理水旱灾害。

南山圣母龛原型的九天卫房圣母、监生大神是构成火府法祈祷召请神系之一,与三官、四圣、五天曹一并列入太乙火府醮仪的启奏招神序列中。太乙火府雷法中的"斗姆法",与佛教密宗"摩利支天信仰"融合,成为这一法派当中所尊崇的主神。大足北山地区的唐五代以来,就以数量多、造型精致的摩利支天主尊为其特色。在由西蜀道士吕元素校订的《道门定制》中,注生后土圣母位列"文昌圣位一百二十"分位之中,而文昌信仰即起源于四川梓潼。东蜀蓬溪县蓬莱山的中阳子卫琪为《玉清无极总真文昌大洞仙经》做过注,谈及吟诵《大洞仙经》可召唤卫房圣母、监生大神、天神地祇共同监护生育之事。④

---

① 《太乙火府奏告仪》,《道藏》,第 3 册,第 605 页。

② 洪迈撰、何卓点校:《夷坚志》丙志卷四,麻姑洞妇人,北京:中华书局,2006 年,第391 页。

③ 《道法会元》第 188 卷,《道藏》第 30 册,第 188 页。

④ 《玉清无极总真文昌大洞仙经》卷 7,《道藏》,第 2 册,第 661 页。

东蜀蓬莱山坐落于蓬溪县治东半里，①此地有浓厚的道教传统。南宋四川绵州冲虚观道士王希巢在《洞玄灵宝自然九天生神玉章经解》中，直言"圣母即九天圣母也。盖独阳不生，独阴不成，圣母即至阴之主，喜于成生，卫其房室，被除不祥也"。②

经南宋仲励编撰的《道门科范大全》中，设有完整的"祈嗣拜章大醮仪"，分为启坛、三朝行道与散坛几个主要仪式环节，在启奏天庭时，除了奏请三清诸御、九帝、五老、五斗、三元、三省、三十二天帝、二十八宿、南北斗、四圣之外等，还需要奏请上清雷霆院使、雷霆九司以及九天注生监生真君、九天司禄梓潼帝君，九天卫房圣母元君以及风雷雨部威烈圣众。③ 在仲励所处南宋初年，九天卫房圣母元君已成为祈嗣仪式中招请的神祇之一，与雷霆九司以及九天注生监生真君、九天司禄梓潼帝君并置且居其后。直至《大慈好生九天卫房圣母元君灵应宝签》经典中，位序提前，九天卫房圣母元君已作为祈祷的主尊。此部经典受到五雷法的影响颇深，其年代不早于南宋。

元明之际的《道法会元》将监生司的神祇组成进一步扩大，卷二一亦载监生司神灵多达百千。④ 随着雷法在法派中影响的逐渐渗透，不断有新的神祇加入其中。随着圣母元君地位的提升，其法力不限于保护一时之生产，或佑护妇女婴儿的安康，而是增添了审判善恶功过的职能：

稽首大慈好生九天卫房圣母元君，高居九天之上，总职三界之中，宣太上好生之圣德，敕阴阳生成之号令，上自后妃下及民

---

① 故宫博物院编：《(康熙)蓬溪县志》，载《故宫珍本丛刊·四川府州县志》第2册，海口：海南出版社，2001年，第436页。

② 《洞玄灵宝自然九天生神玉章经解》卷上，《道藏》，第6册，第430页。

③ 《道门科范大全集》卷25至卷29，《道藏》，第31册，第814页、817页、820页、823页、825页。

④ 包括"九天卫房三十六圣母、注生君、催生君、乳母君、导生君、生母君、三天都禁司命君、卫房灵妃、天门紫户速生君、卫房夫人、救生玉女、抱送卫房仙女"等，《道法会元》卷21，《道藏》，第28册，第795页。

妇,俱蒙救命,人物生成,录人间之善恶,察女子之贞邪。有德者
奏闻玉京,敕神祇而护佑,书名仙籍,益算延年。有过者申告三
官,付五雷斩勘之司,照依玉律施行刑,遭疾苦困危,魂系邓都,
常沉苦海,永失真道。善者赐其贤子贤孙,不善者世遭苦厄,多
诸忧恼。大哉圣母元君之功不可称量,好生之德,岂止保于一时
之生产,恩可佑于终身。①

宋代随着炼度仪在斋醮仪式中越发突出的地位,圣母元君位列
拔度幽魂的神祇之列。宋元时期符箓派经典《灵宝无量度人上经大
法》中载《九炼生尸品田先生科》,此科仪通过奏请由九天监生大神、
九天卫房圣母等构成的九天监生司以及三界诸官署,希望能达到起
死之功效:

> 仰生神之典,实标起死之功。②

九炼生尸与灵宝炼度、南昌炼度同样为宋代重要的炼度仪之一,九天
卫房圣母亦为九炼生尸所奏请临坛的雷部神祇。北宋成书的《上清
天心正法》将监生大神与圣母吸收至其中,③在书写"催生符"时,需
要念净天地咒、经身咒,然后默告北斗与监生大神、卫房圣母和托生
童子。由炁化而成的监生神在天心正法中有明确的形象描述:顶力
士冠,金甲,全帔,皂履,卓剑而立。④ 北宋成书的经文与南宋道教造
像形象基本保持一致。

"注生""监生""送生"是宋代道教神祇设置中比拟人间官僚系统
的有序层层递进的环节,"九天送生夫人"是人间生育在神权链条上
的最后一环,其象征性功能直接与世俗信仰中祈求子嗣的观音送子

① 《大慈好生九天卫房圣母元君灵应宝签》,《道藏》,第32册,第806页。
② 《灵宝无量度人上经大法》卷64,《道藏》,第3册,第975页。
③ 对于此经书的成书时间,李志鸿认为成书于北宋,参见李志鸿:《道教天心正法研
究》,北京:社会科学出版社,2011年,第16—22页。
④ 《上清天心正法》卷3,太上催生符,《道藏》,第10册,第624页。

类似。① 注生后土圣母作为被供奉的主神,监生大神则是召合与发放道符的神将,是将人间诉求进一步传达给主神的将帅(图2-6)。南山圣母龛以三圣母作为主法形象出现,以监生大神为代表的雷部神将则是传达人间诉求、驱役鬼魅的实际操作者。主尊与胁侍者如此职责分明的现象,并不见于隋唐五代,与宋代雷法兴起后雷部神将突出的传递职责相关。

除了注生功用之外,监生大神和注生圣母成为宋代兴盛的黄箓斋济阴度亡仪式时招请的神祇,并成为道教破血湖及燃灯破狱仪式时所奏告的对象。监生堂圣位中的神祇,可禳却尸血之光,②超度亡灵画符之时,亦需念诵九天监生大神,九天监生大神与负责南昌炼度的朱陵府君并置,与三清、救苦天尊等共同超度亡人神魂。③

宋元时期编撰的《元始天尊济度血湖真经》假托元始天尊为太一救苦天尊等仙真,记录超度酆都北阴血湖地狱众生罪魂之法,其仪式目的不止于祈嗣与安产,将所适用的仪式对象进一步扩大至所有女性,这种带有"原罪"性质的宗教过度仪,可以辐射更多受众。甚至道教中破血湖的施用对象不限于女性,进一步扩大到男性信众:

> 大法宜形,斯可下传人间,流通传诵,其有男女若能如法修行,利益人天,获福无量。④

宋元之后出现假托太上老君传授卫房圣母的育子神符秘法,整个仪式过程需要首先向九天卫房圣母奏告,并以酒果好香供养,之后需念诵咒语,用醋调和朱砂在黄连纸上书写道符。⑤ 以九天卫房圣母元君为代表的雷部神祇还被吸收至东岳化身济生度死拔罪解冤保命之中:

---

① 肖伊绯:《鬼子母信仰在巴蜀地区的流行》,《寻根》,2013年第2期,第65—73页。
② 《灵宝无量度人上经大法》卷47,《道藏》,第3册,第880页。
③ 《无上玄元三天玉堂大法》卷15,《道藏》,第4册,第48页。
④ 《元始天尊济度血湖真经》卷下,《道藏》,第2册,第40页。
⑤ 《灵宝无量度人上经大法》卷38,祈求嗣续品,《道藏》,第3册,第827页。

东岳子孙。案九天监生司结秀成胎,禀两仪之造化送生保产,乃二圣之纲维,燮理阴阳,散行痘疹,九天称庆,一视同仁,大悲大愿大圣大慈普济普度九天监生明素真君、多男多女九天卫房圣母元君。①

随着全真教在元代之后势力的逐渐扩大,宋代雷法神祇体系不少被吸纳到全真一系的神灵系统中,并成为广大信众奉祀对象。全真教祖庭白云观广嗣殿中主神即为"九天监生明素真君"与"九天卫房圣母元君"。据《大慈好生九天卫房圣母元君灵应宝签》可知,圣母元君高居九天、总职三界,宣太上好生之圣德、救阴阳生成之号令,录人间之善恶、察女子之贞邪,有德之人奏玉京"敕神祇而护佑,书名仙籍,益算延年",有过之人"申告三官,付五雷斩勘之司,照依玉律施行刑,遭疾苦困危,魂系酆都,常沉苦海,永失真道"。对于善良的人,"善者赐其贤子贤孙,不善者世遭苦厄,多诸忧恼。"②经文还提及,圣母元君并非只保生产一时的安康,而是神恩自在终身。只是世间知道并了解的人太少,恭敬和侍奉的人太少。

二 宋代"圣母"的图像表现与想象

道教经文对九天监生司圣母的描述有两方面的注重,一是其所在九天监生司的这一庞大神系,二是其注生、保产与济度的法力。南山圣母龛中的神祇九天监生大神在《上清天心正法》中有具体的形象描写,且经典文本与实物造型之间可做对应。至于九天监生司中的圣母形象,在道教经典中几乎无本可依。与同样在宋代被封为圣母的"临水夫人""妈祖"相比,其神祇来源并非现实中有德行之人,亦非神话传说或历史典故中的人物,九天卫房圣母可以说是宋代活跃的造神体系下的产物,其形象塑造上有更为悠久且多样的历史与传统。

---

① 《元始天尊说东岳化身济生度死拔罪解冤保命玄范诰咒妙经》,《道藏》,第 34 册,第 731 页。

② 《大慈好生九天卫房圣母元君灵应宝签》,《道藏》,第 32 册,第 806 页。

本节将讨论圣母龛中注生后土圣母的形象来源、表现与想象。

（一）宋代圣母造像实物遗存

南山三主尊圣母像与雷部监生神，从主尊样式与龛窟布局的角度，并未有完全相同的造像遗存。但具有相似"圣母"神格与造型的神祇还有多处实例。根据目前考古学调查及研究成果，可主要分为1. 以诃利帝母为原型的圣母；2. 以汉地传统九子母为原型；3. 道教语境中女性圣母。

1. 以佛教诃利帝母为原型。诃利帝母自犍陀罗地区发展，通过《佛说鬼子母经》以及 8 世纪不空、义净的佛经翻译，使其相关文本、形象进一步在中国流行起来（图 2 - 10、图 2 - 11）。李翎通过对不空所译两部诃利帝母经的对读，讨论主尊在宗教之中的多重意涵，并与现存诃利帝母图像进行比对，对这一议题的讨论集中在佛教文本梳理、形象特征排梳等。[①] 在《大药叉女欢喜并爱子成就法》《诃利帝母真言经》中对诃利帝母的形象有详述，除了做天女形，头戴冠饰、身披璎珞之外：

> 极会殊丽，身红白色，天增宝衣。头冠耳珰，白螺为钏，种种璎珞，庄严其身，坐宝宣台，垂下右足，于宣台两旁傍膝，各画二孩子，其母左手于怀中抱一孩子，名毕哩孕迹，极会端正. 右手近乳掌吉祥果，与其左右并侍女眷属。或执白绑，或庄严具。[②]

其中垂右足、两孩童、持吉祥果并女眷构成这一题材重要的图像志。以诃利帝母为原型的"圣母"像在宋代民间社会存在较广泛的信众，亦在大足地区广泛存在。这一题材在大足最早出现在中唐尖山子佛教摩崖造像第 9 窟中，主尊身后左右各有一儿童。[③] 尖山子同时出现佛教造像中莲花座样式，这一装饰图案与川北绵阳等地初唐时期

---

① 李翎：《不空所译诃利帝秘典及图像的研究》，《中国国家博物馆馆刊》，2016 年第 1 期，第 94 页。

② 《诃利帝母真言经》，《大正藏》，第 21 卷，第 289 页。

③ 《大足尖山子、圣水寺摩崖造像调查简报》，《文物》，1994 年第 2 期，第 32 页。

流行的纹样类似,更早来源应为莫高窟北魏第 245 窟为代表的人字坡中的仙人持莲装饰,以大足为代表的四川腹地对诃利帝母信仰与图像的了解,应来自北方地区,特别是伴随着唐代以来蜀地对佛经印刷以及大足地区对密教的接受。李翎通过细致比对不空所译的经典,认为大足以石门山为代表的圣母像与不空所译经文中的七子像式诃利帝母类似。①

北宋在石篆山第 1 号龛出现一处带有乳母形象的九子母,但雕凿粗糙,疑似此处石窟开凿最晚且未完成的状态。大足现存宋代最早一龛纪年圣母像位于高坪爆花村老君庙,开凿于 1130 年。此龛现场测量高约 1.57 米,长约 1.055 米。正壁中央为女性坐像左手抱一婴儿,原有彩绘头光和座椅,主尊像高 0.78 米,宽约 0.38 米。左右两侧为侍者,靠近龛口最右侧有一位男性僧人形象,怀抱婴儿形象,并未出现常见的九子形象。在此龛左上方有 1130 年的阴刻题记:

> 昌州大足任氏等发心□□□佛龛乞愿庚戌建炎四年五月初八日乙酉。

此处也是老君庙唯一一处有明确开凿年代的题记。供养人为女性任氏,主尊以诃利帝母为原型,供养人视为佛龛。

北山第 122 号龛。平顶龛,高 1.67 米,宽 1.51 米,深 1.13 米。女主端坐于高背椅上,椅后饰有屏风。主尊束发高髻、衣饰华贵,着履踏于台凳上。怀抱幼儿。主尊左侧为作揖侍女像,靠近龛口有一位横抱婴儿的乳母像。主尊座前原有五小儿,做游戏玩乐状,现已风化毁坏。在龛口左右侧门柱上,有楹联:"祥麟不作无缘嗣,威风偏临积善家",文末署名:"扬子孝书"。②

北山佛湾第 289 龛。宋代平顶龛,龛口左右两侧饰有对称性帷

① 李翎:《不空所译诃利帝秘典及图像的研究》,《中国国家博物馆馆刊》,2016 年第 1 期,第 94 页。

② 胡齐畏、胡若水编:《大足文史第五辑:大足道教摩崖造像》,大足县政协文史资料委员会,1990 年,第 86—87 页。

幔,主尊头戴凤冠,与北山第9、石门山圣母龛冠式相同,身作华服,端坐于莲台之上,双手抱一孩童,身前环绕八位嬉戏中的小孩。主尊两侧,各有侍女一人,双手拱于胸前。主尊左下侧有一席地而坐正在哺乳的女性形象。龛外左侧题有题记,此龛应建于1171年之前:

懿恪公裔王季立,观吕元锡兄题字,乾道辛卯。[1]

石门山第9龛。平顶龛形,高1.63米,宽2.13米,深0.74米。主尊面东,着华服端坐,脑后有飘带,孩童伏依其右膝。主尊左侧有一乳母形象,右侧有头饰高髻的女性,呈照顾孩童之势。主尊与右侧女像之间有一头戴翻耳帽、着长衫、双手置于胸前的男性形象。

大足西北方向的天山乡峰山寺第7龛圣母龛(图2-2)。龛高1米,宽1.3米,深0.2米。正壁为高0.7米、半跏趺而坐的主尊女像,头戴凤冠,肩披方巾,耳垂环。旁边有一尊未完工的乳母像。右侧有孩童,肩生两翼,上身裸,双手捧物。左右壁各有一位供养人像,右壁墨书题记:

攻镌作处士文玠记。□丙辰绍兴六年八月十□造圣母,祈乞合家□□与同政黄氏夫妇,□□龙祈乞合家安乐。[2]

此处造像由文氏家族文玠凿于1136年,这也是峰山寺19龛中唯一有明确纪年的造像。

2. 以鬼子母为原型。巴中南龛石窟第68、74、81龛主题均为鬼子母(图2-3),[3]唐文德元年(888)供养人李弘修为"保寿"而妆彩。其中第81龛龛楣饰以帘幕,龛内为着汉服、盘腿而坐的普通中年女性形象,怀抱婴孩,两侧各环绕四位童子,具有更多汉地女性特征,并

---

① 胡齐畏、胡若水编:《大足文史第五辑:大足道教摩崖造像》,1990年,第88页。

② 郭相颖主编:《大足石刻研究文集》,重庆:重庆出版社,1993年,第140—141页。

③ 雷玉华等:《巴中石窟内容总录》,成都:巴蜀书社,2006年,第101、114、128页。

图 2-3 巴中南龛第 81、68 龛①

且进一步突出世俗化倾向:主尊无背光、无台座或座椅、无华服、冠饰,非垂足端坐而是盘坐。此龛造像为四川境内目前所发现的年代最早的以鬼子母为原型的造像,并存有绍兴年间(1131—1162)妆彩题记,出现"奉佛杨俊夫妇重装□金圣母像"的题记,可投射出在宋代信众眼中世俗特征极强女性主尊身份。

《楚辞》《汉书》中对九子母的记载多强调其九子特征。② 中国本土"九子母"与域外印度药叉诃利帝母两条线索,在汉代即已通过文化的往来共同出现在如陶灯底座等器形装饰上。③ 鬼子母是一位类似女娲的女神,川陕地区发现一批九子母装饰主题的铜镜,主要图像构成是在华盖笼罩之下,有一名怀抱或哺育婴儿的女性正面坐像。④汉长安太子宫壁画中已有九子母形象的记载。谢明良探讨鬼子母图像在中国的起源和流变时,将考古资料中九子母形象分为三类,山东汉画像石(图 2-8)中的子母像为"鲁之母师",与印度鬼子母有互动;其次,河南东汉墓 出土施罩铅绿釉的九子式人形灯与犍陀罗诃利帝像有关(图 2-9);三国时期南方青瓷堆塑罐上的抱子图像与

① 采自雷玉华、程崇勋:《巴中石窟内容总录》,成都:巴蜀书社,2006 年,第 128、102 页。

② 对于中国传统鬼子母信仰的文本考证,参见闻一多:《天问释天》,《闻一多全集》第 2 册,北京:生活·读书·新知三联书店,1982 年,第 334 页;《天问疏证》,上海:上海古籍出版社,1985 年,第 12 页。

③ 具体图像及相关谈论参见朱浒:《汉画像胡人图像研究》,北京:生活·读书·新知三联书店,2017 年,第 275—289 页。

④ 参见陈长虹:《汉代铜镜上的九子母形象——对三段式神仙镜的再认识》,《四川文物》,2014 年第 4 期,第 63—72 页。

东汉九子式人形灯相近,此研究是对九子母题及中外文化互动角度较为翔实的考辨。① 唐代佛经翻译将诃利帝母与九子母结合。为人所熟知的是在《大唐西域记》中,诃利帝母作为二十诸天护法神之一,本是荒淫、暴力的形象,由于受到释迦点化,最终成为佛弟子。唐宋时期鬼子母信仰及图像越发普及。在《图画见闻志》《宣和画谱》中都有善画《鬼子母》画师的记载,如武宗元、侯翌皆有画迹流传。山西宋金寺观中亦有实物留存,如高平开化寺,特别在金代官方敕造的山西岩山寺中,产生罕见的鬼子母变相图。

3. 道教女性主尊圣母。除南山注生后土圣母外,大足北山白塔之中第六层第 72 龛(图 2 - 4),虽然漫漶严重,神祇排列方式为主尊坐于高背椅上,左右两侧分为若干层分布形体较小的侍者像,虽与南山三主尊布置方式不同,但稍作观察就可以确认,北山白塔中的这处造像与南山圣母主尊形象一致。

图 2 - 4　多宝塔第 72 龛圣母像
(笔者拍摄)

① 谢明良:《鬼子母在中国——从考古资料探索其图像的起源与变迁》,《美术史研究集刊》,台湾大学艺术史研究所,2009 年,第 107—130 页。

对以上女性主尊造像讨论的焦点集中在：1. 女性主尊的定名，究竟是鬼子母、九子母、诃利帝母还是明肃皇后；①2. 女性主尊的宗教属性。一种认为应该理清鬼子母、诃利帝母、圣母等主尊的区别，尽可能将造像属性划分清晰；另一种则认为很难将其属性做清晰地剥离，在不断地文化交融中，造像的宗教属性与象征意涵有同化或交融成分。② 从"诃利帝母""鬼子母"再到宋代信众眼中的"圣母"，可以看到在信仰世界、造像实践与经典文本之间各有传统与限定，"圣母"称谓的出现表明，域外护法神鬼子母信仰与本土信仰与造像传统之间，存在趋同的态势。

褚国娟在讨论石篆山第 1 龛圣母像的主尊与乳母形象来源时，从审美角度的美丑、美学善恶两对概念出发，认为大足鬼子母题材圣母、乳母二分的形象与艺术表现的分身有关。③ 此圣母与侍者形象二分的情况，主次分明，圣俗有别。《夷坚志》"土偶胎"中曾记载超觉寺中设有九子母堂，除主尊外，堂中造像另有一位"乳垂于外"的侍女，在这则记述中，沿袭圣俗二分的图像特征。④ 与九子母形象相比，分身理念更清晰地体现在以南山圣母为代表的主尊样式上。南山圣母龛三位道教女性主尊形制相似，除三清以外，三主尊并置情况多见于宋代之后的道教造像，而少见于前代。如石门山第 10 龛南山第 6 龛、峰山寺三官像等。在基督教、印度教中均相似的具有三位一体概念。大乘佛教亦有典型的三身佛概念，除去义理差别，均为神祇"位格"的表现。道教亦有"三身"主尊的构成理论与依据，唐代孟安排《道教义枢》载：

> 一者应身，二者分身，三者化身。一应身者，应是应接，谓随机显迹，应接群生。请问经云：以无心而应众生？《本际经》云：

---

① 龙晦：《大足石刻中的明肃皇后、诃利帝母、九子母与送子观音》，《中华文化论坛》，2003 年第 1 期，第 135—140 页。

② 佐原康夫：《汉代祠堂画像考》，《东方学报》，1991 年，第 34—35 页。

③ 褚国娟：《石篆山研究》，北京大学艺术学博士学位论文，2015 年。

④ 洪迈撰、何卓点校：《夷坚志》，第 1 册，北京：中华书局，2006 年，第 146 页。

> 应物根性示色。故名应身,亦曰生身。言生身者随顺世法诞,育
> 形体也。二分身者,分是分散我一身,散在多处。身虽非一形,
> 相不殊。①

分身之后神祇的相貌并无差别,仅是形分多处。从中可理解唐代以来规定的道教三身像构成仪轨与造像主尊特征。

南山正襟危坐的圣母形象并无更多特别的图像志特征。大足对女性主尊的图像表现,年代更早、形式更为丰富的应为手持器具的多臂斗母或摩利支天的形象。这种具有典型异域风格的造像,唐五代在蜀地极为流行,不但在画史中颇多记载域外星神画像,在唐五代以后的摩崖造像中,密教多臂神女性主尊的形象也集中出现在巴蜀地区摩崖造像中。徽宗时期曾诏令禁止域外星神形象的出现,因此大足本地虽有制作多臂摩利支天的工匠传统,摩利支天信仰与道教斗姆神之间亦存在较强互动因素。虽然道教中不乏女性神祇的图像实例,对女性主尊的表现,有一定宗教特色。如山西稷山青龙寺腰殿西壁表现元君圣母众,其中圣母饰有头光,头戴绥花冠辅以金钗,身着青色长袍,下着衫。右手持扇,左手辅以扇柄,左侧配以持宝物玉女,右侧为持扇玉女。②

与南山其相似的宋代女性形象还可见于宋代大量劝谏类卷轴画及北方发现的小型陶模中。袁泉对首尔崇实大学教会博物馆中所藏的一尊女性陶像做过研究。作者结合泰安陶模、开封金代圣母坐像和新乡出土的执荷天女像,认为与北方地区七夕用于求子的“摩合罗”功用相合。③ 开封出土的圣母陶模襟危坐、凤冠霞帔,为典型的宋代身份高贵的女性形象(图 2-5)。泰安陶模出土于泰山岱庙附近约 200 米处,④

---

① 《道教义枢》卷 1,《道藏》,第 24 册,第 805 页。

② 金维诺编:《中国寺观壁画全集》第 2 册《元代寺观水陆法会图》,广州:广东教育出版社,2011 年,第 51 页,图 26。

③ 袁泉:《首尔崇实大学教会博物馆藏“圣母像”考》,《文物》,2017 年第 8 期,第 89—96 页。

④ 贾运动:《泰安发现元明时期的陶模》,《文博》,2004 年第 6 期,第 25—27 页。

开封陶模出土于宋代开宝寺遗址,首尔崇实大学的小像原本亦位于庆州佛国寺大雄宝殿前。结合《梦粱录》与《梦华录》对七夕的记载,这一类小型陶模很有可能是佛教寺院附近用于贩售的小型土偶,具有较强的世俗性与商业特征。依据现在发现的实物,可大致推测这一女性形象的陶俑应流行于北宋汴京及北方其他地区,随着政治经济文化的向东向南传播,在朝鲜半岛也发现相关造像规格、形制和主尊身份的陶模。南渡之后南方地区的流行程度甚于前代。

图 2-5 开封出土金代圣母坐像陶模①

南山对道教女性神祇形象的选择,与佛教诃利帝母、鬼子母或者早在汉代就已出现的九子母像有所区别,孩童、吉祥果、作天女形、垂足等都不在图像志选择范畴中,广为民众接受和熟悉的民间习俗中的圣母形象,应具庄严、神圣之相(图 2-14)。

道教对圣母形象的塑造和选择,不是具有荒淫凶恶的鬼子母形象,也非民间世俗化哺育或席地而坐的女性形象,而是正襟危坐、

① 采自魏跃进、魏威:《开封出土唐、宋、金、元时期陶模考》,《开封大学学报》,2015年第 1 期,图版 5,第 13 页。

典雅庄重之态。与前两类圣母形象不同的是,南山圣母龛以女性主尊为绝对表现中心,其正襟危坐的端庄典雅形象更符合儒家审美理想中对于女性圣母的品评与想象。郭若虚专门讨论过"妇人形相":

> 历观古名士,画金童玉女及神仙星官,中有妇人形相者,面虽单眼,神必清古,自有威重俨然之色,使人见则肃恭,有归仰之心。①

唐会昌元年(841)至北宋熙宁七年(1074)之间的绘画品评标准认为:

> 士女宜富秀色婑婧之态。②

于君方将女性化的观音形象与宋代理学相结合,认为这一主尊性别样式的转化可视为"对寺院佛教和理学的父权立场所作的回应……如果这两种传统不乏女性象征和女性修行者,观音或许不会经历性别的转变"。③

　　鬼子母、九子魔母、九子母以及元祐年间尊封的"圣母",与其说是演变的结果,不如说是在胎产诉求中,地方信众从实用与审美诉求的角度,对不同宗教神祇主动地选择。通过道教文本以及造像形态两方面的分析,可以发现以南山后土圣母龛为代表的道教神祇,一方面在道教内部以愈发庞大、有序的神系组成,其功能进一步完备,从注生保产到炼度,形成一个有效的逻辑与司法链条;另外一方面,其形象的选择更多选取儒家对圣人、女性的品评,在民众的接受与信仰世界中,其宗教属性的边界逐渐模糊,其作为神圣女性尊像的身份和

---

　　①　郭若虚撰、王栗群点校:《图画见闻志》,杭州:浙江人民美术出版社,2013年,第28页。

　　②　同上书,第21页。

　　③　于君方著、陈怀宇、姚崇新、林佩莹译:《观音——菩萨中国化的演变》,台北:法鼓文化,2009年,第41页。

保产护佑的功能最为紧要。因此可以窥见在宋代如此大规模的造神运动之下,道教内部虽极力整合神系,使其在宗教逻辑与神祇官僚系统中越发规整,同时在信仰与接受层面则有多元倾向,这与唐代流行的如鬼子母、诃利帝母、斗姆等明确的神祇造像特征和造像仪轨出现明显不同。圣俗、儒释道都可以成为用以建构和表彰自我的工具。好在南山圣母龛留下了千年前的榜题栏与文字题记,后人能据此能判定这龛女性主尊造像的身份及宗教属性。南山圣母龛中出现何氏父子与家眷的供养形象(图 2-6),并出现南山唯一的神祇身份提名。在神祇形象并未有独特造像仪轨时,铭文的出现对于宗教供奉者来说十分重要,何正言一家的祈愿与诉求可以借助铭文向司职主神与将帅准确传达。如若缺失题记,这一缺乏图像志构成特色的女性主尊与道教雷法以及保生、注生与度厄的功用之间,就存在非唯一对应的关系。

图 2-6 《玉枢经》中的
监生高元帅①

图 2-7 何正言与子、乡贡
进士何浩(笔者拍摄)

① 元代木刻版画,33.2×12.5厘米,英国图书馆藏。

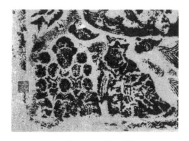

图 2-8　中国微山两城山东汉画像石①

图 2-9　山东莒县双河村汉代铜造像②

图 2-10　犍陀罗风格　　　　图 2-11　吐鲁番交河故城 9 世纪
　　　诃利帝母③　　　　　　寺院幡画上的诃利帝母模本

---

① 采自谢明良:《鬼子母在中国——从考古资料探索其图像的起源与变迁》,《美术史研究集刊》,台湾大学艺术史研究所,2009 年,第 144 页,图 12。

② 刘云涛:《山东莒县双合村汉墓》,《文物》,1999 年 12 期,第 27 页。

③ 犍陀罗·贾马尔伽西(Jamālgarhī),大英博物馆藏。

第二节　舒成岩与天心正法

　　大足石刻除了著名的大足五山，即宝顶山、北山、南山、石篆山、石门山之外，还有多处兼具神祠或家庙性质的小型龛窟。其中舒成岩就是一处神系较为丰富完备的南宋道教造像遗存。舒城岩位于大足区西北10公里处的中敖镇大屋村，古称"云从岩"，当地又称为"半边庙"。编号11龛，现存的主要5龛造像修建于绍兴十三年至二十三年间（1143—1153），分别为：第1号淑明皇后龛、第2号东岳大帝龛、第3号紫微大帝龛、第4号三清龛、第5号玉皇大帝龛（图2-12）。另保存四处绍兴年间的造像题记，以及五处明清时期的碑刻、装修记。

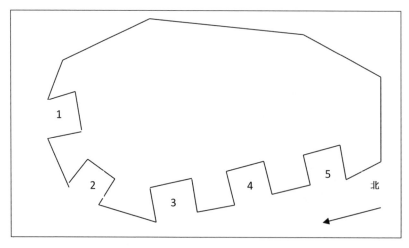

图2-12　舒成岩龛窟位置示意图（笔者绘制）

第1龛淑明皇后龛，1153；第2龛东岳大帝，1152；第3龛紫微大帝；第4龛三清；第5龛玉皇，1143。

　　由于舒成岩道教造像呈现出以下特点：1.有宋代最高道教造像神祇组合三清、玉皇；2.出现紫微大帝和四圣题材造像；3.有南宋东岳和淑明像；4.铭文中出现宋代道士道阶等信息。因此在以往研究中往往关注四圣题材形象，或道教造像类型。最早从道教史角度对此遗迹予以关注的张勋燎，认为舒成岩是处雷法造像遗迹，李小强新近在此基础上亦有论述。① 过去多将舒城岩视为一个整体，实际现存五龛造像的开凿并非一蹴而就，而且有关此处造像与宋代道教地方法派之间的关系则鲜有讨论。本文则根据造像题材、铭文题记，侧重于动态地回溯造像开凿的过程以及造像题材特征，重点讨论石刻造像与宋代道教内史之间的互动。

一　舒成岩宋代道教造像开凿顺序

本文首先关注舒成岩摩崖造像的开凿顺序与石窟性质之间的关系。绍兴十三年(1143)最先开凿第 5 龛玉皇大帝龛，此龛位于平面最西南方，造像完毕第二年(1144)上元之日举行斋醮活动，并题刻上石。题记为：

> 玉皇兴崇大帝，将以祈恩乞福」，保寿龄年，族聚荣昌，早胜善果。今已」周备，龛洞俨然，刻石碑铭，以贻后世」云尔。时以海元癸亥绍兴十三年五」月初二日具工，至二十六日了毕。次」以天元启运初春上元，正值王谅丁」卯本命之日，就龛修醮表庆」。王举修撰，朱业奉书，伏忠庆镌龛」。②

---

① 张勋燎：《大足舒成岩道教石窟造像记道士、匠师题名的衔称和道教纪年》，《大足学刊》第一辑，2016 年，第 230—231 页；李小强：《大足道教石刻论稿》，重庆：重庆出版社，2016 年。

② 过去有关这处题记的年代考证，以陈明光和张勋燎为代表。陈明光认为"天元甲子"是指绍兴十四年(1144)，并进一步解释"天命"是专门为颂扬宋高宗登上"中兴君主"之位的专有年号。张勋燎则认为，题记中"海元"是一种特殊的道教方术纪年的命名方式。术家将"三元"与九宫、五行结合成为"五元"，宋代增加"江元""鬼元"或"海元"成为"七元"。特别在宋代张行成《易通变》卷三十以及方勺《泊宅篇》中都有相应的文献依据。由于乱世之际，道士宣称再一个十八年即进入另外一个新纪元的"天元"，天下将太平无事，因此将此处题记视为道教谶纬之说在北宋末年的一种体现，参见张勋燎：《大足舒成岩道教石窟造像记道士、匠师题名的衔称和道教纪年》，《大足学刊》第一辑，2016 年，第 230—231 页。

图 2‑13　舒成岩东岳大帝像(笔者拍摄)

在捐造完玉皇龛十年后即 1152 年,像主借由舒成岩举办法会,再次捐造第 2 龛东岳大帝龛(图 2‑13)。正壁两侧各有一块碑记:

左碑:

> 盖闻铸金造像利益最」多,剖石镌岩福德尤盛」。《竺兰陀经》云:积善福生」,积恶祸至。《道经》云:人身」难得,中土难生。非有无」因,妄遭果报。偈曰」:舒成岩洞建春台,贵使」邦人仰上台。小善莫轻」无福,故因缘会遇应还来。但举① 善思念之幸,叨」覆载之恩,无毫发之奉」;欲报劬劳之力,亏尺」寸之功。内令五常,粗承② 三」畏③ ;每勤门眷,待自④ 家严。⑤

---

① 陈习删在"举"与"善"之间,录有两个字符空格"□□",参见胡文和、刘长久、李永翘编:《大足石刻研究》,成都:四川省社会科学院,1985 年,第 330 页。

② 陈习删录为"存",参见胡文和、刘长久、李永翘编:《大足石刻研究》,成都:四川省社会科学院,1985 年,第 330 页。

③ 陈习删录为"德",参见胡文和、刘长久、李永翘编:《大足石刻研究》,成都:四川省社会科学院,1985 年,第 330 页。

④ 陈习删录为"特启",参见胡文和、刘长久、李永翘编:《大足石刻研究》,成都:四川省社会科学院,1985 年,第 330 页。

⑤ 重庆大足石刻艺术博物馆编:《大足石刻铭文录》,重庆:重庆出版社,1999 年,第 290 页。

右碑：

金阙之容已兴，虑胜缘之未」具。东岳之像复庶」，庶卑愿之周谐，使历代瞻仰之」无涯，后世皈依之有托。偈[2]曰」：积善之家庆有余，更符阴骘」更相与。行看驷马钟苗裔，炬」煜于[3]门信不虚。是龛也，上期」皇祚齐南山久固之年，下冀」慈亲等北海[4]之寿。举泰一界」土[5]，辄[6]三教书，愧无华彩之文」章，直假乌丝之翰墨，庶几好」士者知我志耳。壬申绍兴二」十二年九月二十二日，前本」县押录王谅记」。都作伏元俊、伏元信、小作吴兼[7]明镌龛」。[8]

紫微殿使日直元君同判□院士王举撰」。

无极上相判酆都使、掌岩道士王用之开洞」。[9]

图 2-14　清代天仙圣母挂轴[1]

---

① 重彩绢本，纵 188 厘米，横 89.5 厘米，白云观藏。

② 刘长久、胡文和、李永翘著：《大足石刻研究》，成都：四川省社会科学出版社，1985 年，录为"皆"，第 562 页。

③ 陈习删录为"但如子"，参见胡文和、刘长久、李永翘编：《大足石刻研究》，成都：四川省社会科学院，1985 年，第 330 页。

④ 陈习删在"海"与"寿"之间，录有两个字符空格"□□"，参见《大足石刻志略校注》，第 330 页。

⑤ 陈习删录为"□忝一介士"，参见胡文和、刘长久、李永翘编：《大足石刻研究》，成都：四川省社会科学院，1985 年，第 330 页。

⑥ 录为"转"，刘长久、胡文和、李永翘著：《大足石刻研究》，成都：四川省社会科学出版社，1985 年，第 562 页。

⑦ 录为"宪"，重庆大足石刻艺术博物馆编：《大足石刻铭文录》，重庆：重庆出版社，1999 年，第 562 页。

⑧ 重庆大足石刻艺术博物馆编：《大足石刻铭文录》，重庆：重庆出版社，1999 年，第 290—291 页。

⑨ 重庆大足石刻艺术博物馆编：《大足石刻铭文录》，重庆：重庆出版社，1999 年，第 291 页。

图 2-15 舒成岩淑明皇后龛（笔者拍摄）

东岳右侧编号第 1 龛为女性主尊龛（图 2-15）。留有两处题记，一处位于正壁左下方的莲花宝盖牌位上，刻有：

淑明皇后一位。①

另在正壁左下方刻有：

大宋昌州大足区若子乡琼林里故城垣」本庄居住奉」道弟子宋美意，为年前妻室罗氏七六娘」或患气疾眼目不安，遂发诚心，就」云从岩镌造」淑明皇后求为供养。自启愿后果蒙」圣像加备，罗氏气疾退散，今者不亡前愿，命」请处士就龛镌造圣容，已是圆满□□」镌造向去寿年长远福禄增添□□□□□」利

---

① "淑明皇后"是舒成岩中讨论最多的一处造像。学者多集中在女性主尊的身份与定名上。从最早的"狸猫换太子"原型的蜀人明肃皇后，到诃利帝母、九子母。大足石刻中的明肃皇后、诃利帝母、九子母。龙晦：《大足石刻中的明肃皇后、诃利帝母、九子母与送子观音》，《中华文化论坛》2003 年第 1 期，第 135—140 页。

常愿安乐，时以癸酉绍兴二十三年三月十三日」工毕，掌岩道士
王用之建洞」。①

淑明皇后是邻近村庄信众为妻室所犯的眼疾而祈祷的对象，由于灵
验有效，以捐资回乡的形式供养淑明龛。从雕刻技法上，淑明像趋于
扁平，造型欠缺饱满生动，其雕刻水平明显不及其他几龛。据题记可
知淑明皇后是 1153 年增补雕刻的造像。

　　第 3 号紫微大帝龛未留下纪年，在下置莲座上有宝盖的题记栏
中，仅出现漫漶的 8 个字：

　　　　……五月二十五日甲子。②

　　通过年代题记及造像所处的位置可推测，舒成岩摩崖造像可分
为两组：1143 年左右开凿第一组，由现在第 4、5 龛（三清、玉皇）组
成，三清龛应与玉皇龛开凿年代相仿，在北宋真宗祥符年间之后，
以上题材成为一般道教宫观常规供奉的最高神祇代表。1152 年始
凿第二组，以东岳、淑明为中心。此外第 3 龛紫微大帝龛（图 2-
16）造型流畅生动，尤其是前后左右四位护法形象更富动态。东岳
大帝造像记位于第 2、3 龛东岳与北极紫微之间，比三清像雕凿技艺
更为成熟，因此笔者判断紫微大帝龛的开凿顺序应晚于三清，略早
于或约等于东岳大帝龛建造年代。整个舒成岩的造像历经十年方
形成今日之面貌，开凿顺序与现存编号相反，基本沿自南向北的方
向开凿，具体开凿龛窟顺序由早到晚分别是：玉皇龛（1143）、三清
（1143—1152）、紫微大帝（不晚于 1152）、东岳大帝（1152）、淑明皇
后（1153）。

------

　　①　重庆大足石刻艺术博物馆编：《大足石刻铭文录》，重庆：重庆出版社，1999 年，第
293 页。
　　②　重庆大足石刻艺术博物馆编：《大足石刻铭文录》，重庆：重庆出版社，1999 年，第
294 页。

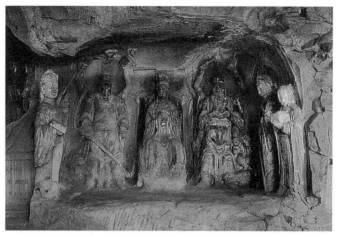

图 2-16 舒成岩紫微大帝像(笔者拍摄)

二 从造像题记看舒成岩的宗教法派

题记中出现"紫微殿使日直元君司□□□院事王(漫漶)""无极上相判酆都使掌岩道士王(漫漶)"。与 1143 年开凿玉皇大帝龛的题记相比,王道士十年后(1152)增添了明确的道教法职,并出现王用之这一道教神职人员和宫观管理者。张勋燎曾对此题记进行过辨析。① "紫微殿使"为净明道中天枢院都司系统中的文职。《天枢院都司须知格》中有详细分类,由在孝行、道术、奏牍、行法等方面有所长的人担任。其中又划分为真君、天君、元君、真人、仙佐、仙人等六个职级。而在宋代盛行的天心正法中,《上清骨髓灵文鬼律》作者饶洞天在道教中的职署即为"紫微宫使日直元君"。根据宫观住持王用之的道号法职,他本人即为奉行天心正法的道士,得受天心正法的道士多授正一法箓。因此可以确定,南宋舒成岩是一处由天心正法派道士管理的道教造像空间。

题记所反映的道教法派与增刻的造像题材的关系尚未得到讨论。紫微大帝龛与东岳大帝龛同为 1153 年左右的造像,两龛应为相

---

① 张勋燎:《大足舒成岩道教石窟造像记道士、匠师题名的衔称和道教纪年》,《大足学刊》第一辑,2016 年,第 230—231 页。

同赞助人、掌岩道士和同判院士共同组织建造。赞助者王谅曾担任大足区衙门中的小官吏。陈习删认为此龛造像依据《洞真北帝紫微神咒妙经》开凿，根据"掌岩道士"和"管院士"，此处很可能原本是敕建宫观之一。[①] 方珂根据铭文题记中工匠"都作""小作"的身份进行考证，认为是宋代在各州路府厢军中建立的军工机构"都作院"，[②]因此舒成岩应是一处由官方背景支持的道观。大足同时代的南山摩崖道教造像，无论是体量还是雕刻质量均优于舒城岩，但南山是由地方信众舍地开山造功德的产物；类似由地方贵胄或庄园主开窟造像的例证在南宋川东地区不乏例证，除了严逊捐造的石篆山，另一处石门山也不乏民众镌造的题记。舒城岩最早出现三清、玉皇这两窟代表南宋最高神祇的组合造像，很有可能原本受到地方政府的支持，在玉皇、三清开凿完十年之后，由奉行天心正法的道士主持此处宫观。新开龛窟造像也应该符合掌岩道士的宗教认同和接受范畴。

　　开窟造像被认为是积累福德的最好方式。碑铭"人生难得，中土难生"仅泛称来自"道经"，具体应来自在北宋编撰而成的《太上玄灵北斗本命延生真经》，简称《北斗经》。[③] 后半句多为"假使得生，正法难遇"，即便能够摆脱六道轮回之苦，也很难遇到正法。此经假托太上老君在四川向张道陵说法传教，讲述举行醮祖北斗七元君除罪祈福之事，目的是让大众知身修道，并尽可能离苦得道。舒成岩铭文中出现此句道经，可视为地方信众对北斗及延生保命思想已形成了普遍认知。

　　铭文中提及的"竺兰陀经"是部宋代疑伪经。在《俄藏黑水城文献》刊布之前，《佛说竺兰陀心文经》未见记载。有学者已关注到此经文题记所具有的史料价值，在北宋神宗朝时期及之前长期流行于北方地区，并进一步认为《佛说竺兰陀心文经》符合深受战争影响的一般民众的心态，特别是在战争的恶劣影响之下，此经可以给人以心理

---

① 　陈习删《大足石刻志略校注》，载刘长久、胡文和、李永翘编著：《大足石刻研究》，四川省社会科学出版社，1985年，第330—331页。

② 　脱脱等：《宋史》，第165卷，第3920—3921页。

③ 　《道门科范大全集》卷57，《道藏》，第31册，第895页。

安慰,因此从此经典的传播地区来看,该经文利于维护战争背景下区域社会的稳定,从《佛说竺兰陀心文经》题记来看,这部疑伪经历经四年可以从西北地区传播到京畿地区。① 大足地区在石刻造像中出现此经经文名称,无更多中间环节佐证其传播流布证据,是否是线性地自北向南扩散自北至南,抑或黑水城是否是其发源之处,仍未有确切答案,但却可以反映出这部经典在南宋时期已经分布极为广泛,并与道教宗教信仰空间融为一体。

作为天心正法派活动空间的舒成岩,1152—1153 年左右出现的紫微四圣与东岳题材,与基于南宋邓有功编撰的天心正法经典的关联更为紧密。邓有功编入《道藏》中的经典有两部《上清骨髓灵文鬼律》②与《上清天心正法》。《灵文鬼律》载:

> 此《上清骨髓灵文》所以俾付正直者,使之以奉行也。其目有三,曰鬼律,曰玉格,曰行法仪式。合而言之,通谓之《骨髓灵文》也。鬼律者,天曹割判,入驱邪院,北帝主而行之。玉格并行法仪式者,玉帝特赐驱邪院以掌判也。其要皆所以批断鬼神罪犯,辅正驱邪,与民为福,为国御灾者焉。臣窃见玉格之文,寻常法师只以口传,而行法仪式,又隐而不谕,故灵文因此散缺,所存者,鬼律而已。鬼律虽存,其俗师不能深晓其意,加之传写讹谬,

---

① 黑水城出土的《佛说竺兰陀心文经》经文如下:"《竺兰陀心文经》,大藏所无有也。元丰二年,太常少卿薛公仲孺死之三年,以地狱之苦不能往生,依陕西都运学士皮公公弼之女求是经,以解冤结,公哀许之。大索关中,获古本于民间,饭僧诵之。一日,薛卿复附语以谢曰:赖公之赐,获生天矣。公诘以特索是经之意,云:佛书几万卷,冥间视此经,犹今之时文,方所信重,故一切苦恼,悉能解脱,予是以获其佑也。今三秦士民,竞传诵之。卫州管内僧判兼表白仁化寺净土院兼讲唯识因明论僧贤惠校勘,卫州管内副正仁化寺净土院主讲华严经传法界观僧贤熙校勘。承议郎杨康国男大名府乡贡进士据璞、琬、瑰、琚、培、璠,女四娘、五娘,奉为亡妣金华县君石氏小祥,谨镂版印施《竺兰陀心文经》五百卷,庶缘胜利利浸广于善因,追荐慈灵,愿早登于净土。元丰六年三月日施";参见崔玉谦、崔玉静:《黑水城出〈佛说竺兰陀心文经〉题记相关问题考释——以人物生平与疑伪经出版传播为中心》,《宋史研究论丛》,2016 年第 2 期,第 465—489 页。

② 道教发奏科仪见李志鸿:《〈上清骨髓灵文鬼律〉与天心正法的斋醮仪式》,《道教研究学报:宗教、历史与社会》第一期,香港中文大学出版社,2009 年 11 月。

文理舛错,遂致废缺,只以符水治病,多致诳惑,岂不负高天之意哉。①

这部律典编辑的背景是邓有功曾向洪州西山玉隆观、江州庐山太平观、南康军简寂观、舒州灵仙观等重要宫观寻求经典底本,将《酆都律》《女青鬼律》《九地律》《玄都律》《上清鬼律》五部鬼律相互校对继而编成《上清骨髓灵文鬼律》。在这一法派中,东岳具备驱使神将兵吏之职权。在天心正法派的仪式活动中需要奏告天枢院,并由天蓬、天猷、火铃与四天王、十二大神、八金刚、六丁六甲共同组合成为护法神君:

> 诸行法官朝上帝,驱瘟邪,断怪祟,须先戴三台北斗,变为驱邪院使。诸朝见上帝奏请毕,即诣天枢院,部领四天王、十二大神、八金刚、六丁六甲、天蓬、天猷元帅、火铃将军、五雷风雨神,直出天门。②

仪式活动中要将信众诉求,通过奏告文书呈予泰山东岳大帝,其中详述科仪的时间、地点和所祈攘事宜,并且需要通过北极驱邪院之名,向东岳、城隍"借兵",南宋之后被视为天心正法创始人的谭紫霄,也是从泰山圣帝处借冥界军队,得以传道。③《夷坚支志》记载衡州道士赵祖坚在民间初行天心正法以驱邪治祟时,"摄附体者责问之,对曰:'非敢擅来,乃法院神将受某略,是故敢然。今去矣。'赵祖坚自念:吾所以生持正法降伏魑魅者,赖神为用也。兹乃公受贿托,吾将何所依仗哉!"④并要将魑魅罪状向东岳申诉。道教将东岳纳入神系中,赋予他明确的规诫、惩罚与审判权职。《上清天心正法》载:

---

① 《上清骨髓灵文鬼律序》,《道藏》,第 6 册,第 908 页。

② 同上书,第 917 页。

③ 参见李志鸿:《道教天心正法研究》,北京:社会科学文献出版社,2011 年,第 138 页—143 页,第 152—159 页;松本浩一:《道教呪术'天心法'の起源と性格:特に'雷法'との比较を通じて》,《图书馆情报大学研究报告》第 20 卷第 2 号,2001 年,第 27—45 页。

④ 洪迈撰、何卓点校:《夷坚志》乙卷第五,北京:中华书局,2006 年,第 831—832 页。

> 凡治瘟疫,先看详审订,或一境一乡一社中人患瘟;或不候人投状,或有人投状可详细具录事由,飞奏三清祖师玉帝,申东岳,牒城隍,与患人首罪,或只牒当境社祠,及猛烈庙神驱遣。①

三清玉皇在宋代之后成为寺观当中供奉的最高主尊神祇,东岳多为雷法中驱邪需奏告和申诉的对象:

> 主摄人魂魄,总统地祇,所以抽魂,必申牒东岳,乞行下地水诸司照会。②

因此结合舒成岩造像题材和信众造像题记,地方信众当遇瘟疫或疾病时,会向以舒成岩为代表的区域性道教神祠作为驱邪疗愈的祈愿对象。

索安曾在研究中明确指出,道教超自然的官僚机构是对现实世界官僚政治体系的模仿与借鉴。③ 北极驱邪院是天心正法派当中重要的神职机构,《上清灵宝大法》载:

> 考召诸术,千途万派,莫不总乎驱邪院也。世乃厌其称名常俗,多易考召院、灵官院之类极多。④

模拟现实社会中宋代的兵吏管理机构枢密院,这一超自然的官僚机构用于斩断鬼神,并建立起道教的救渡仪式,与早期道教鬼律系统不同。⑤ 天心正法派使用的驱邪院机构在北宋末南宋初尤为兴盛,由于是对

---

① 《上清天心正法》卷 4,《道藏》,第 10 册,第 627 页。

② 《道门定制》卷 1,《道藏》,第 31 册,第 654 页。

③ 索安著、吕鹏志、陈平译:《西方道教研究编年史》,北京:中华书局,2008 年版,第 46—51 页。

④ 金允中《上清灵宝大法》卷 10,《道藏》,第 31 册,第 400 页。

⑤ 李志鸿:《道教天心正法研究》,北京:社会科学文献出版社,2011 年,第 133 页;黎志天:《〈青鬼律〉与早期天师道地下世界的官僚化问题》,《道教研究与中国宗教文化》,北京:中华书局,2003 年,第 2—36 页;张悦:《宋代道教驱邪模式与世俗政治关系初探》,《史林》,2016 年第 5 期,第 68—76 页。

世俗社会中官僚系统的高度模拟，因此还受到文人士大夫的批判与挪揄：

> 建炎中，始复旧。近有道士之行天心法者，自结衔曰：知天枢院事，亦有称"同知签书者"，又可一笑也。①

宋代兴盛的天心正法属于雷法法派之一，与唐代上清北帝派颇多渊源，其法奉上天北极大帝为主神，宣称上清北极天枢院主掌灵文鬼律，主要施用符箓、法印及存神念咒之术，召请上清天枢院神吏兵将，伏魔驱邪，治病禳灾。两宋之间以行使天心法驱邪禳灾而闻名的事迹不乏记载。仅在《夷坚志》中就有十余处对天心正法道士行法的记载。陈师道《后山集》卷十八中载北宋道士王太初以天心正法治鬼妖而闻名。② 传至南宋初时，天心派也强调内丹修炼，将其与符咒术结合，以内修为本而以法术为末。路时中在《无上三天玉堂大法》宣称，炼度亡魂须先自己内功成就。

《上清天心正法》《上清骨髓灵文鬼律》是收录至《道藏》中的代表性天心正法经典。从地域角度，四川有较为浓厚的修习传统。南宋时四川人廖守真传播天心正法，据道经记载，在传习天心正法之前，修习大洞法，念诵《度人经》有验，其法脉上溯至北帝派，尤擅辟邪攘灾。③ 宋元之间雷时中（1221 — 1295）曾传播天心正法，其门徒信众主要分布在东南与西蜀两个地区。因此西南地区丰富的宋代道教实物遗存，与雷法及门徒的分布不无关联，而东南与西蜀两地之间道教的互动关系，则值得进一步讨论。

晋唐之际的道教经典文本与道教教义、制度之间的关系，学界成果颇丰。近年来更为关注宋代及其之后的道教状况，特别是对后世

---

① 陆游著、李剑雄，刘德权点校：《老学庵笔记》卷 10，北京：中华书局，1979 年，第 128 页；李志鸿：载梁发、潘崇贤编：《道教与星斗信仰》，济南：齐鲁书社，2014 年，第 258 页。

② 陈师道：《后山集》卷 18，《景印文渊阁四库全书》，第 1114 册，第 692—693 页。

③ 《道法会元》第 246 卷，《道藏》，第 30 册，第 517—518 页。

颇具影响的道教科仪文本,其诸多源流都可上溯至宋代。Edward Davis、松本浩一,以及国内近年新著,[①]都是对宋代道教在已有成果基础上的进一步精进,其观照重点亦在讨论宋代以后新兴的道教科仪与地方法派之间的互动关系。如酒井规史就以《道藏》中的《邵阳火车五雷大法》来讨论宋代地方雷法的形成,以《洞玄玉枢雷霆大法》为中心讨论地方雷法与《道法会元》的关系。这些都说明,宋代道教在形成过程中,不止有天数下降自上而下的圣传类传说和官方道观网络系统,地方道派与法派的影响同样存在,且鲜明地与地方社会一般民众的信仰和生活发生关联。

三 紫微大帝像的增刻与天心正法的关联

舒城岩第 3 龛紫微大帝龛,整龛高 1.92 米,长 1.51 米,宽 2.8 米,主尊坐于双头龙椅上,戴通天冠,双手捧圭。主尊左右两侧各有一位神将,左侧三头六臂、持帝钟、拿法印,根据《道法会元》中的《上清天伏魔大法》《紫庭追伐补断大法》等文本描述,可确定为天蓬像。主尊右侧为肩生四臂,项长三头,有剑、索等持物的神将,依据《太上九天延祥条厄四圣妙经》等文本,应为天猷,位居通明殿右,仅次于天蓬。另有女侍者和官吏位于龛口两侧。唐代紫微大帝就具有了较为广泛的信仰,唐宋著名画史著述中不乏对星相的记载。如《宣和画谱》载宋廷曾收藏阎立本所画北帝像一幅、紫微北极大帝像一幅[②];姚思远作紫微二十四化图[③];武宗元作北帝像[④];周昉作北极大帝圣像一幅[⑤]。以上紫微北极多以主像形式出现,并未有类似四圣等护

① Edward L. Davis. Society and the Supernatural in Song China. Hawaii: University of Hawaii Press. 2001;松本浩一:《宋代の道教と民間信仰》,东京:汲古書院,2006年;李志鸿:《道教天心正法研究》,北京:社会科学出版社,2011 年;许蔚:《断裂与建构:净明道德的历史与文献》,上海:上海书店出版社,2014 年;陈文龙:《王契真〈上清灵宝大法〉研究》,济南:齐鲁书社,2015 年。

② 王栗群点校:《宣和画谱》第 1 卷,浙江人民美术出版社,2013 年,第 14、15 页。

③ 《宣和画谱》第 2 卷,第 28 页。

④ 《宣和画谱》第 4 卷,第 47 页。

⑤ 《宣和画谱》第 6 卷,第 60 页。

法形象相伴的记载。仅大足地区的实物遗存,除了舒城岩之外,还可见于石门山三皇洞、佛尔岩、南山三清古洞旁等。道经中载:《北帝四圣伏魔秘法》载:"运香关启北帝伏魔都主帅天蓬大元帅真君,都副帅天猷大元帅真君,佐帅黑煞翊圣元帅真君,辅帅玄武佑圣真君,五星五斗真君,二十八宿星君,十二宫分星君……仗此真香,普伸供养。"①紫微大帝与四圣的组合是唐代以前造像系统中所没有的新题材,可视为域外星曜系统中国化及星神系统道教化的产物,并且受到官方和道教法派的共同影响。

根据铭文可知,舒城岩的掌岩王道士的道阶可行天心正法,舒城岩中紫微大帝龛的增刻与宋代天心正法的盛行密切关联。作为宋代出现的新符箓道派,有饶洞天掘地得经书的神话传说。此派经书《上清北极天心正法》将天书下降的地点置于四川鹤鸣山,法印是天心正法招役神灵的重要法器,北极驱邪院印与都天大法主印为此法派的主要驱役法器,与世俗真实社会中官方所用官印目的相同。天心正法尤为注重星斗崇拜,特别是北极的地位,此法派以奉北极为主神。北宋道士元妙宗编写的《上清北极天心正法序并驱邪院请治行用格》载:

> 臣闻天心之法,北极中斗之法也。北极者,天之中极,万象之所会。北斗者,天之中斗,万炁之所禀。故为天之心,则其法本之于此也,同出乎正一之宗,为劾治之枢辖。自昔饶君凤着《阴功简》在天意,神付真箓,受诀紫霄,嗣系递传其法,遂明之于世。若乃至召福祉,祛息邪庚,统辨阴阳之理,分隶幽显之情,事靡不备,法用简要,莫大于斯。近世高行之士,助天行化,辅国救民,尤尚此法。②

天心正法特别用于祈求禳请、癫邪鬼祟、山魈精怪、传尸复连、遣治瘟

---

① 《道藏》,第 26 册,第 897 页。

② 元妙宗《太上助国救民总真秘要》卷 1,《道藏》,第 32 册,第 53 页。

疫、祈请嗣息、禳谢灾病、破不正符庙、杂类邪气等。遇传尸复连、奏告天庭时，需通过向东岳申奏，方可传入天庭：

> 一断绝传尸复连，解诅咒等，并先取本人状词，称为某人所患某疾，本家曾于某年月日某人，因此疾亡，或后来又因此疾亡几人，须一一具亡过姓名，或曾作甚功德，追荐未退，即当飞奏上天，及申东岳，乞移牒地府，给假差人，押赴某处，生天台，露迹显现，听受经法。①

《夷坚志》中记载了宋代天心正法在民间地方社会的流传情况。戊卷六记载，临安涌金门里的王法师，平日奉行天心正法，为人设章醮。虽然他头戴星冠，披着法衣，典型的道士着装，但是在人们心中"非道士也，民俗以其比真皇冠，费谢已减三分之一，故多用之。"②苏辙曾记载北宋年间成都天心道士在北宋京城以符水治病之事迹：

> 成都道士寒拱辰，善持戒，行天心正法，符水多验，居京城为人治病，所获不赀。元祐末自天坛来，予问之曰：世传费长房得符于壶公，以是制服百鬼，其后鬼窃其符，因以杀长房。子为天心正法，亦知此何等符耶？且符既能制百鬼，不免为鬼所窃，何也？拱辰不能答，反问予曰："公岂知此符也？"予告之曰："此非有符。以法救人，而无求于人，此则符也。道士之行法者，必始于廉，终于贪，此长房所以失符而死也。"拱辰称善。今不见拱辰六年矣，闻其法不衰，岂能信用吾言耶！③

天心正法在北宋中期就已在地方社会有较大影响力，但修行此法的

---

① 元妙宗《太上助国救民总真秘要》卷1，《道藏》，第32册，第54页。
② 洪迈著、何卓校：《夷坚志》第3册，北京：中华书局，2006年，第1101页。
③ 苏辙：《龙川略志》卷10，北京：中华书局，1982年，第64页；张勋燎：《大足舒成岩道教石窟造像记道士、匠师题名的衔称和道教纪年》，《大足学刊》第一辑，2016年，第231页。

道士在宋代相当长的一段时间之内还并未等同于真正的道士，并且行道之人多由云游、治疗和驱役的江湖郎中及道士传播。① 韩明士在《道与庶道》中以讨论宋代天心正法与地方社会的关系。② 源自民间与地方社会的天心法，由于费用相对低廉，在广泛的宗教市场中更易获得竞争优势，苏辙对道士行法"始于廉，终于贪"的记载，是忠告亦是批评。《夷坚志》中记载福州人任道元曾拜欧阳文彬为师行天心法。淳熙十三年上元夜，城内居民到道庵内观看黄箓大醮仪，当时观者云集。③ 这一广泛活跃于地方社会中以招雷驱邪为长的法派，以咒语、驱鬼及所谓的武进行肢体表演，以带有强烈表演性和观赏性的公共仪式行为活动为特点，与注重自我修炼的内丹道法派相比，显然更易争取一般信众的关注。作为宋代新符箓派的一支，天心正法派的脉络相对清晰，在《道藏》中记载北宋初邓有功曾重新编撰江西抚州华盖山的天心正法经典，北宋末期徽宗与元妙宗促进了北极天心正法派的进一步完善，两宋时期路时中则重编三天玉堂大法，宋元时期四川人廖守真创立天心地司雷法。④ 南宋以后随着天心法派的盛行与普及，天心派道士路时中于绍兴年间再次编撰天心道法结成《无上三天玉堂大法》，亦是顺势而为的时代产物。

四　进入道教神祠系统中的东岳大帝

东岳大帝从唐代武则天时期就有加封记载，唐代至少历经三次加封，⑤宋真宗两次加封五岳，第一次发生在大中祥符元年十月十五

---

① 索安著、吕鹏志、陈平等译：《西方道教研究编年史》，北京：中华书局，2008 年，第 29 页；Boltz Judith M. A survey of Taoist Literature: Tenth to Seventeenth Centuries. Berkeley：University of California Press. 1987。

② 韩明士：《道与庶道：宋代以来的道教、民间信仰和神灵模式》，南京：江苏人民出版社，2007 年。

③ 洪迈著、何卓点校：《夷坚志》，第 3 册，北京：中华书局，2006 年，第 1089 页。

④ 李志鸿：《道教天心正法与星斗崇拜》，载潘崇贤，梁发主编：《道教与星斗信仰》（上），济南：齐鲁书社，2014 年，第 233—266 页。

⑤ 分别是：武后垂拱二年七月初一日封东岳为神岳天中王，武后万岁通天元年四月初一日尊为天齐君，玄宗开元十三年加封天齐王。《旧唐书》卷 23，志 3，礼仪 3，第 901 页。

日诏封东岳天齐仁圣王,①大中祥符四年(1011)再次加封,此次加封明确五岳所具有的仪仗与衮服制度,②包括东岳在内的五岳均具帝王像,着冕旒,一改前代仅作为府君的形象:

> 有司设五岳册使一品卤簿及授册黄麾仗于乾元门外各依方所,又设载册辂及衮冕舆于乾元门外,群臣朝服序班、仗卫如元会仪。上服衮冕,御乾元殿。中书侍郎引五岳玉册,尚衣奉衮冕升殿,上为之兴。奉册使副班于香案前,侍中宣制曰:今加上五岳帝号,遣卿等持节奉册展礼。咸承制再拜。奉册使以次升自东阶,受册于御坐前,降西阶。副使授衮冕于丹墀。玉册至乾元门,列黄麾仗,设登歌。奉册于车,衮冕于舆,使副袴褶骑从,遣官三十员前导。及门,奉置幄次,以州长吏以下充祀官,致祭毕,奉册、衮冕置殿内。③

《道门科范大全集》中亦对整个加封过程和东岳大帝"形成过程"做摘录。在宋代举行东岳济度拜章大醮仪中,需要启奏包括东岳大帝、淑明皇后在内的东岳世家。

> 具位臣某等,谨同诚上启,虚无自然金阙七宝上帝,东宫教主太乙救苦天尊,传经演教历代师真,东岳泰山天齐仁圣帝,淑明皇后,太子贵妃,殿上炳灵公,西齐灵王,岳下文武考校,一切曹僚,三界应感,一切真灵。咸望洪慈,俯回清鉴。④

由于宋真宗在全国范围内推建东岳行祠,使得东岳在宋廷掌管的区域范围之内成为一种普遍的神祠信仰,各地普遍兴建东岳祠庙。东岳与淑明并塑是宋代大足造像中出现的重要题材,年代集中在绍

---

① 李焘:《续资治通鉴长编》卷70,第1572页。
② 李焘《续资治通鉴长编》卷76,第1743页。
③ 同上书,第1737页。
④ 《道门科范大全集》卷80,《道藏》,第31册,第949页。

兴至淳熙年间,也是东岳庙网络时代兴盛的产物。宋代随着地方道教科仪活动的兴盛,东岳济度拜章科仪也成为有体系与规制的道教科仪活动,并进入道经编写中收入《道藏》。《道门科范大全》(卷七十九至八十四)中保存了较为完整的东岳济度拜章醮仪。

大足东岳造像出现的语境有以下几种:1.依托道教宫观庵堂,成为三清之下重要的主尊神祇构成部分,与道教符箓法派相结合,形成道教祈祷奏告的有序司法链条,以舒成岩为代表。2.东岳、淑明并祀作为地方审判保护的神祇,与佛教、道教、民间神祇共处同一空间,以大足石门山为代表。东岳、淑明并祀是南宋绍兴至淳熙年间大足地区流行的道教造像组合。除了石门山著名的东岳夫妇龛之外,与舒成岩同处于中敖镇的洪溪村内,有一处圣公庙。2006年地下水位下降,圣公庙石窟得以短暂显露。有关此处造像,邓启兵做过最初材料披露。[①]龛内雕有一对夫妇坐像,左右各有一位侍者立像。其中男主尊着圆领朝服,腰部束带,右手持物,左手残缺。女主尊头束高髻,外披云肩,双手拱于覆带之下。两主尊均端坐于长方形台座上。左侧侍者双手持物,右侧捧物于胸前。有研究认为,男女并坐的形象组合与石门山造像类似,因此推测圣公庙主尊亦为东岳夫妇。[②]

东岳在宋代不只作为东岳行祠系统中的祭祀对象,在地方社会中,道教法派与自魏晋以来流传的作为冥界审判神祇的影响依旧存在,作为冥界主神的东岳大帝在地方社会信仰与图像中得到着力表现。

大足西北面的天山乡长元村桂花庙,现存4龛。保存较好的有两龛。编号第4龛为穹隆顶(图2-18),高2米,宽2.2米,进深0.9米。主尊端坐于双头龙椅上,头戴冠,着交领宽袖长袍,腰间大带垂于身前,着云履,双手残缺。左右各有一位持羽扇、戴幞头、着圆领长袍的侍者。左右两壁面各雕有一位判官形象,左壁造像着长袍,坐于方台桌面之后,上有摊开的文书。右壁判官同样坐于方台之后,桌前

①　邓启兵:《大足上游水库发现南宋摩崖造像》,《重庆历史文化》,2006年第2期。

②　李小强:《大足道教石刻论稿》,重庆:重庆出版社,2016年,第139页。

摆有砚台。两位判官左右两侧各有一位侍者,其中右壁判官左侧侍者手持木板,上面留有墨书"……分明"。此龛造像除主尊以外,其余造像头部均为后来改塑。此处虽无明确纪年题记,但主尊坐姿、冠式、交领长袍样式均与峰山寺三官像极为类似,造像风格为南宋则无疑。最初邓之金曾在大足新发现的 11 处摩崖造像中,将此主尊判定城隍。[①] 但按照造像现存的左右两位判官及其身前桌面摆放的书簿来看,主尊作为冥界审判之神的东岳可能性更大。随着东岳神祠在宋代广为流传的影响,至地方社会中东岳神与负责地区城池安全的城隍神合为一体。

在道教法派的语境中,东岳下辖的七十二司以及帮助死者脱离阿鼻地狱之苦,能够离苦得乐的场景都在稍后的东岳图像系统中得以强调。石门山第 11 号东岳大帝夫妇龛(图 2－17)。单层平顶方形龛,平面矩形,龛高 290 厘米,残宽 348 厘米,进深 86 厘米。左侧毁,右侧壁面坍塌、风化严重。龛窟布局以两位主尊为中心,呈现三段式分布,最上层分布 43 尊站立持物的文官立像;主尊左右两侧有 9 尊文官坐像,下方壁面雕刻有 20 尊立像。两主尊端坐于双头龙椅上,踏于壶门形矮脚足踏上。男性主尊高约 92 厘米,头戴直角幞头,呈垂直状,内着交领衣,身着圆领广袖长衫,腰系带,双手笼于袖内,着云履置于足踏上。主尊左侧残存一位侍者立像。女性主尊束有高髻凤冠,外饰凤钗,凤翅微展;凤首两侧饰长枝花卉;身着翻领窄袖长裙,外罩半臂短背巾,披帔帛。腰间饰有革带,上面饰有团花和菱形纹,至腿部形成结环,女性主尊右侧立一女侍者,双手持物。两主尊身后有一类似三折屏风式装饰,高 93 厘米,宽 157 厘米,厚 3 厘米,用以区隔主尊与周围神祇。

最下层为 20 位文官立像,龛下部刻有场景,造像壁面宽 187 厘米,左侧刻山石、人物等像,右侧刻双扇门和立柱等。左侧居中位置

---

① 邓之金最早根据一则重装题记对此龛造像进行命名。第 11 号三主尊像右壁面,有一位侍者立像,头戴冠,身穿大袖衣,左壁下部崩塌,上面有一块重装碑记:"今据信士马大元、室人何氏、男成鉴等。关厢里十甲地名滩泥水沟新屋基居住,合家为□发心装彩三官金容,左右三尊在龛。道光七年六月初十日开光大吉"参见邓之金:《新发现宋代石刻十一处》,载《大足石刻研究文集》,重庆:重庆出版社,1993 年,第 145 页。

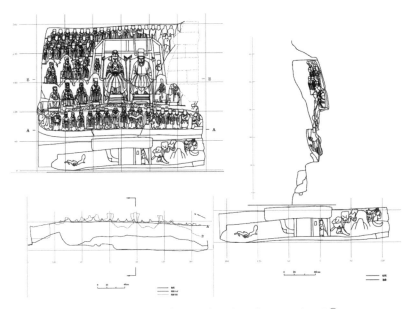

图 2-17 石门山第 11 号东岳夫妇龛平面、剖面图①

图 2-18 桂花庙东岳大帝龛(朱小妹拍摄)

---

① 采自黎方银主编:《大足石刻全集》,第五卷上册,重庆:重庆出版社,2017 年,图191—195,第 255—257 页。

刻一山石,形如草垛,底端残蚀,山石左下方有一蛇形,长23厘米。山石左侧刻像2身,右侧刻像3身。从左至右,第1像左手上举抚头,右手屈肘举挡叉;腹部刻一纵向的小口。第2像为马面人身,肩扛三叉于第1像头上方。第3像颈戴枷,下身刻"丁"字形刑具。第4像颈戴枷,左手略残,置枷上。第5像戴枷,左腿跪地,右腿后蹬,侧身向右。右侧在第5像右侧刻一半开的门洞,左门内开,前刻一立像,残毁甚重,残高29厘米,可辨像梳双丫髻,戴枷,右手残,置枷上。最下层左侧出现"铁围山"铭文的地狱场景。① 同样在大足宝顶山中有表现铁围山阿鼻地狱的场景和铭文。

最早清代道光十六年(1836)大足人李型廉对石门山做考察,并在其稍后撰写的《游石门山记》中,将此定名为炳灵殿,主尊即为炳灵公夫妇,旁边则表现了七十五司。② 由此产生大足对东岳世家图像表现的讨论。石门山现存光绪年间(1875—1908)由住持僧主持增修时所留题记:

> 石门山旧有毗卢洞释迦佛□□十二圆觉洞□外四天王及独脚五通大帝(漶)住持僧(人名略)鸠工装点佛像焕然□新庶几可以妥神灵矣增塑南岳大帝并装彩东岳金容募化名5刻于左(人名略)光绪(漶)③

---

① 陈习删记其"龛下刻地狱,标'铁围城'字样",见陈习删:《大足石刻志略》,1955年油印本,第230页。1985年《大足石刻内容总录》亦记"龛外正下方壁上,浮雕有地狱变相,内有山、蛇、鬼卒等,及'铁围城'字样,全图现已风化剥蚀"。胡文和先生实地调查后结合道典比对,认为两主像是东岳大帝和淑明皇后,官员形象为辅佐东岳大帝的"七十五司";龛下部为"三十六狱",将此龛定名为"东岳大生宝忏变相",参见胡文和:《大足石篆山石门山妙高山宋代石窟与文氏镌匠世家的关系研究》,《中华佛学学报》第14期,台北中华佛教研究所,2001年。

② 刘长久、胡文和、李永翘编著:《大足石刻研究》,成都:四川省社会科学出版社,1985年,第337、549页。

③ 黎方银主编:《大足石刻全集》第五卷上册,重庆:重庆出版社,2017年,第196—197页。

据此可进一步推测此龛与东岳三子炳灵公并无关联。东岳以展角幞头的形象出现。北宋末成书的《道山清话》笔记小说中，记载了一般民众在行像活动中所见的东岳形象：

> 忽闻传呼之声，自南向北，仪卫雄甚。近道人家有户牖潜窥者，见马高数尺，甲士皆不类常人，伞扇车乘皆如今乘舆行幸，望庙门而入，庙之重门皆有洞开，异香载路，有丈夫绛袍幞头，坐黄屋之下，亦微闻警跸之声。①

文本中对淑明皇后和其他女性神祇，则多不作具体描述。从石门山、舒成岩等宋代造像实物中可以发现，淑明皇后宛若寻常家的妇人形象，作为祭拜对象的神性明显弱化，无头光、身光、无宝扇华盖等，弱化具有宗教神圣性装饰的因素，着装、姿态更加具有世俗性。

由于表现冥界审判官东岳世系的场景，因此石门山中的东岳与淑明形象的来源与宋代墓葬系统中的墓主夫妇坐像的出现不谋而合。与大足在地域和时间均邻近的贵州遵义宋代石室墓群中，集中出现大量墓主石像。以杨粲夫妇像为例（图 2-19）。② 石门山出现的东岳夫妇并坐像（图 2-20），这一传统更多是源自儒家对家庭及祖先观念的强调。墓葬空间中的夫妇并坐像成为一种流行的视觉语汇，并且影响到宗教造像的形象表达，这一转变的时间节点发生在绍兴年间以后，特别是 12 世纪中期。进一步结合石门山纪年造像及空间布置，可以发现最早石门山是一处以山王龛为代表的民间造像空间，③此后佛教题材逐渐加入，如而明确的道教题材则以三皇洞为代表，可以说明道教在绍兴年间之后在石门山及大足地区的影响力逐渐加强，与佛教和民间信仰势力争夺宗教空间。

---

① 王君玉：《道山清话》，《景印文渊阁四库全书》，第 1037 册，第 660 页。
② 《遵义杨粲墓发觉报告摘要》，载贵州省博物馆考古研究所编：《贵州田野考古四十年（1953—1993）》，贵州：贵州民族出版社，1993 年，第 356—361 页。
③ 李凇教授认为石门山最早是以道教为主的空间。

图 2-19　杨粲墓男女墓主像①

图 2-20　大足石门山东岳夫妇龛(笔者拍摄)

综合看来,东岳与淑明题材在南宋舒成岩道教雷法空间中以帝
后形象出现,应视为宋代官方推行的神祠体系与地方社会道教信仰
与仪式空间结合的产物。略晚的石门山东岳龛则进一步强调其冥界
审判的神格特征,有关东岳淑明的组合形象,在南宋不但可以起到现
实治愈与祈愿的功能,并融入地狱审判及死后炼度的图像与信仰体
系中。

---

① 采自龚扬民、白彬:《贵州遵义南宋杨粲墓道教因素试析》,《四川文物》,2013年第
4期,图1、2,第53、54页。

五　结语

宋代官方通过对道教神系通过祀典系统不断厘清的前提之下，三清、玉皇作为道教尊奉的最高神祇组合，借助各级宫观网络得以出现。同时，以天心正法派为代表的地方道派，在地方社会呈现了较强的活动力与生命力。天心正法以驱邪、咒语为主要形式，这种仪式行为和活动痕迹除了在道教科仪文本那种有所记载之外，也影响到了石刻造像的形象选择和身份塑造。因此，舒城岩的道教造像作为天心正法派道士招请神祇的一部分，成为信众供奉与信仰的对象。

通过神祇的选择可以看出，一方面以舒成岩为代表的地方道教信仰空间出现了宋代最高神祇的组合三清玉皇，紫微四圣是宋代雷法的代表性造像题材；同时，东岳大帝、淑明皇后神像的增塑是地方宗教团体和信众共同选择的结果。舒城岩是一处体现宋代官方祀典、道教法派和地方信仰互动的重要实物和图像案例。

第三节　宋代道教造像新题材："紫微大帝并四圣"

天心正法即为北极中斗之法。从雕刻技术上，相较于其他龛窟，舒成岩"紫微与四圣"龛的雕塑语言更为生动传神，是南宋绍兴年间昌州道教摩崖石刻中频繁出现的题材，亦是现存最早的一批实物图像材料。[①] 以往研究多关注到宋廷官方的影响力，"四圣"护法的形式与康王赵构北迁前，遇到的四位着金甲的巨人、手持弓持杖护卫的传说极为匹配，由于可以护佑国土安全、禳灾避难，是四圣在宋代获得推崇的重要原因。[②] 对北极四圣题材的关注，始自王逊 20 世纪 60 年代对永乐宫壁画的讨论。[③] 赵伟认为道教徒所崇奉的北极四圣在

---

① 早在阎立本时期就曾绘有"紫微北极大帝像"，见王栗群点校：《宣和画谱》，杭州：浙江人民美术出版社，2013 年，第 14 页。

② 潜说友：《咸淳临安志》卷 13，《宋元方志丛刊》第 4 册，第 3486 页。

③ 王逊：《永乐宫三清殿壁画题材试探》，《文物》，1963 年第 8 期，第 19—39 页。

其衍生过程中存在不断嬗变的现象,宋元时期六臂和四臂是早期道教四圣真君中天蓬和天猷的关键体貌特征。玄衣披发、仗剑而立的真武、黑煞形象接近,判断依据是与天蓬相近的为真武,与天猷相近的为黑煞,且四圣有一个从官方至民间的扩散与传播过程。①

景安宁在考订元代神仙赴会图时,将四圣单独列出,详细分析各自源流,认为北极四圣的流行与蒙元战争及外敌入侵的历史背景密切相关。② 赵伟认为四圣是上而下产生的一种北方守护神组合,并有自官方而民间逐渐扩散的态势。③ 四圣题材频繁在蜀地,与地域道教传统有无关联,雷部神祇的造像与地方性道派活动有何关系,"紫微大帝并四圣"题材在宋代的新兴,可以看到道教、官方正史对这一题材的不同诉求。

南山"太清亭"右上方、距离地面约 3.6 米处有一小型龛窟,编号为第 6 龛,坐北朝南(图 2-21)。由于位置较高、漫漶严重,故而较少出现在研究视野中。此前多被当作"佛、道合龛"。李淞根据图像细节,认为主尊为道教造像。④ 此龛平顶矩形,宽 2.5 米,高 1.7 米,进深 0.8 米。左下角遗留未抛光的雕凿痕迹,应为未完工部分。龛内造像分成左中右三壁、上中下三层分布。正壁最上层中央有三主尊。其中位居于中的主尊盘坐于束腰方形高台上,左手放于胸前,右手搭于腿上,漫漶严重手中是否有持物已无法判断,从残存遗迹中仍可辨认出身光、头光及头顶华盖(图 2-26)。左右两侧主尊分别垂足坐于高背双龙头椅上,左

---

① 赵伟:《永乐宫三清殿壁画北极四圣考》,《美术研究》,2014 年第 1 期,第 45—48 页;赵伟:《从大足四圣真君造像看其图像的生成及流变》,《2009 年重庆大足石刻国际学术研讨会论文集》,重庆:重庆出版社,2013 年,第 555—567 页。

② 景安宁:《元代壁画:神仙赴会图》(第二版),北京:北京大学出版社,2016 年,第 214 页。

③ 赵伟:《从大足四圣真君造像看其图像的生成及流变》,《2009 年重庆大足石刻国际学术研讨会论文集》,重庆:重庆出版社,2013 年,第 555—567 页;武清旸:《宋真宗的道教信仰与其崇道政策》,《老子学刊(第七辑)》,2016 年,第 109—116 页。

④ 李淞:《以大足为中心的四川宋代道教雕塑——中国道教雕塑述略之六》,《雕塑》,2010 年第 1 期;《对宋代道教图像志的观察——以大足北山 111 龛和南山 6 龛、安岳老君岩造像为例》,《2014 大足学国际学术研讨会暨大足石刻首次科学考察 70 周年纪念会论文汇编(二)》,第 330—339 页。

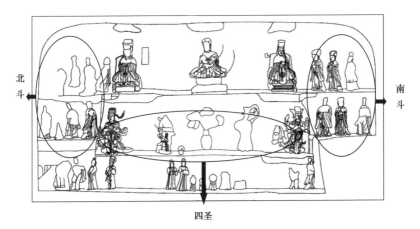

图 2-21　南山第 6 龛　作者增绘标注①

侧主尊戴冕,面部残缺,下颌系带,内着窄袖服,外着宽袖服,胸前系带,
蔽膝处结环带于双足之间,双手胸前持笏,双足着履落于方形足踏上,
所戴冠饰为典型的朝服通天冠,右侧主尊头戴平顶冠,如若帝王式,在
右主尊左侧,另保存有矩形榜题栏,今已无字。左右两侧立有侍者像。
根据现存三主尊样式,初步判断中央盘坐于矩形台座之上的为元始天
尊,左侧带通天冠的可能为紫微,而右饰有平顶冕旒的,可能为玉皇。

　　中央第二层分为两部分,上层三位主尊之下设有四位神像(图
2-25),以德纹瓶居中为界,左侧第 1 尊(编号 a)立像风化严重,仅
可见飘带呈飞扬状环绕身后。第 2 尊立像(编号 b)为三头四臂,戴
冠,内着袍,外罩金甲,双手合于胸前;左下手持长柄武器。德瓶右侧
第 1 尊(编号 c)立像漫漶严重,仅可见飘带环于身后,右手斜握长
剑。德瓶右侧第 2 位(编号 d)立像,戴进贤冠,有四臂,上两手胸前
似持印,左下手斜垂握绳,右下手斜垂持斧,斧柄残。根据大足其他
几处相关遗存的形象,以上四像应为四圣。左右外壁上,左侧朝谒者
为六位长袍持笏立像,右侧朝谒者漫漶严重。龛下方目前遗存 12 位
立像,均有不同程度漫漶,中央部分应为供养人及侍者像。

　　"四圣"在宋代道教中多为紫微大帝的护法神,南山第 6 龛造像

___

　　①　采自黎方银主编:《大足石刻全集》,第五卷上,2017 年,第 360—361 页。

布局样式,与石门山"三皇洞"有相似之处。三皇洞是以三主尊携四圣及二十八宿为主要神祇,构成殿堂式的天界空间。根据南山第 6 龛左右外壁遗存的小型立像数量,结合宋代星神组合逻辑,左右两壁极有可能表现的南斗六星与北斗七星。

一　大足宋代"四圣"造像实物遗存

除了南山第 6 龛出现四圣题材以外,宋代大足摩崖石刻中的道教护法神"四圣"实物遗存还出现在以下几处:

1. 大足邮亭佛儿岩现存四窟,分布在长河村水道附近的一处高大岩体上。K1:横向长约 4.05m,宽约 4.05m,呈 L 形分布。主尊三清有头光与身光,坐于莲花座上。三清右侧斜向二御为一对男女像,旁边另有一女像。三清左侧略有倾斜的角度分布有两位男性像,再斜向侧面紧接三位神祇,靠近二御的为一捧巾女像,无背光。自左向右第二行分布有二十四位站立天尊,每位天尊都脚踩祥云,每像右上方均设立榜题框,因此,这二十四位天尊原本各有名称,只是现在墨书榜题已漫漶,无法明确作出判断。以上天尊全部集中式面向三清位置。在正壁与左右两个壁面转角处、右壁二御之下有一位脚踩龙的双臂天□像,与其相对的右壁侧面分布一位左手持龙、右手持长矛的天篷像(图 2 - 24)。① 这两位武将在宋代多出现在北极殿下。北极殿堂除了有三清诸御等最高神祇,还另有二十八位天尊,在二神将护卫下,共同朝谒三清。

2. 舒成岩第 3 龛主尊紫微帝无头光,坐于龙头椅上。这处龛窟目前遗存了三尊较为完整的武士像,右侧靠近龛口处的一尊损毁严重,头部为后代添加(图 2 - 16)。"四圣"之中造型比较稳定的是紫微帝左右两侧护法像。主尊左侧为一头六臂立像,像高约 1.2 米,头戴束发冠,内着圆形翻领衣,外着金甲,肩部饰有兽首。在最上方的两臂中,右手持火铃,左手握斧;中央一对手臂双手捧印。下方两臂

---

① 李小强:《12 世纪道教艺术的杰作:大足南宋道教石刻——以大足佛儿岩石窟为主的追溯性考察》,载重庆中国三峡博物馆,重庆博物馆编:《长江文明》,重庆:重庆出版社,2014 年第 3 期,第 21—33 页。

右手握住坐骑龙角,左手残损,正壁主尊右侧为两臂神像,头戴冠,内着圆形翻领衣,外披金甲,这等装束还可见于五代、宋时期出土的武士俑。四臂中左上臂手持印,右手持斧;右下方手持剑,左下手拿绳索,骑龙。主尊左侧神像的外侧,有一立像,高约 1.3 米,头戴束发扁箍,散发,颈部环绕向上的飘带,内着甲衣,外罩宽袖长袍、翻领玄衣,左右在腹前搭于右手上,右手持剑立于地面,右脚前有伏龙,周围绘有云纹。左壁最外侧有一侍女立像,束发绾髻,着圆领宽袍,双手捧印。正壁右侧靠近龛窟处,遗留一位左手捧印略有动态倾斜的塑像,上半身为后代补塑,右手捧印,左手残缺。正壁与右壁转角处,有一圆顶长方形小龛,内雕一位女性供养人像,身着对襟长衫,双手合十。

3. 石门山第 10 号宋窟旧称"三皇洞"。① 龛窟为平顶矩形,窟门

---

① 学界对本窟造像的身份和宗教派别提出不同认识。多数学者考论本窟主尊的身份为道教三皇像,见王家祐、丁祖春:《四川道教摩崖石刻造像》,《四川文物》,1986 年"石刻研究专辑",第 57—62 页;胡文和、刘长久:《大足石窟中的宋代道教造像》,《世界宗教研究》1987年第 3 期,第 127—136 页;胡文和:《大足南山三清古洞和石门山三皇洞再识》,《四川文物》1990 年第 4 期,第 42—46;郭相颖:《大足石刻中的道教和三教合一造像》,重庆大足石刻艺术博物馆编:《大足石刻研究文集》(第四辑),北京:中国文联出版社,2002 年,第 69—70 页;陈习删认为三主尊为儒家三皇,见陈习删:《大足石刻志略》,油印本,第 151—152 页;王家祐、丁祖春认为本窟造像是一套巴地道教神系,窟左右壁 10 身文官像分别是六部天官、丁甲神、天曹判官,见王家祐、丁祖春:《四川道教摩崖石刻造像》,《四川文物》1986 年"石刻研究专辑",第 57—62 页;李远国认为本窟造像属北帝派神系,主尊为"紫微、玉皇、后土",左右壁四尊护法神为北极四圣,左壁上层 28 尊造像为二十八星君,见李远国:《四川大足道教石刻概述》,《东洋文化》1990 年第 70 号;李淞根据传世文献和实物,结合主尊头冠考论主尊为天、地、水府"三官",两壁为"四圣"和三官的侍官属僚,左壁上部 28 尊小像部分属于二十八宿,见李淞:《对大足石门山石窟宋代 10 号窟的再认识》,大足石刻研究院编:《2009 年中国重庆大足石刻国际学术研讨会论文集》,重庆:重庆出版社,2013 年版,第 483—500 页;胡文和根据宋代文献、石窟和壁画实物遗存考辨,认为主尊为"紫微、天一、太一",左壁上部 28 尊造像为"二十八宿",并指出窟内造像是出自宋代官方整合了的道教神灵系统,见胡文和:《大足宋代道教造像的神祇图像源流再探索》,大足石刻研究院编《大足学刊》第一辑,重庆出版社,2016年,第 251—265 页;李小强以造像服饰为据,结合道教文献考证,左右壁 10 身文官像可能为"八帝"和两位侍者,见李小强:《大足三皇洞研究简述及浅识》,《中国道教》,2005 年第 6 期,第 37—38 页;李俊涛认为,三位主神为"夜明、北极紫微大帝、大明",尤其是紫微大帝和北极四圣像,是同类题材最古者,可谓道教雷法的神圣道场,见李俊涛:《南宋大足圣府洞道教三帝石刻造像的图像分析》,《宗教学研究》2012 年第 2 期,第 42—47 页。

图 2-22　石门山第 10 窟四圣像

石门山第 10 窟右壁右起第 2 尊(D)①

石门山第 10 窟右侧壁第 7 尊(C)

石门山第 10 窟左壁左起第 7 尊(A)

石门山第 10 窟左壁左起第 2 尊(B)

之内有一条长方形甬道,平面呈 Ⅱ 形,造像分列左右中三壁。据铭文题刻可知,窟顶与右壁曾于乾隆年间坍塌,之后造像暴露于露天,修补之后为今日所见之面貌。三主尊雕刻于最尽头的北壁上,均端坐在双龙椅上。正中央主尊高约 2.04 米,宽 0.66 米,深 0.32 米,头戴平顶通天冠,罩靛纩,双手捧玉圭于胸前。左右两侧主尊体量略小,左像头戴靛纩,呈现帝王像,绘有八字胡须。右侧像手持圭,塑有胡须。中央正壁左右两侧有两位高约 1.9 米的护法神将。二位面目凶狠,戴四方高顶方冠,着铠甲和战靴。左像三头六臂,上面双手举印、持铃,中间持弓握剑,下方双手持斧、握坐骑龙角。根据持物与形象,应为天蓬像。右侧墙壁武士立像为三头四臂,左上方手持物,右上手持剑,左下手握一长矛,右下手有一龙头形象。此像应为天□。在接近窟口的左壁,同样也有一武士立像,额头束发有飘带,右手持剑立于身前,跣足立于龟蛇之上。这位武士身着饰以人字纹头鍪顿项。第 10 龛主尊左右两壁各有五尊着朝服的立像,双手持笏,身形修长,有研究认为分别是五斗真君和五星真君。左壁最上层,雕刻有

① 采自黎方银主编:《大足石刻全集》,第五卷上册,第 249、248、243、235 页。

二十八尊小型雕像,应为二十八宿星。此处主尊应为紫微三帝,北极四圣、二十八宿共同组合成南宋对完整星神的图像表现。虽然这一题材早在唐代就有出现,但宋代兴起的雷法极其强调北极紫微与四圣的关系,应是雷法神系影响下的造像题材。

以上四圣实物遗存的建造年代应集中在南宋绍兴至淳熙年间约100 年的时间中,其中四圣有以下三种不同的组合和语境:(1)以佛儿岩为代表的北极天蓬元帅与天猷副元帅出现,主要表达作为将帅的传役与执法功能。(2)舒成岩紫微并四圣造像,强化四圣与紫微星神的主法与执法不同主次关系与职责。(3)石门山三皇洞及大足南山第 6 龛,不止出现四圣与紫微,囊括南北斗及二十八宿,共同构筑起南宋以来完整的斗科神祇。南山残损的第 6 龛所呈现的视觉图景与石门山三皇洞相同,这一成熟的斗科神祇,最终被元代之后的寺观壁绘系统所继承。

二　宋代四圣组合和形象特征

建炎年间地方官周方文开始频繁从事降经活动。期间所遇到的各种疑惑都以问答体的形式记录在《灵宝净明院教师周真公起请画一》及《灵宝净明黄素书释义秘诀》中。[①] 在前一部经文中记载了令周方文不解的一个问题:

> 三台之中,云育、齐京、奉良、清乞,四圣神君。既言三台,合有三名,今却是四圣,又名四圣神君,不知如何?恐脱三台之名。四圣者,不知是何四圣,是北极天蓬、真武等四圣否?并乞详批。[②]

云育、齐京、奉良、清乞在此经中称为"四圣神君"。对于周方文的困

---

① 许蔚:《神圣的阅读:宗教生活中的许逊传记》,《云南大学学报(社会科学版)》,2013 年第 4 期,第 79—83 页。

② 《灵宝净明院教师周真公起请画一》,《道藏》,第 10 册,第 497 页。

惑,真师许逊通过降笔予以回答:"云育,上台名也。四圣,即天蓬已下四圣。"①三台是传统道教星神,金允中在《上清灵宝大法》中言:"上台一黄星君,中台二白星君,下台三青星君"。② 具体所指为上台虚精开德星君——司命主寿、中台六淳司空星君——司中主宗、下台曲生司禄星君——司禄主兵。三台与南北二斗共同主掌生杀与灾异,③早在汉代《太平经》中已有作为星神的三台与七星一起用于辅佐天威的记载。④ 周方文并不明确四圣神祇的构成,故而向真师许逊求证,天蓬、真武是否属于北极四圣之列? 许逊的回答则明确了以天蓬为首构成的四圣组合在南宋初年就已成为道教内星神的固定搭配之一。周方文的困惑也恰好说明"四圣"这一新的星神组合在道门内部并未普及到人尽皆知、无需解释的层面。

南宋初年四圣作为道教星神组合已然确立,但与传统道教三台星神存在一个调和的过程。三台依旧作为传统星神出现在道教语境中。贵州遵义南宋杨粲墓出土两方道教镇墓石(图 2 - 23),有太上老君敕令三台星君、北斗、天官、地官等天神地祇前来长久守卫、庇佑墓主。⑤

在稍晚一点的元代壁画神仙赴会图中,出现了三台星君以佩剑、威严之相与南北斗、四圣完整成熟地组合在一起,共同拱卫北极紫微。四圣职责并非合一,而是分成两组,略有侧重:天蓬、天猷除凶恶、翊圣、真武赐吉祥。

"四圣"组合常追溯至南宋临安孤山四圣祥延观,然这处道观的建设自北宋初已有原型:

---

① 《灵宝净明院教师周真公起请画一》,《道藏》,第 10 册,第 497 页。

② 金允中:《上清灵宝大法》卷 39,《道藏》第 31 册,第 8 页。

③ 景安宁:《元代壁画:神仙赴会图》(第二版),北京:北京大学出版社,2016 年,第 146 页。

④ 王明编注:《太平经》卷 112,北京:中华书局,1960 年,第 581 页;又参见景安宁:《元代壁画:神仙赴会图》(第二版),北京:北京大学出版社,2016 年,第 114—119。

⑤ 龚扬民、白彬:《贵州遵义杨粲墓道教因素试析》,《四川文物》,2013 年第 4 期,第 53—54 页。

图2-23　贵州遵义南宋
杨粲墓出土三台镇墓石①

　　太宗建北极四圣观于京城,则左右领二元帅,若翊圣真武二
真君是也。记中摭四圣护国福民事甚详,如艺祖建报恩护圣阁,
太宗立家堂元真殿,真宗以明化为宁安宫,仁宗于内廷为神报
祠,皆以四圣之威灵应验。②

　　至徽宗建造玉清和阳宫,已于灵一殿中奉祀四圣,与正一殿中张道陵
主神共同护卫中央泰峙殿的太一神,可见至北宋徽宗年间,北极四圣
已进入官方最高道教宫观中。作为道教护法神,除了受到官方对北
方四圣的封赐外,还应讨论道教在自我建构中形成的过程。

　　“四圣”所代表的方位与道教“四极”与“四神”颇有关联。四极神
多以武士形象出现,身长一千二百丈、按剑持杖、身挂天衣飞云宝冠、
足蹑巨山神兽、大石诸鬼、做出杀鬼姿势,多设置在殿堂左右,道观之

---

① 采自龚扬民、白彬:《贵州遵义南宋杨粲墓道教因素试析》,《四川文物》,2013年第
4期,图3,第60页。

② 《咸淳临安志》卷13,《景印文渊阁四库全书》,第490册,第163页。

图 2-24　佛儿岩 4 号龛左壁下方天蓬、右壁中央天猷(笔者拍摄)

图 2-25　南山第 6 龛中层残存的四圣(编号分别是 d、c、a、b)①

内、门户、殿堂、藏经楼等不同空间中,在天门地户四个方位造四极神。从方位排列来看,四极神是对早期四灵与四象的人格化演进,而其基本造型特征如武士像、持兵器、凶恶杀鬼等特征。用以防护守卫,此四神不同于汉代以来的四灵传统。唐代成都蚕市曾建有乾元观,在三门之下原有东华、南极、西灵、北真四天神王,依华清宫朝元阁样式,塑于外门之下,并着金甲天衣。在中唐之前,寺观当中用以

——————

① 采自黎方银主编:《大足石刻全集》第五卷(上册),重庆:重庆出版社,2017 年,图252,第 362 页。

图 2-26　南山第 6 龛正壁中央主尊①

护卫或引导朝元仪仗的护卫形象，以戎装四天神王为主。

紫微与四圣组合在宋代的出现，与道教雷法的兴盛关系密切，②多出现在宋代及之后的道教经典中，如《灵宝领教济度金书》《无上黄箓大斋立成仪》《道法会元》《道门科范大全》、王契真《上清灵宝大法》，为宋代醮仪启奏的三清诸御最高天神的斗部星神组合。北极紫微大帝在道教中本是元始天尊的第五化身，且最初作为独立化身存在，并无其他星神或护法辅佐。宋代之后，紫微成为统御诸天的大神，位列星宿之首，作为太清上帝的应化，可以上制群魔，下镇北酆。

在雷法中北极紫微统帅三界、掌管五雷。③ 金允中《上清灵宝大法》卷五言及"世人望之在北，而曰北极，其实正居天中，为万星之宗主，三界之亚君，次于昊天，上应元炁，是为北极紫微大帝也"。④ 天

———————

① 截取黎方银主编：《大足石刻全集》第五卷（上册），重庆：重庆出版社，2017 年，第 362 页。

② 记载紫微大帝及北极四圣的神迹及道法的著作颇多，如《北帝说豁落七元经》《太上紫微中天七元真经》《北帝七元紫庭延生秘诀》《北帝紫微神咒妙经》《上清北极天心正法》《太上助国救民总真秘要》《玄天大圣真武本传神咒妙经》《北方真武妙经》《玄天上帝启圣录》《大明玄天上帝瑞应图录》等。

③ 《九天应元雷声普化天专代玉枢宝经集注上》，《道藏》，第 2 册，第 570 页。

④ 金允中：《上清灵宝大法》卷 4，《道藏》第 31 册，第 370 页。

心法派所尊崇的元神紫微北极大帝主掌北极驱邪院,在《无上玄元三天玉堂大法》卷二十七、中元妙宗编《太上助国救民总真秘要》卷三中均明确将四圣列于北极紫微大帝身旁,[①]天蓬、天猷、翊圣、玄武分司领治。

至南宋四圣已是行雷法道士供奉的重要雷部将帅。《夷坚志》载,鄱阳郡方黻修习五雷术,但为人颇不厚道。家中供养四圣立像,画中神祇的眼睛残破后,又令画工重画了一版四圣坐像,残旧画像以东坡石刻墨竹覆盖。再打开卷轴时,旧画已化为粉末,并导致家中厨房起火连累邻里,临近数家房屋摇晃。于是召请王仙坛杨道士醮谢。杨道士行雷法,并言:此法中神祇威猛,吾以羽流清净,犹常常戒惕,岂君廛俗辈所应用心!凡所传文书之类宜以付我,不然,将获大戾。最终亦遭遇雷祸。[②] 虽然此记载强调雷法的惩恶之效,但亦可发现对四圣形象的塑造已有较为统一且稳定的仪轨,四圣应为立像。紫微与四圣形成的雷法组合在山西金元寺观壁绘中加以沿用。以永乐宫三清殿东西两壁、出自山西平阳、现存于加拿大的《神仙赴会图》、山西繁峙县公主寺、河北毗卢寺、山西宝宁寺、永安寺等为代表,寺观壁画及水陆画卷中不乏四圣身影,成为众多护法神之一。

天蓬

天蓬原为北斗九星之首,且作为上清派存思之时出现的身神,经南宋蒋宗瑛校勘的上清派重要经典《上清大洞真经》载:

> 次思赤炁从兆泥丸中入,兆乃口吸神云,咽津三过,结作三神。一神状如天蓬大将,二神侍立,下布兆肝内游遍,却入心内绛官,上充舌本之下,血液之府,顺时吐息。诵玉经,先以左手按捻鼻间人中,次诵经。[③]

---

① 《无上玄元三天玉堂大法》卷27,《道藏》,第4册,第108页。
② 洪迈撰、何卓点校:《夷坚志》支乙卷六"阎义方家雷",北京:中华书局,2006年,第837—838页。
③ 《上清大洞真经》卷2,《道藏》,第1册,第520页。

双手抱于胸前,身披金甲的天蓬像,乃人体脑部泥丸君的化身。在南北朝时期天蓬形象还较为模糊,但着金甲的武士形象已确定。

东晋以来天蓬法主要密传于上清派中,初唐在邓紫阳所创的北帝派脉络中,天蓬神格得到较大提升。唐僖宗幸蜀之时,成都双流县的一位以卜筮符术为业的王道珂,就因常诵"天蓬咒"得以规避妖狐迫害,并明确天蓬为北帝上将。此时天蓬并无形象描写,其灵验之处在于咒语。苏轼笔下也有道士因书写天蓬咒而灵验的记载。① 《云笈七签》中曾记载成都人范希越以雕天蓬印而修奉北帝之术,将印投于池中祷雨灵验的事情。除此之外天蓬印还可预知诛寇复城、蛮寇凌突之乱。② 天蓬咒、天蓬符、天蓬印,天蓬钟、天蓬神尺、天蓬大法直至晚唐都威力甚大,奉北帝为主法。北帝在五代时期又被称为鬼帝,③穆瑞明以及萧登福等研究者都认为以天蓬咒为主导的北帝道法在四川和江南一带十分流行。④ 《宣和画谱》中最早记录初唐阎立本曾绘制《北帝像》。⑤ 唐末朱繇绘制过两件"天蓬像"。⑥ 生活在后蜀至宋初的四川彭山画家孙知微亦曾绘两件"天蓬像"。⑦ 南唐画家

① 《苏文忠公集》卷69,曾枣庄、刘琳编:《全宋文》卷1941,上海:上海辞书出版社,2006年,第397页。

② 张君房编、李永晟点校:《云笈七签》卷120,第5册,北京:中华书局,2015年,第2626页。驾驻成都,上知其道术,召对问以逆寇诛锄、宫城克复之事,命持印于内殿,奏醮积雨之中,云霁月朗。是夕,梦神人示以诛寇复城之兆。上大悦,授太常寺奉礼郎,累迁主客员外郎、卫尉少卿,锡以朱绂。黄巢捷至,果符圣梦之旨,特加宠异。自言初居煮胶巷,印篆初成,而蛮寇凌突,居人奔散,藏印于堂屋瓦中,蛮去之后,四邻焚烬,其所居独在,疑印之灵也。

③ 孙光宪著、贾二强点校:《北梦琐言》卷10,北京:中华书局,2002年,第213—214页。

④ Christine Mollier, "La methode de l'empereur du nord du mont Fengdu: Une tradition exorciste du Taoisme medieval", T'oung Pao 83:4/5(1997), pp. 329—385. 萧登福:《北帝源起及其神格的演变》,收入四川大學宗教研究所主編:《道教神仙信仰研究(下册)》,台北:中華道統出版社,2000年,第426—433页。

⑤ 王栗群点校:《宣和画谱》,杭州:浙江人民美术出版社,2013年,第14页。

⑥ 同上书,第69页。

⑦ 同上书,第80页。

周文矩的天篷像也著录在其中。①

宋元妙宗编的《太上助国救民总真秘要》中,使用考召法救治生灵时,作坛需念净天地北帝神咒三七遍,如有鬼祟妖精怪魅处,要先用"北帝普天罩法"拘罩鬼神,其中就需要召请天篷、飞天魔王等护法神将,在向天庭诸神呈送的牒文中需增设天篷牒。② 这应是对唐代北帝斋法的进一步发展。

宋代神霄道法兴起之后,作为主法的北极紫微大帝亦被纳入神霄法派的众多神系中。随着雷法对密教咒术的吸收,天篷作为雷部护法之首,在形象上受到多臂神形象影响,出现多种威猛愤怒的变相。《道法会元》卷170、217、《太上北极伏魔神咒杀鬼录》《太上九天延祥涤厄四圣妙经》《太上洞渊北帝天篷护命消灾神咒妙经》中天篷形象均以三头多臂之密教形象出现。《道法会元》卷一五六载天篷:

> 凡行雷法,无天篷不可以役雷神。独行雷法,无天篷不可以显验。元帅侧有从童,或骑夔龙,部领一气都统大将军,直月五将军,飞鹰走犬二使者,无义神王,威剑神王,战伐神王,聋兵哑将,黑杀洞渊,三十万兵,三十六大天将,无鞅天仙兵吏,并在煌煌紫云火焰之中。③

另有四头八臂愤怒形象:

> 身长千尺口齿方,四头八臂显神光。手持金尺摇帝钟,铜牙铁爪灭凶狂。手执霹雳宰镬汤,雷震电发走天光。草木焦枯尽摧伤,崩山竭石断桥梁。倾河倒海翻天地,收擒百鬼敕豪强。捉来寸斩灭灾殃,吾使神剑谁敢当。④

---

① 王栗群点校:《宣和画谱》,杭州:浙江人民美术出版社,2013年,第123页。
② 《太上助国救民总真秘要》卷7,《道藏》,第32册,第92页。
③ 《道法会元》卷156,第29册,第824页。
④ 同上书,第847页。

真武

真宗朝展开对真武的封赐以及在醴泉观中建立真武堂，[①]开启宋代官方崇奉真武之序幕，真武开始独立于传统四灵体系。宋元以来真武祠遍布各地。据《玄天上帝启圣录》的记载，当时各地对真武的供奉以中原、陕西、四川及江南等地为主，北宋时期真武奉祀盛行于汴京周边地区并逐渐向四周辐射，建炎南渡之后，都城临安大肆修建宫观，由于宋金对峙愈发激烈，官方在不断抬高与增设真武封号的背景下，临安逐渐成为崇奉真武的核心之地，在地方社会中已展开对真武的崇奉。真武作为北方庇护之神，不限于寺观祠堂，甚至在南宋墓葬空间中，亦出现真武形象。安丙墓墓楣中央出现一位披发持剑的真武大帝形象，在蜀地墓葬之中，相同的位置可追溯至汉代麻浩崖墓中，是有一位犍陀罗形象的佛教神祇。

《真武灵应大醮仪》卷63中记载了高宗建炎年间真武圣传与灵应故事：

> 真武乃太上老君应化之身，属北斗第六武曲纪星君，北方以虚危二星为蛇，营室东壁二星为龟，龟蛇合为真武，有神主之，是为真君，为北极四圣之一，多降于蜀中。[②]

乾道六年(1170)在绵阳平武县牛心山玉虚观，立一方真武圣像碑：

> 圣像在抚州祥符观殿壁，顾人言国初时画，然不知何人笔

---

① 徐松辑、刘琳、刁忠民、舒大刚、尹波等点校：《宋会要辑稿》礼5，第2册，第570页；梅莉曾系统梳理过真武研究脉络，参见《真武信仰研究综述》，《宗教学研究》，2005年第3期，第35—40页；曾召南：《宋元明皇室崇信真武缘由刍议》，《宗教学研究》，1996年第2期，第38—42页；王见川：《真武信仰在近世的传播》，《民俗研究》，2010年第3期，第90—117页；周晓薇：《宋元明时期真武庙的地域分布中心及其历史因素》，《中国历史地理论丛》，2004年第3辑，第47—55页。

② 《真武灵应大醮仪》卷63，《道藏》，第31册，第906页。

也。再拜已,瞻英烈言而笔势有若神运,想非世工所可到。经二
百年,壁无少损,则知有物护持之矣。今得模本,立于龙州玉
虚观。①

四川绵阳这处道观中的真武像,其祖本来自江西抚州祥符观,而抚
州祥符观之样本很有可能来自宋代官方的醴泉观。② 王安石曾为
抚州祥符观做记,③可知祥符观殿堂以三清为中心,左右两侧各有
十三位协侍神祇。南宋时期祖渊曾为潼川府的"大雄真圣像"做
记。碑记漶灭严重,但作者提到画像与《道藏》之中的北方玄天服
饰相符:

> 按道藏《北方玄天□仪相佩服纪》□□□之尽师应□□□□
> 教同武江大□□□字蜀称□□□□□□显着□□□□非月□
> 拟数□□□□□□□□寓□观偶壁门有是墨本,询所从来,老
> 冠云,人得于关表榷货□以施其先师人□□□□原久□□□□
> 法简□□□□□□以付住山祖渊令□以补专中□于□传。嘉定
> 己巳□秋□郎潼川府□江县□川。④

此处玄天画作依旧为黑白水墨本,虽圣像已不存,但根据明孝宗年间
的题记,可大致了解这处画像的形象:

> 披发按神剑,斩妖血水腥。至今江下石,化作龟蛇形。⑤

---

① 龙显昭、黄海德编:《巴蜀道教碑文集成》,成都:四川大学出版社,1997 年,第
129 页。

② 赵彦卫:《云麓漫钞》,《景印文渊阁四库全书》,第 864 册,第 346 页。

③ 詹大和撰、裴汝诚撰:《王安石年谱三种》,北京:中华书局,1994 年,第 261 页。

④ 龙显昭、黄海德编:《巴蜀道教碑文集成》,成都:四川大学出版社,1997 年,第
155—156 页。

⑤ 龙显昭、黄海德编:《巴蜀道教碑文集成》,成都:四川大学出版社,1997 年,第
155—156 页。

此处真武的图像志有两个特点：一是披发按剑，二是化作龟蛇形。早在南宋《云麓漫钞》中已出现真武标准像：披发、跣足、黑衣、持剑、踏龟蛇。① 其中龟蛇之形是图像志构成中的一大要素。这处造像表明要按照《道藏》形制严加涂绘，可见是否严格遵守图像志的要求，是写形画神之间能否示现或灵验的重要因素。

石门山第10龛四圣造像中，除真武跣足踏于龟蛇之上外，其余三圣均亦以恶龙为坐骑。龟蛇之形脱胎于汉代四神玄武，在宋代北极四圣中，龟蛇之形与北极四圣的护佑功能密切相关。

《玄天上帝启示录》中曾记载真宗天禧年间（1017—1021），藩人听闻宋朝多次受到真武护佑，也曾效仿供养真武像。藩人虽供养如法，却仍遭祸殃。于是便遣使臣前往宋廷求赐真武圣像，如能获赐，发誓与宋廷休战。真武被赵宋王朝视作佑护社稷的天神，自然不会随意赠与敌方。于是翰林院画工有意不画龟蛇之形，仅将真武立轴赐予藩国。真武庇护之功效由于缺失龟蛇之形，导致在域外藩国无法灵验。藩人虽不得供养真武之要义，却也信守承诺未发兵南下侵扰，也算真武对宋廷的另一种庇护。② 山西长治曾在北宋砖室墓中发现无龟蛇组合的真武像。永乐宫三清殿壁画中，真武形象并未与龟蛇组合。③ 山西宝宁寺明代水陆壁画中的真武的形象为"披发、跣足、黑衣、仗剑"，"蹈龟蛇"的形象亦被省略。以上三处例证均出现在元代山西地区，对于这种重要绘画母题的省略，并非只是元明之际画家删繁就简的结果，很有可能与宋代以来两种不同的真武形象摹本的绘制与传播有关，无龟蛇版本的真武像恰好都出现在金元山西地区。

《玄天上帝启圣录卷之三》中记载了蜀王归顺的故事。在这则圣传中，有三点值得关注：首先，真武最先在北方"三雄镇"（河北、北京辖区内）的地方社会中灵应显获得认可，约二十余年后，进而得以在

① 赵彦卫：《云麓漫钞》，《景印文渊阁四库全书》，第 864 册，第 346 页。
② 《玄天上帝启示录》卷二，"圣像先锋"《道藏》，第 19 册，第 582—584 页。
③ 王逊：《永乐宫三清殿壁画题材试探》，《文物》，1963 第 8 期，第 19—39 页。

京城设四圣紫极观,这是一个由"地方"而"中央"的过程。其次,以真武为代表的四圣在太宗收复蜀地事件中,发挥了不可替代的关键性作用:

> 朝廷因用兵取蜀未次,忽夜有狂风一阵,过于殿庭。时太祖皇帝,于灯烛之下,见一黄衣武士,告谓是北极四圣殿下值日符吏,言西川若非四圣降灵,卒未有意归顺。今已献上地钦图经,付使相侯元质等,讫相将回京进呈,不消圣虑。言讫,符吏不见。次日早朝,果有急报,蜀王归顺。由是,太祖继于四圣观设醮报谢。①

《朱子语类》中详述真武的变迁以及因避讳而称为真武,玄龟因为形象上类似虚危星,因此而被称作北方玄武:

> 论道家三清,今皆无理会。如那两尊,已是诡名侠户了。但老子既是人鬼,如何却居昊天上帝之上? 朝廷更不正其位次? 真武本玄武,避圣祖讳故曰真武。玄龟也,武蛇也。此本虚危星形,以之故因而名北方为玄武。七星至东方则角亢,心尾象龙故曰苍龙。西方奎娄状似虎故曰白虎;南方张翼状似鸟故曰朱鸟。今乃以玄武为真圣而作真龟蛇于下已无义理,而又增天蓬、天猷及翊圣真君作四圣,殊无义理。所谓翊圣乃今所谓晓子者,真宗时有此神降,故遂封为真君义刚陶安国事真武。先生曰:真武非是有一个神披发,只是玄武。所谓"青龙、朱雀、白虎、玄武",亦非是有四个恁地物事。以角星为角,心星为心,尾星为尾,是为青龙。虚危星如龟。腾蛇在虚危度之下,故为玄武。真宗时讳"玄"字,改"玄"字为"真"字,故曰"真武"。参星有四只脚如虎,故为白虎。翼星如翼,轸如项下嗉,井为冠,故为朱雀。卢仝诗曰:头戴井冠。扬子云言"龙、虎、

---

① 《玄天上帝启圣录》卷 3,《道藏》,第 19 册,第 589—590 页。

鸟、龟"，正是如此。①

真武在经由官方整饬及重组的四圣中，发挥了"甚于"其他"三圣"的作用：

> 天蓬天猷黑杀既见蜀王归顺，已回云驭。惟有真武，恐西事别有悔意，今在云空守候，陛下急差官兵前去迎接，立便委诸司库兵，交割蜀地疆界。

这也是为何在宋代普遍修建真武祠时，四川直至乾道年间仍旧没有官方敕建的真武祠的原因。乾道六年（1170）四川参政知事王炎因蜀中久旱而在武当山的真武祠中祈祷，眼见有蛇出没，至洋州之时，蜀地已灵验降雨。宋代真武封为北方守护神，在宋辽战争中发挥重要祈禳与庇护作用，因此官方严格管控对真武的祭拜，这一现象一直延续到南宋后期，故嘉泰元年（1201）四月，四川制置使就此上奏：

> 成都为西南一都会，无官方真武祠，遇水旱疾疫，祝禳无所，请建一观。②

除了具有异族南下侵扰的护国功能，真武祠在宋代还是水旱疾疫的重要祈祷场所。然而至南宋后期，成都作为川陕四路的都会都未能有官方建造的真武祠，这与四川地区特殊的时空背景有关。宋廷虽快速取蜀，但此地并未长治久安，至南宋，蜀地又是抵抗蒙元的重要前线，因此作为宋代官方崇奉的北方真武守护神，官方依旧严格限制真武祠在地方社会的修建。真武与其他三圣共同活跃于南宋雷法兴

---

① 黄士毅编、徐时仪、杨艳汇校：《朱子语类汇校》卷 126，第 5 册，上海：上海古籍出版社，2014 年，第 3018 页。

② 魏了翁：《鹤山集》，《景印文渊阁四库全书》，第 1172 册，第 442 页。

盛的地方社会中。

火铃

殿堂之中最早道教"四圣"的组合出现在五代四川彭山洞明观中，有眉州画家程承辩曾画两堂壁画，一堂由天蓬、黑煞、玄武、火铃组成，山王形象另绘一堂，①这处宫观壁画一直保存到宋代。"堂"是道教科仪及水陆法会中神祇绘塑常依托的单位。此处应是佑圣尚未进入"四圣"组合之前，蜀地道教宫观中的道教四圣组合。《上清隐书骨髓灵文鬼律玉格仪式下》：

> 诸朝上帝，奏请毕，即诣天枢院，部领四天王，十二大神，八金刚，六丁六甲，天蓬天猷元帅，火铃将军，五雷风雨神，直出天门。②

根据五代彭山洞明观壁绘语境，火铃应与天蓬等其他人形部众形象相仿，为武士形象。火铃之所以不被列为宋廷认可的北极四圣之列，与火铃所代表的南方有关。③ 火铃为南方统兵，可驭精兵十万，各变真形。火铃被视为火怪宋无忌，通过念诵火铃咒，招请荧惑星君、火铃神将，通过驱火雷、撼火铃、摄丙丁、腾火云，将邪神迅速烧掉，永不存形。《太上三洞神咒》载："南极火铃，金火天丁，各仗火剑，统御火兵。"作为南方火德天门神，这位火官的坐骑为乘火车、踏火轮。随着宋代雷法的多元化发展，火铃以将军元帅神身份在雷法中担任要职，在元明之后的道教雷法活动中，火铃仍出现在与四圣的组合中，尤其是通过与密教咒术与驱邪仪式的结合，成为雷法中召请执行驱役的对象。《上清隐书骨髓灵文鬼律玉格仪式下》：

> 诸朝上帝，奏请毕，即诣天枢院，部领四天王，十二大神，八

---

① 黄休复著、秦岭云点校：《益州名画录》，北京：人民美术出版社，2005 年，第 46 页。

② 《太上助国救民总真秘要》卷 6《上清隐书骨髓灵文鬼律玉格仪式下》，《道藏》，第 32 册，第 88 页。

③ 景安宁：《元代壁画：神仙赴会图》（第二版），北京：北京大学出版社，2016 年，第 231 页。

金刚，六丁六甲，天蓬天猷元帅，火铃将军，五雷风雨神，直出天门。①

随着宋代雷法的多元化发展，火铃以将军元帅神身份在雷法中担任要职，尤其是在元明之后的道教雷法活动中，由于与密教咒术与驱邪仪式的结合，火铃是雷法中重要的召驱役对象。火铃神将逐渐被排除在官方认可的四圣体系中，很可能与火府法派融为一体，独自发挥重要作用。

第四节　雷神、雷法两套图像系统

文本中的雷法多出现在北宋之后的记载中，实物材料的年代则早在唐代。同样是对雷法的物质形象表现，在地上礼拜空间与地下墓葬空间，有两套相对独立的表现系统。地上现存的雷法造像实物以大足现存的石质造像为例，以偶像性石刻雕塑为主。地下墓葬系统多借助镇墓俑、镇墓石、墓券等，以象征性组合出现，展现地方社会与民间葬俗中对雷法的运用。巫鸿曾在分析敦煌变相绘画时划分出了两种绘画样式，叙述式（Narrative）与偶像式（Iconic）。② 在图像系统中，为了避免泛化将诸多不同类型的图像归类于雷神或道教雷法，亦可分为象征式和偶像式两种主要类型用以区隔雷神与道教雷法。"象征型"形象多以陶、瓷、土、金属、木、玉、石等材质为媒介，并非用于祭拜的宗教性人形土偶，观众并不参与其中或与其发生直接关联。"偶像型"则在狭义上具有宗教属性，多作为信众供奉、信仰与祭拜的神祇。本章前三节所讨论的造像题材，基本都属于对雷法的偶像式

①　《太上助国救民总真秘要》卷 6《上清隐书骨髓灵文鬼律玉格仪式下》，《道藏》，第 32 册，第 88 页。

②　巫鸿著、郑岩译：《何为变相——兼论敦煌艺术与敦煌文学的关系》，载氏著：《礼仪中的美术：巫鸿中国古代美术史文编（下册）》，北京：生活·读书·新知三联书店，2005 年，第 387—401 页。

表现。造像中新增的九天监生大神及"四圣"形象在道教雷法中并非主法，而是用于传驿及驱役的行法元帅，在宋元以后发挥越来越重要的作用。

过去多将西蜀与江南、福建并列为雷法最兴盛的几个主要区域。[①] 西蜀由圣山（如青城山）、道观（如丈人观）、高道（杜光庭）、实物遗存所共同构筑的立体道教视觉文化景观遗存丰富。此外雷法的影响还深刻地参与到丧葬活动与空间中。两宋时期环绕成都周边出土大量用《灵宝五真文》和《五炼生尸经》云篆天书刻写的灵宝"炼度真文"墓券，以及"天地敕告文""华盖宫文"等墓券。这一地区是关中连接蜀地的重要中转站，因此关中地区的灵宝派和上清派的影响容易随着唐僖宗入蜀的影响而产生涟漪状影响，甚至出现新的道派。[②]类似镇墓文主要集中出现在成都周边。[③] 随着北宋末年徽宗神霄设教的影响，成都川西地区作为川陕四路的路治所在，更易受到京畿之地官方宗教喜好与品味的影响，因此道教神霄派的影响在成都及周边体现得更为显著，并进一步由单一传播中心向巴蜀腹地辐射。

四川自贡邓井关罗浮洞的《太上除断伏连碑铭》和简阳《政法院朱真人洞记》，均为这一时期道教墓葬环境中出现的雷法遗迹。张勋燎、白彬对"太上断除伏连碑铭"进行校录，并对解冤释结、保存拔亡与"伏连"的关系做出论述，结合碑铭中道士的法位与道阶，认为是受到神霄派影响下的痕迹。[④] 贡蓬溪县南宋墓中另出土一方理宗绍定三年（1230）《天宝度人金书玉篆》石刻，其中有"高上神霄太平辅化洞

---

① 李远国：《神霄雷法——道教神霄派沿革与思想》，成都：四川人民出版社，2003年，第三章第四节。

② 成都考古研究所、成都博物院编：《成都出土历代墓铭券文图录综释》，北京：文物出版社，2012年，第1287—1200页；张勋燎、白彬：《中国道教考古》第五册，北京：线装书局，2006年，第1452页。

③ 据张勋燎研究认为，成都及周边县市依旧受到唐末杜光庭等知名道士及禧宗为代表的"帝王护教"的影响，将长安地区的灵宝派与上清派的传统与材料带到此地，并融合发展成为"太上真元大道"的新道派。

④ 张勋燎、白彬：《中国道教考古》第4册，北京：线装书局，2006年，第1290—1293页；龙显昭、黄海德编：《巴蜀道教碑文集成》，成都：四川大学出版社，1997年，第170—172页。

元……"等文字,进一步说明宋代雷法对丧葬活动与空间的影响。

与以文字载体的镇墓石碑铭不同的是,墓葬中另一类神煞俑亦被认为受到雷法影响。空间上北宋之前雷神俑主要分布在山西等地北方地区,晚唐五代以后,雷神俑则多出现在南方长江流域及东南沿海,并且两宋时期特别集中出现在四川和江西等地。而四川与江西也正是宋代道教雷法活动最为兴盛繁荣的区域。早在北宋中期,西蜀地区道教雷神俑就有比较多的发现和出土。北宋中叶以后,不同形象的雷神相继以明器形式在墓葬中频繁出现,在墓葬中雷神俑的形式有人首鱼身、人首蛇身、人首龙身、猪首人身、鸟首人身、鳖首人身、牛首人身、马首人身、捧镜女俑、鼓、负鼓力士俑等以上几种不同模型,以此表现道教的雷神或与雷神有关之物,白彬认为与道教雷法的兴起和影响有很大关系。[①] 早期人首鱼身或蛇神镇墓俑,与《山海经·海内东经》中对于雷神的描述类似:"雷泽中有雷神,龙身而人头,鼓其腹则雷。"[②]因此宋代墓葬中出现的类似人首蛇身俑,而并非单一受到唐代以来雷法影响,而是有可能受到战国以来南方楚地及巴蜀地区志怪与民间传说的影响,均是对雷神的象征性表现。这一造型样式在中国传统图像系统和镇墓系统中,亦有较为久远的流传过程,空间上不囿于四川、江西等南方地区,远在汉代新疆地区亦有出现,年代自汉代一直有延续。元明之后随着雷法的进一步扩大和普及,相似形象亦被吸收至以《道法会元》为代表的雷法文本中表示炼度。[③]

墓葬空间中雷神明器的出现早至唐代,且自北方开始,兴盛于北宋与南宋,雷神俑在墓葬中特别集中出现在宋代南方地区,而不见于北方地区。从中可以进一步思考雷法实践与文本之间的关系。出现

①　白彬:《雷神俑考》,《四川文物》,载《成都考古发现 2014》,2006 年第 6 期,第 66—75 页。

②　郭璞注、郝懿行笺疏、沈海波校点:《山海经》,上海:上海古籍出版社,2015 年,第312 页。

③　如人首鱼神俑与《太极雷坛四维神图》的关系,参见白彬:《雷神俑考》,《四川文物》,2006 年第 6 期,第 67—68 页。

于唐代墓葬的雷神俑是否影响到了活跃于地方社会的道教雷法，使得雷法深入参与一般民众的丧葬仪式中，进而影响到了丧葬明器的设置，且出现有体系、有规模、模具化的制作方式，均需根据材料反复论证。随着驱邪禳灾以及炼度与度幽在宋代道教仪式实践中的重要的位置，先其余道教实践中的墓葬葬仪，以及对应的镇墓俑系统，进入道教雷法文本的撰写中，从实践活动进入到经典文本，而类似与雷法相关的俑进入元代以后，则不在墓葬中出现。

墓葬中还有另外一套用以表达雷神的图像系统。马王堆帛画中以位于上端的东侧，有一位带有题记的雷公形象：猴面圆眼鸟喙、着短裙象形。从马王堆帛画中的雷公雨师，到汉代画像中的雷神雷公，如山东长清孝堂山东壁上层呈坐车击鼓状的雷神、嘉祥武氏祠后石、安丘董家庄汉画像石墓、河南南阳英庄汉画像石墓，等均出现雷神形象。1985 年邛陕州区发现的一座北宋墓中，出土治平四年（1067）买地券一枚。此墓室为单室墓，其中出土一件雷公俑。[1] 成都元符元年（1098）魏忻墓中，出土雷神俑 1 件、十二辰俑 19 件，同时出土的另有日俑、月俑各 1 件。[2] 其中雷神俑为鹰首尖喙状，头顶上发竖直，着圆领窄袖黄色长衣，残高 31 厘米。

与墓葬中以象征性雷法明器表现形式不同的是，在日常生活中用于祭拜或观礼的信仰图像中，对雷的图像表现，多以偶像式形象出现。儒释道都有对雷神的偶像式表达。本章前三节分析的偶像母题，多与宋代以来的雷法主法、将帅神系密切关联。在佛教造像中亦有雷神的身影。四川安岳长河源石锣沟摩崖造像第 5 龛，开凿于唐咸通十二年（871），外龛二力士上方左侧，有一位猪首人身形象，双目圆睁，上身赤裸，下着三角短裙，身体左右及下方雕一圈圆鼓状物，双手举起，双腿向前弯曲，作敲击状，考古报告定为"雷神"（图 2 - 27）。[4] 这一形象与

① 邛陕县文管所：《邛陕县发现一座北宋墓》，《成都文物》，1987 年第 4 期。

② 龙腾：《蒲江北宋魏忻、魏大升墓清理简报》，《四川文物》，1997 年第 6 期，第 72—75 页。

③ 采自王丽君、张亮、张媛媛等：《四川安岳长河源石锣沟摩崖造像》，《文物》，2017 年第 9 期，第 74—96 页。

图 2-27　四川安岳长河源石锣沟
摩崖造像第 5 龛外龛下侧雷神俑①

墓葬中出现的雷神俑应隶属于不同体系,应与汉代以来的击鼓状雷
神一脉相承。

　　大足地区偶像型雷神形象还出现在佛教与道教不同的宗教语境
中。宝顶山大佛湾 15 号父母恩重经变窟旁有雷音图,其中有风伯、
雨师、雷神、电母形象。在龛壁右侧,有一位立于龙头旁边的官吏,受
捧物,上书"救烧煞五逆者",在龛窟中层左端,有一处位于雷神造像
之下的"古雷音霹雳诗",仅存 95 字,其余约 200 字已漫漶,残存诗
文为:

　　　　古圣雷音霹雳诗
　　　　一自开辟至天地,得有千般万般鬼。就中罪恶说忽雷,隐在
峨眉山洞里。若说忽雷人稀见,寓离口事三拳面。颜发黑赤似
朱砂,横身黛黑如蓝靛。大王胯下狮子裩,牙如利剑口如盆。
□□㧟亚多□折,□□文如踏黑云。□□□□爪如□,

――――――――

　　①　王丽君等:《四川安岳长河源石锣沟摩崖造像调查简报》,《文物》,2017 年第 9 期,
第 82 页。

□□□□□ 日晖。 □□□□ 眼雪白，□□□□□□ 尘。
□□□□□□归……（以下漫漶）①

龛窟下壁上方刻有双钩偈语：

> 雷音一震惊天地，万物生芽别是春。②

宝顶山佛教摩崖造像以宣传孝道为主，其特色在于大量的世俗
场景的刻画以及出现类似变文的榜题。虽然对于赵智凤的真实生平
以及宝顶山是否为水陆道场等问题仍处于讨论之中，但宝顶山所呈
现出的地域性和世俗性则无法回避。③ 过去常将雷音洞视为道教题
材造像，以此说明大足宋代造像"三教合一"的性质。如何判断其宗
教属性应将其置于造像的原境中。在雷音图旁边，即为大佛湾著名
的父母恩重经变龛。龛内分上中下三层造像，上层以"投佛祈求嗣
息"为始，左右为父母养育子嗣的"十恩图"，下层为跌入阿鼻地狱的
场景及偈颂文。这些图文结合的世俗性图像与口语化偈颂文，具有
较强的观者预设。民间社会中雷公所具有的司法、规诫与惩罚的功
能，在《夷坚志》中有多处详细记载，可看到众多"雷震不孝"的案例。
雷神已由兴云致雨的自然神转而成为具有执法权力的审判者。④ 结
合第 13 号雷音洞的偈语，此处的雷公、电母形象似不宜笼统归入三
教合一的框架下，而是基于农业社会对风雨雷电等自然神的敬畏与
崇拜，继而被宝顶山佛教空间所吸收，成为宣扬孝道理念与背景下的
图像表现，以视觉方式强调其规诫与惩罚的密教教义。大佛湾中对

---

① 重庆大足石刻艺术博物馆编：《大足石刻铭文录》，重庆：重庆出版社，1999 年，第
104 页。

② 同上书。

③ 太史文著、张煜译：《〈十王经〉与中国中世纪佛教冥界的形成》，上海：上海古籍出
版社，2016 年。

④ 张静：《从〈夷坚志〉中雷电灾害看宋代民间雷神崇拜》，《江西师范大学学报（哲学
社会科学版）》，2012 年第 4 期，第 67—72 页。

雷公与电母、风伯、雨师的塑造，传达宋代民间社会中一般民众对雷神的理解与信仰，雷神在此以偶像式形象出现，参与到了规诫与劝善的道德约束上。

结　语

宋代其重要特征与表现之一是内丹的兴起以及众多符箓派的出现，层出不穷的新法派也被视为道教史上变革的时代。徽宗时期对以神霄雷法为代表的道教经典进行了编撰整理，帝王护教的因素对两宋符箓道教的发展与兴盛起到了巨大推动作用。道教雷法借助符箓、咒术，通过仪式人员的外在行为与内炼，共同完成驱役雷部诸神、敬奏天地的过程。这些不可见和暂时性的物质媒介无法保存至今，有两类主要的物质遗存可作为宋代道教繁荣的例证：一类以地上建筑目类之下的洞窟、造像为代表；另一类以地下墓葬语境中的陶俑、镇墓石等媒介。除此之外如封禅玉册、投龙器物等也有少量存世，但这一类器物多产生于政治祀典系统中，与更为广泛的社会生活和一般宗教仪式之间存在明显界限。对前两类物质遗材所具备的宗教意涵与关联及区隔的发掘，有助于具体且动态地考察宋代道教法派活动的情况。

本章前三节着力于对圣母、监生大神及紫微四圣等题材进行讨论，通过梳理比对雷法文本与图像的联系，透析出宋代道教雷法对神祇形象的选择与塑造。这种突出的宋代道教偶像形象与组合，最终成为道教雷法驱役将班。[1] 宋代以来的道教诸多雷法门派中，例如清微派的创教、发展与流变，是一个由神话而历史，由民间而正统，再由正统而民间的独特的演变历程。[2] 通过对造像神祇的选择和身份

---

[1]　李志鸿：《神圣的帷幕：民众思想世界中的雷神崇拜》，《福建师范大学学报（哲学社会科学版）》，2005 年第 1 期，第 102—107 页。

[2]　李志鸿：《雷法与雷神崇拜》，《中国道教》，2004 年第 3 期，第 32—36 页。

的确认,说明在南宋绍兴年间大足地区的道教教团中,有明确的天心正法法派下的团体活跃于大足地区。这一支派多活跃于南宋绍兴年间的民间地方社会。天心正法以驱邪、咒语为主要形式,这种仪式行为和活动痕迹除了在道教科仪文本那种有所记载之外,还会与偶像式的石刻造像发生空间联系。偶像式造像以不可移动式的塑像形式,成为天心正法派道士的招请神祇的一部分,也成为信众供奉与信仰的神祇。

在宋代官方对道教神系通过宫观网络、祀典系统等方式严格厘清的背景之下,以天心正法派为代表的地方道派在民间社会具有较强的活动力与生命力。通过神祇的选择可以看出,一方面以舒成岩为代表的地方道教信仰空间出现了具有明显时代风格的神祇,同时,地方宗教教团还可以主动做出选择,结合宗派教义与民众信仰,通过神祇增塑,体现出信众、教团与图像之间的互动。

第三章　祈年设醮　旱岁飞符
——大足南山龙洞、醮坛与地方集体记忆

引　言

如何将石刻造像与实际的仪式活动、物质载体共同置于南山这处以道教摩崖造像为主的宗教空间中,进行整体与环境式讨论,是以往学界谈论较少但却又是不可忽视的议题。本章将在此议题方向上做出讨论与推进。

南宋至民国的石刻题记遗存多保存在三清古洞周围及今日碑亭附近。过去对南山的讨论都是围绕三清古洞展开:第一,三清古洞主尊身份。第二,认为三清古洞是道教醮坛。宋代唯一一处记载南山的文献史料出现在王象之的《舆地纪胜》中:

> 南山,在县南五里,有龙洞醮坛,旱祷辄应。①

作者言简意赅选取了南山最重要的几点信息:名称、地点、特点、功能。点明南山有"龙洞醮坛",并且十分灵验"旱祷辄应"。与一般意义上所谓民众功德造像不同的,这是一处曾明确用于祈雨仪式的摩崖造像。文献记载虽明确,但过于简略。历史上儒释道及地方性庙

---

① 王象之撰、李永先点校:《舆地纪胜》卷 161,成都:四川大学出版社,2005 年,第4880 页;祝穆:《方舆胜览》卷 64,上海:上海古籍出版社,1991 年,第 548 页。

宇等都曾参与这项重要的仪式活动,南山的祈雨活动会以哪种形式展开?"醮坛"呈现的视觉形式如何?为什么王象之对于南山遗迹中制作最为精美、规模最为宏大的"三清古洞"不着笔墨,却对"龙洞"着意强调?如何理解他笔下缺失的"三清古洞"?在祈祷辄验之后,不少歌咏南山的碑刻题记也镌刻在三清古洞周边。这一处海拔不高、辐射影响并不远的小山脉,由南宋直至民国,都出现在历史书写和地方记忆中。实际上,对于南山石刻的认识可以不必囿于单个洞窟的研究,应与整个南山的造像布局、宗教空间、碑记内容、供养人信息,结合区域特点等综合讨论,或许可以从中获得一些新的线索。

艺术史学家早已敏锐察觉并身体力行地发掘艺术与文学之间的密切关联。宋人笔下的南山以祈雨灵验为首要特征,龙洞、醮坛正是此处得以兴云致雨的途径。南山虽缺乏具体祈雨活动的记载,但宋代借助龙洞醮坛祈雨的记载并不匮乏。本章以碑刻题记作为线索,总结诗文当中醮坛的统一特征,在"斋醮之变"的宋代讨论南山醮坛可能会采用的形制与特征。

第一节 作为地方传统的"龙洞"

一 "龙洞"进入道教造像空间

宋代王象之在《舆地纪胜》"昌州景物、碑目"中,记录了昌州三处石刻景观,南山为其中之一,可见这处遗迹是大足地区代表性景观。作为一处曾明确举行过祈雨仪式的摩崖造像,如果能动态还原这一景观的建立过程,或许可以管窥作为地方传统的"龙洞"如何与道教和宋代地方社会发生具体关联。

商代甲骨卜辞中已有以土龙求雨的记载。[1]《山海经》记载"旱而为应龙之状,乃得大雨",郭璞注为:"今之土龙,本此气,应自然

_____

① 裘锡圭:《甲骨文与殷商史》,上海:上海古籍出版社,1983 年。

宜咸,非人所能为也。"①以土龙祈雨在传统农业社会中渊源已久,通过交感巫术拟造真物。在佛道二教祈雨活动中,亦需要与儒家祈祷传统竞争。唐诗中曾记载崔使君无须借助土龙即可祈雨有应。②

　　由于没有明确纪年,因此对南山龙洞的具体建造年代只能根据相关赞助人的信息,大致归于南宋绍兴年间。龙洞位于整个南山摩崖造像这处遗迹最东边,与三清古洞之间隔着较长的碑亭。结合龙洞从所处的空间以及诗文题记,以及《舆地纪胜》的成书年代,可大致推测龙洞与三清古洞、圣母龛建造年代接近。龙洞塑像进入南山摩崖造像的历史语境与逻辑线索可在邻近大足的资中县的一块碑文中找到线索。

　　临近大足的资中县,有一块碑文记载了徽宗年间当地一处龙洞由于祈雨灵验,地方百姓故而在此修建道观祭拜龙神的故事。政和年间陕西华阴人杨捐曾任四川左蜀支郡,此处民风淳朴,不做官就为农,耻为商贾。一年资中旱灾严重,当地动用了所有的祈祷方式均无果。最后听闻龙水地区还有一处岁久湮塞的龙潭,虽不确定是否有效,但杨捐还是怀揣着诚挚之心前往一试。侍者刚拿出用于祭祀的牺牲、棉帛等祭品,天空中就立刻下起大雨,风驰电掣令人悸恐。自此之后,这处龙洞有祷必应,极其灵验。当地村民因此喜获丰年。为了答谢龙神,村民自发组织重新修葺龙洞观,开拓地基、式其丘垤,实其溪壑、然后其平如砥,以彰缔构。重修之后的龙洞观有三大殿,用斜廊连接主体建筑。设两座相对的阁楼,分别用来存放钟和玉笈。南面修建重楼高层建筑,其下开设三门。宫观东侧修建精舍,一改过去废墟之中荒草丛生的衰败场景。碑文描述重修之后的盛景"上圣高拱,群仙列侍。杞梓琼奇,金碧明焕,山之峰峦回抱,岩洞邃深",并感慨此处非常适合仙真驻扎,宛若洞天福地般,"神工天造,气象凝

---

　　①　郭璞注、郝懿行笺疏、沈海波校点:《山海经》,上海:上海古籍出版社,2015年,第341页;又见《山海经》卷14,《景印文渊阁四库全书》,第1042册,第72页。

　　②　李群玉《送崔使君萧山祷雨甘泽遽降》,彭定求编:《全唐诗》卷569,第17册,北京:中华书局,1960年,第6597页。

郁,宜有真仙游处。神物潜宅,殆所谓洞天福地者耶?"①整修过后的龙洞观增设一祠堂,祠堂口雕塑一尊龙像,并在前方创建一处献殿祭拜,便于乡邻在此谒拜答谢龙神。

这与南山龙洞有很相似的建造背景。由于祈祷辄应所以塑造龙神于祠堂口,并在龙潭修建了三座大殿组建成宫观。杨捐作为士人或地方士绅的代表,在祭祀中用到"牺牲",也属于儒家祭祀血食传统,而非佛道教中祭献方式。并且,遇到水旱灾害时,一般都是在祈祷无门之后,才会考虑地方上神祇和圣迹。因此,作为地方传统以血食为祭祀方式的龙洞,祈祷位序常被列置佛、道教之后。一旦有应,此处胜迹又很容易成为当地的灵验之所和重要的宗教空间,受到地方民众的祭拜。这处龙祠碑文完整地记载了整个以龙洞祈祷和宫观祠堂的营建过程。

毗邻大足的荣县城东有碑文,记载大中祥符七年(1014)春夏大旱之际龙洞祈雨并应的过程。由于久旱不雨,太守皇甫公亲自斋戒祈祷。荣梨山上有一处天然洞窟,多被认为是神祇栖息之所,称为龙渊之室。为表诚心,皇甫公发愿,如果能降雨充足,定会在洞门口竖立一座亭,用以感谢神祇的庇护。灵验有应的第二年,皇甫公离任此地之前,留下五百俸禄修建龙亭。② 这座荣梨山又称为五龙山,在县城东北方向十五里,山上有龙池,下面有洞穴,宋神宗特敕封荣梨山的山神,并在此修建山神祠和五龙祠,熙宁八年(1075)到熙宁十年(1077)分别撰写两篇敕文。③

在大佛湾西北方向约2公里的半山腰上,有一处宋代所刻的渔翁像。无顶龛,像高2.4米,宽2.2米。造像分为上下两个部分。上部龛内有一清代补刻的送子观音,下部正中刻有石供桌,右侧为宋代所刻的渔翁跪姿像,戴有斗笠蓑衣,身着窄袖长袍。腰间饰有两串铜钱,左手放于右膝上,右手放于胸前做持物状,面朝斜前方,为聆听

---

① 龙显昭、黄海德编:《巴蜀道教碑文集成》,成都:四川大学出版社,1997年,第108页。

② 同上书,第77页。

③ 同上书,第99页。

状。左侧有用于捕鱼的竹篮。在外侧东边岩壁之上,有"古迹龙潭"和"所求灵感"八字。① 眉山仁寿杨柳镇营棚村镇政府南 2.5 公里处,有一处南宋始造的摩崖造像,名为"龙岩"。造像与石刻均位于距离地面半米处,其中造像有 10 龛,题记有 8 则,另有一条浮雕石龙,长 11 米,高 0.64 米,头部损毁,所存 8 则题记均与石龙有关。②

自徽宗之后,出现大量的山川龙洞被赐额并进而封侯的现象,列表如下:

表 2　宋代四川龙祠赐额统计

地　点	名　称	时　间	首次赐额	封　侯	加　封
涪　陵	龙洞神祠	崇宁三年(1104)	普润		
		绍兴十年(1140)		渊通广泽侯	
果州南充县	龙宫神祠	崇宁四年(1105)	灵泽		
		政和三年(1113)		渊感侯	
		绍兴二十四年(1154)			渊感昭济侯
成都金堂县	峡江龙祠	崇宁四年(1105)	灵泽		
平山县	西山二青龙祠	崇宁四年(1105)	福应、利泽		
夔州清水县	大龙鸣洞神祠	崇宁四年(1105)	神济		
开州清水县	小龙鸣洞神祠	崇宁四年(1105)	灵济		
夔州奉节	龙洞石眼泉神祠	崇宁四年(1105)	普济		
		宣和五年(1123)		静应侯	
忠州临江县	高溪龙洞神祠	崇宁五年(1106)	孚霈		
		绍兴十九年(1149)		嘉应侯	
普州颐潭	龙女祠	大观二年(1108)	德施		
重庆府	龙祠	大观四年(1110)	普施		
成都金水县	赤面山龙女祠	政和二年(1112)	惠泽		
		宣和三年(1121)		润德夫人	
彭州九陇县	汉光武庙广惠龙祠	政和三年(1113)		广惠侯	

---

① 刘长久等编:《大足石刻研究》,成都:四川省社会科学院,1985 年,第 511 页。

② 国家文物局编:《四川文物地图集(中)》,北京:文物出版社,第 601 页。

（续表）

地 点	名 称	时 间	首次赐额	封 侯	加 封
达州通川	明月潭龙祠	政和三年(1113)	明惠		
		政和五年(1115)		显惠侯	
		乾道四年(1168)			显惠广济侯
合州石照县	斜崖山龙洞神祠	政和四年(1114)	显泽		
		绍兴五年(1135)		灵润侯	
雅州名山县	罗绳里白马泉龙神祠	绍兴元年(1131)	灵济庙		
		绍兴十年(1140)		渊泽侯	
昌州永川县	西英山龙洞神祠	绍兴十年(1140)	灵济		
		绍兴十四年(1144)		惠济侯	
万州渔阳井	龙女洞神祠	绍兴十一年(1141)	灵惠		
		同年		昭济夫人	
绵州彰明县	百汇湫龙神祠	绍兴十五年(1145)	康济		
		隆兴元年(1163)		惠泽侯	
遂宁小溪县	东城外江堤龙女祠	绍兴十七年(1147)	通惠		
达州宣汉	走马山盐井龙王祠	绍兴十八(1148)	惠济		
		乾道二年(1166)		显应侯	
龙州江油	龙门山龙洞神祠	绍兴十九年(1149)	灵渊		
成都新都	赤岸山龙洞神祠	绍兴二十年(1150)	潜灵		
夹江平岗乡	龙神堰龙女祠	绍兴二十一年(1151)	灵懿		
眉州丹棱	龙鹄山龙神祠	绍兴二十四年(1154)	显济		
眉州青神	八龙神祠	绍兴二十八年(1158)	慈济		
		乾道二年(1166)		八龙神：善泽侯、善感侯、善应侯、善贶侯、善佑侯、善利侯、善庆侯、善阴侯	

（续表）

地 点	名 称	时 间	首次赐额	封 侯	加 封
达州官池	龙洞神祠	绍兴二十九年(1159)	灵泽		
		绍兴三十二年(1162)		昭泽侯	
邛州蒲江	盐井圣姑三位夫人祠	绍兴三十一年(1161)	博济		
		乾道八年(1172)			灵惠夫人、协惠夫人、赞惠夫人
潼川府横山	龙祠	乾道元年(1165)	昭济		
开州开江县	龙孔村龙洞神祠	乾道元年(1165)	广施		
涪州青溪	龙洞祠	乾道三年(1167)	灵济		
涪州武龙县	东关滩龙洞祠	乾道三年(1167)	灵泽		
合州南岸	龙女祠	乾道八年八月(1172)	利泽		
夔州奉节	普利庙龙洞	淳熙十二年(1185)			灵应孚惠侯
绵竹县	虎鼻山龙神祠	淳熙十六年(1189)	惠泽		
叙州宜宾	霈泽庙龙神灵应侯	嘉定八年(1215)		灵应普济侯	

注：资料主要整理自《宋会要辑稿》礼二〇、二一。

从以上龙祠获封的情况可以看出，宋代巴蜀地区赐额和封神活动较为集中在北宋末期徽宗朝以及南宋高宗、孝宗朝。对龙祠的封赐徽宗时期有 14 处；高宗朝新赐额 13 处，加封前朝神祠 4 处；孝宗朝加封 7 处。并且在赐额之后，若有更多灵验之迹，则可以在赐额基础上，继续加封"侯""夫人"等。恰与建炎三年(1129)的敕文相对应：

> 神祠遇有灵应，即先赐额，次封侯，每加二字至八字止；次封公，每加二字至八字止；次封王，每加二字至八字止。神仙即初封真人，每加二字至八字止。妇人之神，即初封夫人，（每加）二字至八字止。[1]

---

[1] 《八琼室金石补正》卷 117《渠渡庙赐灵济额牒》，《续修四库全书》，第 898 册，第 453 页；咸淳《临安志》卷 73，《宋元方志丛刊》第 4 册，中华书局，1990 年，第 4012 页。

　　北宋中前期封神较少,北宋晚期出现封神高潮,延续到南宋高宗、孝宗朝。建中靖国元年(1101)规定须是"所祷累有灵应、功德及人、事迹显著者"。淳熙三年(1176)"功绩显著、惠利及民者,非泛常应验"。① 得以封神和加封的首要条件应为是否广泛有验。有关宋代封神制度的研究,历史学讨论成果颇丰。从两块蜀中宋代龙祠碑记,结合南山龙洞造像,可以发现这一封赐活动更多源自地方社会的内在驱动,是地方信仰和祈祷传统共同作用的结果,官方的介入与支持使得宋代农业社会的传统能够得以整合,并以赐额的形式进一步得到规范,参与到宋代大规模封神和造神的活动中。

　　祈雨活动中的三个重要步骤是首先需要祈雨文或青词,其次为具体求雨过程,最后则是对祈祷灵验的记录。求雨活动和降雨灵应神迹常以壁绘形式记录下来。寺观系统中以山西明应王水神庙为代表。西南墙上由布道仪开始,出现官员走向明应王祈雨的场景。最重要的仪式活动由明应王西壁前面的官员引导。祈雨活动伴随着寺观一系列娱神活动。在记录祈雨过程的壁绘中,还多出现女性或与阳相对的阴性因素。明应王水神庙的北壁、东壁北部即出现女性群体形象。按照中国阴阳观念,阳气过剩才导致干旱,只有阳消阴长,方可达至阴阳统一。第三部分降雨庙会在中央和东壁南侧的部分。由于阴,云可以集中在官方祈祷的西南墙壁上,然后云聚集在西壁上,最终在东壁上形成降雨。②

　　做龙与召龙习俗与传统颇为悠久,是一种很普遍的祈雨方式。包伟民在对韩森《变迁之神》进行译述的过程中发现,南宋民间宗教中有两个十分有意思的现象,其中之一就是除了龙王以外,民众几乎

---

　　① 关于宋代的赐额及封神制度,可参见冯大北:《宋代封神制度考述》,《世界宗教研究》,2011 年第 5 期,第 121—130 页;韩森著、包伟民译:《变迁之神——南宋时期的民间信仰》,杭州:浙江人民出版社,1999 年;杨浚辑:《清水岩志略》卷 2《敕赐昭应慈济大师牒》,《中国道观志丛刊续编》,扬州:广陵书社,2004 年,第 35 页。

　　② Anning Jing. *The Water God's Temple of the Guangsheng Monastery: Cosmic Function of Art, Ritual, and Theater*. Boston: Brill. 2002.

不再崇拜其他动物神。[①] 除了线性文明进化论般的解释,是否还有其他更合理的原因。南山龛口处的两只龙柱,所具有的功用正好可引出东壁之上春龙起蛰和玉帝巡游的祈雨图像程序。石龙造像成为整个仪式过程中重要的"显圣物"(Hierophany)。以龙形或图像祈雨在商代金文中已有出现,汉代以后这种实践经常视为官员祈雨活动的一部分。佛教僧侣如慧远、善无畏、一行等亦都擅长以佛教或密法求龙致雨。两宋时期官方前后多次颁布祈雨法,对此皮庆生有过细致梳理和讨论,对传统礼制下祈雨法的源流、宋代官方颁布的祈雨法,以及不同阶层主导祈雨活动的特点均进行了细致梳理,主要有三个重要发展阶段:一是景德二年颁布的从唐代流传下来的五龙堂祈雨法,二是仁宗时期添加的画龙祈雨法,三是神宗时期的蜥蜴祈雨法。[②] 遇到水旱灾害时,地方官员多携同官吏和民间社会中具有威望德行之人,在龙祠中进行祈祷。道教亦有画龙祈雨的传统,龙画也得到唐宋官方的提倡。

二 龙水题材在宋代画科分类中的兴起

龙水是唐宋绘画饶有特色的母题。本节通过追溯该题材在唐宋著史中的分类与书写,发现五代擅长龙水的画家数量陡然上升,此时龙水主要依靠两种媒介,一种以公共空间中寺观壁画为主,另一种以皇室贵族使用的屏风为;在精神内涵和品评倾向上则延续唐代以来的通神感应论。至宋龙水成为独立的画科,晋唐以来侧重神灵感应的品评标准式微,而对绘画本体形似与笔墨的追求进一步提升。以陈容龙水为代表的纸本母题,成为宋代的标准器,元代之后广泛流传于道门内部,成为文人雅士与道门中人往来的媒介。从中可以看到这一特殊题材折射出的绘画、宗教与各阶层的互动关系。

龙水作为绘画主题,广泛出现在民间社会、寺庙宫观或御府收藏

---

① 韩森著、包伟民译:《变迁之神:南宋时期的民间信仰》,上海:中西书局,2016 年,第 3 页。

② 皮庆生:《宋代民众神祠信仰研究》,上海:上海古籍出版社,2008 年。

中。媒材包括纸本、绢本、壁画等,有手卷式、屏风式、浮雕式等,可独幅构成,也可成组出现。从笔墨风格上看,主要为白描及水墨设色,用笔遒劲有力,墨色浓重,动势强烈,画面凛冽。龙水并不属于经典文人画范畴,也与传统国画三科山水、人物、花鸟有一定区隔,不好完全将其归为其中之一。从画史记载来看,唐五代开始大量出现擅长画龙水的画家,龙水至宋成为独立的画科,是为画学史上独特的现象,并且晋唐以来侧重神灵感应的品评标准式微,而对绘画本体形似与笔墨的追求进一步提升。以陈容龙水为代表的纸本母题,成为宋代的标准器,龙水纸本画作在元代之后广泛流传于道门内部,成为文人士大夫与道门内部唱和交流的媒介。从中可以看到这一特殊题材折射出的绘画、宗教与各阶层复杂的互动关系。龙水题材画作与宫廷、贵族、士人、僧道及普通百姓等不同层次的群体均有互动,相较于其他画科,该题材承载了更为丰富、多重的文化意涵。

(一) 龙水题材在唐宋画史中的分类与书写

与南北朝时期以品评和个人艺术体验为主的写作方式不同,第一部画史专著《历代名画记》为著史提供框架,将年代与画作类型和品评标准相结合,此时已透露出对某些重要题材的专论,如卷一"论画山水树石"。① 对画作主题进行了较为庞杂的归类。最早的一部断代画史《唐朝名画录》著录唐代画家 126 人,以"神、妙、能、逸"品评诸家,其中又分上、中、下三等。由于绘画技艺的精进及题材的丰富,自晚唐起画史中已出现画科分类的初步意识。朱景玄《唐朝名画录》对画作主题进行了较为庞杂的归类。这一现象到宋代画史开始出现转变②,画题得到进一步细分。北宋仁宗嘉祐年间(1056—1063)的《圣朝名画评》将绘画分为人物、山水林木、兽畜、花鸟翎毛、鬼神、屋木六类,每类依照神、妙、能三品进行划分,每品又细化为上、中、下三品。

---

① 张彦远:《历代名画记》,浙江人民美术出版社,2013 年,第 18 页。
② 有关宋代画科分类的相关研究,参见张其凤,《画学学科设立与技法成熟关系略论—以人物、山水、花鸟三大画科为例》,《艺术百家》,2014 年第 6 期,第 145—146 页。

真宗朝外戚郭若虚家富收藏，所著《图画见闻志》沿袭纪传体和史论相结合的传统，反映出唐末至北宋中期绘画的发展面貌。画科分类精简为人物、山水、花鸟、杂画四门。其中杂画又分蕃马、水牛、虎、犬兔、龙水、鱼、屋木、船水、佛道人物等九类。所载的 35 位杂画画家中，专长于龙画的有 5 位，分别是吴进、吴怀、董羽、任从一、荀信。大量擅长龙水的画家被著录在画史中，此一现象不见于宋代之前的著作。

《宣和画谱》中龙水进一步成为绘画题材之一，与道释、人物、宫室、番族、山水、畜兽、花鸟、墨竹、蔬果并列①。按照传统国画三科的分类，道释、人物、宫室、番族依托于人物与界画，与宋代盛行的规谏、叙事或有外藩朝觐等纪实需求的人物主题绘画密切关联；山水是五代以来的重要题材，畜兽可归于"花鸟"一系，故以上九类大致隶属于人物、山水及花鸟三大画科中，唯独"龙鱼"主题是宋代绘画较为独特的一类，在 10 个门类中位列第五，置于"山水画"之前。

龙鱼并列且同属水物，交感巫术的原理还适用于画史中的蟹、蜥蜴等题材，然龙水能取代龙鱼，发展为宋代杂画门中最大的一支，仅从物类相仿的角度不足以阐释其中嬗变。郭若虚载："鱼虽耳目之所玩，宜工者为多，而画者多作庖中几上物，所以为乘风破浪之势，此未免缁乎世议也……然所画无涵泳嗽喁之态，使人但垂涎耳，不复有临渊之羡，宜不得传之谱也。"②这也是该题材并未进入后代画史分类并书写的重要原因。

（二）西蜀的龙水画作与寺观景观

安史之乱之后，唐代玄宗、僖宗相继避蜀，除世族官宦、高僧大德相伴，还有庞大的艺术家及工匠群体，繁荣了蜀地的文化艺术氛围，也带来了以长安为代表的京畿北方皇家的艺术品位。从《益州名画录》等画史的记载可知，此地经济富庶又有大量佛教寺庙，为

①　彭慧萍从南宋画科分类谈宫廷画师的民间性问题，参见《走出宫墙：由"画家十三科"谈南宋宫廷画师之民间性》，《艺术史研究》第 7 辑，中山大学出版社，2005 年，第 179—215 页。

②　王栗群点校：《宣和画谱》，浙江人民美术出版社，2013 年，第 90—91 页。

画家竞技提供了重要的公共空间和活动场所。蜀地是密教传播的重镇,不少重要高僧如释惟上、惠果、洪照等活跃于此①。密教寺院入口或墙壁上多绘制龙水。孙位、刁光胤常被邀请至寺观挥毫。"蜀人画山水、人物,皆以孙位为师。"②孙位在应天寺、眉州福海院均留下龙水主题画作③。其中应天寺东壁的龙水是对润州高座寺张僧繇所作的《战胜天王图》的仿制,画面"云龙出没,千状万态,势若飞动。"④孙位在成都玉局观留下潜龙壁绘痕迹:"蟠屈身长八十尺;游人争看不敢近,头觑寒泉万丈碧"。⑤ 到元代还保留有孙位的《水宫图》,鱼龙出没于海淘,神鬼变灭于云汉,令元代画史专家汤垕不禁赞叹杰作⑥。

"山临大江,有二龙自山中出。一龙蜿蜒骧首云间,水随云气而上,雨自鬛中出,鱼虾随之,或平空而陨;一龙尾尚在穴前,踞大石而蹲,举首望云中,意欲俱往。怒风如腥,草木尽靡,波涛震骇,涧谷弥漫。山下桥路皆没,山中居民老小聚观,阖户阙牖,人人惊畏,若屋颠坠。笔势超轶,意气雄放,非其胸中磊落不凡,能窥神物变化,穷究百物情状,未易能也"。⑦ 以上记载着笔墨在观看神物变化的人群上面,不吝笔墨描写观看者紧张、惊恐的场景。

画家刁光胤(约 852—935 年),天复年间(901—904)入蜀,在诸多画类中,尤擅龙水⑧。他的学生有孔嵩、黄筌⑨。蜀后主待诏黄筌不但是一位擅长富贵之风的宫廷工笔重彩花鸟画家,还兼擅

① 黄阳兴:《中晚唐时期四川地区的密教信仰》,《宗教学研究》2008 年第 1 期,第107—112 页。

② 汤垕:《画鉴》,人民美术出版社,2016 年,第 18 页。

③ 黄休复著、秦岭云点校:《益州名画录》,人民美术出版社,2005 年版,第 1、2 页;刘道醇:《宋朝名画评》,《景印文渊阁四库全书》,第 812 册,第 464 页。

④ 王栗群点校:《宣和画谱》,杭州:浙江人民美术出版社,2013 年,第 90—91 页。

⑤ 郭若虚著:《图画见闻志》卷 2,杭州:浙江人民美术出版社,2013 年,第 40 页。

⑥ 汤垕:《画鉴》,北京:人民美术出版社,2016 年,第 18—19 页。

⑦ 李廌著:《德隅斋画品》,收入卢辅圣编:《中国书画全书》第 2 册,上海书画出版社,2009 年,第 270 页。

⑧ 郭若虚著:《图画见闻志》卷 2,杭州:浙江人民美术出版社,2013 年,第 42 页。

⑨ 同上书,第 65 页。

龙水①，服务于蜀地寺庙宫观中。黄筌曾在成都石牛庙画龙水一堵，其子黄居寀亦在武侯祠、圣兴寺新禅院多地绘制龙水壁画②。《东坡续集》载："家有黄筌画龙，拔起两山间，阴暗威凛然。旧作郡时以祈雨有应"③。画史记载中的龙水画作阴暗凛冽，令人敬畏，与黄筌传世课子图一类精工瑰丽的画风极相左，除却黄家富贵，是否还留存另一种为公共寺庙空间服务、动势强烈，笔势超轶，意气雄放的画风，值得进一步探究。黄筌《春龙出蛰图》《出陂龙图》《云龙图》《升龙图》和《跃水龙图》等一系列龙水作品，均被收入宋代御府。

（三）南唐禁内屏风龙水

与西蜀龙水多出现在禅院等公共空间，供人观看的情形不同，南唐龙水画作多出现在禁中。吴越钱王收藏唐代宫廷中的龙画："绢十二幅作一帧，其高下称是。中心画一龙头一左臂，运气腾涌，墨痕为臂大，笔迹圆劲，沉着如印，一麟如二尺盘大，不知当时用何笔如此峻利。上有吴越王大书：感应祈雨龙神，并书事迹。"④此处龙画应为一组十二幅，且画幅规格较大，很有可能是十二屏风。这种画幅与屏风画之间的形制关系可以通过摹本绘画和考古出土物得到佐证。初唐燕妃墓中出现十二屏风图（图 3-1），唐代徐坚曾引用"皇太子纳妃，有床上屏风十二牒。"⑤十二组画幅的规格多见于禁内或贵族空间中，且画作多为书画名家之品。唐中宗时中书令宗楚客曾获赐二王真迹二十轴，重新装裱裁定镶嵌制成十二屏风⑥。上海博物馆藏明代中期的《十八学士图屏》，表现了文人雅士以琴棋书画为中心的聚集活动，其中的人物原型多为唐太宗时期的功臣，其中《焚香弹琴》卷（图 3-2），主人公背后即饰以龙水为主题的屏风，以此烘托唐宫布局特色和风貌。

---

① 王栗群点校：《宣和画谱》，杭州：浙江人民美术出版社，2013 年，第 116、174 页。

② 黄休复著，秦岭云点校：《益州名画录》，北京：人民美术出版社，2005 年，第 23、35 页。

③ 苏轼著，王云五编纂：《苏东坡集》，第 12 册，商务印书馆，1933 年，第 41 页。

④ 汤垕：《画鉴》，北京：人民美术出版社，2016 年，第 24—25 页。

⑤ 李昉等《太平御览》，中华书局，2000 年，第 3129 页。

⑥ 王原祁等撰辑，《佩文斋书画谱》第四册，中国书店，1984 年，第 2004 页。

图 3-1　燕妃墓十二屏风壁画,(各)纵 164 厘米,横 75 厘米,
转引自贺西林:《道德再现与政治表达——唐燕妃墓、李夫妇墓屏风
壁画相关问题的讨论》,《故宫博物院院刊》,2019 年第 12 期,第 71 页。

图 3-2　杜堇,《十八学士图屏》之
《焚香弹琴》卷,绢本设色,(各)纵
134.2 厘米,横 78.6 厘米,
上海博物馆藏　明

南唐不但有精专龙水的画师吴进、吴怀①，还有最被忽视的龙水大家副使北苑董源（934—约 962 年）。董源画风不止"平淡天真"，同时还多作山石水龙。宋代之后，董源"承担"了山水画史传承发展的重要使命，使其兼工龙水的史实在后代书写中逐渐被忽视。他笔下的龙水降升自如、自有喜怒变态之状："然龙虽无以考按其形似之是否，其降升自如，出蛰离洞戏珠吟月而自有喜怒变态之状，使人可以遐想。盖常人所以不识者，止以想象命意，得于冥漠不可考之中。"②董源龙水画作颇为符合宋代皇家趣味，被悬挂在御榻前。宋高宗还曾亲自题跋董源所作龙水石图③。在南宋御府所收藏的董源 78 幅作品中，龙水题材有 7 幅，分别是水石吟龙图、风雨出蛰龙图（2 幅）、山洞龙、戏龙图（2 幅）、升龙图、跨龙图④。其中《风雨出蛰图》《戏龙图》分别是两幅，极可能是以叙事性组合出现，共同阐释一个绘画主题。

西蜀与南唐的工巧画师不少转向宋廷，作为翰林院待诏。特别在真宗和仁宗两朝。大中祥符年间进入画院的高克明，御府收藏其两幅《春波吟龙图》，作品高妙且颇具影响力，当时有不少人不惜高价求买⑤。同为真宗朝翰林待诏的江南人荀信，工画龙水，天禧中曾被示意在会灵观的御座屏风上绘制《看水龙》，由于过于神妙，后来被移入禁中⑥。仁宗朝翰林院待诏任从，工画龙水、海鱼，在金明池水心殿御座屏风上画《出水金龙》⑦。因此南唐时期对屏风绘画的偏好，不但有周文矩、顾闳中一脉的摹本或传世品佐证，在文本记载中，主要装饰贵族空间或禁内，与西蜀多出现在寺庙宫观壁画之上的龙水形制不同⑧，是为南唐龙水绘画的一大特色。

①　郭若虚著：《图画见闻志》卷 2，杭州：浙江人民美术出版社，2013 年，第 136 页。
②　王栗群点校：《宣和画谱》，杭州：浙江人民美术出版社，2013 年，第 110 页。
③　周密《云烟过眼录》，中华书局，2021 年，第 369 页。
④　王栗群点校：《宣和画谱》，杭州：浙江人民美术出版社，2013 年，第 111 页。
⑤　王栗群点校：《宣和画谱》，杭州：浙江人民美术出版社，2013 年，第 118 页。
⑥　郭若虚著：《图画见闻志》卷 2，杭州：浙江人民美术出版社，2013 年，第 138 页。
⑦　郭若虚著：《图画见闻志》卷 2，杭州：浙江人民美术出版社，2013 年，第 137 页。
⑧　周洁：《图像抑或文本——大足南山三清古洞主尊身份辨析》，《中国美术研究》，2017 年第 2 期，第 39—49 页。

　　在媒材上,西蜀南唐各有侧重,然而在品评标准上却是一直沿袭晋唐之际感神通灵,与天地互动的神秘力量。对龙水题材画作的书写和评议,仍以祈雨有应作为结论,本身也是对画作和技艺的最高赞美。如冯邵政"绘事未半,若风云随笔而生","设色未终,有白气若帘庑间出,入池中,波涛汹涌,雷电随起……不终日而甘露遍于畿内!"①"鳞甲飞动,每天欲雨,即生烟雾"。② 这种强调神显的赞美方式和画作至宋已经沦为术画之流。

　　(四) 从董羽与僧传古的竞技看品评标准的转换

　　郭若虚在《图画见闻志》"叙论"中,专辟一章"论画龙体法",③分三个章节对画龙要法进行论述。将僧传古、任从、崔白视为画龙大家,认为董羽深得画龙要领,他不但曾作为画院待诏、深为李后主所钟爱,入宋之后也同样获得青睐。御府所藏的董羽十四幅作品中,有十三幅为龙水图④。可见其"笔力遒劲,动势强烈,飞龙伴随惊雷,怒涛于画面之上"的画风⑤,非常符合宋代对龙水画作的品位和要求。

　　董羽不但善画且擅理论总结,将绘制心法集结为《画龙辑议》,形成日后有关龙画的重要绘制法则与模式:"头似牛,嘴似驴,眼似虾,角似鹿,耳似象,鳞似鱼,须似人,腹似蛇,爪似凤"⑥。随后郭若虚在《叙制作楷模》中阐发著名的三停九似论,强调龙形要一波三折、分虎爪之形等。对龙之形态的强调,成为是否灵验的重要依据。宋代类书将龙置于五灵瑞兽之列,认为龙最为灵验,又据龙角的形态差异,划分蛟龙、应龙、虬龙、螭龙、蟠龙五类。龙的形态与四时节令密切结合,具有较强的可变性,春分上天而秋分入川⑦。宋代张洞玄在《玉

---

　　① 朱景玄著、吴企明校注:《唐朝名画录校注》(上册),合肥:黄山书社,2016 年,第219—220 页。

　　② 周洁:《图像抑或文本——大足南山三清古洞主尊身份辨析》,《中国美术研究》,2017 年第 2 期,第 2 页。

　　③ 郭若虚著:《图画见闻志》卷 2,杭州:浙江人民美术出版社,2013 年,第 32 页。

　　④ 王栗群点校:《宣和画谱》,杭州:浙江人民美术出版社,2013 年,第 94—95 页。

　　⑤ 郭若虚著:《图画见闻志》卷 2,杭州:浙江人民美术出版社,2013 年,第 173—174 页。

　　⑥ 俞剑华编著:《中国古代画论类编》(下),人民美术出版社,2004 年,第 1024 页。

　　⑦ 谢维新:《事类备要》别集卷六十三,五灵门,四库本。

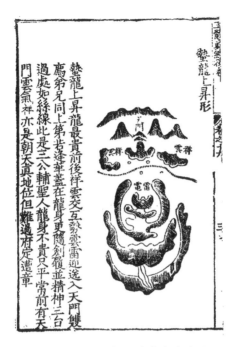

图 3-3 《玉髓真经》中蛰龙上升形

髓真经》秘传卷一当中,专门论及上升之势(图 3-3):"蛰龙上升龙
最贵,前后祥云交互势,云雷迎送入天门,双鸢弟兄同上第。若逢华
盖在龙身,更随剑履并精神。若逢华盖在龙身,更随剑履并精神。"①

僧传古、董羽都因专精于龙水绘画而载入史册。但两位的画龙
技艺是否有高下之分?《宣和画谱》中所记载龙水传世品至五代僧传
古,传古之作在放逸之处,比唐人更胜一筹。特别是在宋太祖时期,
突然名重一时②。很可能是受到宋代复古风气的影响。但受限于画
法,也只能大体画出蜿蜒升降之势。作为徽宗特授的"书画学博士",
长于鉴定和收藏的米芾,从形似的角度认为董羽的龙像鱼,而僧传古
的龙画似蜈蚣,由于鱼水关联更为密切,因而董羽之龙更为灵验③。

① 张洞玄撰,《玉髓真经》卷十九,明嘉靖二十九年陈少岳刊本.,秘传卷一,第
32页。

② 王栗群点校:《宣和画谱》,杭州:浙江人民美术出版社,2013年,第92页。

③ 汤垕:《画鉴》,北京:人民美术出版社,2016年,第34页。

至南宋真宗朝之后,由于受到崇道思想的影响,对形似颇有研究的董羽,被认为能赋予龙形以更强的生命力和灵验的效果①。

《图画见闻志》在全文最末,专设《术画》一节讨论与"艺画"的区别②。作者认为妙悟精能的画作才能流传于世,而眩惑沽名的作品则会被厌弃。蜀后主曾邀请术士于禁内画禽鸟,不久便有禽鸟聚集,被同台竞技的黄筌诟病为"术画"。宋初道士陆希真,每画一枝花都会引来蜜蜂,这是同样擅长禽鸟的边鸾、徐黄等大家所无法实现的。类似"起双龙于雾外"等神异现象,郭若虚认为并非画艺精湛所至,恰好是由于画法不精,才借助方术怪诞增加噱头。其中可见郭若虚对具有宗教功用和神话异化画作的现象,抱持明显的批判态度。

作为能兴云致雨,体现神迹的题材,龙水发展到宋代,画史与品评的重点已不是对奇幻神异场景的描述,而着力于对绘画本体如形象、动态、笔法的品评和判断。"今人观画,多取形似。"③对形似的偏重引发著史家的批评,认为形似应在笔法、气韵、神采之后,本应居于品评标准的最末节,更不能以形似来衡量画作的价值④。与此同时,受宋代理学的影响,有部分画家已不满足于对形似的探索,北宋董逌进一步认为形似并不重要且无法证实,关键是兴云致雨的义理⑤。特别是在义理更为发达的宋代,著、史之人会从宇宙关系中,给出这一题材存在合理的解释。《朱子语类》载问龙行雨之说:"龙,水物也。其出而与阳气交蒸,故能成雨。但寻常雨自是阴阳气蒸郁而成,非必龙之为也。'密云不雨,尚往也',盖止是下气上升,所以未能雨。必是上气蔽盖无发泄处,方能有雨。横渠《正蒙》论风雷云雨之说最分晓。"⑥这种探究宇宙和心性本源以及万物之理的趋势,恰与宋代以

---

① 王栗群点校:《宣和画谱》,杭州:浙江人民美术出版社,2013 年,第 90—91 页。

② 相关讨论参阅石守谦:《风格与世变——中国绘画十论》,北京大学出版社,2019 年,第 81—82 页。

③ 汤垕:《画鉴》,北京:人民美术出版社,2016 年,第 67—68 页。

④ 汤垕:《画鉴》,北京:人民美术出版社,2016 年,第 73 页。

⑤ 董逌:《广川画跋》卷三,《景印文渊阁四库全书》,第 813 册,第 468 页。

⑥ 黎靖德编:《朱子语类》第一册,崇文书局,2018 年,第 17 页。

来义理之学的兴盛相呼应。当灵验作为品评标准逐渐式微,品评的着力点转向形似与笔墨时,也就更加进入到对中国传统绘画本体的探讨。当然这种过分强调形似的时代趋向,也遭到批评:"今人观画,多取形似"①,著史家认为形似应在笔法、气韵、神采之后,本应居于品评标准的最末节,更不能以形似来衡量画作的价值。

(五)从陈容《九龙图》看龙水题材与宗教映射

宋代龙水画作不但在"形似"上有进一步突破,在形制和媒材上也有创新。在西蜀寺观壁绘和南唐屏风画之外,发展出了纸本长卷样式,并且出现了诗书画一体的组织结构。其中以南宋理宗时期陈容绘制的系列龙水图最具代表性,为今人了解该题材的样貌提供了重要参照②(图3-4)。以往研究已对画家身份、书法与绘画的关系、版本流传等方面做了讨论③。据朱万章研究,海内外署名陈容所作的龙水题材绘画多达21幅④。有关波士顿美术馆所藏版本的真伪探讨,集中在元代摹本、陈容晚期作品、可以反映陈容作品风貌的摹本三种观点上。根据后世大量相关主题的画作,本文倾向于认为波士顿版本可以反映陈容作品基本风貌。而更值得注意的是,该版本留有多段诗文题跋,对龙水题材的功用、流传及特点等,有很好的提示作用⑤。

卷首陈容自题:"九龙图作于甲辰之春,此画复归于甥馆仙李之家,神物固有所属耶?"文中明确出现"雷公劈山天地黑""十月霹雳随风腾""神功收敛待时来,天下苍生望霖雨"等词语,反映出龙水题材召雷致雨的重要功用。结合创作时间,故极有可能用于春季干旱祈

① 汤垕:《画鉴》,北京:人民美术出版社,2016年,第67—68页。

② 有关此图真伪及流传的研究,参见谈福兴:《南宋陈容存世作品及其真伪》,《荣宝斋》2012年第2、3期;李淞:《一个陈容,两个所翁——从书法角度看美国波士顿美术馆藏〈九龙图〉的作者与年代》,第384页。

③ 谈福兴:《老笔纵横舒英吐葩——南宋陈容其人其事》,第60—71页。《南宋陈容存世作品及其真伪(上下)》,《荣宝斋》,第198—209页;第196—293页;第198—209页。

④ 朱万章:《泼墨成云、噀水成雾——陈容画龙解读》,《文物天地》,2017年第6期,第59—60页。

⑤ 李淞:《一个陈容,两个所翁——从书法角度看美国波士顿美术馆藏〈九龙图〉的作者与年代》,第384页。

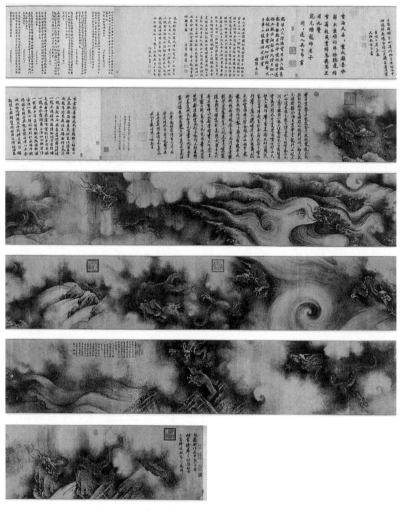

图 3-4 陈容,《九龙图》,纸本水墨,纵 46.3 厘米,
横 1096.4 厘米,美国波士顿美术馆藏,南宋

雨之用,更进一步推测是对"春龙起蛰"母题的演绎。原本出自民间
节气时令祈雨之功用,主要是融合中国传统农业社会二十四节气的
知识与信仰,结合唐代以来的龙画传统,佛教密宗祈雨仪式以及宋代
兴盛的雷法,所形成的画题。

宋元时期雷法祈雨极为普遍。在不少文集中可见大量歌咏雷法

祈雨的记载,如揭傒斯《题春龙听雷图》①、袁桷《题董髙闲道士春龙行雨图》等②。董源的蛰龙图流传到元代,仍被视为圣人之作。揭傒斯曾对欧阳龙南所藏的董源龙水赋诗题跋:"七十待罪奎章阁,群玉府中光璀错。就中董元出蛰图,万物如睹圣人作。天昏地黑雷雨垂,鱼鰕尽逐神龙飞。飞流上天洒天风,绝壑似与天河通。山开石裂电火红,万木颠倒助豪雄。先皇一览惊且爱,高悬长与御榻对。真龙已入白云乡,空有画图今尚在。何处飞来两神物,开卷凄然满头雪。"③依据诗文描述及董源基本的水墨淡设色风格,可大致推测蛰龙图应以墨色和白画为主,且颇符合帝王审美,悬挂于御榻前。元代始设奎章阁用以收藏古今书画,不少文人曾任职于此鉴定作品,元文宗本人亦通晓诗书画,除了上述揭傒斯外,还有柯九思、欧阳玄等知名士大夫均供职于奎章阁。从龙水画作和题跋中可以看到元代文士与道士之间交往密切,以诗书画会友,唱和切磋,题写诗画。

陈容《九龙图》卷尾有吴全节跋(图 3-5):"雷雨天垂垂,电火飞墨水。解衣盘礴初,神物听麾指。雪茧起风云,瞬息几万里。用九赞乾元,犹龙师老子。闲闲道人吴全节书。"吴全节(1269—1346)为元代著名道士,曾在龙虎山跟随张留孙学道,熟知符箓斋醮,祈祷辄应之类的秘法。在京师崇真宫期间,向南宗道士陈可复学雷法。元初浙江人陈可复(?—1307 年)号雷谷,尤擅雷法,役召鬼神甚灵验。在祈祷驱役方面颇有建树。

对此画进行题跋的不止一位道教人士。第三十九代天师张嗣成在《九龙图》上(—1344)作跋(图 3-6)。以"玄云泼墨号天风,云头掷火驱雷公"开篇,此后分别描述九条龙的形态,最后提到"洞微物化

---

①　揭傒斯:"神龙兴,云行雨施四海清,雷之震,神龙奋。云行雨施四海润。雷之令,神龙听,云行雨施四海庆。圣君在上,贤臣在下,我无事而观化。"详见《文安集》卷 5,《景印文渊阁四库全书》,第 1208 册,第 196—197 页。

②　袁桷:清泠之渊玉为窦,呼吸银丸起晴昼。昂头跃空朝紫京,海若苍黄河伯走。积灵为气翻帝车,坐令日观生模糊。黄云离离覆下地,神迹彷象今为图。详见《清容居士集》卷 6,《景印文渊阁四库全书》,第 1203 册,第 82 页。

③　揭傒斯撰、李梦生校《揭傒斯全集》,上海古籍出版社,1985 年,第 56 页。

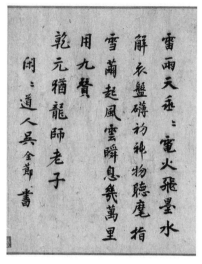

图 3-5　《九龙图》之吴全节跋

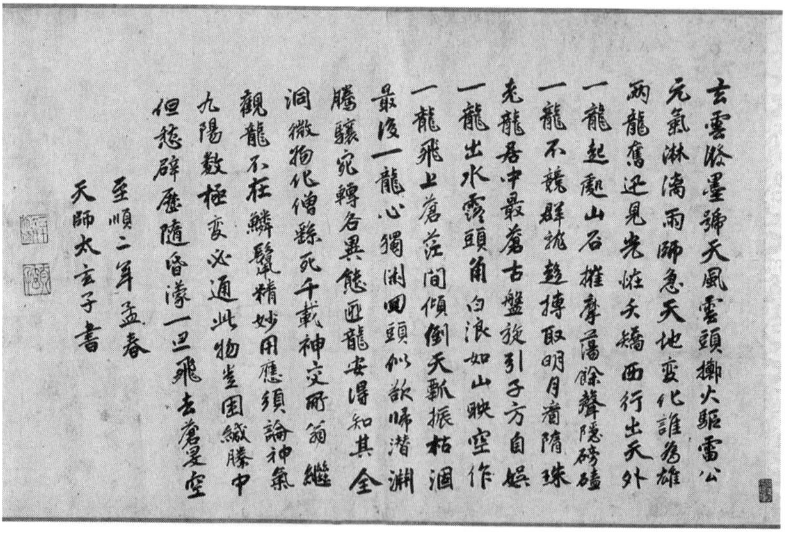

图 3-6　《九龙图》之第三十九代天师张嗣成跋

僧繇死，千载神交所翁继。观龙不在鳞鬐精，妙用应须论神气。九阳数极变必通，此物岂困缄縢中。但愁辟历随昏蒙，一旦飞去苍旻空”，落款为“后署至顺二年孟春天师太玄子书。”①

元代诗人张翥(1287—1368)题跋中提到：羽人示我九龙图，知是雷电堂中物(图 3－7)。可知《九龙图》在宋代之后的收藏者和所有者多为道门中人。“自非羽人能制龙，谁能藏之筐箧中。”并对此画的艺术水准给予较高评价：“僧繇不作董羽死，晚有若人堪比工。起须为雨被九土，嗟尔意气何其雄。……我生所见世少如，此画通灵那敢忽”。卷尾王伯易题跋：“龙本神物，其体纯阳，故变化不测。画者取乾元用九之义，以阳之极数出神物以骇耳。目其变化，隐显飞龙在天莫之敢窥真神妙用夐，出物外忽使破壁跃水，亦固有之。伯易观于洪武庚申十月也。江宁王伯易(图 3－8)。”

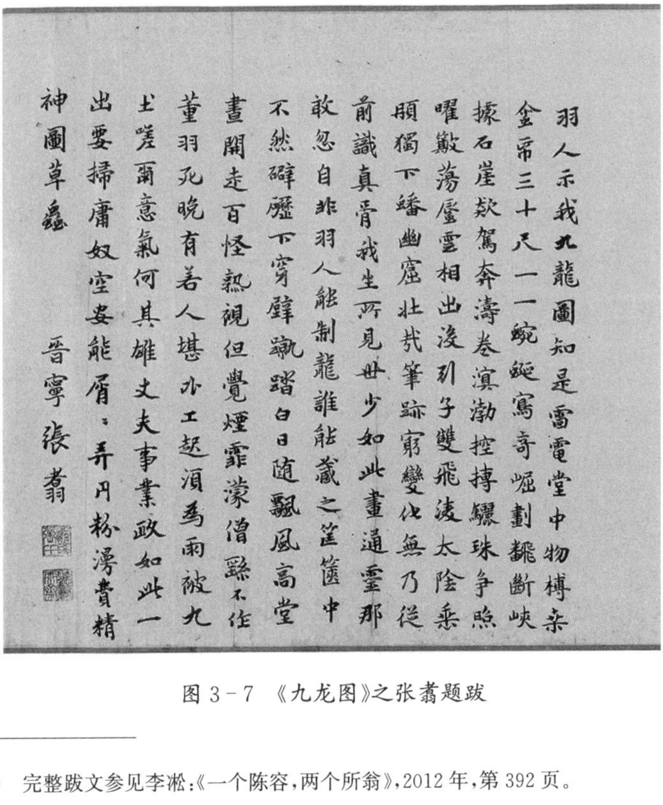
羽人示我九龍圖知是雷電堂中物榑桑
金帚三十尺一一蜿蜒寫奇崛劃翻斷峽
據石崖欬駕奔濤卷滇渤控摶驪珠爭照
曜歘蕩蜃雲相出沒列子雙飛淩太陰乘
頋獨下蟠幽窟壯哉筆跡窮變化無乃從
前識真骨我生所見世少如此畫通靈那
敢忽自非羽人能制龍誰能藏之筐篋中
不然霹靂下穿壁飆蹈白日隨飄風高堂
晝開走百怪熟視但覺煙霏濛僧繇不作
董羽死晚有若人堪比工起須為雨被九
土嗟爾意氣何其雄丈夫事業政如此一
出要掃庸奴空妄能屑屑弄丹粉瀉貴精
神圖草蟲 晉寧張翥

图 3－7 《九龙图》之张翥题跋

① 完整跋文参见李淞:《一个陈容，两个所翁》，2012 年，第 392 页。

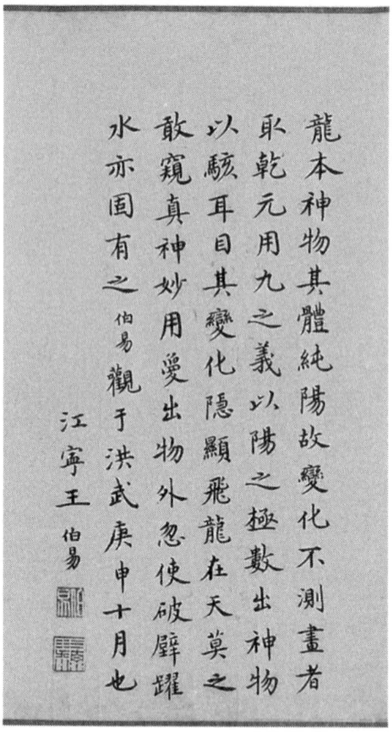

图 3-8 《九龙图》之王伯易跋

汤垕载:"近世陈容公储,本儒家者流,画龙深得变化之意,泼墨成云,噀水成雾,醉余大叫,脱巾濡墨,信手涂抹,然后以笔成之。"①噀水本用于道教驱邪仪式,法师会朝向坛场噀水一口,然后在脑中存思,用于招兵遣将。从记载中可推测,陈容本人不拘一格,以宛若醉仙之势,完成酣畅之作。

元代第三十八代龙虎山天师张羽材对陈容的《九龙图》尤为中意,摹写之作其画意、风格均有沿袭,绘成《雨霖图》。元代虽然严格限制民间社会对龙的图像运用,但在道教内部依旧延续了龙水题材的绘画,并且成为元代文人与道士往来的重要书画题材。入清之后由耿昭忠藏,至乾隆年间收入三希堂。伴随着文化交流,在日本等海外均可看到有延续陈容画风的藏品。但龙水题材,既不是典型的文人画类别,也未在元代之后大范围进入到商业流通领域,因此不复宋元兴盛蓬勃之势。

① 汤垕:《画鉴》,北京:人民美术出版社,2016年,第35页。

　　对唐宋时期龙水题材画作在著史中的梳理，一方面有助于从画科发展和品评的角度，为传统国画三科增添多样化的视域，另一方面可以发现从神灵感应的衰落到形似论的兴起，对中国绘画的品评逐渐走向笔墨本体。宋代之后卷轴媒介的龙水题材更多流传于道门内部及与道门有关的文人士大夫阶层，龙水画作成为文人士大夫与道教人士往来唱和的媒介，从中可以看到这一题材在绘画、历史与宗教多重语境下的嬗变。

表3　宋代画史中擅长龙水题材的画家与画作

年代	画家	作品
晋	顾恺之	春龙出蛰图
梁	张僧繇	金陵安乐寺画四龙
唐	孙位	于应天寺东壁画云龙、高逸图
唐	刁光胤	长安人天复中避地入蜀工画龙水竹石
五代	僧传古	衮雾戏波龙图二、穿石戏浪龙图二、吟雾戏水龙图二、踊雾出波龙图二、吟雾跃波龙图一、爬山跃雾龙图二、踊雾戏水龙图一、穿石出波龙图二、穿山弄涛龙图二、出水戏珠龙图一、戏云双龙图一、戏水龙图四、出洞龙图一、瓢珠龙图二、出水龙图一、祥龙图一、吟龙图一、戏龙图一、戏水龙图一、坐龙图一
五代	董羽	腾云出波龙图、腾云出波龙图一、踊雾戏水龙图二、出山子母龙图一、龙图二、战沙龙图二、玩珠龙图三、出水龙图一、穿山龙图一、朙池水心殿御座屏扆画出水金龙、建隆观朔教院殿后有所画龙水二壁
五代	董源	多作山石水龙。然龙虽无以考按其形似之是否，其降升自如、出蛰离、戏珠吟月而自有喜怒变态之状，使人可以遐想。御府藏水石吟龙图一、风雨出蛰龙图二、山洞龙图一、戏龙图二、升龙图一、跨龙图一
五代至宋	李成	兼善画龙水
宋	许道宁	春龙出蛰图二、窠石戏龙图二
宋	高克明	春波吟龙图二
宋	陆瑾	乘龙图一
五代	厉归真	云龙图一
五代	黄筌	春龙出陂图一、出陂龙图一、云龙图一、升龙图一、跃水龙图一、物龙水师孙遇

（续表）

年代	画家	作品
五代	孙遇	善画人物龙水松石
五代	孔嵩	蜀人善画龙
	刘赞	蜀人工画花竹翎毛兼长龙水迹意兼美名播蜀川
五代	吴进、吴怀	江南人善画龙水
宋	曹仁熙	工画水善为惊涛怒浪驰名。江介荀信江南人，工画龙水。真宗朝为翰林待诏。天禧中尝被旨画会灵观御座屏扆看水龙妙绝一时
宋	景焕	尤好画龙
宋	王显道	汉州人，本饼师，后学道专心画龙，格制雄壮。今成都三井观三宝院有画壁存。
宋	侯宗古	本画院人，宣和末罢诸艺局退居于洛。画西京大内大庆殿御屏面，升龙杰作也。
宋	郜七	不知其名，亦画院人。退居于洛，画西京大内大庆殿御屏，皆擎云吐雾，龙比宗古有笔力。
宋	陈用志	宫中别赐屏，上为龙水。
宋	荀信	江南人，真宗时为翰林待诏工，画龙水。天禧中会灵观凝祥池御座扆上写吐雾龙，观其蟠伏蹲踞波涛涌汹使人惊赏，后移入禁中。

注：本表主要依据《宣和画谱》《图画见闻志》《画继》及《宋朝名画评》

从图像逻辑的角度，巡游图与下方的春龙起蛰所构成的场景叙述逻辑以及有限空间中所出现的带有叙事情节的片段化构图方式，与金元以来山西地区遗存的大量寺观神祠壁绘中所出现的有关祈祷、出行以及迎奉的场景颇具延续性。如果说三清古洞主尊神祇以及东西壁数百感应天尊的图像来源，更接近北宋时期宫观壁绘场景的话，以中心柱东外壁面上的这两幅表现招雷致雨的祈雨图，则更多承袭了具有民间和地方社会祈雨与壁绘的形式。

神祇降临与皇帝巡幸具有相似的意义表达，是权力与权威的行为与象征。南山的出巡图有以下图像构成的特征：1 呈现行进式；2 人物呈队列式分布 3 侍者手持仪仗；3.着帝王装的主尊无头光，全身示现于云层中。与车马出行图题材不同的是，此处出巡图并无车马形象。墓葬语境中的车马出行图具有真实的礼仪事件和虚构死后世界的双重功能，作为连接今生与来世的桥梁。以石窟、壁画等为媒介的宗教语境中的出行图，则具备联系世俗与神圣的功能。象征符号是仪式中保留着仪式行为独特属性的最小单元，也是仪式语境中的独特结构的基本单元，神祇降临与皇帝巡幸具有相似的意义表达，是行使权力、树立权威的象征性行为。[①]

以龙祈雨具有绵长的儒家祭祀传统。"春龙起蛰"和"巡游图"更多是民间社会中按照礼记月令和二十四节气的农业社会习俗，进行祈祷的惯用题材。这一叙事性场景在元代以后的北方寺观壁绘中进一步发展，成为有情节、表达时间和过程的仪式性图像。因此三清古洞中，我们既可以看到民间社会传统祈祷所采用的图像系统，又出现三清诸御严格的道教神系，可以看到在道教造像和所代表的宗教空间与民间传统和儒家习俗之间共存的情况。

用于祈祷的龙洞、醮坛等视觉元素同时出现在南山并非偶然，与宋代四川地区频繁遭遇水旱灾害的史实密切相关（表 2），特别集中在绍兴和乾道年间，仅绍兴年间就有 5 起灾情记载，大足所在的潼川府路以及夔州路、梓州路是灾害发生最为频繁的地区。水旱灾害导致饿殍、暴乱，并引发流民迁徙。宋代多通过官员视察、组织祷雨、蠲租、赈灾减赋等形式进行政治干预。

第二节　南山醮坛之形制

一　诗题中的道坛意象

从王象之到留有题记的宋代地方官何格非、张宗彦，一直延续到

---

① 维克多·特纳著、赵玉燕、欧阳敏、徐洪峰译：《象征之林——恩登布人仪式散论》，北京：商务印书馆，2012 年，第 34 页；廖奇琦：《山西汾阳圣母庙圣母殿壁画之赛社仪式分析》，《美术研究》，2014 年第 1 期，第 49—55 页。

民国,龙洞都是南山重要的象征性物质遗迹,由于祈雨灵验而多被传唱,且与醮坛密切关联。南山虽然是一处以道教摩崖造像为主的遗迹,但龙洞应视为古昌州地方信仰和民间祈祷仪式的载体,而非佛、道教。"三清古洞"周边,留有数方文人墨客造访南山有感而撰写的碑文,其中有12处撰写于南宋时期。乾道五年(1169)昌州知州陈伯疆,在南山飨祀故去的父母并留下铭文,刻于古洞右门柱内侧中部:

> 乾道己丑冬日,知昌州事陈伯疆飨先考朝议、先妣开」封恭人馇于南山。以亡弟二修职伯通、三迪功伯庠、亡妇宜人普」慈赵,亡弟妇长安种果山,蒲眉山唐配,子何、侃、傥、侐、侹」仿与献」。

在何诗右侧,嘉定年间邓早阅览完张、何二人的诗歌留有题记,先后收入《金石苑》《大足县志》和《全宋文》中,名为《玉城山醮坛诗跋》。明代杜应芳在《补续全蜀艺文志》中载:

> 玉皇古洞在治南二里,山如屏,有石洞深广丈许,宋知昌州军事何格非与知剑州军事张宗彦及古今题咏皆列洞左。[1]

在12处宋代题记中,有几位官员的唱和诗为遥想宋代南山提供了重要信息,分别是张宗彦、何格非、吕元锡与佚名儒生。

淳熙五年(1178)吕元锡游览南山并作诗题跋:

> 宋吕元锡游南山诗并跋」
> 龙穴潜幽通海潮,璇宫突兀插云霄。三千世界诸天近,百二」山河故国」遥。寥落偏城连谷口,荒凉古寺」倚山腰。溪南可款」门修竹,何况」丁宁已见招」。右淳熙五年六月十二日,挈家登南」山回,少憩南禅,有」书示小子祖吉,晚赴符」孙丞之约。中国吕

---

[1]　杜应芳编:《补续全蜀艺文志》,卷55,《续修四库全书》,第1677册,第1284页。

元锡」。①

后有和诗一首：

> 词源浩渺浙江潮，倒泻银河」落九霄。贝阙琳宫春不老」，蓬莱瀛海路非遥。多」君访古曾携手，愧我劳」生漫折腰。拟欲诛茅成小」隐，山云不薄幸相招」。别来吕公朝议以，台（漫漶）②

其中又以张、何二人的题诗内容最为丰富。诗文刻于古洞左侧外侧石壁上。张诗全文阴刻于一处高约 77 厘米、宽 53 厘米的边框中，刻边框周围饰有花草纹样。陆心源在《宋诗纪事补遗》卷五十七中录入此诗，并增添诗题《玉城山醮坛》，认为是淳熙（1174—1189）年间张氏所作。③ 碑刻中的题诗全文如下：

> 左朝请大夫知剑州军州事张宗彦题」
> 圆坛高峙对苍穹，四望群山万尊峰。
> 东直洞天闻」啸虎，下窥云雾隐神龙。
> 萦纡石磴蹄涔在，幽邃岩」扃薜溜封。
> 凤驾三休犹喘息，高轩千骑更从容。
> 雨」旸丰岁严祈祷，香火人家罄局恭。
> 夹路修篁君子」竹，凝烟苍干大夫松。
> 楼台远近闻羌笛，井邑参差」竞晚春。
> 极目稻塍平浩渺，一川麦陇翠蒙茸。
> 骤来」眼界迷天阔，望久岚光逼座浓。
> 仙驭几时飞汉鸟」，桃源何处问郎踪。
> 谯门三弄传清角，田径诸儿饷」老农。

---

① 重庆大足石刻艺术博物馆编：《大足石刻铭文录》，重庆：重庆出版社，1999 年，第296—297 页。

② 同上书，第 297 页。

③ 《宋诗纪事补遗》卷 57，《续修四库全书》，第 1709 册，第 214 页。

野马日中何勃勃，塞鸿云外过邕邕。

狂飙掣」电多兴夏，暖景晴晖好在冬。

阮氏登山夸蜡屐，谢」公携妓奏金钟。

天工为我除氛祲，诗客邀人淬笔」锋。

吏部游衡神鬼动，非干造物贷龙钟」。①

此方碑右侧，为何格非所作的应和诗：②

左朝请大夫知昌州军州事何格非和」

三级荒坛接昊穹，岌然高峙压诸峰。祈年设醮延」真驭，旱岁飞符起蛰龙。

崎侧断崖人迹绝，萦纡危」磴古苔封。渺茫眼界穷无尽，□落乾坤信有容。

分」野高低连普遂，山川指点极涪恭。横斜下接行商」路，天矫偏多偃盖松。

鸣嘻迥闻孤垒角，丁当时听」夕阳春。风清终日尘难到，地暖非春草自茸。

石水」发茶云脚白，金瓯劝酒泼醅浓。隼旟出郭乘无事」，楚女行云不见踪。

幸忝承宣颂一札，因闲劳苦问」三农。拟题赋咏惭张籍，欲纪经行愧李邕。

陶菊摘」残花尚在，赵衰可爱日方冬。少留待看霜天月，苦」恨催归别寺钟。

老境所存输健笔，新诗无敌敢争」锋。始知天上张公子，的

---

① 重庆大足石刻艺术博物馆编：《大足石刻铭文录》，重庆：重庆出版社，1999年，第298—299页。

② 《铭文录》中认为此诗的镌刻时间为宋宁宗嘉泰元年（1201），重庆大足石刻艺术博物馆编：《大足石刻铭文录》，重庆：重庆出版社，1999年，第298页；李小强据据唱和诗的另一位作者何格非生平，认为此诗的创作年代应为1141年，参见李小强：《大足石刻道教论稿》，重庆：重庆出版社，2016年，第60页。

是商于秀气钟」。

张、何二人有关南山的诗文碑记中着重于以下三个方面的描述：首先，多次出现"坛"这一物象，有"荒坛""圆坛""醮坛"等不同表述；其次，明确出现有关"龙洞"的记载，如"蛰龙""神龙"；再次，使用"飞符""设醮"等具有强烈宗教色彩的词语。题记中多次不同程度提及"龙龛"与"醮坛"，恰好与王象之《舆地纪胜》"昌州景物、碑目"下的记载相对应。

文本与实物常微妙地共生，此处可借用文学中的"互文"概念进行讨论。对研究对象所处的"上下文"的好奇，促使艺术史学者们努力重构实物所在的真实场所与视觉环境，同时考古学和物质文化都提醒艺术史应更加关注实物。南宋绍兴年间至今遗留下来的是若干造像与石碑，缺失的却是不断在歌咏中出现"坛"。已有部分研究者认为，现存"三清古洞"直接对应诗文中的"醮坛"，[①]但并不足以清晰表达诗文意象与实物的关联。

"三清古洞"作为整个南山摩崖石刻群的造像主体和视觉中心，观者从山脚至摩崖造像入口处拾级而上，穿过献殿后，此窟就位于视线正前方的高处，是目力范围内规模最大的一处造像。与其他几处洞窟相比，无论是神祇规模、体量、位置等物质因素，均为最突出一例。诗文中高耸的道坛与灵验的龙洞所构建出的灵验圣像，以及围绕这些物质形式所展开的一系列仪式活动，都成为诗文中反复描述的对象。如何讨论南山"坛"在物质遗存中的位置以及在宗教空间中扮演的角色，就成为一个无法回避的问题，甚至很可能是分解"层累的造成"的南山道教摩崖造像之题眼。

诗文中的"醮坛"，在道教中原本指拜谢神祇的场所。坛场是道教仪式举行的空间场所，而具体到"坛"本身，有斋坛、醮坛等不同称法。坛场应由具有象征性的实物载体结合非物质性的神圣空间而构成。当香火焚烧道士召请神灵开始之时，世俗的空间场所开始转为

---

① 李小强：《大足南山道教醮坛造像》，《中国道教》，2003 第 1 期，第 39—40 页。

暂时的神圣空间。

　　道坛从功能与仪式角度，具有临时性和永久性两种不同属性。塞克勒博物馆收藏了一件绘有清代宫廷设醮时坛场的设彩绢本立轴。在庭院中央由诸多方形条桌垒叠成，形成三层矩形坛，外表罩以幕布。高功法师在最顶层主持科仪。顶层供桌中央放置一牌位，左右两侧有头戴道观参与仪式的道士，台桌前一位身着清朝官服、头戴红缨的官员正跪于台桌之前。在临时搭建的三层坛以外，左右两侧各有五位手持不同乐器，进行科仪音乐演奏的神职人员。这件作品表现的是雍正皇帝的侄子为父亲康复而举行的道教仪式场景，其中悬挂一系列神祇的立轴画像。

　　在南山诗文碑刻中，以宋代昌州地方官何格非对南山道坛的样式和功能描述最为具体："三级荒坛接昊穹，岌然高峙压诸峰。祈年设醮延真驭，旱岁飞符起蛰龙"。张宗彦亦称："圆坛高峙对苍穹"。诗文中有强烈的道教色彩，从以上词句中可概括曾用于祈雨仪式南山"道坛"所应有的物质特征：坛分三级、体量巨大高耸、圆坛。

　　如果将南山三清古洞的形制与以上道坛特征相互对照，不难发现，"三清古洞"实际并不符合诗文中所描述的坛之形制。首先，龛窟更接近于佛教石窟中的中心塔柱样式，没有出现明显的多层阶梯状布局，与文本中"三级荒坛"具体的形态描述相距甚远。其次，诗文中明确提及圆坛，但三清古洞平面布局呈长方形，内部造像也雕刻在方形柱之上，中心柱底座等主要结构均未出现圆形相关的视觉因素。因此，南山"醮坛"与万神殿般的三清古洞及南山这处道教造像空间究竟有何关联，如何理解诗文中提及的道坛形象与道教空间、仪式的关系？

　　首先需要梳理下道教道坛的物质形式。最早儒家郊祀中采用夯土筑台的坛，并在此酬神祭祖。《书经》中的"三坛"是太王、王季和文王祭天的地方。有明确道坛记载的可追溯至《魏书·释老志》，北魏太武帝祭嵩岳、请寇谦之到京城设天师道场以显扬新法的情形：

　　　　遂起天师道场于京城之东南，重坛五层，遵其新经之制，给道士百二十人衣食,斋肃祈请,六时礼拜,月设厨会数千人。①

但皇帝设道场所建的五层重坛并非通常规制。南朝时期灵宝斋坛多为上、下两层,法像天地,露天筑成,三界众真,会于一坛之上。这一时期道坛内并未设置道像,道士通过存思冥想得见神明。

晚唐杜光庭对科仪的整理,使得三层坛成为规制。然三层坛的出现当不晚于初唐。卢照邻(约 680—695)曾记述益州至真观内,有立石坛三级,周回一百步。② 中晚唐五代时期,以《金箓斋启坛仪》为代表,明确出现外坛、中坛与内坛构成的三级方坛之规格:

> 外坛广四丈五尺,高二尺。中坛广三丈三尺,高二尺。内坛广二丈四尺,高二尺。方坛共高六尺,法坤之数也。③

唐代宫观主殿多为天尊殿,宋之后多建三清殿,在主殿之前会建立露天道坛。④ 南宋西蜀道士吕元素在《道门定制》卷八中记载了唐代天师张万福游览汉江时所见的道坛样式:采用土木结构,竖立带有雕刻或彩画的篆榜,饰有莲花与芝草,顶端置有火珠。榜额由龙凤擎捧,或装饰金铜莲花。需要注意的是,这里明确提到,只有举行仪式时,才对坛场进行布置安排,一旦醮仪结束,就要将所有法物和装饰撤去,放置到一个专门的箱子中。

随着晚唐以来道教科仪门类的逐渐丰富,道坛不仅露天建坛,还出现室内建坛。《上清灵宝济度大成金书》卷 25 载:

> 古者斋坛两层,法天象地之义,露天筑成。自后杜广成先生仪范建坛三级,乃发天地人三才之理。如露天筑成,恐风雨不

---

① 《魏书·释老志》志 8,北京:中华书局,第 3053 页。

② 卢照邻《益州至真观主黎君碑》,收入龙显昭、黄海德编:《巴蜀道教碑文集成》,成都:四川大学出版社,1997,第 16 页。

③ 《金箓斋启坛仪》,《道藏》第 9 册,第 67 页。

④ 《洞玄灵宝三洞奉道科戒营始》,《道藏》,第 32 册,第 744—745 页。

常,有失咸庠序之礼,方就屋下为之。[①]

三天、三坛与三才的关系为:

> 建三天总炁坛,上层法天,中层象人,下层体地。[②]

《灵宝无量度人上经大法》载:

> 黄篆建立坛墠,法天象地,周布星躔,飞空步虚,旋纲蹑纪,
> 或露于三光之下,或建于厦屋之间,或珠宫素已筑成,或私室临
> 事创立,必在规程合格,制度不差,是以先代宗师无不注意。[③]

文中特别提及"坛"一定要法相天地,星曜列布。虽然宋代普遍认为露天设坛更好,但是道门经文也强调,相对于地点,道教更加注重整个科仪的程序性和制度性,以及所抱持的诚心。心诚的原因是更易接近神明。按照杜光庭的看法,在设坛之时,对坛的尺寸规格一定要严加把控,必须详审裁木垒土,依法为之。

宫观中建坛,多居于建筑轴线上的大殿前方,在轴线之上还会依次布置山门、天尊殿、法堂等,道坛则是宫观建筑和景观的重要构成部分。当然由于不同的坛醮级别与需求,亦有建五层或九层坛的记录,但均为特殊祈请目的或帝王护教所致,非普遍规制。

南山所出现的八出形坛的意象有实物依据。成都青羊宫的轴线中央、三清大殿前和混元殿之间的八卦亭,目前为重檐八角攒尖顶,亭高约 20 米、宽约 17 米,檐下有八根蟠龙立柱的样式。整体建筑可分为三个部分,亭座石台基呈四方形,亭身呈圆形;两重飞檐鸱吻,四

---

① 《上清灵宝济度大成金书》卷25,哈佛大学汉和图书馆藏,明宣德七年刻本;又见陈耀庭:《道教礼仪》,北京:宗教文化出版社,2003年,第182页。

② 《灵宝无量度人上经大法》卷33,《道藏》,第3册,第792页;王契真《上清灵宝大法》,《道藏》,第30册,第758页。

③ 《灵宝无量度人上经大法》卷47,《道藏》,第3册,第873页。

周有龟纹隔门和云花镂窗,南向正门刻有十二属相太极图。石板栏杆上两层均为八角形。双排擎檐石柱共 16 根,皆由巨石凿成。高约 4.8 米,直径约 50 厘米。其中外檐石柱有八根蟠龙石柱,原本是一处上圆下方中为八出形坛,曾用于祈雨。① 这并非特例。郝大通(1149—1212)《太古集》卷三曾对"三才象三坛"图(图 3-9)进行过图解:上坛为圆形,中坛为八出形,下坛为方形。最上层和最底层分别以圆形和方形"法相天地"。其中顶层圆坛以天干标识时序,底层方坛以地支作为标示。与《道藏》图版中圆坛法天、方形相地不同的是,天地之间的第二层坛为八出形而非方坛,并以"后天八卦"的序列排列。② 因后天八卦又称文王八卦,以乾为父,坤为母,震为长男,巽为长女,坎为中男,离为中女,艮为少男,兑为少女,因此中层八出形可以用以象征三才中的"人"。

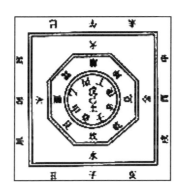

图 3-9 三才象三坛之回图③

南山诗文中还出现"圆坛"之表述。道坛中出现圆坛的记载并不多。④ 编刊于绍兴二十四至二十七年间的《能改斋漫录》卷十二中

---

① 对青羊宫相关建筑的讨论,参见淘金、喻晓:《明堂式道教建筑初探——明世宗"神王"思维的物质载体》,《故宫学刊》,2016 年第 17 辑,第 177—198 页。

② 《太古集》卷 3,《道藏》,第 25 册,第 878—879 页。

③ 采自郝大通:《太古集》卷 3,《道藏》,第 25 册,第 878 页。

④ 有从事道教科仪的仪式专家认为,无论何种斋坛,上层皆为圆形,参见张泽洪:《道教斋醮符咒、仪式》,成都:巴蜀书社 1999,第 79—81 页。

记载:

> 圆坛事天,古今通制,高八十一尺,数至极也。①

"事天"之圆坛多出现在儒家祭祀系统中,且古已有自。《后汉书·郊祀志》中记载建武二年(26 年)郊祀仪式中,以八陛双层圆坛祭天。② 建武三十年(54 年)群臣商议封禅泰山之事宜时,也在圆坛之上放置玉玺等重物。③《新唐书》中亦记载以圆坛及五色土用以封禅。④ 宋徽宗曾在林灵素的建议下,铸造十二口镀金钟,用以顺应十二律月安置在宝箓宫。随后林灵素又建议新筑一百五十尺的高台用以祭天。但很快就遭到反对:

> 圆坛事天,古今通制,高八十一尺,数之极也,岂可别筑台以祭,数又加倍哉? 徒劳人渎神恐非天意。⑤

来自儒家祭祀传统的原坛与道教道坛样式结合,出现南山诗文中隐藏的带有圆形样式的道坛。这一道坛样式应名为"三天总炁坛",王契真曾记载具体样式,其设置目的是用以解禳九土灾祥:

> 上层圆形,径九尺,高三尺,中间做八角形面,从横相去在一丈二尺四寸之内,高约二尺四寸。下层方面,阔一丈五尺五寸,高三尺六寸。⑥

通过以上道坛样式的梳理,可知道坛主要有以下几种:1. 两层坛;

---

① 吴曾:《能改斋漫录》卷 12,上海:上海古籍出版社,1979 年,第 356 页。
② 范晔:《后汉书》志 7,第 3159—3160 页。
③ 同上书,第 3164 页。
④ 欧阳修、宋祁等:《新唐书》卷 14,志 4,第 350 页。
⑤ 黄以周:《续资治通鉴长编拾补》卷 37,第 1242 页。
⑥ 王契真:《上清灵宝大法》卷 12,《道藏》,第 30 册,第 758 页。

2. 三层及以上方坛;3. 三天总炁八出形坛(图3－10)。南山诗文中出现的应为最后一种。三清古洞为代表的神像空间与三天总炁八出形坛之间的关系,涉及宋代斋醮两种不同仪式载体和空间的讨论。

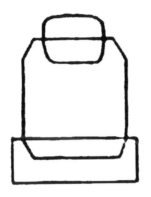

图3－10　三天总炁坛剖面示意图①

《灵宝领教济度金书》载:

> 醮坛即醮筵也。中间高,设三清座前,留数尺许,通人行。又设七御座,每位高牌曲几,香花灯烛,供养如法。②

在道教灵宝科仪所设醮坛之中,最重要的是坛外北壁和左右壁陈设图。仪式活动中,道坛仅为一部分,具体坛场的布置可分为坛上陈设、坛外(威仪、北壁及左右)以及坛前(六幕)几个主要部分。尊神以三清六御或者是九皇为主列于醮坛正北。东西两侧分别排列(图3－11,3—12)。

南山三清古洞毋庸置疑是道场神圣空间的一部分,是请神降临的偶像表现与崇拜的对象,与道教科仪中道场北侧设置高座、供养三清诸御、设置圣像、左右两壁设两班圣像及道坛守护神的经典

---

① 采自《灵宝无量度人上经大法》卷36,《道藏》,第3册,第810页。

② 《灵宝领教济度金书》卷1,《道藏》,第7册,第28页。

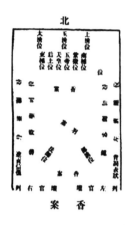

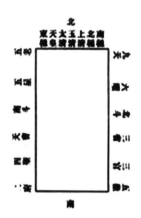

图 3-11 三界醮坛图①   图 3-12 《灵宝领教济度
                                 金书》坛外威仪图②

规制相仿。③ 宋代以后增设九祖位,与斋坛遥遥相对,应是宋代多样
醮仪展开的空间之一。但根据诗文中对道坛意象的描述,在宋代绍
兴至淳熙年间,南山这处地方圣迹还存在一个三层的八出形斋坛。
在昌州旱灾集中之时,南山举行的大规模祈祷水旱的仪式就以道坛
为中心展开。对观看仪式的民众和参与祈祷的地方官员来说,能否
感格天地、灵验降雨的,其重要因素之一在于坛的灵性。南山石刻诗
文题记中多次出现"醮坛"。三清古洞应为宋代醮法逐渐增多后,在
道教斋坛之外,所设置的道场空间。而诸多处于公共空间的章表活
动,则仍旧沿袭在三层斋坛之上举行的古法。因此南山摩崖造像在
南宋绍兴年间应是一处难得的斋坛与道场合二为一的道教空间。虽
然斋坛今已不存,但仍然出现在南宋时期地方官员的唱诵与表彰中,
进而成为王象之笔下昌州的胜迹之一。虽然宋代斋坛实物不存,不
过围绕斋坛举行的道教斋醮仪式仍旧可以通过宋元时期的壁画图像
进行想象。

① 采自《灵宝领教济度金书》卷1,《道藏》,第7册,第28页。
② 同上书,第27—28页。
③ 《上清灵宝济度大成金书》卷25,胡道静编:《藏外道书》,第16册,成都:巴蜀书
社,1992年,第18页。

北宋末王希孟在《千里江山图》中（图 3 - 13），于崇山峻岭中表现了一处道教宫观和石坛。三层方形石坛立于较为靠前的视野中，于危崖平台中绘制矩形素面坛，周围有高耸直立的八棵树植，坛前绘有仙鹤两只。这种以树木环绕石坛的样式几乎成为一种图绘母题，出现在后人的山水绘画中。[1] 此处道坛露天建于危崖之处，宫观主体建筑则深藏于群山中，从中可以发现宋代斋坛与宫观之间在建造上的方位与空间关系。

图 3 - 13　王希孟《千里江山图》卷　中出现的三层道坛
绢本设色　51×1191 厘米　故宫博物院

永乐宫纯阳殿南墙稍间有一幅道坛图（图 3 - 14）。右上方墨书题写"神化临晋瓜皮诗"。画面最上方绘有墙门城墙，表明宫观处于城外。城西山巅之上有一庙门，有人正手指其内。隐于山林间的宫观廊庑之下有数人呈忙碌状：或挟经卷，或捧画轴，或摆放茶果供物，表现准备斋供的繁忙景象。画面中心为五层方形斋坛，左右两侧饰以经幡羽扇，并用围栏隔断醮坛内外圣俗空间。斋坛前方设置有长形条案，中央摆放有鼎状器，外侧有铜器。斋坛上数第二层正面摆放五个牌位，牌位前各供有一香炉。第四层摆放各种供品盘盏。参与

---

① 　陶金：《习主席身后的玉洞仙源图》，《澎湃新闻》，网络截取时间：2017 年 11 月 13 日，16：19。

仪式的道士共有十一位,其中高功法师正揖首唱颂,左右两侧各有三位手持乐器或笏板、戴冠着道袍的仪式人员,高功法师身后有两位着道袍持笏跪拜的人物。案桌左右两侧各有一位道士立像。① 所有斋乐仪式与空间,最终降示显现的是位于斋坛之巅的元始天尊。右侧三位奏乐道士旁边,描绘了吕洞宾衣衫不整误入斋会并被人驱赶的场面。在斋坛及道士周边围坐的,应为此次参加斋会的供养人和信众。此次斋会以徽宗设千日斋为背景,表现吕洞宾在此显化的场景。

图 3-14 永乐宫纯阳殿西壁醮坛图②

① 山西旅游景区志丛书编委会:《永乐宫志》,太原:山西人民出版社,2006 年,第 58 页。文中更为详细描述道教斋会空间及人物形象,如奏乐道士"各拿笛、锣、笏、笙、鼓乐器,正在奏乐。上面一组五人,手举麈扇旗旌。松后洞门半启,垂瀑淙然。"

② 底图采自王卉娟:《元代永乐宫纯阳殿建筑壁画线描:楼阁建筑的绘制方法》,北京:文物出版社,2013 年,第 101 页。

　　类似围绕三层道坛展开的科仪活动，一直延续到明清。在清代宫廷画家焦秉真所绘的道教仪式主题的作品中（图 3-15），可见整个科仪活动围绕临时搭建的三层道坛展开，左右两侧各有五位道教礼乐神职人员。道坛正面，每层设置两块幕布，三层道坛自上而下分别为深蓝、浅蓝和朱红六块幕。道坛最上层有身着红色道袍的高功法师正在沟通天地，身后有一侍者手持深色伞盖，中央有供养人虔诚祈愿，第三层道坛的供桌上摆放龙牌。这样场景式的三层道坛图，为南山诗文中的三层道坛，提供了更具视觉性的场景参照。

图 3-15　清代皇宫中举行
道教仪式的道坛①

　　南山这处私人赞助的道教空间，由于祈祷仪式所立的斋坛很有可能以土木结构为主，随着时间流逝以及南山作为地方性道教信仰

---

　　①　焦秉真绘，华盛顿赛克勒博物馆藏，采自 Stephen Little. Kristofer Schipper. Wu Hung. Nancy Steinhardt. ed. *Taoism and the Arts of China*，Berkely：University of California Press. 2000. p. 191.

空间的衰落,绍兴年间之后成为"荒坛"。在道教醮仪中,有"散坛仪"表示科仪的结束。《灵宝领教济度金书》在卷三十八、五十八、八十、九十、一百四十五、一百九十三、二百一十六、二百二十九中均专设"散坛仪",散坛仪出现在黄箓斋、炼度醮仪、青玄斋、七曜斋、璇玑斋、雷霆斋等科仪目类里。整场科仪的完成也以散坛为结束,所谓"散坛罢醮"。晚唐之后,醮谢散坛仪式越发烦琐,吕元素就曾对此进行批判,认为繁复的设乐供神程序,会令科仪执事者心力交瘁,反而影响了与天神的沟通,无法彰显至诚:

> 今蜀中醮事,自启坛至三时,或九时行道,皆行酌献。职事者已尽瘁劳苦,至设醮散坛之时,方是降真三献、天人交感之际,往往疲倦,不能尽诚。曷若三日,或一日行道,专是奉事,香火斋心,养神求所,以致感通之实,宣力效勤于设醮之时,岂不佳哉。①

二 斋醮之变的时代

围绕"坛"举行的道教仪式有斋、醮之分,有学者将宋代称之为"斋醮之变"的时代。② 柳存仁较早考察了五代到南宋时期道教斋醮的源流与特征。③ 对于道坛与仪式活动的关系,王承文、吕鹏志、张泽洪、松元荣一、山田利明、周西波、小林正美等均从各自的角度进行过讨论。④ 丸山宏通过台南地区现存的道教科仪实践并结合文本分

---

① 《道门定制》卷1,《道藏》,第31册,第656页。

② 卢国龙:《道教哲学》,华夏出版社,1998年,第88—132页;张泽洪:《论宋朝道教斋醮科仪的时代特点》;卢国龙、汪桂平:《道教科仪研究》,北京:方志出版社,2009年,第100—102页;张超然:《斋醮坛场与仪式变迁:以道教朝科为中心的讨论》,《华人宗教研究》,2014年第2期,第1—41页。

③ 柳存仁:《五代到南宋时的道教斋醮》,《明报月刊》,第241—242期,1986年。

④ 张泽洪:《步罡踏斗:道教祭礼仪式》,成都:四川人民出版社,1994年;张泽洪:《道教斋醮科仪研究》,成都:巴蜀书社,1999年,第6—13页;山田利明:《六朝道教仪礼の研究》,东京:东方书店,1999年,第173—288页;王承文:《敦煌古灵宝经与晋唐道教》,北京:中华书局,2002;周西波:《杜光庭道教仪范之研究》,台北:新文丰出版社,2003年;小林正美:《道教の斋法仪礼の原型の形成——指教斋法の成立と构造》《灵宝斋法の成立と展开》,收入小林正美编:《道教の斋法仪礼の思想史的研究》,知泉书馆,2006年,(转下页注)

析,认为早期天师道及古灵宝斋坛均不设神像,唐代才出现了象征性排位,而台南地区的斋醮坛场与古醮坛存在密切的关联。①施舟人(Kristofer M. Schipper)认为三层道坛是三洞经书与山岳的象征。②劳格文(John Lagerway)通过对台南地区的田野考察及科仪活动,结合北周《无上秘要》和宋代保存的坛图样式,寻找现代科仪实践与传统道坛在装饰与空间上的关联。特别是通过建筑、空间布局、物质摆放等物质性,分析台南地区的道教科仪时道坛中的象征性因素,认为登坛仪式就像道士入山,台南现在仍旧使用的灵宝斋坛与南宋时期的类型一脉相承,此观点与丸山宏相仿。③ 王承文基于对晋唐古灵宝经的研究,认为宋代之后斋法逐渐被醮法取代,以设立神坛为主的醮坛逐渐取代晋唐时期的灵宝斋坛。④ 具体到道教仪式与造像和图像的关系,张超然基于南朝陆修静等制定的科仪传统,结合蒋叔舆、金允中所提倡的"古法",梳理了从早期天师道、南朝灵宝斋坛至宋明以来的斋醮坛场与仪式的变迁,指出直到晚唐时期,仪式斋坛中都没有出现神像,直到宋代,特别是南宋之后生成的类似"六幕"等坛场设置,神像才以"悬像"的形式出现。⑤ 黄士珊着重于从视觉和物质文

(接上页注)第 39—64、65—95 页;松元浩一:《宋代の道教と民间信仰》,东京:汲古书院,2006 年,第 139—223 页;吕鹏志:《唐前道教仪式史纲》,北京:中华书局,2008 年;吕鹏志:《天师道旨教斋考(上篇)》,《历史语言研究所集刊》,2009 年第 3 辑,第 355—402 页;吕鹏志:《天师道旨教斋考(下篇)》,《历史语言研究所集刊》,2009 年第 4 辑,第 507—553 页;吕鹏志:《灵宝六斋考》,《文史》,2011 年第 3 辑,第 85—125 页;松元浩一:《宋代の道教と民间信仰》,东京:汲古书院,2006 年,第 139—223 页。

　① 丸山宏:《道坛と神々の历史——现代台南道教の礼仪空间の成立》,《道教仪礼文书の历史的研究》,汲古书院,2004 年,第 211—248 页。

　② Kristofer M. Schipper. *The Taoist Body*. Karen C. Duval. trans. Berkely: University of California Press. pp. 91—93.

　③ John Lagerway. *Taoist Ritual in Chinese Society and History*, Macmillan Publishing Company,1987,pp. 26—48. 丸山宏:《道坛と神画》,收入齋藤龍一・鈴木健郎・土屋昌明共编:《道教美术の可能性》,東京:勉誠出版社,2010 年,第 132—146 页。

　④ 王承文:《敦煌古灵宝经与晋唐道教》,北京:中华书局,2003 年,第 515 页。

　⑤ 张超然:《斋醮坛场与仪式变迁:以道教朝科为中心的讨论》,《华人宗教研究》,2014 年第 4 期,第 1—14 页;张超然:《宿启与署职——唐宋灵宝斋法所面临的困境及其因应之道》,方立天主编《宗教研究·2012》,宗教文化出版社,2013 年,第 178—（转下页注）

化的角度,以"坛"为中心,通过使用《道藏》中的文本与图像材料,讨论宋代道教仪式的空间性和物质性。其中有关神圣空间的道坛设计,宋代存在从多层中心式道坛到分离式、多幕道场的转变,从道教物质文化的角度对这一议题做推进。[①]

宋代蒋叔舆(1162—1223)在《无上黄箓大斋立成仪》卷 2、38—39 中主要记录坛场布置,其中提及:

> 今世醮法遍区宇,而斋法几于影迹绝。[②]

醮法与斋法在蒋叔舆这位文人道士看来并非合二为一,古法为斋,近法为醮,且斋醮有别。蒋叔舆作为宋代崇古派的道教人士,对越发流行的醮法以及斋醮融合之现象颇有意见。他所认为的古之斋法应上溯至陆修静时期。陆修静在整理三洞经书时候,编撰了大量道教科仪,形成"九斋十二法",使得道教科仪进入到更为规范化、仪式化的发展阶段,保存至今的主要有三部著作:《太上洞玄灵宝授度仪》《洞玄灵宝斋说光烛戒罚灯祝愿仪》《灵宝道士自修盟真斋立成仪》。以上经书所涉及的科仪大多属于济度之列,"九斋十二法"中又以灵宝斋覆盖的门类最为广泛。道教类书北周《无上秘要》在"斋戒品"中强调:

> 斋法之大者,莫先太上灵宝斋也。[③]

葛兆光曾以从"六天"到"三天"为线索,对六朝至隋唐时期的道教斋醮仪式自我清整的过程及原因做讨论,讨论道教斋醮仪式如何

(接上页注)194 页;《唐宋道教斋仪中的"礼师存念"及其源流考论——兼论道教斋坛图像的运用》,《清华学报》新 45 卷第 3 期,2015 年,第 381—413 页。

① 黄士珊:《从〈道藏〉的"图"谈宋代道教仪式的空间性与物质性》,《艺术史研究》第十三辑,2011 年,第 45—75 页。

② 《无上黄箓大斋立成仪》,《道藏》,第 9 册,第 378 页。

③ 《中华道藏》,第 43 册,北京:华夏出版社,2004 年,第 712 页。

从巫觋与民间祭祀混合在一起,到道教内部戒律与科仪的发展完善,将过去巫觋成分渐次去除的过程。文中作者特别提出道教斋醮仪式在清整过程中,在两个主要方面做出更新:一是斋仪目的超出对忏谢脱罪等问题的具体诉求,把"澡雪精神、疏钥心灵"作为终极目的;其次是减少巫觋的内容环节。通过这两方面的改革,使得道教斋仪得以屈服于士大夫阶层的口味。在这一过程中,来自天师道的两项重要斋仪逐渐淡出,分别是涂炭斋和过度仪。作者尤为细致以涂炭斋为例,讨论外部世俗力量及道教内部双重重压下,隋唐斋醮仪式越来越"文明"的屈服史。①

　　在道教内部不断建构的过程中,不断完善经典戒律、整理经书、翻刻道经是一项重要工作。唐玄宗时期就组织整理遗存的经典,道教经书的获得与道教传道的合法性与权威性结合到一起。仁寿牛角寨唐代天宝八年(749)的《南竺观记》,由三洞道士杨行进、三洞女道士杨正真、杨正观共同供养,详细刊载当时道教典籍的分类和留存数目,②通过这一形式,可彰显其所在的宫观合法性与权威性,若能进一步获得帝王护教,则更为幸运。宋仁宗、宋英宗之时,四川道士姚若谷、朱知善等人曾到处搜求道教经典,并且远赴京城求赐官方刊刻的官本道书,先后获得六千余卷,并复制五套,分别藏于四川不同地区的五处道观。金兵南下之后,其中五处道观中复制的经书都保存完好,未受损坏。相较于其他地区,蜀地较好地传播和保存了道教传统和前代文献。③ 而晚唐以来地方割据与战争的出现,令大量经书与典籍流散、遗失。

---

　　① 葛兆光:《从"六天"到"三天":六朝到隋唐道教斋醮仪式的再研究》,载氏著:《屈服史及其他:六朝隋唐道教的思想史研究》,北京:生活·读书·新知三联书店,2003 年,第 29—56 页。

　　② 龙显昭、黄海德主编:《巴蜀道教碑文集成》,成都:四川大学出版社,1997 年,第 29—30 页;胡文和:《中国道教石刻艺术史(下册)》,北京:高等教育出版社,2004 年;黄海德:《唐代道教"三宝窟"与〈南竺观记〉》,《中国道教》,2011 年第 3 期,第 15—20 页。

　　③ 有关四川地区道教文献的具体保存状况,见《巴蜀道教碑文集成》中的前言部分,龙显昭、黄海德编:《巴蜀道教碑文集成》,成都:四川大学出版社,1997 年。

消灾灭祸，请福求恩，当先修灵宝斋。……以简便为适当，以古法为难行。则自张万福天师以来，尝病之矣。今世醮法遍区宇而斋法几于影灭迹绝。间有举行之士，又复不师古始。……夫三洞诸斋，莫不以神经为本、忏谢为先，登坛启祝，罔非龙汉旧文，依文而行，是为斋法。……十部妙经，灵宝诸斋之祖。建斋之时，施镇坛内。供养尊礼，所不可阙……然十部妙经，世亦罕备。……傥使经教流布世间，则斋法庶不泯没矣。①

逐渐清整且影响广泛的灵宝斋到宋代又出现式微之势。留用光传授、南宋末期蒋叔舆编撰而成的《无上黄箓大斋立成仪》卷一中，论及斋法的重要性：从祈求功德的角度，最适合修建灵宝斋法，但在北宋末，罕见有人修行此法。五代之前斋法地位仍旧居于首位，宋代之后醮法更为兴盛。二者的主要差别在于醮坛依神位而设立。唐代醮仪主要是在斋法之后用于谢恩酬神，酬谢的也多为专门负责祈禳的神祇而非主神。宋代之后醮谢神祇多以三清玉皇为主。② 宋代几部重要的灵宝系统下的道教科仪经典中，13 世纪初成书的《灵宝无量度人上经大法》由于涉及度人思想和仪式，在宋代尤为重要。王契真的《上清灵宝大法》与其密切相关，前书中的很多章节在后书中都有迹可循，也是南宋末蒋叔舆编撰《无上黄箓大斋立成仪》的重要参照本。③ 以上几部宋代重要的经典，均希望延续杜光庭的工作，通过对道教科仪的重新编修，引领宗教正统。至南宋，由于密教咒法和仪式的进一步普及，道教中天心正法、神霄雷法等对密教咒术积极吸收，导致道教斋醮科仪系统的重要变化，自南宋、元以后编撰的道教科仪中，大量出现梵文音译的词语用以唱诵，是为南宋之前道教经典中未曾出现之样式，特别在元明时期以《道法会元》为代表的雷法经典中尤为突出。

---

① 《无上黄箓斋大斋立成仪》卷 1，《道藏》，第 25 册，第 166 页。

② 卢国龙、汪桂平著：《道教科仪研究》，北京：方志出版社，2009 年，第 7—8 页。

③ Franciscus Verellen, Kristofer Schipper. *The Taoist Canon. A Historical Companion to the Daozang*. Chicago: University of Chicago Press. 2005. Vol. 2. pp. 1021—1032.

斋、醮祭祀祈祷等仪式,常统称为法事或道场。宋代已多出现斋、醮并置出现的情况,儒家血食祭祀活动仍旧在道教科仪实践中被动加入。对此《无上黄箓大斋立成仪》卷十六中颇有批判:

> 烧香行道,忏罪谢愆,则谓之斋;延真降圣,乞恩请福,则谓之醮。斋、醮仪轨不得而同。今云光乃谓斋直朝真,与国家禋祀礼同,而香蔬肴醴有异,是全不识斋法本末源流矣,乌足怪哉。①

宋代编撰而成的《上清灵宝大法》和《上清灵宝济度大成金书》中,出现"四十二醮""五品八十九种醮",醮法之丰富已非杜光庭时代的"九斋十二法"可比。《灵宝领教济度金书》中出现诸多有关"醮坛"的文本记述和图式说明。最典型的是在卷一《三界醮坛图》中,详示醮坛空间的神祇列布,②甚至台南地区现今使用的灵宝斋坛活动依旧可与三界醮坛图相匹配。在整部经书中,醮坛出现在不同的十六卷本中,相关仪式包括:分灯仪(卷七十三)、炼度仪(卷八十一)、谢恩醮仪(卷八十三)、黄箓醮仪(卷一百七十)、三官醮(卷一百七十一)、祈嗣醮仪(卷二百三十八)、祈晴设醮仪(卷二百四十九)等。《无上黄箓大斋立成仪》中,有四处提及醮坛。特别是卷二十二中,在冗长的宣词之后,需要在醮坛前礼拜,相关仪式属于"请恩设醮仪"名目之下,并言:

> 请恩设醮仪,古仪不载。唐先生有之,今随有焉。③

---

① 在此卷"宿启"部仪式中,清晰罗列出此卷本的源流:东晋庐山三洞法师陆修靖撰、唐清都三洞法师张万福补正、上清三洞法师李景祈集定、三洞法师留用光传授、太上执法仙士蒋叔舆编次;另见 Franciscus Verellen. Kristofer Schipper. *The Taoist Canon. A Historical Companion to the Daozang.* Chicago:University of Chicago Press. 2005. Vol. 2. p. 1014.

② 《灵宝领教济度金书》卷1,《道藏》,第7册,第28页。

③ 《无上黄箓大斋立成仪》卷22,《道藏》,第9册,第514页。

谢恩醮仪源自晚唐五代杜光庭。如果想要遵从古制，应沿袭晋唐旧法。蒋叔舆也在其中表达了对杜光庭增设部分的批判。在蒋叔舆看来，杜氏重编的醮仪已属新制，而非晋唐之古法。

杜光庭收集编撰的醮仪，对两宋时期的影响很大。流传至今的主要有《太上三五正一盟成阅箓醮仪》《太上正一阅箓仪》《洞神三皇七十二君斋方忏仪》《太上洞神太元河图三元仰谢仪》《太上三洞传授道德经紫虚箓拜表仪》、八十七卷本的《道门科范大全集》等。署名杜光庭重新编纂的科仪本中"斋坛"记载偏少，而更多出现"醮仪"或"醮坛"，涉及生辰、安宅等各方面。晚唐由于道教科仪覆盖得越发广泛的面向，醮仪种类愈发多样。至宋代经仲励之手重编的《道门科范大全集》中，集录有卷六《忏禳疾病仪晚朝行道》、卷九《消灾星曜仪散坛行道》、卷四十二《安宅解犯仪散坛行道》、卷五六《北斗延生捍卫厄仪静夜行道》等有关醮坛的记载。同时涉及"醮仪"的记载类目也较丰富，如生日本命仪、忏禳疾病仪、消灾星曜仪、消灾道场仪、灵宝太一祈雨醮仪、祈求雨雪道场仪、文昌注禄拜章道场仪、祈嗣拜章大醮仪、誓火禳灾说戒仪、安宅解犯仪、解禳星运仪、南北二斗同坛延生醮仪、北斗延生清醮仪、北斗延生捍厄仪、北斗延生忏灯仪、北斗延生醮说戒仪、北斗延生道场仪、真武灵应大醮仪、道士修真谢罪仪、上清升化仙度迁神道场仪、东岳济度拜章大醮仪、灵宝崇神大醮仪等，基本涵盖各个阶层所需的重要生命节点。其中又以延生和消灾为最大宗。类似醮仪的记载还较为集中保存在《上清灵宝大法》《灵宝领教济度金书》《无上黄箓大斋立成仪》等晚唐以后的部分经典中，醮仪在宗教实践中大范围地使用与普及，则在宋代。

随着仪式类目的增加和召请神灵队伍的扩充，旧有斋坛无充足空间容纳日益增加的仪式活动和神灵体系，因此宋代道教仪式空间中增添堂、幕和位，为神祇和科仪项目提供更多的空间。① 南山

---

① 丸山宏：《道壇と神々の歴史——現代台南道教の禮儀空間の成立》，《道教儀禮文書の歴史的研究》，汲古書院，2004年，第229页；黄士珊：《从〈道藏〉的"图"谈宋代道教仪式的空间性与物质性》，《艺术史研究》第十三辑，2011年，第48页。

在绍兴年间即为斋坛与醮坛合而为一的宗教空间。充满宋代官方整饬与道教朝科对象的造像神祇,是举行各类祈请醮仪的空间,而残留在唱和诗歌中有着具体形象的三级坛,则是斋仪举行的空间载体,造像与斋坛、永久性与临时性共同构成了南山这处宋代斋醮合一的神圣空间。以道教斋醮仪式为核心的祈祷活动使得原本日常的山林空间,通过道坛与祈请的仪式活动,将南山的日常转化为非常与狂欢。

第三节 士绅的选择与记忆

一 士冠并西眉:赞助人何正言与他的时代

南山摩崖造像的赞助人何正言,将私产舍予道观,用来开窟造像,成为绍兴年间地方社会的一处宗教景观。三清洞之右外壁有以下碑文内容:"昌邻于合、旧号东州道院。文物彬彬,久捻闻见";洞外亦留有"庵主王道琼手植醮坛"题记,说明摩崖造像在南宋曾隶属于道士掌管的道庵。

大足宋代不少摩崖造像均以庵、堂或岩命名,如舒成岩、佛耳岩等,庵与岩在宋代多属于私人创建的宗教空间,等级、规模都较小。宋代虽然严格控制寺观的创建,但非官方的寺观数量仍旧很大。唐代剑对宋代的宫观创建、土地与赋役制度做过较为清晰的论述,从宗教制度层面做出过较为系统的论述。① 部分私创道庵、庵堂亦有可能通过获得官方赐额而完成从私有到官方赐额的转变。最著名的茅山乾元观,其前身即为朱自英所主持的集虚庵,在北宋天圣三年(1025)得到赐额升级为宫观。未经赐额的庵堂容纳道释等宗教人员入住,其他信众亦可尊崇各自所信用的三教神祇。卢国龙、汪桂平在谈及全真道创立之后的出家住庵制度时发现,北宋中期之后由于民众信仰和官僚守祖坟的需要,部分庵堂从寺观中独立出来,成为僧道

---

① 唐代剑:《宋代道教管理制度研究》,北京:线装书局。2003 年。

居住和从事宗教活动以及祭祖等多重功能合一的场所。① 何正言将位于南山的私产予道门，开窟造像、供养神祇，并由专门的庵主负责管理日常工作。能将私宅田产舍予道观的赞助者，多为地方士绅及富民阶层。如果想要创建寺观却又无赐额，比较通常的做法是先建立级别较低的庵、堂、岩或祠，之后经过向县、州、府、路层层奏报、审批后方有可能获得赐额，升级为常规宫观。

真宗大中祥符年间曾鼓励百姓将田产舍予道观，除了个人信仰之外，将田产舍予寺观的百姓还可免纳役钱。② 游彪在考察宋代免役法时已注意到，"凡是供奉赵宋历代皇帝的寺院、道观不管拥有多少财产，都不出助役钱。"③唐代剑指出宋代供奉有神御的道观享有特殊优待，如景灵宫每年会赐紫衣帖二道。④ 真德秀记载的《全行可度牒田记》中，记载一位出家为道士，并将祖业与房屋全部舍予道观的故事，体现了宋人舍地予道观的真实想法：

> 予里人全何孙，字行可，少放浪不羁束，俄毁且悼。谓老氏之学，可全生而引年，于是摆弃尘累，受道家法而黄冠师，以仙游有林岭之胜、丹台剑池之迹，遂隶籍焉。而时往来于天庆道院，举先畴之入悉归诸二宫。从祖西岳公曰："汝之背嚣哗而乡虚寂，美矣。然田者，汝受之先人而共其祀者也。今若是，得无使汝祖考为若教氏鬼乎？"行可答："不然，何孙此举所以深为祖考地也。观今之人，积金钱恐不多，占田宅恐不广，皆曰：'吾将世其蒸尝使万世子孙毋变也。'传一传焉，而弗失者寡矣；再传、三传焉，而弗失则又寡矣。其来也，尘积；其去也，川溃。若是者何

① 卢国龙、汪桂平：《道教科仪研究》，北京：方志出版社，2009 年，第 122 页。

② 《宋会要辑稿》礼五，第 2 册，第 578 页。宋代宫观土地多样化的来源以及寺院经济，参阅黄敏枝：《宋代佛教社会经济史论集》，台北：学生书局，1989 年；游彪：《宋代寺院经济史稿》，保定：河北大学出版社，2003 年。

③ 游彪：《关于宋代的免役法——立足于"特殊户籍"的考察》，《中国史研究》，2004年第 2 期，第 99 页。

④ 唐代剑：《宋代道观紫衣，师号制度》，《宗教学研究》，1997 年第 1 期，第 27、29 页。

邪？子孙不能皆贤而盈虚相代者，天之道也。今吾悉归之二宫，
二宫常存，则吾之田亦存；吾之田存，则吾先人之祀亦与之俱存，
其为虑顾不远邪？"①

可见舍地予以道观不失为防止土地兼并、保存祖业的策略。南宋之
后，私人性质的庵、岩大量出现，设置的范围不仅限于名山胜地，至旷
野乡村均有大量创建。但这种由私人创建并未有赐额的道庵、道岩
实际上存在不少弊病，以创建宗教建筑空间为名，转移田产或私吞：

　　不必皆售度牒……所仰不必皆有田。近市者，乞食以为资；
山居者，姜秫以代粟。②

对地方社会中的富民阶层来说，长久地保存土地和祖业，是在固定区
域建立个人威望与地位的有效手段。

　　北宋中后期四川地区的人口迁徙规模和数量虽不及唐末、五
代及宋初，但却一直有延续。特别是川东地区，成为很多川西及中
原衣冠士族的迁徙之地。蒙文通曾言及中原移民对蜀地的影响：
"以蜀而论，其社会发展之迹，时之先后，因有大异于中原者，中国
之世族盛于晋唐，而蜀独盛于两宋，斯其明艳。"③据杨宽之墓志中
可知，祖上为北方河东地区，唐代末年中原战乱，"将数子官于蜀，
因求利便田宅居之，一人家于普州，一人家于梓州，一人家于资州。
三族皆以衣冠传其旧业"，④河北磁州进士武思永为避靖康之乱，从
北方磁州举家南迁，寓居川东夔州路渝州。⑤ 部分官宦人家不限于

---

　　① 真德秀：《西山文集》卷 25《全行可度牒田记》，《景印文渊阁四库全书》，第 1174
册，第 382 页；另参见唐代剑《宋代道教管理制度研究》中篇第五章，北京：线装书局，2003
年，第 244—295 页。

　　② 《永乐大典方志辑佚》，马蓉、陈抗等点校，第 3 册，北京：中华书局，2004，第 1639 页。

　　③ 蒙文通：《古地甄微》，成都：巴蜀书社，1998 年，第 108 页。

　　④ 黄庭坚：《黄庭坚全集》，成都：四川大学出版社，2001 年，第 845 页。

　　⑤ 中国文物研究所编：《新中国出土墓志》重庆卷，北京：文物出版社，2002 年，第
216 页。

官于西蜀,还多散居于蜀中各地为官,有自西蜀的东川方向移动的轨迹。

大足区北两公里佛耳岩造像区域中,曾有一座宋代延恩寺。1979 年在右侧半坡之上发现一座南宋小型石墓。墓主林十一娘,绍兴十八年(1148)去世,两年后(1150)葬于北山附近。林十一娘祖籍福州,其父林适,官至右朝议大夫直秘阁、提举台州崇道观、赐紫金鱼袋。墓主林十一娘随父迁徙至昌州大足,其中因由并未有记载,但迁徙过程在墓文中用"惊移入川"来形容。① 据墓志记载,入蜀之后林家"寓居"普州(今安岳),其夫向洋是开封人,任怀安军参录。宋代始设怀安军,旧址约在今四川金堂县东南五十里,城址东临沱江,西靠云顶山,是四川重要的军事性城镇是阻挡元军进入成都平原的重要战略据点。由于战争等因素的影响,宋代蜀地官员与民众迁徙流动的情况愈发频发。

大足区东南方向 30 余里处玉龙乡东兴村四组发现一座北宋嘉祐庚子岁(1060)年的墓葬,为"太庙斋郎解瑜墓"。② 此墓民国之前已遭盗掘。民国《大足县志》曾首次收录此方墓志。根据当时发掘情况的记载可知,墓室由条石砌成,分前后室,高 2.7 米、宽 3.0 米,深 7.2 米。墓室内饰有宋代木构样式斗拱,两壁有 0.5 米宽的 10 根方石柱撑顶,墓顶有藻井和精美花卉雕刻。后室壁底刻有双扇半开门,门缝中有一立像(头已残)倚门,墓室门前有一块半圆形的封门石,半露于泥土外。墓室虽遭盗掘,但形制保存相对完好。完整的墓志为了解宋代大足地区的移民信息与社会背景提供重要史实。该墓志碑铭高 1.0 米,宽 0.6 米,厚 0.11 米,竖刻楷书 11 行,共 530 字。碑额横向篆书"宋故太庙斋郎解君墓志",此方墓志曾保存在大足区文管所内,后归大足石刻博物馆管理。墓志录文:

---

① 重庆大足石刻艺术博物馆编:《大足石刻铭文录》,重庆:重庆出版社,1999 年,第 479 页。

② 最早对此方墓志进行介绍的是邓之金、赵甫华:《宋太庙斋郎解瑜墓简介》,载《大足石刻研究文集》,重庆:重庆出版社,1993 年,第 149—150 页。

宋故太庙斋郎解君忠叔墓志铭

普州乡贡进士汝孝恭撰①

太庙斋郎解君，讳瑜，字忠叔。姓系原本烂然，史牒此不复具。九世解琬②魏州人也。仕则天朝，有③戎安边之效，官至右武大将军。子孙蕃息，遂家长安。高祖达，随僖宗幸蜀，因家于昌。曾祖昌远，志度恢廓，智思深远，占田万顷，尤为素封之业。家富势足，目指气使，有馀辄散，义声洽闻。至宋定蜀，艺祖召署昌远楚州马步军副虞侯，固辞不就，非其好也。祖延翰隐居不仕。父靖，多学术，工笔札，家资万亿，豪冠两蜀。刚毅寡合，施舆不妄。志意相得，百金不吝；趣尚乖忤，一毫半菽弗舆也，有古游侠尚气之风焉。忠叔即靖之第三子也，生而秀异，长而俊敏，开帙暂阅，永能记诵。下笔立就，郁有文采。治生计，有机数，注错规画，出于众意之外。断棋完鞠，动皆有法。竹头木屑，举无弃物。性复恺悌，笃于孝爱。父尝为乡豪构陷，谪居白帝。忠叔时年尚未冠，泣血奔走京辇，号诉于有力者，大弃财赂，以雪其冤。卒得父令终于牖下，忠叔之力也。应进士举，不遂。偕计乃入资求仕，授太庙斋郎。方图效官奋迹，以希卜式、黄霸之用。不幸天夺其寿，卒然遘疾，以嘉祐四年十二月二十三日卒于家，享年三十有七。忠叔娶普州冯氏，生一女，曰佛娘，钟爱尤笃。疾亟会亲属，议立犹子为嗣，曰三师。伯俊族人谓忠叔真能以义割爱也。忠叔没后，复生一子，曰五师。议者谓天不绝忠叔之嗣，以其笃于承嗣之计也。天从人欲，岂诬也哉！以嘉祐庚子岁十二月二十八日葬于大足区顺化里，铭曰学而进荣名不薄振，资而官降年弗延。才耶，命耶，莫叩其端，郁郁佳城，萧萧古原。全归于考妣，流庆于子孙。④

---

① 汝孝恭曾出现在郑樵《通志》的记载中，见郑樵：《通志》卷27《氏族略三》，北京：中华书局，1987年，第457页。

② "解琬传"见于《旧唐书》卷100，第9册，2011年，第3112—3113页。

③ "有"后缺"定"。

④ 郭相颖、陈明光、邓之金、黎方银编：《大足石刻研究文集》3，重庆：重庆出版社，1993年，第150页。

学界对此墓志关注较少,一方面由于此墓发现年代早,墓室具体情况记载不详,另外由于解瑜本人未进入正史记载,无论是地方史研究或石刻造像研究均未较多涉及此方墓志。新近发现仅有王晓辉从家族、富民和买官三个方面对其进行专门论述。[①] 在此基础上,这方墓志为本文研究提供直接材料,可以作为讨论宋代昌州石刻造像得以产生和崛起的外部原因。此墓志可以作为考察宋代巴蜀地区民众社会生活的缩影,其移民特质及移民方向,从西蜀到川东的空间转移亦可得到体现。

墓主解瑜具有宋代昌州富户的典型特质。首先,不少居住于蜀地的外来富户,祖上多可追溯至唐长安京畿之地的官宦世家,随僖宗入蜀并世代定居于此。解家有清晰记载的可追溯到唐代第九代魏州人解琬。武将解琬曾因镇守边疆有功官至正三品右武卫大将军。解家入蜀后几经辗转最终定居于昌州大足。其次,与传统士族门阀世袭制不同的是,五代之后这些世家大族的子孙大多未享受庇荫优待。大足龙神湾出土一方刘光祖为王公撰写的墓志。此方墓志应为刘光祖知王公之妻徐氏墓志,卒于大定二十二年(1182)。墓主王公也提到"其先河南人□□八世祖尚恭避乱徙蜀居昌"的史实。再次,不少唐代遗民至此不出仕为官。乾德三年(965)北宋灭后蜀,宋太祖曾召解瑜的曾祖父解昌远,任楚州马步军副虞侯,但昌远请辞不就。宋初朝廷曾征召虽沦为平民,但祖辈为显赫世族之人可入朝为官。然而由于大族后裔在地方社会中已富甲一方,多不愿出仕。解瑜的祖父解廷翰亦属于隐居不仕之士,这也是当时昌州地区大规模开窟造像供养人的一种普遍身份。虽具备开窟造像的经济基础与良好的学识,但无具体官职,无更多历史记载。第四,虽无官爵封邑却富比封君。解瑜墓志中多处出现富甲一方的描写,如占田万顷、家富势足、家资万亿、豪冠两蜀等。这是宋代典型的富户或上户的状态,而占有大量田地就为雇佣人力从事农业生产提供直接可能,也因此导致昌州地区宋代客户比例极高。碑文中言及"虽田连阡陌,家资巨万,亦

---

① 王晓辉:《宋解瑜墓志研究》,《碑林集刊》,第 22 辑,2016 年,第 88—95 页。

只与耕种负贩者同是一等齐民"。可以想象,随着人多地少的矛盾与日俱增,解家作为外来移民,与本地居民在田产、经济利益方面肯定产生过无法调和的矛盾。墓志文中提到解瑜之父解靖被乡豪陷害、谪居白帝城的事件,也多少可以验证这一基于史实的推测。而解家获得大片土地的方式,与宋初诏安移民的政策不无关联:"有诏唐衣冠之在蜀者,赐闲田以居"。① 第五,这些富民阶层大多有良好的教育背景,多为儒生。墓主解瑜的父亲解靖热衷于读书写字,解瑜本人更是聪明多智,下笔成书、郁有文采。

宋代乾道年间,大足区同时有五人登科及第,特将县东一处山峰命名为"五桂山"。② 《六经图》的作者杨甲即是活跃在南宋淳熙年间的大足人。除了有记载的蜀地世家大族,如绵阳张氏、眉山三苏、丹棱李氏、华阳范氏、仁寿虞氏之外,还有相当一部分地方士绅及富民阶层虽记录较少,但却更为实际地参与到地方社会的经济文化与宗教景观的建设中。比邻昌州的荣州有一位宋代富户,人称杨处士,住所为一郡之冠,又筑室百楹,不仅如此,这位有德才又隐居不仕的乡贤收集古今书史万卷藏于家中。③ 南山旧号"东州道院",道院在宋代多指民风淳朴、政务清闲之地。程民生曾列出 14 处宋代道院,与北方多"重法地"不同的是,所有 14 处政务清闲诉讼事件较少的道院全部分布在南方地区。④

正是这些拥有大量田产、颇具学识的富户群体,为昌州地区集中出现的大规模石刻造像奠定了重要的基础。以往对宋代地方社会、经济、文化的研究多集中在长江中下游及江南地区。⑤ 一方面是此地区所居中的重要政治历史经济地位,另一方面也与以江南为核心

---

① 冯时行:《缙云文集》卷 4《李时用墓志铭》,《文渊阁四库全书》,第 1138 册,第 887 页。

② 故宫博物院编:《大足县志》,《四川府州县志》第 11 册,海口:海南出版社,2001年,第 20 页。

③ 文同撰、家诚之编:《丹渊集》卷 38《荣州杨处士墓志铭》,《景印文渊阁四库全书》,第1096 册,第 784 页;程民生:《宋代地域文化史》,合肥:安徽文艺出版社,2017 年,第 111 页。

④ 参见程民生:《宋代地域文化史》,合肥:安徽文艺出版社,2017 年,第 32—33 页。

⑤ 斯波义信:《宋代江南经济史研究》,方健、何忠礼译,南京:江苏人民出版社,2001年;庄景辉译《宋代商业史研究》,台北:稻乡出版社,1997 年。

的南方地区保存较多宋代方志、文书、实物遗迹密切相关。而本文所探讨的昌州，在以上两个方面均无更多优势。如何借助地面摩崖造像来考察区域社会的真实文化与宗教景观，是必要且有效的途径与媒介。

开凿于北宋末年元丰年间的大足石篆山山主严逊，因父辈避役而从遂宁一路南迁退居至 150 余公里外的昌元大足。元丰四年（1081）严家在大足买山置业，次年（1082）开窟造像，先后于元丰六年（1083）造老君与十真人龛、1085 年造文殊普贤龛、1088 年造文宣王与十弟子龛、最终于 1089 年完成地藏龛的开凿。石篆山以儒释道混置多样的题材而著称。春日时节，往往成为乡人瞻礼、游览之所。元祐庚午（1090）刊石碑记中记载了严家从潼川府路治遂州退居并寓居大足的情况：

> 予本遂州润国人，父应役小溪，因舍县之北隅。天圣中，予九岁，父以避役居昌元，今赖川宅，且病。是时，小溪方买旁居人宅，以广公宇。既卖宅，又闻父病，寻来寓居于此。①

褚国娟在《石篆山》研究中，已对严逊避税等行为活动进行过阐释，从社会历史的背景对供养人的身份与社会关系作出考察，具体论证环节尚可推进。② 遂州与昌州之间有涪江水系作为连接，是川西与川东的交汇之地，剑南大镇，东蜀都会。南宋初即为潼川府路治所在地，可见其重要的战略地位。徽宗政和五年（1115 年）在此封藩，故行政级别又提升为遂宁府。严逊幼时居于小溪镇，约在今天遂宁船山、安居一带，遂宁金鱼村曾出土精致的宋瓷窖藏，③这批器型丰富，不乏来自越窑至的青瓷由遂宁当地"凤翔楼钱鑫"主人经

---

① 重庆大足石刻艺术博物馆编：《大足石刻铭文录》，重庆：重庆出版社，1999 年，第 327 页。

② 褚国娟：《石篆山研究》，北京大学艺术学院 2014 级博士学位论文。

③ 庄文彬：《四川遂宁金鱼村南宋窖藏》，《文物》1994 年第 4 期，第 4—28 页；肖盛国、庄文彬：《四川遂宁金鱼村二号南宋窖藏》，《文物》，2011 年第 7 期，第 4—6 页。

营的商店所有,①也可印证遂宁是宋代蜀中经济商业繁盛的之地,自唐末以来不少外来官员的迁徙至此。绍兴三十二年(1162)宋故刘氏夫人墓志铭中:

> 其先自唐末避地,家于普慈;再徙于遂宁。②

昌州大足当时属于次于遂宁一级的行政单位。严家转卖遂宁的田产退居昌州,通过降低户等达到避役目的,这种情况至宋金战争之后愈发严重。北宋末至南宋初,四川成为西线抗金的重要阵地,为了保证军需,增加民间赋税是手段之一,因此一定程度上限制了大型寺观的修建及绘塑。宋金议和(1141)之后,由于战事的缓和,军费开支减少,各种因战争增加的赋税也逐渐减缓,民力恢复,一定程度上为开窟造像与兴修土木奠定前提与必要基础。与摩崖造像开凿时间相似的是,此时寺观建筑的修建与重修活动亦同步。至和二年(1055)曾治理蜀地的韩琦曾言:

> 州县生民之苦,无重于里正衙前,自兵兴以来,残剥日甚,至有孀母改嫁,亲族分居,或弃田与人,以免上等,或非命求死,以就单丁,规图百端,以苟免沟壑之患。③

欧阳修言:

> 今天下之土,不耕者多矣,臣未能悉言。谨举其近者。自京以西,土之不辟者不知其数,非土之瘠而弃也,盖人不劝农与夫役重而逃尔。④

---

① 陈德富:《遂宁金鱼村窖藏宋瓷三议》,《四川文物》,1997 年第 5 期,第 44—51 页。

② 胡人朝主编:《新中国出土墓志·重庆》,北京:文物出版社,2002 年,第 223 页。

③ 《宋史》卷 177,食货上五·役法上,北京:中华书局,1977 年。

④ 欧阳修撰、周必大编:《文忠集》卷 45,《景印文渊阁四库全书》,第 1102 册,第 348 页上。

昌州地势多山林丘陵,有溪流入境,是乱世之时乡绅富户蛰居避地的良地之选,因此北宋元丰年间以后昌州的人口密度超过了邻近的合州与渝州。吴天墀曾根据《太平寰宇记》的记载,统计了川峡地区客户数占其总户数50%以上的行政单位,在有主、客户对比数字的49个中占了27个,其中占百分之九十以上的仅有昌州大足和普州安岳,[①]两地恰是宋代摩崖造像最为兴盛繁荣的县城。拥有古村、铜锣、石篆三处田产的庄园主严逊,元丰年间迁入大足,这也正是昌州北宋摩崖造像兴起之时。

表4　熙宁十年川陕四路岁赋统计表

州　名	岁赋(贯)	1077年岁赋(贯)
成都府	899300	67508
眉州	127100	38422
蜀州	219000	18492
彭州	277857	30196
绵州	126375	54376
汉州	170486	48399
嘉州	116121	32923
邛州	124070	37459
黎州	21318	3150
雅州	32036	13286
茂州	1400	147
简州	129000	30128
陵井监	8975	16549
永康军	209370	
梓州路	274046	55078
遂州	280676	48438
果州	148188	32478
资州	92677	21389

①　吴天墀:《王小波李顺起义为什么在川西地区发生》,《四川大学学报(哲学社会科学版)》,1979年第3期,第33页。

（续表）

州　名	岁赋（贯）	1077 年岁赋（贯）
普州	68321	17864
昌州	51057	11456
戎州	103245	13411
泸州	113293	20500
合州	137206	37597
荣州	47347	37597
渠州	53221	15563
怀安军	181488	21148
广安军	42786	17554
富顺监	44349	9788
兴元府	426146	54967
利州	134563	43051
洋州	75022	22262
阆州	150165	25741
剑州	106204	18594
巴州	37140	5561
文州	26598	8634
兴州	79130	33115
蓬州	30651	4686
陇州	16292	14527
三泉县	121500	28586
集州	11827	
璧州	25726	
夔州	132331	21292
黔州	41396	10185
达州	69803	19719
施州	60159	5600
忠州	45932	14420
万州	42112	17062
开州	23264	5834

(续表)

州 名	岁赋(贯)	1077 年岁赋(贯)
涪州	71320	28385
渝州	48365	31615
云安军	43071	17836
梁山军	6742	2517
南平军		1433
大宁监	73933	12939

熙宁十年(1077)官方对赋税进行了一次大规模调整,大多州县赋税额度得以降低,尤以各处监、军和少数族群主要居住的区域。昌州所辖的三个县区中,以昌元岁赋 134 贯为最低,远低于邻近的普州与遂宁地区。极低的赋税也是吸引普州、遂宁等地如严逊一样的上户家族迁徙至此的原因。因大量人口迁移而产生新的物质文化样式的情况,不限于大足。作为"夷汉之交"的泸州以数量庞大、制作精美的南宋墓葬石刻而著称。这一现象的出现亦与自北宋中期以来泸州重要的战略地位、大量的人口流入密切相关。乾道六年潼川府路安抚司移至泸州。[①] 随着泸州权任的加重,大量官僚、商人等群体迁入此地,共同塑造了泸州地上重要的城市防卫景观和地下家族石刻墓葬群。

冯楫(1075—1152)原籍遂宁,曾在泸州任官,绍兴年移居至大足。冯楫开凿妙高山的具体背景略模糊,有家祖坟寺之说,但他本人笃信佛教,是造像与妆彩的热衷者则确定无疑。由冯楫作为赞助人修建开凿或彩妆的遗迹还有:潼南大佛阁(1152 年彩妆)、北山多宝塔(1152 年),泸州报恩塔。大足北山多宝塔第四级第 50 龛(1152 年)雕刻一幅冯楫立像:头戴展脚幞头,颌下长须,身着朝服,腰围玉带,双手拱于胸前,特别注意的是,手持念珠。这位佛学深厚的大学士,在多宝塔内除 50 号龛以外还供养多处龛像:第 39 号西方三圣龛、第 41 号普贤龛、第 43 号释迦佛龛、第 45 号文殊龛,并有题记,记

---

① 具体研究参见:刘复生:《泸州宋墓主人寻踪—从晋到宋:南川社会与民族关系的变化》,《四川大学学报(哲学社会科学版)》,2014 年第 6 期,第 11—22 页。

载其官职、年龄等。他在四川的造像崇佛活动基本都发生在去杭州请辞返回蜀地(1143 年)之后。"冯楫素妄佛,晚岁尤甚"。[1] 署名砌塔道人的邢信道为度亡亲母,自备钱财在北塔镌造了共计 21 龛造像。[2] 根据现存铭文可知,整座北塔之内的造像基本由邢信道、何正言父子、冯楫、进士刘陛等大足几家士绅、富民出资营造。佛安桥造像记中,除了出现"庄园主"古及之、古国士等,还出现古贯之、古文士、古平之、古瞧之、古彦卓、古遗直、古九思等,可见佛安桥应由古氏家族施舍镌造。这些地方社会中的士绅为一县境的宗教景观的建立起到重要作用。

占领西夏、金之后,四川成为蒙军南下入侵的重要战场。从宝庆三年(1227)蒙古军侵扰川北利州路,到至元十六年(1279)全川陷落,在南宋后期半个多世纪的时间里,四川一直处于战乱不断、流民迁徙的恶劣背景下。巴川人阳枋(1187—1267)在《字溪集》中记载:

> 嘉熙元年(1237)丁酉,蜀有瞿难,公与弟全父、侄存子,举家避地夜郎、二年戊戌(1238),避地南川,讲学自乐。三年(1239)己亥,避地清溪。四年(1240)庚子,赴嘉定类省奏名。淳祐元年(1241)辛丑,避地夜郎。三年(1243)壬寅,避地泸南。是冬敌渡泸穷搜,公与一家相失,敌退公还。四年(1244)甲寅,为昌州酒正。[3]

蒙古军入侵至川东,加重了此地人口的流动。毗邻大足的铜梁人阳枋,举家避地之所在泸州川南、昌州、川东、黔西区域之间转换,其间考取省试,淳祐元年(1241),因蜀地罹难而免于进宫入对,得赐进士出身。1244 年余玠任其为昌州酒正。随着宋元战争的展开,川东地

---

① 有关冯楫个人生平及活动,详见胡昭曦:《大足多宝塔石刻与宋人冯楫》,《中国历史文物》,2002 年第 1 期,页 53—64。

② 分别为第 3、5、6、11、13、14、16、17、19、20、22、24、26、32、34、35、37、38、40、49、66 龛。

③ 阳枋:《字溪集》卷 12,《景印文渊阁四库全书》,第 1183 册,第 433—434 页。

区这些曾经的富民阶层并未长久稳定居于一地,而其家族荣耀亦未长久延续,与唐代以来的世家大族的面貌相距甚远。与此同时,相应的宗教赞助与地方文教事业亦随之式微。

二　地方官的选择与记忆

张、何二人在南山留下诗文时的身份均为"军州事",主管地方军事与民政。知州的职能在《宋会要》卷 12—13,《文献通考》卷 63,《宋史》卷 167 均有记载,其中减灾赈灾、消除流亡与不安定因素是地方官考课的重要内容,保障辖区内的自然稳定是本职。倘若遭遇天灾,则需积极参与到祈祷、规避灾害或申请蠲租减税的活动中,且常作为仪式的主要组织者与负责人,《夷坚志》中载:

> 陈州以六月不雨,遍祷莫应。父老诣郡守,言:旱既太甚,非陆通判不能以致雨。[1]

宋代保留了不少士人官宦所撰写的祈求雨雪的青词或诗文,毛滂曾记载县境之内久旱不雨,向佛寺祷龙及灵验的过程,并在文末强调"前此不雨乃令之无状所召尔,县之诸儒反为歌诗以雨归,令甚无谓聊作一诗奉报"。[2] 除了以诗歌的形式向上级奏告之外,如果灵验有应还会通过碑刻上石的方式用以记功:

> 乾道丁亥岁夏六月大旱。二十二日戊子,有祷于飞仙泉,移晚乃雨,通夕大澍。翌日,纳水于岩下。邑民欢踊,请刻石以识。县尉任源、主簿章苌臣、知县王有开。[3]

在大足南山题写碑记的张宗彦为从五品的文散官任军州事,清

---

[1]　洪迈撰、何卓点校:《夷坚志》己卷第八"陈州雨龙",北京:中华书局,第 1363 页。

[2]　毛滂著、周少雄点校:《毛滂集》,杭州:浙江古籍出版社,1999 年,第 55 页。

[3]　龙显昭、黄海德编:《巴蜀道教碑文集成》,成都:四川大学出版社,1997 年,第 128 页。

代人陆心源录入张宗彦的南山题记时,将其称为"淳熙中任左朝请大夫知剑州军州事",并为南山碑刻增加原本不出现的诗题《玉城山醮坛》。① 张宗彦的政治轨迹主要出现在宋高宗绍兴年间,且政绩显赫,曾做过平阳尹,并与河南尹共同参与吴玠绍兴元年(1131)在陕西凤翔领导的"和尚原之战",取得散关大捷。此战一改1128年富平败北的僵局。又因协助杨沂中(1102 — 1166)征讨李成有功,在高宗绍兴三年(1133)年得赐金带。② 他在南山题诗时辖管今川北广元剑阁一带,隶属利州路,是川陕交界的要害之地。

与张宗彦相比,何格非③是一位名副其实的地方官员。无论是他的祖籍、出生、从政地点、交游等,都围绕在巴蜀地区,与其相关的记载也多出现在县志文献中。何格非为四川营山人,元符年间中进士,孝宗淳熙六年(1179)知昌州,当时昌州辖区包括大足、永川、昌元(今荣昌)、静南四县。何家祖上由成都向东迁徙至蓬山。④ 蓬山是历代兵家必争之地,古有"峰悬百仞,猿有翼而难飞;狭路千寻,鹏无风而亦歇"之说。此处也有开窟造像的传统,有以唐代密宗造像为主的千佛岩,还有唐宋之际以造像、碑刻为主的透明岩。何正言本人是一位道教色彩非常浓厚的儒家官员,并且与当地仙人、道士过往从甚,并曾为"蓬山十二仙"撰写传记与题跋。⑤ 而十二仙中最有名的当为蜀地道士贾善翔,他曾以左衔都监同弃书教门公事"崇德悟真大师"的身份在北宋末年编撰《南华真经直音》《太上出家传度仪》《犹龙传》,以上三部均收入《道藏》。贾善翔曾到太清宫讲述《度人经》。⑥《宋书·艺文志》《遂初堂书目》《道藏阙经目录》中均曾收录贾善翔撰

① 《宋诗纪事补遗》卷57,《续修四库全书》,第1709册,第214页。

② 《宋会要辑稿》舆服5,第4册,上海:上海古籍出版社,2004年,第2277页。

③ 李小强:《何格非考略:从大足南山石刻诗碑说起》,《巴蜀史志》,2014年第6期,第47—50页。

④ 许吟雪、许孟青编:《宋代蜀诗辑存》,成都:四川大学出版社,2000年,第504—505页。

⑤ 王象之撰:《舆地纪胜》卷188,北京:中华书局,1992年,第4862、4864、4867页。

⑥ 《道藏》中对贾善翔的收入见《历世真仙体道通鉴》卷51,《道藏》,第5册,第399页。

写的十卷本《高道传》。据南宋道士吕太古在《道门通教必用集》卷一中所言,贾善翔收录了自东汉以来的百余位著名高道。[①] 宋代正一道士陈葆光编集的《三洞群仙录》中,就从贾善翔所编的《高道传》中引述八十二人。与宋代重要道士贾善翔的交友往来,也可窥见何格非对道教的认同、了解与熟悉程度。何格非本人亦有深刻的宗教体验,绍兴年间曾在大蓬飞仙崖东侧,亲眼见到应真人飞仙。据记载,后来真人多次降示在何格非家中。[②] 有关这位应真人的传记,较为清晰地收录到元代江西南昌浮云山万年宫道士赵道一修撰的《历代真仙体道通鉴》卷四十五中:

> 长官既而弃官学道,遂仙去。隐其姓,以名显,故谓之靖长官。宋哲宗元祐中(1086—1094),刘几常遇嵩高山中,天姿疏散浩然也。长官尝以道授黄蓬石,已载蓬石语中。蓬池人何格非,仕至二千石。少慕清高。亡何,亦见长官于大蓬山飞仙岩。自是数至,长官喜,抵掌谈笑,饮酒至斗余。然坐在立亡,倏忽千里,不可测度。一日,长官过格非,吕真人寻浮空而至,并坐语。格非遽起,再拜,求指教。真人曰:子自有师矣。格非志不笃,已而不能。悉如长官言,以疾终焉。[③]

即便是道教科仪进行祈祷奏告时,当地江河龙神亦是重要奏告对象。宋代文献中有不少记载龙洞与祈祷的关系。真德秀撰《玉皇三清殿祈雨青词》:

> 伏以旱而望雨,不腾迫切之情;穷则呼天,辄叩穹窿之听。比以累旬之愆亢,深虞多稼之焦枯,几遍祷于灵祠,迄未臻于嘉应。今赫炎已极,在高田既鲜获全;倘沾溉少稽,虽平壤亦将可

---

① 《历代宗师略传》,载《道门通教必用集》卷一,《道藏》,第 32 册,第 4 页。
② 王象之撰:《舆地纪胜》,"利州路",第 4864—4865 页。
③ 《历代真仙体道通鉴》卷 45,《道藏》,第 5 册,第 362 页。

虑。维此亿万人之命，系在三五日之间，非仰憝于高穹，惧莫回于大造。即仙山而斋宿，瞻帝极以恳祈。仰冀至仁，俯矜忧恫。或灾临分野，愿密赐于转移；或罪在生灵，勾曲垂于赦宥。起龙神而奔走，屏妖魅以退藏。三日以往焉霖，大慰霎霓之望；八政之首曰食，广全沟壑之生。[①]

与道教经典中的祈雨内容相比，以真德秀代表的士人群体在祈雨内容上着重于描述祈请过程的周折及态度的诚恳，并要强调多次祈祷无果的残酷现状，另有建议或命令之嫌，希望龙神启动，屏退妖魅。与道教启奏文书不同的是，祈雨青词以维护纲常、顺应时序为主，在此基础上另有以下特点：首先庞大的召请神系并非士大夫群体关注的重心；其次在文本中，所召请和强调的对象依旧包括地方或民间"龙神"，而非道教诸神。道教祈请文本则以召神、请将、符咒、口诀为主。南山龙洞、醮坛成为祷告仪式中的重要物质媒介，这一载体又成为官员、民众、地方社会共同追忆的对象。因此会留下何格非、张宗彦等地方官员的多处唱和诗。道坛是仪式举行的重要载体，祈雨仪式是固定时间、地点之内所构成的集体记忆。正因为此，使得南山这处规模不大的道教造像遗迹令绍兴大足时期的这段隐而不显的历史得到凸显。当南山的祈祷功能退居其次时，作为圣地南山的神圣性随之削弱。

Robert H. Hymes 以抚州地方精英与士大夫为着眼点，讨论这一阶层在国家与社会之间的互动关系以及所扮演的角色，认为地方精英对于稳定地方社会的秩序起到至关重要的作用，而地方官僚在地方公共事务中所发挥的作用越发有限。[②] 在地方祈祷与救助事务

---

① 真德秀：《西山文集》卷 49，《景印文渊阁四库全书》，第 1174 册，第 749 页。

② 地方公共事务包括社仓、灾害赈济以及水利灌溉建设等三个主要方面，参见 Robert H. Hymes, *Statesmen and Gentlemen: The Elite of Fu-chou, Chiang-his, in Northern and Southern*, New York: Cambridge University Press, 1986. 书评参见包伟民：《精英们"地方化"了吗——试论韩明士政治家与绅士与"地方史"研究方法》，《唐研究》第 11 卷，北京：北京大学出版社，2005 年，第 653—671 页；高柯立：《宋代的地方官、士人和社会舆论——对苏州地方事务的考察》，《中国社会历史评论》，第 10 卷，2009 年，第 188—204 页。

中,地方官始终扮演着重要角色。张宗彦、何格非为代表的地方官尊重民间社会的祈祷传统,并与富民或地方大族展开积极合作,共同维护地方社会秩序的稳定。[①] 以何正言为代表的地方富民阶层,通过捐山造像的方式参与到农业社会的祈祷或赞助活动中。地方官吏将祈祷灵验的事迹立碑上石、唱和歌咏,助推南山及何氏家族的影响力,并同时可以作为任期功绩,双方通过合作互利维护特殊时期地方社会的稳定。这处由个人开凿的道教摩崖造像空间,由于密切参与到地方社会活动中,又由于作为城邑要塞的特殊地理位置,从众多私人庙产中脱颖而出,一跃成为县邑中重要的信仰和宗教空间,特别受到地方官的推崇和赞颂,可折射出宋代地方乡村社会中富民阶层与直属地方官吏之间互动互惠的运作方式。

施舟人在对《道藏》中所出现的民间信仰材料研究时指出:三国至北宋,道教的自我定位首先是以民间香火为对立面,而不是通常所认为的佛教。[②] 南山摩崖中出现的龙洞、醮坛就是典型的民间习俗力量与道教宗教造像共存的实例。与其说是融合,不如说是代表不同人群的诉求与宗教观照。当然,由于地方法派的兴起,诸法派之间为争夺话语权和宗教市场,在道教正统问题上展开讨论,但在道派之外,在真实的民众信仰世界,甚至是部分行道之人,均有调和与并用之实。

第四节　大足宗教造像空间的建立与转换

本节从文化遗产的角度,对大足石刻的建造开凿和空间转换做

---

① 另有研究认为由于北宋晚期中央财政集权日益加强,导致地方官府无力从事公益事务,使得地方势力乘机发展和兴起,这一现象并非阻碍而是有助于官方在地方的统治,参见黄宽重:《从中央与地方关系看宋代基层社会演变》,《历史研究》,2005 年第 4 期,第 108—115 页。

② 施舟人:《〈道藏〉中的民间信仰资料》,载《中国文化基因库》,北京:北京大学出版社,2002 年,第 89 页;Rolf Stein. "Religious Taoism and Popular Religion from the Second to Seventh Centuries", in *Facts of Taoism*. New Heaven, Yale Univesity. 1979。

历时性梳理。大足石刻的肇始为晚唐五代以来北山的营造，是军事驻地和宗教信仰空间相结合的产物。造像活动最兴盛的绍兴、淳熙年间，由作为城邑之要冲的南山和传统神圣造像空间的北山，以佛道不同的势力划分宗教空间。宝顶山的开凿与营建是对大足地区宗教石刻空间与信仰群体的一次争夺，以宣扬孝道和拥有大量世俗化宗教图像的宝顶山最终获胜。

大足地处涪、沱两江的分水岭，与安岳、荣昌接壤，远离益州与重庆。"凡衣食物资以养生者，不及它郡。虽无舟楫江、沱之利，而有桑麻秔稌之饶"。[①]昌州崇山环绕，东部有南北走向的玉龙山，系华蓥山支脉巴岳山背斜地带，是划分渝州与昌州界域的重要自然屏障。天然具备建城资质、易守难攻。摩崖造像是大足物质文化遗产和宗教空间建立的重要媒介，尤以大足五山为代表。以往研究多从编年、大足石刻的代表性样式、北山或宝顶山等代表性遗址的开凿背景、赵智凤个人经历等角度入手。本文将由石窟造像营造的大足神圣空间视为整体，从历时性角度，对宗教空间的建立和转换做分析，认为大足石刻神圣空间并非凝固不变，而是北山、南山、宝顶山等，在晚唐五代、南宋绍兴淳熙、南宋晚期，分别具有军事驻扎与佛教信仰合一、祈祷有应代表的道教地方胜迹、佛教等不同的信仰载体，共同建构起大足神圣空间。

一　军事驻扎与宗教空间合一的北山佛湾

大足地区纪年最早的造像是县西北 20 余公里处的宝山乡尖山子，由于第 7 龛弥勒说法有唐高宗永徽年间（650—655）的题记，因而成为大足初唐唯一一处造像遗迹。此区域还是唐代光启年间昌州州治所在。时隔百年后在大足与安岳忠义乡交界处的高升乡圣水寺再次出现晚唐造像痕迹。[②] 从这两处最早的造像遗迹来看，地缘上均

---

① 祝穆撰、祝洙增订、施和金点校：《方舆胜览》卷 64，第 1121 页。
② 重庆大足石刻艺术博物馆编：《大足石刻铭文录》，重庆：重庆出版社，1999 年，第 9 页。

位于大足西北方向与安岳交界之处,但由于规模较小,缺乏持续开凿的例证,这两处摩崖造像的出现,很有可能是受到从川北及西蜀传入的造像活动和艺术风格影响的产物,尚未真正形成持续的造像活动和颇具规模的宗教空间。

真正能够称之为地方宗教景观的当属作为地方割据势力的昌州县令、靖南节度使韦君靖开大足造像之风。由军事判官将仕郎前守静南县令胡密撰文,唐昭宗乾宁二年(895)上石的《韦君靖碑》可知,北山始凿于唐末景福元年(892),直至绍兴十六年(1146)最终建成,历时 250 多年。《韦君靖碑》在清代《读史方舆纪要》《全唐文》中均有收录。① 这处摩崖造像的开凿实际上与唐末藩镇势力的兴起与地方武装势力的深度发展密切关联。乾符年间黄巢起义,唐僖宗逃避成都,蜀中藩镇征战,不少节度使出身的地方军阀在不断的征伐中划地为营。任昌州县令的韦君靖韦君靖是四州(大足、安岳、重庆、合川)临时指挥使兼任静南军节度使,盘踞昌州。为求神灵庇佑,在北山开窟造像。《韦君靖碑》主要记述的即为在大足建永昌寨吞并屯粮、开凿北山佛湾以求庇护,并提到晚唐几次重大战役及节级将校编制称谓等史事。有关韦君靖与北山建造的关系,日本学者由于对唐宋变革的关注,在晚唐地方社会中的考察视野下,从职官、藩镇、地方武力等角度进行研究,以佐竹靖彦、栗原益南、田野开三郎等学者为代表。② Thomas Suchan 不仅指出过去研究对韦君靖支持佛教方面的忽略,同时也强调大足在唐代以后成为当地行政、社会的中心,对北山开窟造像的影响。Suchan 与北进一提出相似的观点,认为四川地区中开凿有石窟的山丘,往往

---

① 顾祖禹撰、贺次君、施和金点校:《读史方舆纪要》卷 69,北京:中华书局,2005 年,第 3278—3279 页;陈尚君辑校:《全唐文补编》卷 90,北京:中华书局,2005 年,第 1096—1097 页。

② 佐竹靖彦:《唐宋變革の地域的研究》,同朋舍,1990 年,第 391—439 页;栗原益男:《唐末の土豪の在地勢力について一四川の韋君靖の場合一》,《历史学研究》243 号,1960,第 1—14 页;日野開三郎:《唐韋君靖碑の応管諸寨節級についての一考察》,载《唐代藩鎮の支配體制》,三一書房,1980 年,第 518—528 页。

被地方居民当作天然军事据点,石窟与地域社会之间的关系极为密切。①

　　(一)唐代北山的营造

　　唐代北山佛湾造像主要有 61 件,另外营盘坡 4 件、观音坡 4 件、佛耳岩 1 件。如果对铭文题记做梳理,可以发现唐代北山留有带有供养人铭文的龛窟共计 11 件,其中为地方军政官员、节度使供养的有 7 件,占几年间造像龛的 63.6%,另有佛教比丘、僧侣供养的 2 处,占 18.2%,普通信众 2 处,占比 18.2%。因此地方军政官员、节度使是大足早期佛教景观造像的最初和最重要的赞助群体(表格 1)。

表 5　唐代北山佛湾纪年造像信息表

龛号	主要尊像	年　代	供养人	宗教活动
9 龛	千手观音	景福元年(892)	校司空使节度都督	
26 龛	救苦观音	乾宁二年(895)	何君友敬为亡男□□造上件功德	修斋表赞讫
58 龛	观音、地藏	乾宁三年(896)	检校司空守昌州刺史王宗靖	设斋表赞
		乾宁三年(896)	节度左押衙检校左散骑常侍兼御史大夫上柱国赵师恪	
240 龛	观音龛	乾宁三年(896)	比丘尼惠志造奉报十方施主小师敬修、小师法进	设斋表庆
50 龛	如意轮菩萨	乾宁四年(897)	都典座僧明悟奉为十方施主僧道广、小师道添	设斋表赞讫
52 龛	地藏、救苦观音	乾宁四年(897)	女弟子黎氏为亡夫昌州将御史大夫刘□□供养	设斋表赞讫
51 龛	三世佛	光化二年(899)	节度左押衙充四州都指挥□□□□昌州军事银青光禄大夫上柱国王宗靖	庆赞

---

　　① 北进一认为毗沙门天王的位置有较强的护卫喻意,可防止敌军入侵,对建造者和山寨组织者来说,亦有较强的守护功能,此观点影响颇深,详见北进一:《毗沙门天像の変遷》,载田边胜美、前田耕作《世界大美术全集東洋编 15》,小学馆,1997 年,第 311—317 页。

（续表）

龛号	主要尊像	年代	供养人	宗教活动
243 龛	千手观音	天复元年（901）	右弟子军事押衙塞知进	修斋表赞
245 龛	观音经变	乾宁三年之前	化首刘净喜弟子李氏、文氏	
18 龛		光化二年前	……静南军……	

前后蜀有纪年的 20 件造像中，有明确官职的供养人有 2 处（第53 龛、281 龛）分别为右衙第三军散副将、右厢都押衙知衙务，占总铭文供养人记载的 10%，无官职、一般民众参与造像与供养的情况有约占 90%（表格 2），相较于唐代非军政官员、民众的比例大幅增加。

表格 2 前后蜀北山佛湾纪年造像信息表

龛号	主尊	年代	供养人	宗教活动
32 龛	日月光	永平三年	周氏奉为亡姊造日月光菩萨	追斋赞讫
53 龛	阿弥陀佛地藏观音	永平五年（915）	右衙第三军散副将种审能为亡男希言为贼伤煞	四月四日因终七斋表赞讫七月六日设斋赞讫
39 龛	炽盛光佛并九曜	乾德四年（922）	弟子温孟达、于彦章、梁寬、陈季&、邓知进、杨宗厚、程彦晖、王孟言、王德全、陈&敬造。	十二月十六日修斋表庆讫
27	观音	广政元年（938）	佚名	表赞讫
37	地藏菩萨龛	广政三年（940）	右弟子于彦章、邓知进、	修斋表庆讫
35	释迦佛	广政四年（941）	佚名	
244	地藏	广政八年（945）	佚名	表赞讫
281 龛	药师佛、佛顶尊胜陀罗尼经幢刻经	广政十七年（954）	右弟子右厢都押衙知衙务刘恭及家眷刘恭	设斋表赞讫
260	陀罗尼经	广政十八年（955）	佚名	赞讫
279	药师琉璃净土并经幢	广政十八年（955）	通引官行首王承秀及室家女弟子	修斋表德

五代时期昌州并未平稳，依旧叛乱多战。北山第 53 龛载，永平

五年(915)散副将种审能之子希言为贼所伤煞,故造像。可见乱贼与
地方军政存在较为紧张的对抗关系。较之唐代,五代时期地方官员
在佛湾开窟造像的比例减少,无官职或女性供养人的比重加大。造
像活动与佛教斋会仪式紧密捆绑在一起,如第 39 龛炽盛光佛、第 37
龛。这一时期佛教造像主尊中地藏、观音成为突出主题。佛顶尊胜
陀罗尼经由于具备"利生"与"度亡"的效力,经咒和经幢图像亦在此
处多出现在后蜀北山佛湾上,是五代佛教信仰力量中的重要一支。

　　北宋初太宗淳化年间(990—994)大足民间起义仍存,居于北山
的龙岗山是昌州官方军事驻扎基地。《宋史·地理志五》中载:"昌元
郡,军事"。① 以昌州境内的崇山作为城邑的天然屏障和瞭望之所:
淳化间供奉官卢斌平蜀,贼任诱等尝驻兵此山。土人云:他郡有警,
则置烽火于此。② 地方乱贼在昌州境内驻扎。除此之外,北山佛湾
宋代最早纪年造像应为大观三年(1109)的第 286 龛观音龛。太祖于
乾德三年(965)将各地的精兵收归中央组成禁军,留在本地的士兵称
为"厢军"。特别在熙宁(1068—1077)之后,四川有记载的 45 个郡县
都设置厢军,又称为克宁军。③ 最新发现的北山 168 窟,有南宋建炎
四年(1130)克宁军指挥将领文志夫妇捐造供养的罗汉像,并在左壁
第 2 排第 2—6 身罗汉造像下方,出现"昌州克宁"题记,④第 137 龛
更是明确由克宁军的十位军将共同镌造,题记位于壁面左上方:

　　　　当州克宁十将文志于初蓦日同施大钱叁贯,图福利坚久,斯
　　碑不坠。绍兴甲寅重九九日,谨铭。母亲薛氏、家室任氏、男
　　谨识。⑤

---

① 《宋史》卷 89,第 2218 页。

② 祝穆撰、祝洙增订、施和金点校:《方舆胜览》,北京:中华书局,2003 年,第
1122 页。

③ 《宋史》卷 189,第 4645、4690、4695 页。

④ 《大足学刊》第一辑,重庆:重庆出版社,2016 年,第 8 页。

⑤ 黄能迁、刘贤高、邓启兵:《大足北山佛湾石窟考古调查新收获》,《大足学刊》第一
辑,重庆:重庆出版社,2016 年,第 13 页。方珂:《大足石刻舒成岩释疑两则》,《石窟寺研
究》第四辑,北京:文物出版社,2013 年,第 247—252 页。

第 149 龛如意轮观音龛,赞助人任宗易建炎二年(1128)造像目的是"永为一方瞻仰,祈岂□□□□干戈永息"。绍兴十二年(1142)昌州军州事祈求国祚兴隆、阖门清吉。绍兴十三年(1143)昌州录事参军兼司户司法赵彭年开凿造像时,祈愿目的包括夷夏安定,家眷康宁。根据北山石窟造像的开凿主题及供养人情况,可以发现大足昌州至北宋末年特别是神宗年间,其军事防卫性质依旧十分突出。[①] 直至绍兴十六年(1146)北山陆续开凿完毕之后,成为地方上重要的一处宗教景观,并且这一宗教景观的影响力不仅限于大足地区,包括普州、渝州等以梓州路、潼川府路为主要辐射范围。

北宋时期北山留有铭文的造像题记较少。此时的宗教空间除了北山之外,还有集中城北及周边地区的寺观组成,已发现数十尊可移动石刻圆雕,大量圆雕造像的出现即依托于寺观,目前已发现宋代大钟寺、石壁寺、延恩寺等多处寺观。蒙宋战争令不少山川都邑寺院场所等都受到不同程度的焚毁。

表6　宋代北山佛湾纪年造像表

龛号	主要尊像	年　代	赞助人	宗教活动
286 龛	观　音	大观三年(1109)	漫漶	设斋修庆赞讫
180 龛	观音变相	政和六年(1116)	县门前仕人弟邓惟明	
		宣和二年(1120)	佚名	
		宣和四年(1122)	当州在城奉佛弟子等	表庆
168 龛	五百罗汉	宣和三年(1121)	昌州在城居住奉善弟子李世明夫妇	
		宣和四年(1122)	昌州大足县袁○乡东郊住何仪兴与家眷	
		宣和年间	昌州城外居住奉善弟子苗以夫妇	表庆
155 龛	孔雀明王	靖康元年(1126)	伏元俊、男世能	

---

① 方珂:《大足石刻舒成岩释疑两则》,《石窟寺研究》第四辑,北京:文物出版社,2013 年,第 247—252 页。

（续表）

龛号	主要尊像	年　代	赞助人	宗教活动
176龛	弥勒下生经变像	靖康元年(1126)	本州岛匠人伏元俊男世能镌弥勒泗州大圣	
177龛	泗州大圣	靖康元年(1126)	伏元俊	
149龛	如意轮观音	建炎二年(1128)	奉直大夫知军州事任宗易同恭人杜氏	
	正壁左角任宗易像		任宗易自赞……为蛇画足造此石房宰官现身	还斋
137龛		绍兴四年(1134)	当州充宁十将文志于初募日同施大钱三贯	
			李大郎重摹罗复明另刻住岩僧志诚	
136龛	转轮藏窟观音像	绍兴十二年(1142)	左朝散大夫权发遣昌州军州事张莘民	修设圆通妙斋施献寿幡以伸庆赞乞
	转轮藏窟文殊普贤像	绍兴十三年(1143)	左从事郎昌州录事参军兼司户司法赵彭年	斋僧庆赞
	大势至	绍兴十三年(1143)	城郭外居住奉善弟子陈某与郭氏	颍川镌匠胥安
	文殊普贤	绍兴十三年(1143)	左从事郎昌州录事参军兼司户司法赵彭年	
	数珠观音	绍兴十六年(1146)	在城奉佛弟子王升同政何氏	庆讫
110龛	药师佛		昌州在郭正东街居住奉善弟子张辉刘氏及阖家	就院斋○○表庆○

　　南宋绍兴年间地方官亲自参与造像活动,并且成为某一时期代表性龛窟的主要赞助人。如北山转轮藏窟,是绍兴年间北山佛湾制作最为精致、颇具设计的大型龛窟,其多为赞助人均为地方上的重要直辖官员,包括绍兴十二年(1142)昌州军州事张莘民与昌州录事参军共同带领信众,出资造同一龛窟像。至南宋绍兴年间,北山佛湾已经完成了建造过程,因其规模宏大的佛教造像而成为地方游览胜地

一直延续至乾道年间。绍兴十年（1140），北山已是昌州及周边地区著名的胜迹。第137号维摩诘图右侧崖壁之上，有普州人前来游览的题记：普慈赵子充同弟柔文、侄廷彦，绍兴庚申四月廿三日，乘兴同游男德言侍行。此时吕元锡曾于南宋淳熙四年（1177）携带兄弟吕元牧、吕元丙一同在北山避暑，煮茶、下棋、赋诗，并留题记于第288窟左壁外侧。这处宗教圣地，从南宋绍兴年间至孝宗之际，即作为文人雅集之地，曾经作为地方军事驻地和宗教场所的宗教属性与作为地方胜迹的属性叠加出现，甚至前者属性有逐渐弱化之趋势。

二　南山：绍兴年间新兴的地方神圣空间

北宋后期的元丰至南宋初期的绍兴、乾道年间，是大足石刻发展兴盛的第二个重要阶段，突出特点是以个人、家族、村落为赞助单位的摩崖造像兴起。首先是北宋元丰五年（1082）由外来移民严逊舍地开凿石篆山，前后历时数十年完成释、道、儒不同题材的十四窟。此后县境内摩崖造像此起彼伏。以佛道题材为主，另有圣母及川主等地方题材。绍兴年间是大足造像特别是道教和其他宗教造像集中出现的时间。绍兴六年（1136）峰山寺，以佛教为主，另有三官、圣母等题材；绍兴十三年至二十三年（1143—1153）之间舒成岩；1159年开凿的石佛寺，石门山等。除了北山、和宝顶山是有组织、有规划的造像开凿活动以外，其余规模都较小，且由个人出资供养。

这里需要注意的是绍兴年间由个人何正言舍地开山造功德修建的南山道教摩崖造像。最早宋代王象之对南山言简意赅的记载："南山，在大足县南五里，上有龙洞、醮坛，旱祷辄应。淳化二年，供奉官卢斌平蜀余贼任诱等，斌率兵驻昌州男斗山，南山最高，望眼阔远。土人云：他郡有警，则置烽火于此。"①与一般意义上所谓民众功德造像不同的，这是一处曾明确用于祈雨仪式的摩崖造像。宋代四川地

---

① ［宋］王象之《舆地纪胜》卷一百六一，李永先点校，四川大学出版社，2005，页4880。［宋］祝穆《方舆胜览》卷六十四，上海古籍出版社，1991，页548。陈澍《初析大足南山石刻中的道教思想》，《中国道教》1987年第3期，页39—41、55。李小强《大足南山道教醮坛造像》，《中国道教》2003年第1期，页39—40。

区多次遭遇水旱灾害,有文献记载的多达38起,特别集中在绍兴和乾道年间,仅绍兴年间就有5起灾情记载,大足所在的潼川府路以及夔州路、梓州路是灾害发生最为频繁的地区。水旱灾害导致饿殍、暴乱,并引发流民迁徙。宋代多通过官员视察、组织祷雨、蠲租、赈灾减赋等形式进行政治干预。①

表 7　宋代四川地区水旱灾害记录表

时　间	地　点	灾　情	举　措
开宝三年(970)	陕西邠州	夏旱	
乾德四年(966)	益州	自五月不雨,九月林木皆枯	
淳化四年(993)	两川	东西两川大旱饥民四处暴动	
至道元年(995)	川陕诸路	旱	命宰相祷雨令川陕诸州埋暴骸
天禧四年(1020)	利州路	旱	
天圣八年(1030)	益州	会岁大旱	令先期倍数出粟予民
明道二年(1033)	梓州路	旱疫	令转运使亲按所部民,蠲其租。
宝元二年(1039)	两川	不雨,民大饥。	
嘉祐三年(1058)	夔州路	旱,饥	名侍御史谞为体量安抚使
嘉祐五年(1060)	梓州路	夏秋不雨	
熙宁元年(1068)	夔州	天旱	减罪囚一等,杖以下释之,壬辰幸寺观祈雨
元祐元年(1086)	诸路	诸省,春旱	
熙宁七年(1074)	益州	至邛蜀,少雨雪	
元祐六年(1091)	涪陵	冬雪不敷,春雨弗若,逮此孟夏,旱灾如焚	

①　周洁:《图像抑或文本——大足南山三清古洞主尊身份辨析》,《中国美术研究》,2017年第2期,第39—49页。

(续表)

时　间	地　点	灾　情	举　措
绍兴二年(1132)	夔州路	渝州大旱	
绍兴三年(1133)	潼川路	久不雨,四月星皆有赤色	
绍兴五年秋(1135)	四川郡国	甚旱	
绍兴六年(1136)	夔、潼、成都郡县及湖南衡州	皆旱	
绍兴二十七年(1157)	四川	旱伤	诏诸司察旱伤州县,捐其税,赈其饥民
隆兴二年至三年(1164—1165)	四川	郡县旱 至于秋七月,次年饥	
乾道三年(1167)	四川	郡县旱,至于秋七月,绵、剑、汉州、石泉军尤甚。	赐制置司度牒四百,备赈济
乾道四年(1168)	益州	旱	帝将撤盖亲祷于太乙宫而雨。 八月,诏颁皇佑祀龙法于郡县。
乾道八年(1172)	夔州路涪州、江南	水旱相继,	民多流入江北寻食。
淳熙元年(1174)	夔州路。涪、忠、万等州	大旱	
淳熙六年(1179)	梓州路	旱	
淳熙八年(1181)	江、浙、两淮、京西、湖北、潼川、夔州路	水旱相继	发廪蠲租,遣使按视,民有流入江北者,命所在赈业之。
淳熙九年(1182)	蜀潼、利、夔三路(合、昌、普、资、渠、利、阆、忠、涪、万州)	不雨、皆旱、饥,流徙者数千人。	
淳熙九年(1182)	合州、昌州	旱	

（续表）

时　间	地　点	灾　情	举　措
淳熙十年(1183)	合、昌州涪、泸、	饥,民就振相蹂死者三千余人。	
绍熙元年(1190)	荣县、重庆府	大旱	
绍熙二年(1191)	渝州、涪州简、资、荣州	皆大旱	真扬通台楚滁和普隆涪渝遂高邮盱眙军富顺监皆旱,壬寅,资、简、普、荣四周及富顺监旱。
绍熙三年(1192)	潼川路简、资、普、荣、叙、隆、富顺监	久旱,日、月、星皆有赤气。潼川路不雨,荣州尤甚。	
绍熙四年(1193)	绵州、简、资、普、渠、合州、广安	大　旱，亡　麦。军旱。	
绍熙四年(1193)	合州、绵州、简、资、普、渠、合、广安君	旱	
庆元三年(1197)	潼、利、夔路十五郡旱	旱	祷于天地、宗庙、社稷。九月,以四川旱诏蠲民赋
庆元六年(1200)		旱	祷于郊丘、宗社。
嘉泰元年(1201)	蜀十五郡、利州路	大旱	祷于郊丘、宗社。戊辰,大雩于圜丘赈之,仍蠲其赋
嘉泰二年(1202)	四川,广安、怀安军、潼川府、梓州路	饥,大亡麦、旱饥	
嘉定四年(1211)	资、普、昌、合州	旱	
开禧元年(1205)	忠、涪州、夔州	大旱	

（续表）

时　间	地　点	灾　情	举　措
嘉定元年（1208）	资、普、昌、合州	旱	
嘉定四年（1211）	资、普、昌、合州旱	蜀石泉军饥，殍死殆万余人。 资、普、昌、合州旱。	
嘉定十二年（1219）	潼川府	饥而不害	
宝庆二年（1226）	荣县	旱	
宝庆三年（1227）	潼川路	不雨，荣州尤甚	
绍定二年（1229）	成都、潼川路	岁旱	制司、监司其亟振恤，仍察郡县奉令勤懒以闻。
咸淳十年（1274）	庐州	长乐、福清二县大旱	

注：本表格主要依据《宋史》《续资治通鉴长编》。

在南山 12 处宋代题记中，有几位官员的唱和诗为宋代南山提供了重要信息，其中又以张宗彦、何格非二人的题诗内容最为丰富。张诗全文阴刻于一处高约 77 厘米、宽 53 厘米的边框中，刻边框周围饰有花草纹样。陆心源在《宋诗纪事补遗》卷五十七中录入此诗，并增添诗题《玉城山醮坛》，认为是淳熙（1174—1189）年间张氏所作。[①]碑刻中的题诗全文如下：

左朝请大夫知剑州军州事张宗彦题」
圆坛高峙对苍穹，四望群山万尊峰。
东直洞天闻」啸虎，下窥云雾隐神龙。
萦纡石磴蹄涔在，幽邃岩」扃藓溜封。
凤驾三休犹喘息，高轩千骑更从容。
雨」旸丰岁严祈祷，香火人家罄局恭。

---

① 《宋诗纪事补遗》卷 57，《续修四库全书》，第 1709 册，第 214 页。

夹路修篁君子」竹，凝烟苍干大夫松。

楼台远近闻羌笛，井邑参差」竞晚春。

极目稻塍平浩渺，一川麦陇翠蒙茸。

骤来」眼界迷天阔，望久岚光逼座浓。

仙驭几时飞汉乌」，桃源何处问郎踪。

谯门三弄传清角，田径诸儿饷」老农。

野马日中何勃勃，塞鸿云外过邕邕。

狂飙掣」电多兴夏，暖景晴晖好在冬。

阮氏登山夸蜡屐，谢」公携妓奏金钟。

天工为我除氛祲，诗客邀人淬笔」锋。

吏部游衡神鬼动，非干造物贷龙钟」。①

此方碑右侧，为何格非所作的应和诗：②

左朝请大夫知昌州军州事何格非和」

三级荒坛接昊穹，炎然高峙压诸峰。祈年设醮延」真驭，旱岁飞符起蛰龙。

崎侧断崖人迹绝，萦纡危」磴古苔封。渺茫眼界穷无尽，□落乾坤信有容。

分」野高低连普遂，山川指点极涪恭。横斜下接行商」路，天矫偏多偃盖松。

鸣噎迥闻孤垒角，丁当时听」夕阳春。风清终日尘难到，地暖非春草自茸。

石水」发茶云脚白，金瓯劝酒泼醅浓。隼旗出郭乘无事」，楚

<hr />

① 重庆大足石刻艺术博物馆编：《大足石刻铭文录》，重庆：重庆出版社，1999年，第298—299页。

② 《铭文录》中认为此诗的镌刻时间为宋宁宗嘉泰元年（1201），重庆大足石刻艺术博物馆编：《大足石刻铭文录》，重庆：重庆出版社，1999年，第298页；李小强根据唱和诗的另一位作者何格非生平，认为此诗的创作年代应为1141年，参见李小强：《大足石刻道教论稿》，重庆：重庆出版社，2016年，第60页。

女行云不见踪。

幸忝承宣颂一札,因闲劳苦问」三农。拟题赋咏惭张籍,欲纪经行愧李邕。

陶菊摘」残花尚在,赵衰可爱日方冬。少留待看霜天月,苦」恨催归别寺钟。

老境所存输健笔,新诗无敌敢争」锋。始知天上张公子,的是商于秀气钟」。

张宗彦为从五品的文散官任军州事,清代人陆心源录入张宗彦的南山题记时,将其称为"淳熙中任左朝请大夫知剑州军州事",并为南山碑刻增加原本不出现在诗题《玉城山醮坛》。① 张宗彦的政治轨迹主要出现在宋高宗绍兴年间,且政绩显赫,曾做过平阳尹,并与河南尹共同参与吴玠绍兴元年(1131)在陕西凤翔领导的"和尚原之战",取得散关大捷。此战一改1128年富平败北的僵局。又因协助杨沂中(1102—1166)征讨李成有功,在高宗绍兴三年(1133)年得赐金带。② 他在南山题诗时辖管今川北广元剑阁一带,隶属利州路,是川陕交界的要害之地。

与张宗彦相比,何格非③是一位名副其实的地方官员。无论是他的祖籍、出生、从政地点、交游等,都围绕在巴蜀地区,与其相关的记载也多出现在县志文献中。何格非为四川营山人,元符年间中进士,孝宗淳熙六年(1179)知昌州,当时昌州辖区包括大足、永川、昌元(今荣昌)、静南四县。何家祖上由成都向东迁徙至蓬山。④ 蓬山是历代兵家必争之地,古有"峰悬百仞,猿有翼而难飞;狭路千寻,鹏无风而亦歇"之说。此处也有开窟造像的传统,有以唐代密宗造像为主

---

① 《宋诗纪事补遗》卷57,《续修四库全书》,第1709册,第214页。

② 《宋会要辑稿》舆服5,第4册,上海:上海古籍出版社,2004年,第2277页。

③ 李小强:《何格非考略:从大足南山石刻诗碑说起》,《巴蜀史志》,2014年第6期,第47—50页。

④ 许吟雪、许孟青编:《宋代蜀诗辑存》,成都:四川大学出版社,2000年,第504—505页。

的千佛岩,还有唐宋之际以造像、碑刻为主的透明岩。何正言本人是一位道教色彩非常浓厚的儒家官员,并且与当地仙人、道士过往从甚,并曾为"蓬山十二仙"撰写传记与题跋。① 而十二仙中最有名的当为蜀地道士贾善翔,他曾以左街都监同弃书教门公事"崇德悟真大师"的身份在北宋末年编撰《南华真经直音》《太上出家传度仪》《犹龙传》,以上三部均收入《道藏》。贾善翔曾到太清宫讲述《度人经》。②《宋书·艺文志》《遂初堂书目》《道藏阙经目录》中均曾收录贾善翔撰写的十卷本《高道传》。

何格非与张宗彦围绕南山撰写唱和诗中:"'三级荒坛接昊穹,岌然高峙压诸峰。祈年设醮延真驭,旱岁飞符起蛰龙'。张宗彦亦称:"圆坛高峙对苍穹"。诗文中有强烈的道教色彩,从以上词句中可概括曾用于祈雨仪式南山"道坛"所应有的物质特征:坛分三级、体量巨大高耸、圆坛。诗文中多次出现醮坛、设醮、祈祷等词语或意象,可见南山曾经作为昌州干旱年岁祈祷的重要场所。官员借助于宗教场所、名山大川或自然景观进行祈雨是常见做法。摩崖造像多居于山林旷野之中,伴有天然洞穴或水源,其自然属性往往被赋予超自然的特质。在地方祈祷与救助事务中,地方官始终扮演着重要角色。张宗彦、何格非为代表的地方官尊重民间社会的祈祷传统,并与富民或地方大族展开积极合作,共同维护地方社会秩序的稳定。③ 以何正言为代表的地方富民阶层,通过捐山造像的方式参与到农业社会的祈祷或赞助活动中。地方官吏将祈祷灵验的事迹立碑上石、唱和歌咏,助推南山及何氏家族的影响力,并同时可以作为任期功绩,双方通过合作互利维护特殊时期地方社会的稳定。这处由个人开凿的道

---

① 王象之撰:《舆地纪胜》卷 188,北京:中华书局,1992 年,第 4862、4864、4867 页。

② 《道藏》中对贾善翔的收入见《历世真仙体道通鉴》卷 51,《道藏》,第 5 册,第 399 页。

③ 另有研究认为由于北宋晚期中央财政集权日益加强,导致地方官府无力从事公益事务,使得地方势力乘机发展和兴起,这一现象并非阻碍而是有助于官方在地方的统治,参见黄宽重:《从中央与地方关系看宋代基层社会演变》,《历史研究》,2005 年第 4 期,第 108—115 页。

教摩崖造像空间，由于密切参与到地方社会活动中，又由于作为城邑要塞的特殊地理位置，从众多私人庙产中脱颖而出，一跃成为县邑中重要的信仰和宗教空间，特别受到地方官的推崇和赞颂，可折射出宋代地方乡村社会中富民阶层与直属地方官吏之间互动互惠的运作方式。

表 8　南山宋代纪年铭文题记列表

时　间	题记反应的主要内容、活动
绍兴二十四年(1154)	何正言舍地开山造第 5 号三清古洞
绍兴二十四年(1154)	何正言与子何浩及妻室　镌造第 4 号注生后土圣母龛
乾道五年(1169)	陈伯疆在三清古洞右门柱内侧刻"冬至日飨生考题记"
淳熙五年(1178)	吕元锡挈家寻仙追凉于此，记题，于三清古洞左门柱中央
淳熙五年(1178)	吕元锡游南山诗并跋，位于三清古洞龛外左侧外石壁
淳熙五年(1178)	佚名刻题记"和吕元锡诗"，位于三清古洞左侧外部石壁
淳熙十五年(1188)	梁当之等刻"避暑南山题记"，位于三清古洞右龛口上方
庆元六年(1200)	曹伟卿题刻：公余雪后三日侍亲游南山，位于三清古洞右侧柱身
宁宗嘉定四年(1211)	邓早阅张、何二公诗拔："术者云：南北山童。
理宗邵定二年(1229)	陈及之省坟过此题记
端平二年(1235)	樊允季题刻"领客避暑终日题记"于三清古洞右外石壁
淳祐七年(1247)	何光震等题刻"饯郡守王梦应记碑"，位于三清古洞右侧外石壁

嘉定四年(1211)，邓早在阅览过张、何二人的诗跋后，在南山三清古洞左外壁留下题刻：术者云：南北山童，殊乏秀气，有修竹茂」林，闻人益显。庵主王道琼手植醮坛今已」森然。因阅辛酉岁张何二公诗，磨崖以」示好事者。辛未初冬邓早跋，张大成书丹」。[①] 此处已明确将南山和北山并置在一起。

南山理宗淳祐十年(1250)《何光震饯郡守王梦应记》中亦载：文

---

① 　重庆大足石刻艺术博物馆等编：《大足石刻铭文录》，重庆：重庆出版社，1999 年，第 299—300 页。

物彬彬，久稳闻见。人品有杨贤良、王文正之清，亭沼有香霏、鉴湖之胜，仙迹有董、葛之异，山林有南、北之秀，物产有盐米之饶。根据北山佛湾带有题记的 42 个龛窟中的信息，可知造像年代主要集中在北宋末徽宗、南宋初高宗、孝宗时期，而这一时期也是南山摩崖造像修建、完成的时期。以往研究并未从区域宗教景观的整体建造过程中，讨论南北山之间的关系。实际上，南山修建年代与北山宗教景观的完整建立是属于同时期，均完成于绍兴年间。

12 世纪中叶，南、北两山不但是昌州县邑中最具代表的山川胜景。从风水术的角度，南、北山的地理位置对于大足城邑来说至关重要，南山摩崖造像位于大足"南斗山"山脉的最高处，作为大足南边重要的关隘，与军事防御、宗教、社会组织功能合而为一的北山遥相呼应，北山奉佛，南山奉道，佛道各一，共同构筑起大足地区民众宗教信仰的神圣空间，且南山又因在连年的水旱灾害中祈祷灵验，地方官员亦将南山视为护佑昌州的灵验之所，如南宋何格非在此题记并举行人文聚会，以诗酒共庆的方式记载南山及个人伟业。官员选择在规模不大的南山留下诗作，并吸引不少名人雅士来此仿古、踏查、留下碑铭，这处由造像、灵验传说和山川秀景、文人墨刻多重视觉景观构筑起来的地方神圣空间，至南宋绍兴、淳熙年间达至鼎盛，吸引县境内外诸多文人雅士纷纷到南山追凉和踏查。

南宋淳祐七年（1247）碑位于三清古洞右边外侧岩壁之上，撰于南宋理宗淳祐七年（1247）冬月望日，也是大足现存有明确纪年的最晚碑记，可作为宋代大足摩崖石刻造像的年代下限参照。作为传统士大夫游记之作，其中记述了大足县令何光震与友众游览南山之后，为大足知州王梦应践行的情况。碑文记载了宋末昌州地区的社会政治环境，反映 13 世纪中叶四川东部遭蒙古军攻掠后的社会政治历史的基本情况：

　　　　昌临于合，旧号东州道院。文物彬彬，久稳闻见。人品有杨贤良、王文安、□之清，亭沼有香霏、鉴湖之胜。仙迹有董葛之异，山林有南北之秀，物产有盐米之饶。□县」守令前寮佐类多名胜,题墨淋漓。遗迹仿佛,独惜介在山址,距大江几二百里」,素无城守兵卫。狄难以来,官、吏、民多不免焉,加以师旅,因饥馑存者转徙、仕」者退缩,至州县官苟具而可,环千里荆榛矣。」制使尚书余先生镇蜀,外遏寇攘,内抚疲瘵,垂念凋郡,密迩行台。乃请于」□□朝。命前资守合阳王梦侯梦应领是州。侯,字明甫,历郡久,纯以诗书从事。礼士戢」奸,遗民少苏,寮吏毕集。于是,大足令何光震华甫,司理赵若訒正子,以乡人备」员。武信张顺臣、文炳,职郡教。普慈李方嗣直为纠曹,重辟杨莘起明夫,主大足」簿。永川令玉牒赵希伐圣可,尉泸州赵□□甫相与联事。虽食饫杞菊,驾乏舆」马,人或不堪其况,然志合道同,凡所讲行,恪遵教条,务从众所欲恶,各倾乃职。」初仕者俱获小升,经任者相继改秩,一时同官清修之乐,其庶几焉。侯以乙巳」春正月至州,迨丁未冬,首尾三年。大闸桥以禀事,寮属攀饯于南山。侯顾谓」光震曰:乡贤仕此多矣。昔△炉峰陈先生用庚旱山,与此简何公应龙从叔,联」辛酉类省魁亚,何公尝位于」朝。终□政宪后,未有闻焉。初炉峰教授此州,有不拜伪诏之节。有杨贤良六经图」勒石。时教授嘉陵堂宪之令,将下而卒。人士至今惜之。今长公昕之晞瞬见」升太学。□□□黄应朝□□出继,再以世学冠嘉□类省□经。见四川制参时」利漕节甥范仲礼从□前大足簿新南平军司法。斯文之泽,方增未艾。近事章」灼如此,吾□其可计目前之荣悴,而不以千岁自期乎。盖书以补郡志之缺。」□□□乃谐光震□上南山,有石岩,岩刊此识,以垂千万年。淳祐七年冬十月既」望。门生登仕郎昌州大足县令权金判何光震,从事郎昌州州学教授张顺臣,」从政郎待□季方迪功郎昌州大足县主簿杨莘起拜守谨记。」①

最初陈世松对此碑及碑文反映的南宋末年川东地区的战争景况进行

---

① 原文录于重庆大足石刻艺术博物馆编:《大足石刻铭文录》,重庆:重庆出版社,1999年,第300—301页。

讨论,认为印证了当时四川内郡防御空虚、蒙军入蜀以来东川遭受兵焚、余阶治蜀时州、县一级官吏政治生活的景观。[①] 此碑是宋代大足碑记年代的下限。整个元代在大足县境之内未发现碑石龛窟开窟痕迹。石篆山保存明代永乐十一年(1413)的《重修佛会寺碑记》,其中提到大足地区宗教场所没落之因由:

> 元至正间,边臣跋扈,兵燹相承,□食不给,猖狂叫嚣之徒,以殿宇倾圮者,为□米之薪,天畴穗实者,为糇粮之物。遂至荒尘坌积,荆棘滋深。

三　后浪云涌宝顶兴

绍兴、淳熙年间是大足造像活动最兴盛之际,作为城邑之要冲的南山和北山以佛道不同势力划分宗教空间。只是这样的优势维系时间并不长。宝顶山的开凿与营建实际是对大足地区宗教石刻空间与信仰群体的一次争夺,赵智凤集结全昌州之力开凿宝顶山,以宣扬孝道和大量便于民众接受的世俗化宗教图像而著称。刘畋人在洪熙元年(1425)碑刻题记里提到开凿的背景:发弘誓愿普施水法,御灾捍患。德洽远近,莫不皈依。凡山之前岩后洞,琢诸佛像,建无量功德。[②]

宝顶山的开凿年代有唐代说、宋代说与明代说三种。[③] 宋代说理论依据最为充分。碑文提到主持开凿者赵智凤出生于高宗绍兴二十九年(1159),宣称承袭柳本尊所创的瑜伽教派,自峨眉学道并返回大足圣寿寺修行,进而主持宝顶山大佛湾营造工作。赵智凤出生的年代恰是北山、南山作为区域宗教空间最为兴盛的时期。通过题记

---

① 陈世松:《试论大足南山淳祐十年碑记的价值》,《四川文物》,1986 年(石刻研究专辑),第 71—75 页。

② 重庆大足石刻艺术博物馆编:《大足石刻铭文录》,重庆:重庆出版社,1999 年,第 211 页。

③ 陈习删:《宝顶雕像年代问题》,载刘长久、胡文和、李永翘编著:《大足石刻研究》,成都:四川省社会科学院出版社,1985 年,第 51—55 页。

可知，宝顶石刻主要修建于南宋淳熙至淳祐年间，历经七十年，终于建成以大佛湾、圣寿寺为中心、覆盖至周围远近约五里的规模。

这处宗教石刻景观所包含的宗教因素极为广泛。有冠以"瑜伽教派"，以"十炼"为代表的密教形制造像，亦有当地规模最大的千手观音像、华严三圣巨像、禅宗色彩浓厚的牧牛图、带有浓厚儒家孝悌观念劝善尊老的伪经《报父母恩重经变》图像与揭文。太史文认为宝顶山的建造体现出了极强的地方性，特别是将传道人赵智凤的形象纳入六道轮回图中，充满规劝与孝道意涵的世俗场景，以及文义简明的偈颂文，均体现了宗教造像地域性的特征。①

赵智凤集全昌州甚至附近州县之力开凿宝顶山大佛湾。如果将其放置到唐宋时期大足地区宗教空间的建立和形成脉络中，较之南、北山及周边其他小型家庙式龛窟，南宋后期才建造成形的宝顶山，直至 13 世纪才作为地方重要的宗教景观而受到关注。13 世纪末的王象之在记载昌州宝顶山之时，只简要提到"在大足县东三十里，有龛岩道士赵智凤修行之所"，并未提及蔚为大观的造像。

13 世纪末宝顶未修建完成之前，整个大足地区最重要的宗教景观是以佛教著称的北山石刻和以道教著称的南山石刻为代表，其余小型摩崖造像多以家族、村落或个人为出资人赞助人供养开凿，类似唐代以来寺观之中灯田的性质。最终南宋大足地区宗教空间的竞争以赵智凤为领导的宝顶山胜出。

南宋末期，因宋元战争，昌州毗邻战争前线，民众四散逃难，包括造像在内的活动基本中断。整个大足地区宗教空间的复苏以及相关历史记载，重新出现在明代洪熙元年，重新开放宝顶，此后逐渐作为大足、安岳等周边区域规模最大、影响最为广泛的宗教空间，成为与西蜀并列的"上朝峨眉，下朝宝顶"的重要宗教香会活动与信仰空间。

宝顶山自明代永乐之后逐渐兴盛以外，北山、南山、石门山、石篆山、妙高山等其他摩崖造像，均是 20 世纪 60 年代之后，随着全国性

---

① 太史文著、张煜译：《〈十王经〉与中国中世纪佛教冥界的形成》，上海：上海古籍出版社，2016 年。

的文物普查工作,其价值才渐次被发掘并进行意义的重新建构。宝顶山至今还存在每年一度的盛大宝顶香会活动,其信众不限于大足本地,包括邻近的安岳及全川民众,都会来此朝圣,依旧延续明代以来的功用,作为民众宗教活动和信仰空间的载体。除此之外,包括北山、南山、石篆山、石门山等摩崖造像,已转化为文化遗产和文物保护单位,完成了从宗教神圣空间到文化遗产保护单位的转换。一些规模更小的如石佛寺、佛耳岩等,历经千年,依旧成为附近村落民众每月按时祈请举行法会的场所,自南宋以来就一直作为活态的民间信仰宗教空间而存在。

四 从地方胜地到文人碑刻景观

明代《大足县志》中,有木刻插图版画描绘当时南山玉皇观植被森然、整饬有序的景况(图3-16)。后人常将此作为纳凉、避暑、登高之处。整个昌州大足历经宋末元初数次战乱后,流民到处奔走,住户锐减,昌州附近的开窟造像工作也趋于停滞。元代甚至没有发现

图3-16 清代南山玉皇观 采自乾隆《四川大足县志》卷一,第12、13页。

一处造像。直到明代,出现了重开宝顶山的活动,整个大足的宗教石刻造像空间再次被激活。

清康熙五十八年(1719),三清古洞所在的玉皇观有一次田产转让活动,住持僧一念主持从夏家杨氏与幼孙之处征买官田七十三亩(包括地上房产),并将其充为免赋税的佛寺常住田。在三清古洞左侧龙柱上方,刻有记载这次田产转让的"契约"。南山这处私人耕种、缴纳国赋的官田,变为佛僧任住持的宫观所有,成为寺观灯田可免于纳税,地方会首作为见证人,由同在南山、距离玉皇观不远的南禅寺僧人一铠撰写契约并刻碑上石。此后南山摩崖造像主要有两次妆修工作:

首次发生在康熙六十年(1721),这次妆彩活动是民众自发性的民间行为。1720 年信众唐则圣捐银十八余两,妆彩三清古洞中的七十四位天尊。此处为妆彩,并非开凿。唐则圣应为附近村落中德高望重之人,在 1719 年南山田产转卖活动中,唐则圣作为见证人,位列 90 余位见证人之首,应为《置田产契约碑》中所提及的"三会首"之一。① 然而未完成此次妆彩工作唐则圣既已去世。其子唐子俊在第二年(1721)携全家捐款三十六两继续妆彩,并于同年九月初一完工并上石刊刻题记。此次装修活动记录在三清古洞右门柱下方:

　　装修玉皇古洞天尊碑记」
　　尝闻事无论繁简,要必求有终,功不拘大小,要必尚其克成。予」父先年装古洞七十四位天尊,捐银一十八两有零」,志有余而岁不我与。予继其志又将三元火官并三百六十感应天尊」一一全装。又自捐银三十六两有零。匠工告竣,众请勒碑,予非」敢云夸功也,亦非敢云祈报也,不过继父志以告成云耳」。父讳则圣,字异生,道济其号也。母唐氏,男唐子俊宾氏」,子伟郭氏,子

_____

① 重庆大足石刻艺术博物馆编:《大足石刻铭文录》,重庆:重庆出版社,1999 年,第311 页。

佳周氏,子仲杨氏,男妇蒋氏,孙才茂李氏」,才盛冯氏,才英黄氏,才雄邓氏,才通、才进、才高」。康熙六十年九月初一日,大足区城内信士唐子俊自记」。①

　　清初时期以唐则圣为代表的地方信众仍旧将南山,特别是三清古洞中的天尊像以及三元火官视为灵验神祇,进行较大规模的重妆及捐赠活动,此次亦是南山宗教性活动开展的最后记载。

　　南山再次增添新的碑刻内容,源自清代嘉庆二十三年(1818)六月始任大足区令的张澍(1776—1847)。张澍本是甘肃威武人,在大足任职半年内,先后两次登临南山,并题写两块碑记与两处匾额。对南山在内的大足摩崖遗迹的踏查与记载,多源自重修县志和增补地方志的需要,依据宋明以来的方志对所辖区域现存古迹进行排查与记录。在《养素堂文集》以及嘉庆《大足县志》中均有体现。其中嘉庆《大足县志》"寺观"类目下,罗列 164 处寺观名及其所在方位,将南山玉皇观与白塔寺、圣寿寺并列作为地方景观,收录南山遗存的碑刻题记共计 11 处,从中可了解清代南山景况:"玉皇观,在城南三里,踞南山之巅,上有老君阁,下列十二弟子石像,均摧折,张澍修补。下有三清古洞,凿开岩石镌佛像。搜得宋人石刻数种。"②张澍曾于嘉庆二十三年(1818)偕友人登临南山,并撰写碑记,此碑现存于圣母龛窟右侧第 2 号碑洞窟右壁之上:

　　　　重九偕幕友胡梓川、宋树亭、少尉蔡峻峰、内弟何晴霞游南禅」寺,遂至玉皇观登高记」。鸿雁北来,节逢九日。薄书少暇选地登高。城南三里有南禅」寺,金曰:幽胜肃驾游焉,刹宇荒凉,

---

　　① 　重庆大足石刻艺术博物馆编:《大足石刻铭文录》,重庆:重庆出版社,1999 年,第311—312 页。

　　② 　张澍有关蜀地的诗文多收录于氏著《养素堂文集》中,后收入苗普生编:《中国西北文献丛书》第 167 卷,北京:线装书局,2006 年;另见张安兴、张彦:《西安碑林博物馆藏张澍〈大足金石录〉考略》,收入大足石刻研究院编:《2014 大足学国际学术研讨会论文集》,重庆:重庆出版社,2016 年,第 491—499 页。

僧房卑庳，不足邕□，惟」门外松桧楠掺颇堪延赏，遂呼驺赴玉皇观，路渐曲仄，延缘而」上，约里许乃至。搽饮少憩，入三清洞，浏览凿空岩石、雕镌法」像，非自然者。抚视洞门右刻隶书二十字，笔意甚雄桀，乃谯人曹」伟卿公，余侍亲游此，为庆元庚申冬雪后三日也。侧面刻楷书」七十字，字有阙落，系后人凿削。乃知昌州陈伯疆缮其先考妣」者为乾道己丑冬至日也。循视洞门左刻楷书二十三字，乃中国吕元锡挈家寻仙于此，为淳熙戊戌六月十三日也。"寻」仙"下凿毁三字。出洞摸左石壁为屋□遮拥甚黝黑，然火烛之，寻七」律诗四首。倡者为左朝请大夫知剑州军州事张宗彦，和者为左朝」请大夫知昌州军州事何格非。无岁月旁刻草书四行，甚」模糊。审视乃辛未初冬邓早跋、张大成丹书也。旁有南山留题七律一」首，乃淳熙五年六月十二日吕元锡挈家登南山回，少憩南禅寺所做也。下」刻和韵诗署款处数十字，极小驳落不可辨。仍循至右壁有淳祐」七年冬十月大足区令何光震同教授主簿等官刻石纪事者」文凡六百九十字。旁有端平二年六月六日江源樊允季领」客资阳王熙避暑于此，凡三十二字。数百年苔封藤覆之物，一旦出于」人间喜极欲颠。百冯是获，饬吏人撤木栏，涤尘土将拓，以饷知好也。遂登」老君阁，石像数十，断裂横卧，瞥视客外，野烟□树，时露赪阳。孤鹜飞」处，白塔出尖，缦田水满，皓同积雪矣。呼灯剧饮，联骑而归，濡墨作记」并棍二诗」。夹路松声涌翠涛，丛篁秀色上霜袍。偷闲来问空王法，仰首」呼通帝高。幂地寒云迷窆堵，摩天健鹘觑林皋。登峰欲咒」石龙雨，洗尽苔斑好吮毫。攀萝拊葛费冥搜，赵宋」诗篇石壁留。已到红羊劫火日，谁悲白雁荆襄秋。感怀」。我欲唾壶击，欸岁民偏鼓服游。严申酒米价甚践，贡鞠茱萸循例」。醉△严城寒漏下△筹△△嘉庆戊寅岁嘉平之月」赐进士出身前翰林院庶吉士知屏山县署大足县事西凉介侯张澍呵冻书。①

---

① 原碑文收录于重庆大足石刻艺术博物馆编：《大足石刻铭文录》，重庆：重庆出版社，1999 年，第 303 页。

《大足县志》有木刻插图表现南山摩崖整体景观,在三清古洞之上,有一处阁楼式三连拱建筑,此处即为张澍碑记中登临的老君阁,嘉庆年间曾有残断石像数十尊。目前此处为荒芜平地,几无建筑痕迹。"登峰欲咒石龙雨"是对张、何二人诗文的回应,也是对这处祈雨灵验南山的再次传颂。编为第8号的碑刻与此碑文同时撰写,位于三清古洞左侧"太清亭"岩壁之上。石面高约160厘米,宽330厘米,匾额主体为"辰秀太清"四字,在其下方留有题记:

> 著雍摄提格云」嘉九日偕友登高」。爱此崖石削而」平之,赞以四言」。赐进士出身翰林」院庶吉士,知叙州屏」扇县署大足区事」武威张澍介侯甫题①

在第2号龛的左壁刻有年底(1818)腊月张澍任职半年之后再次登临南山的赋诗:

> (1)春云雪后澹如消,斗厥霜蹄踏蹬骄。
> (2)柳色青睐莺舌滑,菜花黄处酒旗飘。
> (3)刑清无事官疏嬾,僧俗何知佛家寥。
> (4)半载昌州惭抚字,怀音试听泮林鸮。
> (5)摩崖藓字又来寻,乾道淳熙岁月深。
> (6)毁党籍碑青史泣,小朝廷币白头吟。
> (7)仅多避暑消闲客,谁抱忧时话国心。
> (8)读罢张何唱和句,晴天一鹤响瑶音。
> 　岁行尽矣余将卸篆,官舍清寂重游遣兴。摩挲宋刻倍增吁。口占二诗以志踪迹,嗜古君子或有取诸。时嘉庆二十三年腊月二十四日西凉介侯张澍题②

---

① 重庆大足石刻艺术博物馆编:《大足石刻铭文录》,重庆:重庆出版社,1999年,第304页。

② 同上书,第305页。

诗文中第3—4句说明任职期间政事清闲。第5、6句，南山南宋乾道、淳熙年间的碑刻题诗尤令作者挂念。《元祐党籍碑》的惨淡历史令人唏嘘，如今登临南山的则多为休闲消暑之众。有关南山的直接描写，仅见于第8句中对张、何二人唱和诗的记载。与此同时张澍为南山撰写的匾额，位于石窟右侧，距离地面4米高壁面上的"翁然云起"，落款为"戊寅涂月左武威张澍书"。

张澍对南山这处遗迹来说具有双重身份，既是南山摩崖的记录者或研究者，同时又是南山宗教与文化景观的创造者。但张澍对南山的记载踏查，仍在金石考据路径的影响之下进行。与可视的石刻造像相比，处于昏暗之处、需手持火烛才能发现的淳熙、乾道年间漫漶阙字，才是张澍关注、记载的对象。

同治十一年(1872)至光绪元年任大足知县的王德嘉，与张澍类似，也为南山的碑刻题记增加了新的图景。现编为第9号的碑刻为同治十二年(1873)王德嘉观赏了南宋前贤诗文后，撰文纪念：

> 万壑争流涌似潮，一峰独秀势千霄。空王殿阁云中现，香国川原画里遥。
>
> 暖日笝箸眠醉影，春风杨柳舞纤腰。石龙祷雨前贤赞，代异情同若见招。
>
> 故乡群盗肆穹搜，犹幸余生虎口留。礼家居大遭兵，秦蜀乱离经十载。
>
> 骆多勋业炳千秋，城非贤令谁婴守。岁适饥时我宦游，抚字催科勤咸夜。
>
> 农桑并劝为等仙，仙山洞府为谁开。偷得闲身踏屐来，诗煅花间倾白酒，
>
> 棋敲石上拂苍苔，斜阳归路稀人迹。绕郭桑麻喜自栽，忽捧九重亲政诏，
>
> 定知贤佐有伊莱。同治十二年岁次癸酉春游南山寺，步吕、张二公留题，原韵城固王德嘉并书。

同年三月王德嘉增题了现编为 11 号的"寿"字碑，以及第 13 号"绝尘"碑，均位于石窟左岩上。这两项碑刻内容多与一般性祈福及文人追求的隐逸趣味相关。类似碑刻的内容主要增添于清代。

光绪十三年(1887)，南山玉皇观增立一块"示禁碑"，位于三清古洞右外侧石壁上，内容主要为玉皇观僧常超等浪费不堪，将灯田出当的情况。可知至清末，南山摩崖造像所在的玉皇观以及相关的道教空间已衰败。

龙洞、醮坛作为有形的物质载体，为当时与后来的人们提供了回忆与想象南山的重要框架。从张宗彦、何格非到王象之一直延续至清代张澍，它们笔下和口中传颂的南山，都不乏对古迹与圣迹的落墨与赞叹。张澍在短暂的半年任职期间，两次登临南山并留下数方碑刻题记和匾额，以文字的形式更新了南山摩崖的面貌。地方官员为了能够更好地施政，民众的支持与顺从是前提条件，深度参与并制造新的共同记忆，不失为有效的途径。王德嘉与张澍题写的匾额，又参与到对南山宋代传统的追忆中。在不断重构与更新中，作为地方传统的龙洞以及宗教物质载体的醮坛，成为连接古今的对话桥梁。正由于自张宗彦、何格非、何光震、张澍、王德嘉等地方官的渐次到访，以及所留下的碑刻题记，令南山这处原本由个人开凿供养的道教造像空间，成为地方灵验圣迹，并进而成为儒家士大夫彰显政绩、标榜文学趣味及交游赏玩的文化景观。

参考文献

基本史料

[1]《道藏》,天津古籍出版社、文物出版社、上海书店,1988。

[2]《正统道藏》,台北:新文丰出版公司,1985。

[3] 班固:《汉书》,北京:中华书局,2011。

[4] 北京大学古文献研究所编:《全宋诗》,北京:北京大学出版社,1996。

[5] 曾枣庄、刘琳主编:《全宋文》,上海、合肥:上海辞书出版社、安徽教育出版社,2006。

[6] 常璩撰,任乃强校注:《华阳国志校补图注》,上海:上海古籍出版社,1987。

[7] 陈东撰、方功惠辑:《靖炎两朝见闻录》,上海:上海古籍出版社,1995。

[8] 陈梦雷编纂、蒋廷锡校订《古今图书集成》,中华书局、巴蜀书社,1985。

[9] 陈习删等纂辑:《重修大足县志》9 卷铅印本,1945,复旦大学藏。

[10] 道宣撰、郭绍林点校:《续高僧传》,北京:中华书局,2014。

[11] 董诰等编:《全唐文》,北京:中华书局,1987 年。

[12] 杜应芳编:《补续全蜀艺文志》,《续修四库全书》,上海:上海古籍出版社,第 1677 册,2002。

[13] 范祖禹:《范太史集》,《景印文渊阁四库全书》,第 1100 册,台北:台湾商务印书馆,1986。

[14] 高楠顺次郎、渡边海旭、小野玄妙编:《大正新修大藏经》,台北:新文丰,1983。

[15] 郭鸿厚、陈习删等纂修:《四川省大足县志》,台北:成文出版社,1976。

[16] 郭璞注、郝懿行笺疏、沈海波校点:《山海经》,上海:上海古籍出版社,2015。

[17] 郭若虚撰、王栗群点校:《图画见闻志》,杭州:浙江人民美术出版

社,2013。

[18] 洪迈:《容斋随笔》,北京:中华书局,2005。

[19] 洪迈撰、何卓点校:《夷坚志》,北京:中华书局,2006。

[20] 胡道静编:《藏外道书》,成都:巴蜀书社,1992。

[21] 黄士毅编、徐时仪、杨艳汇校:《朱子语类汇校》,上海:上海古籍出版社,2014。

[22] 黄庭坚:《黄庭坚全集》,成都:四川大学出版社,2001。

[23] 黄休复著、秦岭云点校:《益州名画录》,北京:人民美术出版社,2005。

[24] 黄以周等辑注、顾吉辰点校:《续资治通鉴长编拾补》,北京:中华书局,2004。

[25] 乐史撰、王文楚点校:《太平寰宇记》,北京:中华书局,2007。

[26] 李传授编:《大足县志》,北京:方志出版社,1996。

[27] 李昉等编:《太平广记》,北京:中华书局,2003。

[28] 李昉等编:《太平御览》,北京:中华书局,2000。

[29] 李剑国辑校:《宋代传奇集》,北京:中华书局,2001。

[30] 李焘:《续资治通鉴长编》,北京:中华书局,2004。

[31] 李心传:《建炎以来朝野杂记》,北京:中华书局,2000。

[32] 李修生主编:《全元文》,南京:江苏古籍出版社,1998。

[33] 李延寿:《北史》,北京:中华书局,1974。

[34] 李攸:《宋朝事实》,《景印文渊阁四库全书》,第 608 册,台北:台湾商务印书馆,1986。

[35] 刘椿:《画继》,北京:人民美术出版社,2004。

[36] 刘克庄:《后村集》,《景印文渊阁四库全书》,第 1180 册,台北:台湾商务印书馆,1986。

[37] 刘克庄著、辛更儒校注:《刘克庄集笺校》,北京:中华书局,2011。

[38] 刘昫:《旧唐书》,北京:中华书局,1975。

[39] 刘挚:《忠肃集》,北京:中华书局,2002。

[40] 陆游:《老学庵笔记》,北京:中华书局,1997。

[41] 陆游:《陆游集》,北京:中华书局,1976。

[42] 马端临:《文献通考》,北京:中华书局,2011。

[43] 马蓉、陈抗等点校:《永乐大典方志辑佚》,北京:中华书局,2004。

[44] 毛滂著、周少雄点校:《毛滂集》,杭州:浙江古籍出版社,1999。

[45] 孟元老撰、伊永文笺注:《东京梦华录笺注》,北京:中华书局,2006。

［46］欧阳修、宋祁撰：《新唐书》，北京：中华书局，2012。

［47］欧阳修撰、周必大编：《文忠集》卷 86，《景印文渊阁四库全书》，第1102 册。

［48］彭定求编：《全唐诗》，北京：中华书局，1960。

［49］钱泳：《履园丛话》，北京：中华书局，1979。

［50］上海古籍出版社编：《宋元笔记小说大观》，上海：上海古籍出版社，2001。

［51］上海师范大学古籍整理研究所编：《全宋笔记》，郑州：大象出版社，2012。

［52］沈德符撰：《万历野获篇》，北京：中华书局，1959。

［53］释赞宁：《宋高僧传》，北京：中华书局，1987。

［54］司马光：《资治通鉴》，北京：中华书局。2012。

［55］宋庠：《元宪集》，上海：商务印书馆，1937。

［56］苏轼著、王云五编纂：《苏东坡集》，商务印书馆，1933。

［57］苏辙：《龙川略志》，北京：中华书局，1982。

［58］汤垕著、马采标点、邓以蛰校阅：《画鉴》，北京：人民美术出版社，2016。

［59］唐圭璋编纂、王仲闻参订、孔凡礼补辑：《全宋词》，北京：中华书局，1999。

［60］脱脱撰：《宋史》，北京：中华书局，1977。

［61］王昶：《金石萃编》，西安：陕西人民美术出版社，1990。

［62］王存：《元丰九域志》，北京：中华书局，1984。

［63］王明编注：《太平经》，北京：中华书局，1960。

［64］王溥：《唐会要》，北京：中华书局，1955。

［65］王圻、王思义编：《三才图绘》，上海古籍出版社，1988。

［66］王钦若等编、周勋初等校：《册府元龟》，南京：凤凰出版社，2006。

［67］王象之：《舆地纪胜》，北京：中华书局，1992。

［68］魏收：《魏书》，北京：中华书局，1997。

［69］魏徵等撰：《隋书》，北京：中华书局，1997。

［70］吴曾：《能改斋漫录》，北京：中华书局，1960。

［71］吴任辰：《十国春秋》，《景印文渊阁四库全书》，第 465 册。

［72］吴自牧：《梦粱录》，北京：中华书局，1985。

［73］熊克：《皇朝中兴纪事本末》，北京：北京图书馆出版社，2005。

［74］徐松等辑录、刘琳、刁忠民、舒大刚、尹波等点校：《宋会要辑稿》，上海：

上海古籍出版社,2014。

　　［75］徐松辑:《中兴礼书》,《续修四库全书》,第 823 册。

　　［76］薛居正等:《旧五代史》,北京:中华书局,1976。

　　［77］杨慎:《全蜀艺文志》,北京:线装书局,2003。

　　［78］佚名著,王群栗校注:《宣和画谱》,杭州:浙江人民美术出版社,2012。

　　［79］张丑:《清河书画舫》,《景印文渊阁四库全书》,台北:商务印书馆,1986。

　　［80］张继禹等主编:《中华道藏》,北京:华夏出版社,2004。

　　［81］张君房编:李永晟点校,《云笈七签》,北京:中华书局,2003。

　　［82］张澍撰修:《大足县志》,8 卷本,道光十六年(1836),普通线装,复旦大学藏。

　　［83］张彦远:《历代名画记》,杭州:浙江人民美术出版社,2013。

　　［84］赵彦卫:《云麓漫钞》,北京:中华书局,1996。

　　［85］郑樵:《通志》,北京:中华书局,1987。

　　［86］中华书局编辑部编:《宋元方志丛刊》,北京:中华书局,1990。

　　［87］朱景玄著、吴企明校注:《唐朝名画录校注》,合肥:黄山书社,2016。

　　［88］朱士嘉编:《宋元方志传记索引》,上海:上海古籍出版社,1986。

　　［89］祝穆撰、祝洙增订、施和金点校:《方舆胜览》,北京:中华书局,2003。

碑刻文献与图录

　　［1］白化文、张智主编:《中国佛寺志丛刊》,扬州:广陵书社,2006。

　　［2］陈明光编著:《大足石刻档案》,重庆:重庆出版社,2012。

　　［3］陈瑞林、余德章、陈必编:《四川文物志(上中下)》,成都:巴蜀书社,2005。

　　［4］高大伦、国家文物局主编:《中国文物地图集》,文物出版社,2009、2010。

　　［5］故宫博物院编:《(康熙)蓬溪县志》,载《故宫珍本丛刊—四川府州县志》第 2 册,海口:海南出版社,2001。

　　［6］故宫博物院编:《安岳县志》,载《故宫珍本丛刊—四川府州县志》第 4 册,海口:海南出版社,2001。

　　［7］故宫博物院编:《大足县志》,《四川府州县志》第 11 册,海口:海南出版社,2001。

　　［8］国家图书馆善本金石组编《宋代石刻文献全编》,北京:北京图书馆出版社,2003。

[9] 胡人朝主编:《新中国出土墓志》,北京:文物出版社,2002。

[10] 胡文和编:《西南石窟文献》,兰州:兰州大学出版社,2003。

[11] 金维诺编:《永乐宫壁画全集》,天津:天津美术出版社,1997。

[12] 金维诺编:《中国寺观雕塑全集》,哈尔滨:黑龙江美术出版社,2003。

[13] 金维诺主编:《中国美术全集》,安徽:黄山书社,2010。

[14] 李先逵、郭璇、陈蔚、冷婕:《大足石刻与古建筑群》,重庆:重庆大学出版社,2015。

[15] 刘敦桢著:《刘敦桢全集》,北京:中国建筑工业出版社,2007。

[16] 刘长久主编:《中国石窟雕塑全集》,重庆:重庆出版社,2000。

[17] 龙显昭、黄海德编:《巴蜀道教碑文集成》,成都:四川人民出版社,1997。

[18] 卢辅圣编:《中国书画全书》,上海:上海书画出版社,1993。

[19] 苗普生编:《中国西北文献丛书》,北京:线装书局,2006。

[20] 潘鼐:《中国古天文图录》,上海:上海科技教育出版社,2009。

[21] 山西旅游景区志丛书编委会:《永乐宫志》,太原:山西人民出版,2006。

[22] 王卉娟:《元代永乐宫纯阳殿建筑壁画线描:楼阁建筑的绘制方法》,北京:文物出版社,2013。

[23] 温玉成主编:《中国石窟雕塑全集》,重庆:重庆出版社,2001。

[24] 吴道子:《道子墨宝》,北京:人民美术出版社,1990。

[25] 中国美术全集编辑委员会、陈明达编:《中国美术全集雕塑编》:北京:文物出版社,1989。

[26] 中国寺观壁画全集编辑委员会:《中国寺观壁画全集》,广东教育出版社,2011 年。

[27] 中国西南文献丛书编委会、甘肃省古籍文献整理编译中心编:《中国西南文献丛书》,北京:学苑出版社,2009。

[28] 中国营造学社主编:《中国营造学社汇刊》,北京:知识产权出版社,2006。

考古报告

[1]《遵义杨粲墓发掘报告摘要》,载贵州省博物馆考古研究所编:《贵州田野考古四十年(1953—1993)》,贵州:贵州民族出版社,1993。

[2] 白彬:《江西南昌东晋永和八年雷陔墓道教因素试析》,《南方文物》,2007 年第 1 期。

［3］白彬:《雷神俑考》,《四川文物》,2006 年第 6 期。

［4］白彬:《四川五代两宋墓葬中的猪首人身俑》,《四川文物》,2007 第 3 期。

［5］蔡运生:《安岳县灵游院摩崖石刻造像调查简报》,《中国道教》,1994 年第 4 期,第 48—50 页。

［6］曹丹、赵昤:《安岳毗卢洞石窟调查研究》,《四川文物》,1994 年第 3 期。

［7］曾德仁:《四川安岳石窟的年代与分期》,《四川文物》,2001 第 2 期。

［8］曾德仁:《四川省丹棱县龙鹄山道教摩崖造像》,《敦煌研究》,2011 第 1 期。

［9］常盘大定:《山西龙山石窟概说》,陈昭译,《敦煌研究》,2002 年第 1 期。

［10］陈长虹:《汉代铜镜上的九子母形象——对三段式神仙镜的再认识》,《四川文物》,2014 年第 4 期。

［11］成都市文物考古工作队:《成都市西安路南朝石刻造像清理简报》,《文物》,1998 年第 11 期。

［12］成都市文物考古工作队:《四川成都市西郊金鱼村南宋砖室火葬墓》,《考古》,1997 年第 10 期。

［13］程崇勋:《巴中石窟》,北京:文物出版社,2009。

［14］大足石刻研究院:《大足石刻全集》,重庆:重庆出版社,2018。

［15］邓启兵:《大足上游水库发现南宋摩崖造像》,《重庆历史文化》,2006 年第 2 期。

［16］邓天富:《北川县香泉宋墓》,《四川文物》1991 年第 5 期。

［17］邓仲元、高俊英:《仁寿县牛角寨摩崖造像》,《四川文物》,1990 年第 5 期。

［18］丁艾:《潼南马龙山摩崖造像》,《四川文物》,1985 年第 3 期。

［19］丁明夷:《川北石窟札记—从广元到巴中》,《文物》,1990 年第 6 期。

［20］丁明夷:《从强独乐建周文王佛道造像碑看北朝道教造像》,《文物》,1986 年第 3 期。

［21］丁明夷:《四川石窟杂识》,《四川文物》,1988 年第 8 期。

［22］傅成金、唐承义:《四川安岳石刻普查简报》,《敦煌研究》,1993 年第 1 期。

［23］傅成金、赵洲等:《四川安岳县庵堂寺摩崖造像调查简报》,北京:科学出版社,《成都考古发现》,2009 年。

［24］傅成金:《再识安岳圆觉洞摩崖造像》,《四川文物》,1991 年第 6 期。

［25］龚扬民、白彬:《贵州遵义南宋杨粲墓道教因素试探》,《四川文物》2013

年第 4 期。

　　［26］龚扬民、杨素荣：《四川彭州市北宋徐氏墓发掘简报》，《考古》，2014 年第 4 期。

　　［27］郭相颖、陈明光、邓之金、黎方银编：《大足石刻研究文集》1、2，重庆出版社，1993、1997。

　　［28］胡进：《杨粲墓石刻》，《文物天地》，2015 年第 5 期。

　　［29］胡文和、曾德仁：《四川道教石窟造像》（续），《四川文物》，1992 年第 2 期。

　　［30］胡文和、曾德仁：《四川道教石窟造像》，《四川文物》，1992 年第 1 期。

　　［31］胡文和：《安岳大足佛雕》，北京：文物出版社，2008。

　　［32］胡文和：《大足南山三清古洞和石门山三皇洞再识》，《四川文物》，1990 年第 4 期。

　　［33］胡文和：《关于四川道教摩崖造像中的一些问题——与王家祐先生商榷》，《敦煌研究》，1991 年第 1 期。

　　［34］胡文和：《仁寿县坛神岩第 53 三宝窟右壁〈南竺观记〉中道藏经目研究》，《世界宗教研究》，1998 年第 2 期。

　　［35］胡文和：《四川道教、佛教石窟艺术》，成都：四川人民出版社，1994。

　　［36］胡文和：《中国道教石刻艺术史》，北京：高等教育出版社，2004。

　　［37］黄海德：《唐代道教"三宝窟"与南竺观记》，《中国道教》，2011 年第 3 期。

　　［38］黄海德：《中国西部古代道教石刻造像研究》，《世界宗教研究》，1994 年第 1 期。

　　［39］黄石林：《四川江油窦圌山云岩寺飞天藏》，《文物》，1991 年第 4 期。

　　［40］蒋晓春、符永利、杨洋：《四川剑阁老君庙石窟及题记时代考辨》，《考古与文物》，2015 年第 3 期。

　　［41］蒋晓春、郑勇德、刘富立《四川阆中石室观隋唐摩崖造像》，《文物》，2013 年第 7 期。

　　［42］蒋晓春等：《论四川阆中南齐〈隗先生铭〉》，《国家博物馆馆刊》，2013 年第 5 期。

　　［43］蒋晓春等：《四川阆中石室观摩崖题刻调查报告》，《四川文物》，2016 年第 2 期。

　　［44］金维诺：《四川石窟造像》，《雕塑》，2004 年第 4 期。

　　［45］匡远滢：《南宋虞公著夫妇合葬墓》，《考古学报》，1985 年第 3 期。

［46］雷玉华、程崇勋:《巴中石窟内容总录》,成都:巴蜀书社,2006。

［47］雷玉华、丁武明、周静:《四川彭州龙兴寺出土石造像》,《四川文物》,2003 年第 9 期,第 85 页。

［48］雷玉华:《巴中摩崖石刻造像调查》,《宗教学研究》,2001 年第 4 期。

［49］雷玉华:《巴中石窟开凿之背景》,《四川文物》,2005 年第 6 期。

［50］雷玉华:《巴中石窟研究》,四川大学 2005 年博士论文。

［51］雷玉华:《四川安岳圆觉洞摩崖石刻造像调查报告》,载四川大学博物馆等编:《南方民族考古》第九辑,北京:科学出版社,2014。

［52］雷玉华:《四川石窟分区与分期初论》,《南方民族考古》,2014。

［53］雷玉华等:《安岳卧佛院调查简报》,《成都考古发现 2006》,北京:科学出版社,2008。

［54］黎方银、王熙祥:《大足北山佛湾石窟的分期》,《文物》,1988 年第 8 期。

［55］黎方银主编:《大足石刻全集》,重庆:重庆出版社,2017。

［56］李白练、吴廷芬:《四川通江佛尔岭石窟调查简报》,孙英民主编:《石窟寺研究》第四辑,北京:文物出版社,2013。

［57］李官智:《安岳华严洞石窟》,《四川文物》,1994 年第 3 期。

［58］李良:《四川石窟、摩崖造像综述》,《四川文物》,2001 年第 4 期。

［59］李淞:《以大足为中心的四川宋代道教雕塑——中国道教雕塑述略之六》,《雕塑》,2010 年第 1 期。

［60］李绪成、李升、卢引科、雷玉华:《巴中石窟调查简报》,《成都考古发现 2000》,北京:科学出版社,2002。

［61］李裕群:《试论成都地区出土的南朝佛教石造像》,《文物》,2000 年第 2 期。

［62］李远国:《大足石刻道教造像渊源初探》,《四川文物》,1986 年第 S1 期。

［63］梁咏涛:《广元普济镇佛爷洞摩崖石刻造像调查简报》,《成都考古发现》,北京:科学出版社,2003。

［64］廖顺勇、李寒、伍安全:《安岳县灵游院摩崖石刻造像调查简报》,成都市文物考古研究所编著:《成都考古发现 2002》,北京:科学出版社,2004 年。

［65］刘健:《四川省安岳县庵堂寺摩崖造像调查简报》,《四川文物》,2008 年第 6 期。

［66］刘连香:《美国波士顿美术馆藏中国道教造像》,《中原文物》,2013 年第 2 期。

［67］刘睿:《绵阳玉女泉 31 龛天尊、老君合龛像研究》,《四川文物》,2015 年

第 5 期。

［68］刘长久、胡文和、李永翘编著:《大足石刻研究》,成都:四川省社会科学出版社,1985。

［69］刘长久、胡文和:《大足与安岳石窟某些造像的比较》,《四川文物》,1986 年第 S1 期。

［70］刘长久、胡文和:《四川石刻造像艺术概述》《社会科学研究》,1985 年第 6 期。

［71］刘长久:《中国西南石窟艺术》,成都:四川人民出版社,1998。

［72］龙腾、李平:《蒲江发现后蜀李才和北宋魏训买地券》,《四川文物》,1990 年第 2 期。

［73］龙腾、卢丁、雷玉华等:《蒲江龙拖湾摩崖石刻造像调查简报》,《成都考古发现》,2002。

［74］龙腾:《蒲江北宋魏忻、魏大升墓清理简报》,《四川文物》,1997 年第 6 期。

［75］龙腾:《浦江县宋朝散大夫宋德章墓出土文物》,《四川文物》,1995 年第 2 期。

［76］龙腾等:《蒲江佛尔湾摩崖石刻造像调查简报》,《成都考古发现》,2002。

［77］罗香林:《唐代桂林之摩崖佛像》,中国学社,1958。

［78］马彦、丁明夷:《广元千佛崖石窟调查记》,《文物》,1990 年第 6 期。

［79］母学勇:《四川剑阁武连横梁子摩崖造像》,《考古》,1992 年第 5 期。

［80］彭高泉:《遂宁摩崖造像艺术简述》,《四川文物》,1993 年第 2 期。

［81］秦臻、张雪芬、雷玉华:《安岳卧佛院考古调查与研究》,北京:科学出版社,2015。

［82］石衍丰:《道教奉神的演变与神系的形成》,《四川文物》,1988 年第 2 期。

［83］四川省文物管理委员会:《南宋虞公著夫妇合葬墓》,《考古学报》,1985 年第 3 期。

［84］四川省文物考古研究院:《四川散见唐宋佛道龛窟内容总录》(自贡卷、达州卷),北京:文物出版社,2017。

［85］松原三郎、金申:《道教像论考——关于北齐北周以来的道教》,《四川文物》,2008 年第 1 期。

［86］孙华、巩发明:《平阳府君阙考》,《文物》,1991 年第 10 期。

［87］孙华：《阆中石室观〈隗先生石室记〉》，《文物》，2014 年第 8 期。

［88］唐承义：《安岳玄妙观道教摩崖造像》，《四川文物》，1992 年第 6 期。

［89］唐志功等：《广元剑阁横梁子摩崖石刻造像调查简报》，《成都考古发现 2001》，北京：科学出版社，2003。

［90］万玉忠：《丹棱县龙鹄山唐代道教摩崖造像》，《四川文物》，1990 年第 1 期。

［91］王百岁：《甘肃省成金县金莲洞石窟与全真道》，《宗教学研究》，2014 年第 2 期。

［92］王朝闻：《云南、四川石窟考察散记》，《美术》，1993 年第 12 期。

［93］王家祐、丁祖春：《四川道教摩崖石刻造像》，《四川文物》，1986 年 S1 期。

［94］王家祐：《四川道教摩崖造像概况》，《中国道教》，1987 年第 1 期。

［95］王剑平、雷玉华、梁咏涛：《旺苍县木门寺摩崖石刻造像调查简报》，《四川文物》，2004 年第 1 期。

［96］王剑平、雷玉华：《6 世纪末至 7 世纪初的四川造像》，载《麦积山石窟研究》，北京：文物出版社，2010。

［97］王剑平、雷玉华等：《四川安岳圆觉洞造像的初步研究》，《成都考古研究》，北京：社会科学出版社，2013。

［98］王丽君、张亮、张媛媛等：《四川安岳长河源石锣沟摩崖造像》，《文物》，2017 年第 9 期。

［99］王丽君等：《四川安岳上大佛摩崖造像调查简报》，《敦煌研究》，2017 年第 4 期。

［100］温廷宽：《广元千佛崖简介》，《文物》，1961 年第 12 期。

［101］吴觉非：《试谈四川的道教石刻》，《四川文物》，1984 年第 2 期。

［102］肖盛国、庄文彬：《四川遂宁金鱼村二号南宋窖藏》，《文物》，2011 年第 7 期。

［103］谢荔、陈文：《泸州市发现南宋石室墓》，《四川文物》，1995 年第 2 期。

［104］新疆维吾尔自治区文物管理委员会等编：《中国石窟：克孜尔石窟》，北京：文物出版社，1989。

［105］杨春美：《旺苍县佛子岩唐代摩崖造像》，《四川文物》，1986 第 3 期。

［106］杨文成等：《四川广元石刻宋墓清理简报》，《文物》，1982 年第 6 期。

［107］杨祖垲：《资中宋右丞相赵雄墓记实》，《四川文物》，1995 年第 6 期。

［108］姚崇新：《巴蜀佛教石窟造像初步研究：以川北地区为中心》，北京：中

华书局,2010。

[109] 叶晓丽:《仁寿能仁寺摩崖造像》,《四川文物》,1999 年第 5 期。

[110] 易立:《略论成都近郊宋墓中的龙形俑》,《四川文物》,2009 年第 2 期。

[111] 于春、王婷:《绵阳龛窟:四川绵阳古代造像调查研究报告集》,北京:文物出版社,2010。

[112] 负安志:《巴中水宁寺摩崖造像》,《文博》,1984 年第 3 期。

[113] 袁曙光:《北周天和释迦造像与题记》,《四川文物》,1999 年第 1 期。

[114] 张划:《大足宋代石刻镌匠考述》,《四川文物》,1993 年第 3 期。

[115] 张亮、白彬等:《四川安岳林凤侯家湾摩崖造像调查简报》,《文物》,2017 年第 5 期。

[116] 张亮等:《四川安岳舍身岩摩崖造像调查报告》,《敦煌研究》,2017 年第 4 期。

[117] 张明远:《太原龙山道教石窟艺术研究》,太原:山西科学技术出版社,2002。

[118] 张勋燎、白彬《成都宋墓出土真文石刻与“太上真元大道”》,《考古》2004 年第 9 期。

[119] 张总:《四川安岳圣泉寺地藏十王龛》,《敦煌学辑刊》2007 年第 2 期。

[120] 郑鸿钧:《新开寺唐代摩崖造像初探》,《四川文物》,1989 年第 5 期。

[121] 重庆大足石刻艺术博物馆、四川安岳县文物局:《四川省安岳县西禅寺石窟调查简报》,《艺术史研究》第 10 辑,广州:中山大学出版社,2008。

[122] 重庆市文化遗产研究院:《重庆潼南县千佛寺摩崖造像清理简报》,《考古》,2013 年第 12 期。

[123] 庄文彬:《四川遂宁金鱼村南宋窖藏》,《文物》1994 年第 4 期。

近人论著
中日文

[1] 柏文莉著、刘云军译:《权力关系:宋代中国的家族、地位与国家》,南京:江苏人民出版社,2015。

[2] 包伟民:《精英们“地方化”了吗——试论韩明士政治家与绅士与“地方史”研究方法》,《唐研究》第 11 卷,北京:北京大学出版社,2005。

[3] 曾召南:《宋元明皇室崇信真武缘由刍议》,《宗教学研究》,1996 年第 2 期。

[4] 柴泽俊编著:《山西寺观壁画》,北京:文物出版社,1997。

［5］陈鼓应编：《道家文化研究》第 13 辑，北京：三联书店，1998。

［6］陈国符：《道藏源流考》，北京：中华书局，1963。

［7］陈金凤：《略论宋元明清晴期四川地区全真道的发展》，陈鼓应编：《道家文化研究》第 23 辑，2008。

［8］陈明光编著：《大足石刻档案》，重庆：重庆出版社，2012。

［9］陈世松、喻亨仁、赵永康：《宋元之际的泸州》，重庆：重庆出版社，1985。

［10］陈世松：《试论大足南山淳祐十年碑记的价值》，《四川文物》，1986 年第 1 期。

［11］陈澍：《初析大足南山石刻中的道教思想》，《中国道教》，1987 年第 3 期。

［12］陈万成：《中外文化交流探绎：星学、医学、其他》，北京：中华书局，2010。

［13］陈文龙：《王契真〈上清灵宝大法〉研究》，济南：齐鲁书社，2015。

［14］陈耀庭：《道教礼仪》，北京：宗教文化出版社，2003。

［15］陈耀庭编：《道藏索引》，上海：上海书店出版社，1996。

［16］陈垣：《道家金石略》，北京：文物出版社，1988。

［17］陈灼：《〈饶郡守王梦应记碑〉及杨甲考》，大足石刻研究院编：《2009 中国重庆大足石刻国际学术研讨会论文集》，重庆：重庆出版社，2013。

［18］程崇勋：《巴中石窟艺术》，北京：文物出版社，2009。

［19］程民生：《宋代地域文化研究》，合肥：安徽文艺出版社，2017。

［20］褚国娟：《石篆山研究》，北京大学艺术学院博士学位论文，指导老师：李淞，2015。

［21］崔华、牛耕：《从汉画中的水旱神画像看我国汉代的祈雨风俗》，《中原文物》，1996 年第 3 期。

［22］崔玉谦、崔玉静：《黑水城出土〈佛说竺兰陀心文经〉题记相关问题考释——以人物生平与疑伪经出版传播为中心》，《宋史研究论丛》，2016 年第 2 期，第 465—489 页。

［23］大村西崖：《支那美术史雕塑篇》，国书刊行会，1972。

［24］大卫・科泽著、王海洲译：《仪式、政治与权力》，南京：江苏人民出版社，2015。

［25］大足石刻研究院编：《2014 大足学国际学术研讨会论文集》，重庆：重庆出版社，2016。

［26］戴晓云：《佛教水陆画研究》，北京：中国社会科学出版社，2009。

[27] 丹尼尔·阿拉斯著、李军译:《拉斐尔的异象灵见》,北京:北京大学出版社,2014。

[28] 邓文宽:《敦煌天文历法文献辑校》,南京:江苏古籍出版社,1996。

[29] 邓小南:《祖宗之法—北宋前期政治述略》,北京:生活·读书·新知三联书店,2006。

[30] 邓小南主编,高世瑜、荣新江副主编:《唐宋女性与社会》,上海:上海辞书出版社,2003。

[31] 邓昭:《关于〈黄庭经图〉的年代与作者》,《美苑》,2010 年第 1 期。

[32] 邓之金、陈明光:《试述大足石刻的成因》,《四川文物》,1985 年第 1 期。

[33] 邓之金:《新发现宋代石刻十一处》,载《大足石刻研究文集》,重庆:重庆出版社,1993。

[36] 董华锋、何先红:《益州佛教与梁武帝经略益州相关史事述论》,《敦煌学辑刊》,2013 年第 2 期。

[37] 二阶堂善弘著、刘雄峰译:《元帅神研究》,济南:齐鲁书社,2014。

[38] 法国汉学编委会编:《法国汉学》第七辑宗教史专号,北京:中华书局,2002。

[39] 方诚峰:《祥瑞与北宋徽宗朝的政治文化》,《中华文史论丛》,2011 第 4 期。

[40] 方广锠:《〈父母恩重经〉中的儒教、佛教、道教》,《世界宗教研究》,1996 第 2 期。

[41] 方国瑜:《中国西南历史地理考释》(上下册),北京:中华书局,1987。

[42] 方珂:《大足石刻北山 288 号、290 号毳林俊像及碑文研究》,《文物世界》,2010 年第 6 期。

[43] 方珂:《大足石刻舒成岩释疑两则》,《石窟寺研究》第四辑,北京:文物出版社,2013。

[44] 方闻:《宋、元、明时代的帝王画像》,《艺术百家》,2008 年第 4 期。

[45] 福井康顺等监修、朱越利等译:《道教》,上海:上海古籍出版社,1992。

[46] 傅飞岚、林富士编:《遗迹崇拜与圣者崇拜》,台北:允晨文化公司,2000。

[47] 冈本三郎:《泰山府君の由来について》,《东洋学研究》,1943 年第 1 期。

[48] 高柯立:《宋代的地方官、士人和社会舆论——对苏州地方事务的考察》,《中国社会历史评论》,第 10 卷,2009。

［49］高丽娟：《南宋灵宝斋坛的结构与思想内涵》，华东师范大学 2014 年硕士论文。

［50］高明：《陕西耀县药王山南庵道教壁画初探》，《世界宗教研究》，2007 年第 3 期。

［51］高秀军：《宝顶山石刻佛饰"毫光"意涵探析》，《敦煌学辑刊》，2015 第 2 期。

［52］葛思康：《朝元图与道教科仪》，载李凇编《道教美术新论》，济南：山东美术出版社，2008。

［53］葛兆光：《从小林正美《唐代の道教と天师道》讨论佛教道教宗派研究的方法》，载《唐研究》第十卷，北京：北京大学出版社，2004 年。

［54］葛兆光：《道教与中国文化》，上海：上海人民出版社，1987。

［55］葛兆光：《屈服史及其他——六朝隋唐道教的思想史研究》，北京：三联书店，2003。

［56］葛兆光：《思想史研究课堂讲录：视野、角度与方法》，北京：三联书店，2005。

［57］宫川尚志：《林灵素と宋の徽宗》，《东海大学纪要（文学部）》24，1975。

［58］宫治昭著、李萍、张清涛译：《涅盘和弥勒的图像学》，北京：文物出版社，2009。

［59］贡布里希著、杨思梁等编：《象征的图像——贡布里希图像学文集》，上海：上海书画出版社，1990。

［60］顾颉刚、杨向奎：《三皇考》，载《古史辨》第 7 册，上海：上海古籍出版社，1982。

［61］顾立成：《走向南方——唐宋之际自北向南的遗民与其影响》，台湾大学硕士论文，2004。

［62］郭沫若：《释干支》，《郭沫若全集》第 1 卷，北京：科学出版社，1982。

［63］郭相颖主编：《大足石刻研究文集 3》，北京：中国文联出版社，2002。

［64］韩明士(Robert Hymes)著、皮庆生译：《道与庶道——宋代以来的道教、民间信仰和神灵模式》，南京：江苏人民出版社，2007 年。

［65］韩森著、包伟民译：《变迁之神：南宋时期的民间信仰》，上海：中西书局，2017。

［66］横手裕：《白玉蟾与南宋江南道教》，《东方学报（京都）》68，1996。

［67］侯冲：《石篆山石刻——雕在石头上的水陆画》，大足石刻研究院编：《2009 年中国重庆大足石刻国际学术研讨会论文集》，重庆：重庆出版社，2013。

[68] 侯冲:《水陆碑研究》,《艺术史研究》第 16 辑,广州:中山大学出版社,2014 年,第 199—228 页。

[69] 侯旭东:《五、六世纪北方民众佛教信仰——以造像记为中心的考察》,北京:中国社会科学出版社,1998。

[70] 胡孚深:《中华道教大辞典》,北京:中国社会科学出版社,1996。

[71] 胡进:《杨粲墓石刻》,《文物天地》,2015 年第 5 期。

[72] 胡齐畏、胡若水编:《大足文史第五辑:大足道教摩崖造像》,大足区政协文史资料委员会,1990。

[73] 胡文和:《大足宋代道教造像的神祇图像源流再探索》,《大足学刊》第一辑,2016。

[74] 胡文和:《仁寿县坛神岩第 53 号"三宝"窟右壁"南竺观记"中道藏经目研究》,《世界宗教研究》,1998 年第 2 期。

[75] 胡文和:《四川道教、佛教石窟艺术》,成都:四川人民出版社,1994。

[76] 胡文和:《中国道教石刻艺术史》,北京:高等教育出版社,2004。

[77] 胡昭曦:《大足多宝塔石刻与宋人冯楫》,《中国历史文物》,2002 年第 1 期。

[78] 胡昭曦:《大足石刻与宋史研究》,《四川文物》,1986 年第 S1 期。

[79] 黄海德:《试论道教"三清"信仰的宗教内涵及其历史演变》,《世界宗教研究》,2004 年第 2 期。

[80] 黄海德:《唐代四川"三宝窟"道教神像与"三清"之由来》,《道教神仙信仰研究》,中华大道文化事业股份有限公司,2000。

[81] 黄海德:《中国西部古代道教石刻造像研究》,《世界宗教研究》,1994 年第 1 期。

[82] 黄宽重:《从中央与地方关系看宋代基层社会演变》,《历史研究》,2005 年第 4 期。

[83] 黄敏枝:《宋代佛教社会经济史论集》,台北:学生书局,1989。

[84] 黄石林:《四川江油窦圌山云岩寺飞天藏》,《文物》,1991 年第 4 期。

[85] 黄士珊:《从〈道藏〉的"图"谈宋代道教仪式的空间》,《艺术史研究》第 13 辑,中山:中山大学出版社,2011。

[86] 黄心川:《"三教合一"在我国发展的过程、特点及其对周边国家的影响》,《哲学研究》,1998 年第 8 期。

[87] 吉川忠夫:《静室考》,载《日本学者研究中国史论著选译》第七卷,北京:中华书局,1993。

[88] 吉村怜:《东洋美术史论丛———吉村怜博士古稀纪念会》,雄山阁出版社,1999。

[89] 贾大泉、陈世松主编:《四川通史》,成都:四川人民出版社,1970。

[90] 贾二强:《唐宋民间信仰》,福州:福建人民出版社,2002。

[91] 贾君编:《建筑史》,第 23 辑,2008。

[92] 贾运动:《泰安发现元明时期的陶模》,《文博》,2004 年第 6 期。

[93] 江晓原:《天学真原》,沈阳:辽宁教育出版社,1991。

[94] 江晓原:《星神画像———域外天学来华踪迹》,《中国典籍与文化》,1994 年第 4 期。

[95] 江玉祥:《一张新出土的明代酆都冥途路引》,载陈鼓应主编:《道家文化研究》第 9 辑,上海:上海古籍出版社,1996。

[96] 姜生:《"进乎技矣":莱州寒同山道教石窟之建造及生态干预保护技术》,《四川大学学报(哲学社会科学版)》,2016 年第 5 期。

[97] 蒋晓春、郑勇德、刘富立、王励:《论四川阆中南齐〈隗先生铭〉》,《中国国家博物馆馆刊》,2013 年第 5 期。

[98] 金中枢:《论北宋末年之崇尚道教》,台北:台湾书局,1974。

[99] 景安宁:《道教全真派宫观、造像与祖师》,北京:中华书局,2012。

[100] 景安宁:《三清古洞的主神位次与皇家祭祖神位》,收入黎方银主编:《2005 年重庆大足石刻国际学术研讨会论文集》,北京:文物出版社,2007。

[101] 景安宁:《元代壁画:神仙赴会图》(第二版),北京:北京大学出版社,2016。

[102] 酒井忠夫《泰山信仰研究》,载游琪、刘锡诚:《山岳与象征》,北京:商务印书馆,2004。

[103] 康豹、刘淑芬编:《信仰、实践与文化调适》,2013。

[104] 克利福德·格尔茨著、杨德睿译:《地方知识———阐释人类学论文集》,北京:商务印书馆,2016。

[105] 孔令宏:《宋代理学与道家、道教》,北京:中华书局,2008。

[106] 雷德侯著、张总等译:《万物———中国艺术中的模件化和规模化生产》,北京:生活·读书·新知三联书店,2017。

[107] 雷闻:《郊庙之外———隋唐国家祭祀与宗教》,北京:生活·读书·新知三联书店,2009。

[108] 雷玉华:《成都地区在南北朝佛教史上的重要地位》,《四川文物》,2001 年第 3 期。

[109] 雷玉华、程崇勋:《巴中石窟内容总录》,成都:巴蜀书社,2008。

[110] 雷玉华、丁武明、周静:《四川彭州龙兴寺出土石造像》,《四川文物》,2003 年第 9 期。

[111] 雷玉华:《巴中石窟研究》,北京:民族出版社,2011。

[112] 雷玉华:《四川石窟分区与分期初论》,《南方民族考古》,2014。

[113] 黎方银、王熙祥:《大足北山佛湾石窟的分期》,《文物》,1988 第 8 期

[114] 黎方银主编:《大足石刻全集》,重庆:重庆出版社,2017。

[115] 黎志天:《〈青鬼律〉与早期天师道地下世界的官僚化问题》,《道教研究与中国宗教文化》,北京:中华书局,2003。

[116] 黎志添:《天地水三官信仰与早期天师道治病解罪仪式》,《台湾宗教研究》,2002 年第 1 期。

[117] 黎志添编著:《道教图像、考古与仪式:宋代道教的演变与特色》,香港:香港中文大学出版社,2016。

[118] 李崇峰:《中印佛教石窟寺比较研究》,北京:北京大学出版社,2003 年。

[119] 李丰楙、谢宗荣:《道教文化与文物图像》,载苏启明编《道教文物》,台北:国立历史博物馆,第 7—19 页。

[120] 李丰楙:《道教神霄派的形成与发展》,《幼狮学志》,第 19 卷第 4 期,1987。

[121] 李丰楙:《道教坛场与科仪空间》,黄忠天编《2006 道文化国际学术研讨会论文集》,下册,高雄:昶景文化事业有限公司,2006。

[122] 李丰楙:《敦煌道经写卷与道教写经的供养功德观》,《全国敦煌学研讨会论文集》,嘉义:中正大学中国文学系,1995。

[123] 李丰懋:《道教坛场与科仪空间》,《2006 道文化国际学术研讨会论文集》,高雄:昶景文化事业有限公司,2006。

[124] 李俊涛:《南宋大足圣府洞道教三帝石刻造像的图像分析》,《宗教学研究》2012 年第 2 期。

[125] 李丽凉:《北宋神霄道士林灵素与神霄运动》,香港中文大学博士学位论文,2006。

[126] 李翎:《不空所译诃利帝秘典及图像的研究》,《中国国家博物馆馆刊》,2016 年第 1 期。

[127] 李瑞哲:《龟兹弥勒说法图及其相关问题》,《敦煌研究》,2006 年第 4 期。

[128] 李若水：《南宋临安城北内慈福宫建筑组群复原初探——兼论南宋宫殿中的朵殿、挟屋和隔门配置》，《中国建筑史论汇刊》，2015 年第 1 期。

[129] 李凇：《对宋代道教图像志的观察——以大足北山 111 龛和南山 6 龛、安岳老君岩造像为例》，《2014 大足学国际学术研讨会暨大足石刻首次科学考察 70 周年纪念会论文汇编》（二），会议资料。

[130] 李凇：《三宝与五圣：唐代道教石窟及殿堂的主像构成》，《湖北美术学院学报》，2004 年第 3 期。

[131] 李凇：《神圣图像：李凇中国美术史文集》，北京：人民出版社，2016。

[132] 李凇：《四川隋唐道教石刻造像》，《雕塑》2009 年第 6 期。

[133] 李凇：《唐代道教美术年表》，《艺术史研究》第 7 辑，广州：中山大学出版社，2005。

[134] 李凇：《以大足为中心的四川宋代道教雕塑——中国道教雕塑述略之六》，《雕塑》2010 年第 1 期。

[135] 李凇：《长安艺术与宗教文明》，北京：中华书局，2002。

[136] 李凇：《中国道教美术史》（第一卷），长沙：湖南美术出版社，2012。

[137] 李凇编：《道教美术新论》，济南：山东美术出版社，2008。

[138] 李凇编：《山西寺观壁画新证》，北京：北京大学出版社，2011。

[139] 李小强、姚淇琳：《大足石壁寺石窟初探》，《石窟寺研究》，北京：文物出版社，2012 年第 3 辑。

[140] 李小强：《12 世纪道教艺术的杰作—大足南宋道教石刻——以大足佛耳岩石窟为主的追溯性考察》，《长江文明》，第 17 辑，2014。

[141] 李小强：《大足道教石刻论稿》，重庆：重庆出版社，2016。

[142] 李小强：《大足南山道教醮坛造像》，《中国道教》，2003 年第 1 期。

[143] 李小强：《大足三皇洞研究简述及浅识》，《中国道教》，2005 年第 6 期。

[144] 李小强：《何格非考略：从大足南山石刻诗碑说起》，《巴蜀史志》，2014 年第 6 期。

[145] 李星明：《唐代墓室壁画研究》，西安：陕西人民美术出版社，2005。

[146] 李养正：《太原龙山全真道石窟初探》，陈鼓应编《道家文化研究》第 5 辑，上海：上海古籍出版社，1995。

[147] 李远国、王家祐：《大足三清洞十二宫神考辨》，《四川文物》，1997 年第 2 期。

[148] 李远国：《大足石刻道教造像渊源初探》，《四川文物》，1986 年第 S1 期。

[149] 李远国:《道教雷法:道教神霄派沿革与思想》,成都:四川人民出版社,2003。

[150] 李志鸿:《〈上清骨髓灵文鬼律〉与天心正法的斋醮仪式》,《道教研究学报:宗教、历史与社会》第一期,香港中文大学出版社,2009。

[151] 李志鸿:《〈上清骨髓灵文鬼律〉与天心正法的斋醮仪式》,《道教研究学报:宗教、历史与社会》第一期,香港中文大学出版社,2009。

[152] 李志鸿:《道教天心正法研究》,北京:社会科学文献出版社,2011。

[153] 李志鸿:《雷法与雷神崇拜》,《中国道教》,2004 年第 3 期。

[154] 李志鸿:《天心正法与两宋道教的斋醮之变》,《世界宗教研究》,2008年第 1 期。

[155] 栗原益男:《唐末の土豪的在地勢力について―四川の韋君靖の場合―》,《历史学研究》243 号,1960。

[156] 梁德华:《灵宝领教济度金书与上清灵宝济度大成金书对虚皇坛的描述之比较》,《中国道教》,2008 年第 2 期。

[157] 梁发、潘崇贤编:《道教与星斗信仰》,济南:齐鲁书社,2014。

[158] 梁思成:《梁思成全集》,北京:中国建筑工业出版社,2001。

[159] 廖咸惠:《唐宋时期南方后土信仰的演变:以扬州后土崇拜为例》,《汉学研究》1996 年,14 期 2 卷。

[160] 林富士、傅飞岚编:《遗迹崇拜与圣者崇拜》,台北:允晨文化,1999。

[161] 林圣智:《道教造像与地域社会:四川绵阳玉女泉隋至初唐道教摩崖造像》,收入《中古中国研究》第一卷,上海:中西书局,2017。

[162] 林圣智:《明代道教图像学研究:以〈玄天上帝瑞应图〉为例》,《美术史研究辑刊》,1999 年第 6 期。

[163] 林树中:《陈容画龙今存作品及其生平的探讨》,《南京艺术学院学报》,1994 年第 1、2 期。

[164] 刘复生:《泸州宋墓主人寻踪―从晋到宋:南川社会与民族关系的变化》,《四川大学学报(哲学社会科学版)》,2014 年第 6 期。

[165] 刘红娟:《从两宋时期四川地区道教石窟造像看道教神灵信仰特征》,四川大学硕士学位论文,2005。

[166] 刘欢萍:《试论中国古代祈雨文的主题特征及其文化内蕴》,《文化遗产》,2012 年第 3 期。

[167] 刘静贞:《权威的象征:宋真宗大中祥符时代探析》,《宋史研究集》,1995 年第 23 辑。

［168］刘俊文主编：《日本学者研究中国史论著选译》，北京：中华书局，1992、1993。

［169］刘科：《金元道教信仰与图像表现——以永乐宫壁画为中心》，中央美术学院博士论文，2012。

［170］刘屹：《敬天与崇道：中古经教道教形成的思想史背景》，北京：中华书局，2005。

［171］刘屹：《评小林正美〈唐代的道教与天师道〉》，《唐研究》第十卷，北京：北京大学出版社，2004 年。

［172］刘屹：《神格与地域：汉唐间道教信仰世界研究》，上海：上海人民出版社，2011。

［173］刘悦新：《川北石窟中的天龙八部群像》，《华夏考古》，2007 年第 4 期。

［174］刘云军：《两宋时期的东岳祭祀与信仰》，北京师范大学历史学院博士学位论文，2008。

［175］刘长久、胡文和、李永翘编著：《大足石刻研究》，成都：四川省社会科学出版社，1985。

［176］刘长久：《中国西南石窟艺术》，成都：四川人民出版社，1998 年。

［177］刘昭瑞：《考古发现与早期道教研究》，北京：文物出版社，2007。

［178］刘仲宇：《〈度人经〉与婆罗门思想》，《上海社会科学院学术季刊》，1993 年第 3 期。

［178］刘仲宇：《道教受箓制度研究》，北京：中国社会科学出版社，2014。

［179］柳存仁：《道家与道术—和风堂文集续编》，上海：上海古籍出版社，1999。

［180］柳存仁：《和风堂文集》，上海：上海古籍出版社，1991。

［181］龙晦：《大足石刻中的明肃皇后、诃利帝母、九子母与送子观音》，《中华文化论坛》，2003 年第 1 期。

［182］卢丁、雷玉华、肥田路美等编：《中国四川唐代摩崖造像——蒲江、邛崃地区调查研究报告》，重庆：重庆出版社，2006。

［183］卢昉：《隋至初唐南方墓葬中的生肖俑》，《南方文物》，2006 年第 1 期。

［184］卢国龙、汪桂平著：《道教科仪研究》，北京：方志出版社，2009。

［185］罗宏才：《中国佛道造像碑研究：以关中地区为考察中心》，上海：上海大学出版社，2008。

［186］罗香林：《唐代文化史研究》，香港：商务印书馆，1946。

［187］罗争鸣：《杜光庭道教小说研究》，成都：巴蜀书社，2005。

［188］吕鹏志：《法位与中古道教仪式的分类》，《宗教学研究》，2012 年第 2 期。

［189］吕鹏志：《灵宝六斋考》，《文史》，2011 年第 3 期。

［190］吕鹏志：《唐前道教仪式史纲》，北京：中华书局，2008。

［191］孟久丽(Julia K. Murray)：《道德镜鉴：中国叙述性图画与儒家意识形态》，何前译，北京：生活·读书·新知三联书店，2014。

［192］孟嗣徽：《炽盛光佛变相图图像研究》，《敦煌吐鲁番研究》第二卷，北京：北京大学出版社，1996 年。

［193］孟嗣徽：《五星及廿八宿神形图图像考辨》，《艺术史研究》第 2 辑，广州：中山大学出版社，2000。

［194］孟嗣徽：《元代晋南寺观壁画群研究》，北京：紫禁城出版社，2007。

［195］闵智亭、李养正编：《道教大辞典》，北京：华夏出版社，1994。

［196］奈良文化研究所编：《仏教美術からみた四川地域》，雄山閣，2007。

［197］聂顺新：《唐玄宗御容铜像广布天下寺观考辨》，《唐史论丛》第 21 辑，2015。

［198］钮卫星：《西望梵天：汉译佛经中的天文学源流》，上海：上海交通大学出版社，2004。

［199］潘鼐：《中国恒星观测史》，上海：学林出版社，1989。

［200］潘诺夫斯基著，傅志强译：《肖像学与圣像学——文艺复兴艺术研究导言》，载《视觉艺术的含义》，辽宁人民出版社，1987。

［201］彭慧萍：《走出宫墙：由画家十三科谈南宋宫廷画家之民间性》，《艺术史研究》第七辑，中山：中山大学出版社，2005 年。

［202］皮庆生：《宋代民众祠神信仰研究》，上海：上海古籍出版社，2008。

［203］饶宗颐：《论七曜与十一曜——记敦煌开宝七年(974)康遵批命课》，《选堂集林·史林》，香港：中华书局，1984 年。

［204］饶宗颐：《选堂集林·史林》，香港：中华书局，1984。

［205］任继愈：《中国道教史》，上海：上海人民出版社，1997 年。

［206］任继愈主编：《道藏提要》，北京：中国社会科学出版社，1995。

［207］日野开三郎：《唐韦君靖碑の応管諸寨節級についての一考察》，载《唐代藩鎮の支配體制》，三一书房，1980。

［208］色伽兰著，冯承钧译：《中国西部考古记》，北京：中华书局，2004。

［209］砂山稔：《〈九幽经〉小攷—初唐における道教の代表的地獄経典》，《東方宗教》，第 106 号，2005。

[210] 山内弘一：《北宋の国家と玉皇—新礼恭謝天地を中心に—》，《東方學》，第 62 号，1981。

[211] 山田利名：《道教神像の崇拜》，《中国哲学文学纪要》1995 年第 3 期。

[212] 山田利明：《六朝道教儀礼の研究》，东方书店，1999。

[213] 上海博物馆编：《千年丹青：细读中日藏唐宋元绘画珍品》，北京：北京大学出版社，2010。

[214] 沈宗宪：《宋代官方的祈祷》，载宋史座谈会编：《宋史研究集》第三十五辑，台北：兰台出版社，2005。

[215] 施舟人(Kristofer Schipper)编：《中国文化基因库》，北京：北京大学出版社，2002。

[216] 施舟人、陈耀廷编：《道藏索引》，上海：上海书店出版社，1996。

[217] 施舟人《〈道藏〉所见近代民间崇拜资料的初步评论》，《汉学研究通讯》第 12 卷 1993 年第 2 期。

[218] 施舟人编：《中国文化基因库》，北京：北京大学出版社，2002。

[219] 石守谦、颜娟英编：《艺术史中的汉晋与唐宋之变》，台北：石头出版社，2014。

[220] 石衍丰：《道教神仙谱系的演变》，陈鼓应编：《道家文化研究》第 7 辑，上海：上海古籍出版社，1995。

[221] 水越知：《宋元时代の东岳庙：地域社会中の核の信仰として》，《史林》第 86 卷第 5 号。

[222] 司马虚(Strickmann, Michael)著、安倍道子译：《宋代的雷仪——神霄运动と道家南宗について略说》(The Thunder rites of the Sung. Notes on the Shen-hsiao Sect and the Southern School of Taoism)，《东方宗教》，第 46 期，1975。

[223] 斯波义信著、方健、何忠礼译：《宋代江南经济史研究》，南京：江苏人民出版社，2001。

[224] 四川大学宗教研究所主编：《道教神仙信仰研究》，台北：中华道统出版社，2000。

[225] 寺地遵著，刘静贞、李今芸译：《南宋初期政治史研究》，台北：稻禾出版社，1995。

[226] 松本浩一：《道教呪术‘天心法’の起源と性格：特に‘雷法’との比较を通じて》，《图书馆情报大学研究报告》第 20 卷第 2 号，2001。

[227] 松本浩一：《宋代の道教と民间信仰》，汲古书院，2006。

［228］松原三郎:《中国仏教雕刻史研究》,吉川弘文馆,1966。

［229］宋朗秋:《大足石刻分期述论》,《敦煌研究》,1996年第3期。

［230］宋神秘:《继承、改造和融合:文化渗透视野下的唐宋星命术研究》,上海交通大学博士论文,2014。

［231］孙华:《阆中石室观:〈隗先生石室记〉》,《文物》,2014年第8期。

［232］孙华:《四川绵阳平阳府君阙阙身—兼谈四川地区南北朝佛道龛像的几个问题》,载巫鸿编:《汉唐之间的宗教艺术与考古》,北京:文物出版社,2000。

［233］孙克宽:《宋元道教之发展》,台中东海大学,1965。

［234］孙齐:《唐前道观研究》,山东大学2014年博士论文。

［235］孙伟杰、盖建民:《黄道十二宫与道教关系考论》,《中国哲学史》,2015年第3期。

［236］孙修身:《四川地区文殊菩萨信仰述论》,《敦煌研究》,1997年第4期。

［237］孙亦平:《东亚道教研究》,人民出版社,2014。

［238］索安著,吕鹏志、陈平等译:《西方道教研究编年史》,北京:中华书局,2002。

［239］太史文著、张煜译:《〈十王经〉与中国中世纪佛教冥界的形成》,上海:上海古籍出版社,2016。

［240］唐代剑:《宋代道教管理制度研究》,北京:线装书局,2003。

［241］唐长孺:《范长生与巴氏据蜀的关系》,《历史研究》,1954第4期。

［242］唐长孺:《魏晋南北朝史论拾遗》,北京:中华书局,1983。

［243］陶金:《钦安遗珍:钦安殿藏宋徽宗玉简与十二雷将神像画》,《紫禁城》,2015年第5期。

［244］淘金、喻晓:《明堂式道教建筑初探——明世宗"神王"思维的物质载体》,《故宫学刊》,2016年第17辑。

［245］童登金编:《大足石刻研究文集》,北京:中国文联出版社,2002。

［246］丸山宏:《"道壇と神画"》,载斎藤龍一、鈴木健郎、土屋昌明编:《道教美術の可能性》,勉诚出版,2010。

［247］汪圣铎:《宋代政教关系研究》,北京:人民出版社,2010。

［248］汪小洋、李彧、张婷婷:《中国道教造像研究》,上海:上海大学出版社,2010。

［249］王承文:《敦煌古灵宝经与晋唐道教》,北京:中华书局,2003。

［250］王承文:《论中古时期道教"三清"神灵体系的形成》,《中山大学学报》社科版,2008年第2期。

［251］王纯五：《天师道二十四治考》，成都：四川大学出版社，1996。

［252］王富伟：《个案研究的意义和限度——基于知识的增长》，《社会学研究》，2013 年第 2 期。

［253］王家祐：《道教论稿》，成都：巴蜀书社，1987。

［254］王见川：《真武信仰在近世的传播》，《民俗研究》，2010 年第 3 期。

［255］王静芬：《中国石碑》，北京：商务印书社，2011。

［256］王卫民：《大圣慈寺画史丛考：唐、五代、宋时期西蜀佛教美术发展探源》，北京：文化艺术出版社，2005。

［257］王文才纂：《青城山志》，成都：四川人民出版社，1982。

［258］王晓辉：《宋解瑜墓志研究》，《碑林集刊》，第 22 辑，2016。

［259］王逊：《永乐宫三清殿壁画题材试探》，《文物》，1963 第 8 期。

［260］王宜娥：《卧游仙云：中国历代绘画的神仙世界》，北京：五洲传播出版社，2011。

［261］王玉冬：《半身形像与社会变迁》，《艺术史研究》第 6 辑，广州：中山大学出版社，2004。

［262］韦兵：《日本新发现北宋开宝五年刻〈炽盛光佛顶大威德消灾吉祥陀罗尼经〉星图考—兼论黄道十二宫在宋、辽、西夏地区的传播》，《自然科学史研究》，2005 年第 3 期。

［263］维克多·特纳著、赵玉燕、欧阳敏、徐洪峰译：《象征之林——恩登布人仪式散论》，北京：商务印书馆，2012。

［264］魏小杰：《晋南唐宋元寺观彩塑样式研究》，西安美术学院美术学 2013 年博士学位毕业论文。

［265］闻一多：《天问疏证》，上海：上海古籍出版社，1985。

［266］闻一多：《闻一多全集》，北京：生活·读书·新知三联书店，1982。

［267］巫鸿编：《汉唐之间的宗教艺术与考古》，北京：文物出版社，2000。

［268］巫鸿：《礼仪中的美术》，北京：生活·读书·新知三联书店，2005。

［269］巫鸿：《中国古代艺术与建筑中的"纪念碑性"》，郑岩、李清泉译，上海：上海人民出版社，2009。

［270］巫鸿：《空间的美术史》，上海：上海人民出版社，2018。

［271］吴丽娱：《论九宫祭祀与道教崇拜》，《唐研究》第 9 卷，北京：北京大学出版社，2003。

［272］吴天墀：《王小波李顺起义为什么在川西地区发生》，《四川大学学报（哲学社会科学版）》，1979 年第 3 期。

［273］吴宇虹：《巴比伦天文学的黄道十二宫和中华天文学的十二辰之各自起源》，《世界历史》，2009 年第 3 期。

［274］吴羽：〈《三才定位图》考论〉，中山大学艺术史研究中心编：《艺术史研究》，第 10 辑，广州：中山大学出版社，2008。

［275］吴羽：《北宋玉清昭应宫道教艺术》，《艺术史研究》，第 7 辑，广州：中山大学出版社，2005。

［276］吴羽：《传北宋武宗元《朝元仙仗图主神组合考释——兼论其与唐宋道观殿堂壁画的关联》，《故宫博物院院刊》，2008 年第 1 期。

［277］吴羽：《唐宋道教与世俗礼仪互动研究》，北京：中国社会科学出版社，2013。

［278］吴玉贵：《中国风俗通史·隋唐五代卷》，上海：上海文艺出版社，2001。

［279］吴铮强、杜正贞：《北宋南郊神位变革与玉皇祀典的构建》，《历史研究》，2011 年第 5 期。

［280］武清旸：《宋真宗的道教信仰与其崇道政策》，《老子学刊》第 7 辑，2016。

［290］武雅士编：《中国社会中的宗教与仪式》，彭泽安、邵铁锋译，南京：江苏人民出版社，2014。

［291］夏广兴：《密教传持与宋代民俗风情——以宋代祈雨习俗为中心》，《民俗研究》，2015 年第 1 期。

［292］夏鼐：《从宣化辽墓的星图论二十八宿和黄道十二宫》，《考古学报》，1976 第 2 期。

［293］向世山：《从"圆觉经变"石刻造像论宋代四川民间佛教信仰的特征》，《中华文化论坛》，1995 年第 1 期。

［294］萧军编：《永乐宫壁画选集》，北京：文物出版社，2008。

［295］肖伊绯：《鬼子母信仰在巴蜀地区的流行》，《寻根》，2013 年第 2 期。

［296］萧登福：《道教术仪与密教典籍》，台北：新文丰出版社，1994。

［297］萧登福：《道教与佛教》，台北：东大出版社，1984。

［298］小林正美：《金箓法斋与道教造像的形成与展开——以四川省绵阳、安岳、大足摩崖造像为中心》，《艺术探索》，白文译，2007 年第 3 期。

［299］小林正美著、王皓月、李之美译：《唐代的道教与天师道》，济南：齐鲁书社，2013。

［300］小林正美著、王皓月译：《新范式道教史的建构》，济南：齐鲁书社，2014。

[301] 谢聪辉:《新天帝之命:玉皇、梓潼与飞鸾》,台北:商务印书馆,2013。

[302] 谢明良:《鬼子母在中国——从考古资料探索其图像的起源与变迁》,《美术史研究集刊》,台湾大学艺术史研究所,2009。

[303] 谢世维:《道教朝元图之图像及宗教意涵》,台湾中国文化大学,1994年硕士学位论文。

[304] 谢世维:《大梵弥罗:中古时期道教经典当中的佛教》,台北:台湾商务印书馆,2013。

[305] 谢世维:《天界之文:魏晋南北朝灵宝经典研究》,台北:商务印书馆,2010。

[306] 谢世维编:《经典道教与地方宗教》,台北:政大出版社,2014。

[307] 谢一峰:《南宋道教研究述评》,《道教研究学报:宗教、历史与社会》,2014年第6期。

[308] 谢一峰:《延续中的嬗变:两宋道教与政治、社会、文化的关系》,复旦大学文史研究院中国史博士学位论文,2017。

[309] 邢义田:《画为心声:画像石、画像砖与壁画》,北京:中华书局,2011。

[310] 宿白:《中国石窟寺研究》,北京:文物出版社,1996。

[311] 徐邦达:《从壁画副本小样说到两卷宋画:朝元仙仗图》,《文物》,1956年第2期。

[312] 徐吉军、方建新、方健、吕风棠:《中国风俗通史:宋代卷》,上海:上海文艺出版社,2001。

[313] 许蔚:《断裂与建构:净明道的历史与文学》,复旦大学博士学位论文,2011年。

[314] 许蔚:《净明道祖师图像研究——以〈许太史真君图传〉为中心》,《汉学研究》2011年第1期。

[315] 许宜兰:《道经图像研究》,成都:巴蜀书社,2009。

[316] 薛爱华著、吴玉贵译:《撒马尔罕的金桃》,北京:社会科学文献出版社,2016。

[317] 严耕望:《唐代交通图考》,北京:商务印书馆,1986。

[318] 阎文儒:《中国石窟艺术总论》,天津:天津古籍出版社,1987。

[319] 杨波:《龟兹石窟壁画中的辟支佛形象考辨》,《西域研究》,2017年第1期。

[320] 杨倩描:《南宋宗教史》,北京:人民出版社,2008。

[321] 杨庆堃:《中国社会中的宗教:宗教的现代社会功能与其历史因素之

研究》,范丽珠等译,上海人民出版社,2007。

[322] 杨仁恺:《莱溪雅集读画追忆》,《艺苑掇英》第 34 期,1987。

[323] 杨晓霭、肖玉霞:《宋代祈谢雨文的问题类别及其所映现的仪式意涵》,《西北师大学报》,2012 年第 4 期。

[324] 杨燕:《宋代道观经济简论——以南北宋两京道观经济为主》,《宗教学研究》,2007 年第 4 期。

[325] 姚崇新:《巴蜀佛教石窟造像初步研究》,北京:中华书局,2010。

[326] 叶蕾蕾《西方汉学家的中国祈雨仪式研究》,《南京工程学院学报》,2016 年第 1 期。

[327] 尹翠琪:《〈正统道藏〉本〈三才定位图〉研究——北宋徽宗朝的道教宇宙神谱》,《美术史研究集刊》,第三十三期,2012。

[328] 游彪:《关于宋代的免役法——立足于"特殊户籍"的考察》,《中国史研究》,2004 年第 2 期。

[329] 游彪:《宋代寺院经济史稿》,保定:河北大学出版社,2003。

[330] 于君方著、陈怀宇、姚崇新、林佩莹译:《观音——菩萨中国化的演变》,台北:法鼓文化,2009。

[331] 余欣:《神道人心——唐宋之敦煌民生宗教社会史》,北京:中华书局,2006。

[332] 余欣主编:《中古中国研究》(第一卷),上海:中西书局,2017。

[333] 俞剑华编著:《中国古代画论类编》,北京:人民美术出版社,2004。

[334] 袁泉:《首尔崇实大学教会博物馆藏"圣母像"考》,《文物》,2017 年第 8 期。

[335] 张超然:《唐宋道教斋仪中的"礼师存念"及其源流考论——兼论道教斋坛图像的运用》,《清华学报》新 45 卷第 3 期,2015。

[336] 张超然:《宿启与署职——唐宋灵宝斋法所面临的困境及其因应之道》,方立天主编《宗教研究·2012》,宗教文化出版社,2013 年。

[337] 张超然:《斋醮坛场与仪式变迁:以道教朝科为中心的讨论》,《华人宗教研究》,2014 年第 4 期。

[338] 张划:《宋代大足石刻崛起内因探讨》,《四川文物》,1991 年第 2 期。

[339] 张鲁君、韩吉绍:《〈三才定位图〉研究》,《世界宗教研究》,2011 年第 5 期。

[340] 张鲁君:《〈道藏〉图像研究》,济南:齐鲁书社,2017。

[341] 张明远:《太原龙山道教石窟艺术研究》,太原:山西科学技术出版

社,2002。

[342] 张乃翥:《中外文化源流递变的一个美学例证—龙门石窟宾阳中洞帝后礼佛图雕刻的美术史考察》,载龙门石窟研究院编:《石窟寺研究》第 3 辑,北京:文物出版社,2012。

[343] 张玮:《试论山西晋城玉皇庙二十八星宿的艺术特征》,西安美术学院美术学 2014 年博士学位论文。

[344] 张勋燎:《试论我国南方地区唐宋墓葬出土的道教"柏人俑"和石真》,《道家文化研究》,第 7 辑,上海:上海古籍出版社,1996。

[345] 张勋燎、白彬:《中国道教考古》,北京:线装书局,2006。

[346] 张勋燎:《北朝道教造像再研究》,《南方民族考古》第六辑,北京:科学出版社,2010。

[347] 张勋燎:《大足舒成岩道教石窟造像记道士、匠师题名的衔称和道教纪年》,《大足学刊》第一辑,2016。

[348] 张英莉、戴禾:《义邑制度述略——兼论南北朝佛道混合之原因》,《世界宗教研究》,1982 年第 4 期。

[349] 张悦:《宋代道教驱邪模式与世俗政治关系初探》,《史林》,2016 年第 5 期。

[350] 张云江:《至元十八年焚毁道经事考辨》,《世界宗教研究》,2014 年第 4 期。

[351] 张泽洪:《道教斋醮符咒仪式》,成都:巴蜀书社,1999。

[352] 张泽洪:《林灵真与《灵宝领教济度金书》的编撰及其意义》,《中国高校社会科学》2015 年第 5 期,第 101 页。

[353] 张泽洪:《论宋朝道教斋醮科仪的时代特点》,《社会科学研究》,2001 年第 6 期。

[354] 张泽珣:《北魏道教造像碑艺术:以文字和图像再现历史之美》,澳门大学 2002 年硕士学位论文。

[355] 张泽珣:《北魏关中道教造像记研究:地域的宗教文化与仪式活动》,香港中文大学博士论文,2003。

[356] 章红梅:《成都市二仙桥南宋墓出土道教碑铭释文补正》,《宗教学研究》,2012 年第 1 期。

[357] 赵辉志:《冯楫与大足石刻妙高山三教造像考述》,《文物研究》,1999第 1 期。

[358] 赵世瑜:《狂欢与日常—明清以来的庙会与民间社会》,北京:三联书

店,2002。

［359］赵伟:《从大足四圣真君造像看其图像的生成及流变》,《2009 年重庆大足石刻国际学术研讨会论文集》,重庆:重庆出版社,2013。

［360］赵伟:《永乐宫三清殿壁画北极四圣考》,《美术研究》,2014 年第 1 期。

［361］中华世纪坛世界艺术馆、中国嘉德国际拍卖有限公司编:《传承与守望:翁同龢家藏书画珍品》,北京:文物出版社,2009。

［362］重庆大足石刻研究会、重庆大足石刻艺术博物馆编:《大足石刻研究文选:四川石窟艺术研讨会暨重庆大足石刻研究会第三届年会专集》,中共四川省委第二党校印刷厂,1995。

［363］重庆大足石刻艺术博物馆、重庆市社会科学院大足石刻艺术研究所编:《大足石刻铭文录》,重庆:重庆出版社,1999。

［364］重庆大足石刻艺术博物馆编:《2005 年重庆大足石刻国际学术研讨会论文集》,重庆:重庆出版社,2007。

［365］重庆大足石刻艺术博物馆编:《2009 年中国重庆大足石刻国际学术研讨会论文集》,重庆:重庆出版社,2013。

［366］周洁:《图像抑或文本:大足南山三清古洞主尊身份辨析》,《中国美术研究》,第 22 辑,2017 年第 2 期。

［367］周晓薇:《宋元明时期真武庙的地域分布中心及其历史因素》,《中国历史地理论丛》,2004 年第 3 辑。

［368］周一良:《唐代密宗》,钱文忠译,上海:远东出版社,1996。

［369］朱浒:《汉画像胡人图像研究》,北京:生活·读书·新知三联书店,2017。

［370］朱溢:《事邦国之神祇:唐至北宋吉礼变迁研究》,上海:上海古籍出版社,2014。

［371］竺沙雅章:《中国仏教社会史研究》,京都:同朋舎,1982。

［372］佐原康夫:《汉代祠堂画像考》,《东方学报》,1991。

［373］佐竹靖彦:《唐宋变革の地域研究》,东京:同朋舎,1990。

西文

［1］Andersen, Poul. , "Taoist Ritual Text and Tradition", Ph. D. Diss. , University of Copenhagen, 1991.

［2］Anning, Jing. , *The Water God's Temple of the Guangsheng Monastery: Cosmic Function of Art, Ritual, and Theater*. Brill. 2002.

〔3〕Barnhart, Richard. ,"Survivals, Revivals, and the Classical Tradition of Chinese Figure Painting." In *Proceedings of the International Syposium on Chinese Painting*, edited by National Palace Museum, 143—210. Taipei: National Palace Museum. 1972.

〔4〕Bokenkamp, Stephen. ,*Early Daoist Scriptures*. Berkeley: University of California Press. 1999.

〔5〕Boltz, Judith M. ,*A Survey of Taoist Literature. Tenth to Seventeenth Centuries*. Berkeley: University of California. 1987.

〔6〕Bryson, Norman. ,*Visual Culture: Images and Interpretations*. Hanover: University Press of New England. 1994.

〔7〕Cahill, Suzanne E. , "Taoists at the Sung Court: The Heavenly Test Affair of 1008",*Bulletin of Sung and Yuan Studies* 16, 1980, pp. 23—44.

〔8〕Davis, Edward L. ,*Society and the Supernatural in Song China*, Honolulu: University of Hawaii Press, 2001.

〔9〕Dean, Kenneth. , Taoist Ritual and Popular Cults of Southeast China. Princeton: Princeton University Press. 1993.

〔10〕Ebrey, Patricia Buckley and Bickford, Maggie ed:*Emperor Huizong and Late Northern Song China : The Politics of Culture and the Culture of Politics*, Cambridge, MA: Harvard University Press, 2006.

〔11〕Ebrey, Patricia Buckley and Gregory, Peter. *Religion and Society in Tang and Sung China*, Honolulu: University of Hawaii Press, 1993.

〔12〕Ebrey, Patricia Buckley: "Portrait Sculptures in Imperial Ancestral Rites in Song China",*T'oung Pao*, Vol. 83, Fasc. 1/3, 1997, pp. 42—92.

〔13〕Edward L. Davis, *society and the Supernatural in Song China*. Honolulu: University of Hawaii Press, 2001.

〔14〕Eichman, Shawn. , "The Art of Taoist Scriptures."*Orientations*. 31. 12: 36—44. 2000.

〔15〕Eliade Mircea. *Images and Symbols : Studies in Religious Symbolism*. Princeton University Press. 1991.

〔16〕Florian C. Reiter ed. *Purposes, Means and Convictions in Daoism : A Berlin Symposium*. Wiesbaden: Harrassowitz Verlag. 2007.

〔17〕Gesterkamp, Lennert. ,*The Heavenly Court: Daoist Temple Painting in China*, 1200—1400. Brill. 2011.

［18］Hartwell，Robert. "*Demographic*，*Political*，*and Social Transforma-tions of China*，750—1550". *Harvard Journal of Asiatic Studies* 42，no. 2 (1982)：365—442.

［19］Huang，Shih-shan Susan. ，*Picture the True Form*：*Daoist Visual Cul-ture in Traditional China*，Cambridge and London：Harvard University Press，2012.

［20］Hymes Robert. ，*Way and Byway. Taoism*，*Local Religion and Mod-els of Divinity in Sung and Modern China*. Berkeley：University of California Press. 2002.

［21］Hymes，Robert. ，Statesmen and Gentlement：The Elite of Fu-Chou Chiang-Hsi，*in Northern and Southern Sung*. Cambridge，MA：Cambridge Uni-versity Press. 1987.

［22］Joshua Capitanio. *Dragon Kings and Thunder Gods*：*Rainmaking*，*Magic*，*and Ritual in Medieval Chinese Religion*. PH. D. Dissertation，2008，University of Pennsylvania.

［23］Judith Magee Boltz. *A Survey of Taoist Literature*：*Tenth to Seven-teenth Centuries*，Berkely：Institute of East Asian Studies，Center of Chinese Studies. 1987.

［24］Katz，Paul R. *Images of the Immortal*：*The Cult of Lü Dongbin at the Palace of Eternal Joy*. Honolulu：University of Hawaii Press. 2000.

［25］Kohn，Livia. ed. *Daoism handbook*. Brill Academic Public. 2000.

［26］Lagerwey，John. *Taoist ritual in Chinese society and history*，Macmil-lan Publishing Company，1987.

［27］Little. Stephen with Eichman. Shawn，ed. *Taoism and The Arts of China*. Berkeley：University of California Press. 2000.

［28］Maspero，Henri. *Taoism and Chinese religions*. Tr. Frank Kierman. Amherst Mass. University of Massachusetts Press，1981.

［29］Mollier，Christine. *Buddhism and Taoism Face to Face*：*Scripture*，*Ritual*，*and Iconographic Exchange in Medieval China*，Honolulu：University of Hawaii Press，2008.

［30］Morgan，David. ，"Materiality，Social Analysis，and the Study of Reli-gions. " In *Religion and Material Culture*：*The Matter of Belief*，edited by Da-vid Morgan，55—74. New York：Routledge. 2010.

[31] Munakata，Kiyohiko. ，*Sacred Mountains in Chinese Art*. Urbana：University of Illiois Press. 1991.

[32] Raz，Gil. ，*The Emergence of Daoism*. Routledge，2012.

[33] Robson，James. ，*Power of Place：The Religious Landscape of the Southern Sacred Peak in Medieval China*，Cambridge：Havard University Asia Center，2009.

[34] Schipper，Kristopher；Verellen，Fransiscus. *The Taoist Canon：A Historical Companion to the Daozang*，Chicago：The University of Chicago Press，2005.

[35] Stein. Rolf. "Religious Taoism and Popular Religion from the Second to Seventh Centuries. " In *Facets of Taoism*，edited by Holmes Welch and Anna Seidel，53—81. New Haven：Yale University Press. 1979.

[36] Strickmann，Michael；"The longest Taoist Scipture"，*History of Religions*，*Vol.* 17，feb-may，1978，pp. 331—354.

[37] Teiser，Stephen. ，*The Scripture on the Ten Kings and the Making of Purgatory in Medieval Chinese Buddhism*. Hawaii：University of Hawaii Press. 2003.

[38] Teiser. F. Stephen*Reinventing the Wheel ：Paintings of Rebirth in Medieval Buddhist Temples*. Washington：University of Washington Press. 2007.

[39] Wang. Richard. ，*The Ming Prince and Daoism*. Oxford University Press. 2012.

[40] Zhou Zhao. *The Unified Three Teachings in the Rock Carvings of the Song Dynasty in Chongqing and Sichuan*. Ph. D. dis. Heidelberg University. 2010.

附录 1
谢阁兰对长江上游摩崖造像的考察与研究

　　法国人维克多·谢阁兰(又译为塞加朗、色伽兰 Victor Segalen，1878—1919，图 1)被人熟知的身份是文学家与探险家，他笔下对异国情调的书写与浪漫想象，备受文学界的赞誉。作为一位活跃于 20 世纪上半叶的法国汉学家，他还曾三次到达中国并进行文物踏查活动，并为现代中国考古活动作出了应有的贡献，但他在这一领域所做的工作极少被提及。[①] 谢阁兰三次之旅的成果分图像和文字两部分：一部分为行旅中拍摄的千余张照片、拓片、测绘图、手绘图等，现主要收藏于法国吉美博物馆；另一部分是与考察活动相关的文字记录、日记等，其中最全面的当为 1923 年以 *Mission archéologiques en Chine*(1914 *et* 1917)(《中华考古图志》，后简称为《图志》)之名出版的三卷本考古记(图 2)。[②] 三卷本各有侧重，其中前两卷以摄影图片为主，共收录 144 幅图版，第三卷选取 1914 年第二次中国之旅，以 L'art funéraire a l'époque des Han(汉代墓葬艺术)为副标题。此书面世不久后便由冯承钧摘选翻译，在原书基础上结合尚未收入《图志》的调查笔记，删减全部摄影、测绘图，摘译部分文字，1930 年 9 月

---

　　① 最初从文化遗产与考古学艺术史对谢阁兰的工作进行讨论的文章，参阅陈文爽《中国考古学与艺术史：诗人谢阁兰的另一种异国情调》，中央美术学院人文学院硕士论文，2011 年。指导老师：李军。

　　② Victor Segalen, Gilbert de Voisions et Jean Lartigue. *Mission archéologiques en Chine* (1914—1917). *L'art funéraire a l'époque des Han*. Paris: Paul Geuthner, 1923—35. 3 volumes.

以《中国西部考古记》为名在上海商务印书馆出版（图 3）。① 其中包含四章，依次为：1 中国古代的石刻；2 崖墓；3 四川古代佛教艺术；4 渭水陵墓。② 遗憾的是，由于缺少了纪实图片信息，此书原有的价值与影响力也大打折扣。在谢阁兰与瓦赞（Gilbert de Voisins）、拉狄格（Jean Lartigue）合著的《图志》出版半个世纪后，经后人编集的谢阁兰个人专著法文本 *Chine：La Grande Statuaire* 于 1972 年首次出版，③ 1978 年英译本 *The Great Statuary of China* 也得以问世。④ 此书以大型雕塑为线索，按照时间线索和不同时代主要石质文物的门类（墓葬、陵墓雕塑、宗教造像），从考古学与艺术史角度做论述。

笔者在梳理四川摩崖造像的过程中发现，在当时欧洲、日本学界热衷于讨论北方丝绸之路的石窟寺时，谢阁兰则对位于长江上游、以四川为中心的南方摩崖造像颇费心力，也是最早有体系地对南方摩崖造像进行考古调查的西方学人。本文根据法文本《图志》、中文文本《中国西部考古记》以及英文专著《中国大型雕塑》，针对 1914 年谢阁兰中国一行对长江上游摩崖造像的考察与记录，讨论这位法国学者对中国古代宗教造像的研究与贡献。

一　对长江上游摩崖石刻的考察计划

陈文爽曾对谢阁兰的三次中国之旅进行了细致梳理，包括时间、地点及相关考察项目，并附录了大量图片，为学界能够从考古与艺术史的角度重新思考谢阁兰的地位与贡献，提供了线索和材料，进而拓宽了国内学人对谢阁兰文学家以外身份的认知。对蜀地摩崖造像的调查主要是谢阁兰第二次到达中国所做的工作。与第一次非学术背

---

① 色伽兰著、冯承钧译《中国西部考古记》，上海：商务印书馆，1930 年。

② 中文版《中国西部考古记》第四章渭水陵墓，源自 *funéraire a l'époque des Han* 第 1 部分：Les Monuments Funéraires des Han Antérieurs dans La Vallée de La Wei，中文版第二章"崖墓"参阅 *funéraire a l'époque des Han* 第二篇 *les Piliers*。中文版第三章参阅 *The Great Statuary of China*，chapter 7。

③ Victor Segale. *Chine：La Grande Statuaire*. Flammarion. 1972.

④ Victor Segalen. *The Great Statuary of China*. Berkeley：University of Chicago Press. 1978.

景不同的是，①1914 年开始的内陆考察活动，有法兰西学院提供的经费并得到法国教育部的支持。因此这项带有官方性质的活动对考察地点亦有删选，主要针对北方及长江上游地区的陵墓雕塑与宗教摩崖造像。除了追随老师沙畹的脚步外，谢阁兰还踏足了沙畹未曾进入的、包含四川在内的长江上游。自 1876 年《烟台条约》以及重庆开埠以来，长江上游由于民族众多、地质丰富、水系繁密等因素逐渐成为西方探险者的注意范围。

在考察了北方（以山西、河南、陕西为主）石窟寺、大型陵墓雕刻之后，1914 年 3 月 28 日谢阁兰与瓦赞、拉狄格依据《四川通志》从陕西南部进入四川，开始了为期三个月的考察活动（具体行程见附录 1）。考察对象主要为四川古代石质文物，具体可分为三种类别：1 汉代崖墓；2 汉阙；3 摩崖造像。谢阁兰一行对这一区域性物质载体的选择有以下两个方面的考虑：

首先，谢阁兰关注的重心在汉代、六朝、隋唐时期的大型石刻雕塑。一方面可从中国早期石刻艺术的角度进行考察，另一方面可以讨论宗教造像、崖墓、陵墓建筑等石质媒介在中西交流中所具有的价值。以云冈、龙门为代表的中国北方石窟寺的风格来源、传播路径等问题相对清晰，其佛教造像犍陀罗一系的风格特征已成为学界普遍共识，但对南方遗存的石质文物却缺乏了解。特别是居于长江上游的四川，虽古物遗存丰富、风格独特，但少有人关注，宗教造像更是鲜有问津者，谢阁兰对备受冷漠的蜀地古物表示感慨。此行对四川摩崖造像的考察，首先寻找早期被遗漏的造像材料，特别是唐代之前的造像遗存，进而从考古学文化的角度探寻早期佛教造像进入中国内陆的途径：除了西北丝绸之路以外，是否还存在东南或滇缅一线的可能。对四川摩崖造像的关注，既是对材料的补充，同时也与法国在亚洲的殖民活动不谋而合。特别是位于印度与中国之间的南亚地区，

---

①　第一次（1909 年 4 月至 1910 年 2 月）中国之行以游览为主，在谢阁兰稍后撰写的《勒内·莱斯》这部文学作品中，有此次中国踏查见闻的痕迹，参见氏著：《勒内·莱斯》，北京：生活·读书·新知三联书店，1991 年。

因显著的战略地位而备受西人关注。四川、云南恰好位于滇缅要道之上，因此谢阁兰原计划从陕南进入四川，进而南下至云南。

其次，考古学初入中国时，以黄河流域为中心的文明与历史书写承载了凝聚文化与民族认同的重要责任，此时边疆考古并未真正受到国内学界的足够关注。19世纪末到20世纪初，西方学界则更为关注中国周边、中国与域外区域的关系。以谢阁兰的老师沙畹为代表的欧洲汉学家已切实做出相关探索。他将中国纳入东亚、南洋及中亚的整体历史文化范畴中。沙畹对中亚、印度、云南地区的碑文、新疆、敦煌地区的简牍文书，都是在这一研究方向上所做的努力。沙畹还注重对地方社会文献的收集，并进一步研究中央与地方之间的关系。

从以上两个面向可以看出，谢阁兰已然明确意识到四川摩崖造像在时空脉络中所具有的重要性与特殊性。在他到达的众多行省中，已有意识将长江上游以四川为中心的摩崖造像视为具有区域特色的一个单元。

二 具体研究

1914年谢阁兰入蜀第一站到达川北保宁府。以摩崖造像为线索，沿着关中通往巴蜀腹地的两条古蜀道进行考察，其中谢阁兰主要负责金牛道一线，拉狄格负责米仓道沿线的南江与巴中。作者首先着眼于四川佛教造像在物质形式，如体量、空间、规模上的整体特征。

谢阁兰发现四川东北部大多以"佛龛"作为承载佛像的空间。这种小型"千佛岩"数量颇巨。他对这样一种不同于北方石窟寺的造像载体颇感兴趣，并对南北两种不同造像的载体媒介试作阐释，认为"千佛岩"首先要依托崖壁，沿着表面或借助一些大型的天然洞穴开凿数以百计蜂窝状的小型龛窟。川北龛内布置多为主尊与左右侍者，虽然缺乏具体主尊身份的铭文，但图像构成相对稳定，也常会出现供养人的名字和形象。① 这种物质特征本身就与北方早期石窟寺在建造时先开明窗、深挖山体，在较为深广的洞窟中再进行塑像的过

---

① Victor Segalen. *The Great Statuary of China*. Chicago：University of Chicago Press. 1978. pp. 120—121.

程不同。小佛龛也无法如石窟寺般为人提供修行、绕行、礼拜的空间,且造像与寺庙之间的关系也不如北方石窟寺密切。

对装饰与风格的关注

长江上游摩崖造像与北方丝路沿线的云冈、龙门是何关系,是20世纪初这位西方探险家想要回答的问题。在调查活动中,谢阁兰并未拘泥于文化历史考古学的方法,而是借助艺术史的诸多有效手段,通过对装饰纹样、风格的分析,试图解决有关文化传播和物质媒介发展的问题。

作为有记载的最早到达绵阳西山观的西方人,谢阁兰为西山观留下了最初的摄影照片(图5)。隋代大业六年(610)碑记周围的造像被谢阁兰视为特例:首先龛窟形制均为不足40厘米的小龛,龛形为人字形,类似龙门北魏时期的佛龛。其次,主尊多为一主尊二胁侍,或仅有主尊,此亦沿袭龙门造像特征。最吸引他目光的,当属绵阳西山观隋唐道教造像中的莲台装饰。龛窟台基装饰有莲茎,由台座底部向左右两侧伸展,形成忍冬纹,并连接左右胁侍脚下的小莲座。作者认为这一装饰形式不见于其他造像中,很有可能是一种地方性纹样。这一论断被不断拾遗的考古工作所推翻。此纹样常见于隋唐时期蜀地造像底座,出现时间自隋延续至晚唐。空间分布极为广泛,除川北西山观外,还出现在阆中石室观、西茂县点将台,成都附近的邛崃,巴中白乳溪以及川东大足永徽年间的尖山子、潼南大佛寺等。①

装饰纹样是讨论风格与艺术传播有效载体。就莲台装饰而言,作为图像母题应来自北魏。莫高窟南区中部第254窟(图10),作为北魏代表性洞窟之一,中心柱式,窟内绘有降魔变和本生故事,窟顶人字坡上的泥塑橼子之间绘有天人持莲图像,是北魏人字坡上最具

---

① 《大足尖山子、圣水寺摩崖造像调查简报》,第30—37页。这一纹样在蜀地川东昌州大足地区亦有出现。大足西20余公里处的宝山乡建角村西,有初唐永徽年间的尖山子造像第1号释迦说法五尊、3号龛。

代表性的纹样。如果仅将藤蔓式莲花纹样看成一个装饰母题,将纵向纹样向左翻转90°,再进行镜像组合之后(图11),所形成的装饰纹样与令谢阁兰称赞的玉女泉台基装饰如出一辙(图7)。可见,从装饰纹样的角度,玉女泉中的莲台母题,早在北魏时期已形成较为成熟的装饰语汇。进入蜀地之后,石刻工匠将平面装饰稍加变异,成为地方宗教石刻造像中流行的装饰纹样,且佛道并用。

西山观现已不存的供养人浮雕像呈现盛唐时期人物样貌与服饰(图6),宛若龙门宾阳洞的大型供养人像以缩微的形式挪用在绵阳西山观的道教龛窟上。① "除中国画师之外,实无他师可以师承也"。谢阁兰将以西山观为代表的隋唐造像视为连接云冈北魏风格与唐代龙门之间的过渡阶段。这位法国人敏锐发现此处道教造像与其他佛像不同,认为玉女泉(应指第1区)造像以及成都地区北周文王造像,是"特有之创意,特有之巧做,此或为民族所固有者亦未可知",他虽敏锐指出中国创意和中国特色,但却并未对玉女泉的这一现象做进一步阐释。

绵阳现存的汉代平阳府君阙上有梁代增刻的佛教小龛。谢阁兰将阙与造像两种不同的石刻雕塑类型视为具有相同物质属性的艺术表现形式,进一步透析南朝梁与蜀地宗教文化之间的沟通关系,以及佛教和佛教造像在长江上游的传播。作为一处汉代具有纪念意义的墓阙为何成为增刻宗教造像的"母题",在佛教盛行的梁代,汉阙原本的崇高与纪念性弱化,转而成为一块可以用于制造佛教圣像的寻常石头。② 后人甚至不惜破坏象征通往仙界的车马出行图,用以凿刻佛像。谢阁兰将这种破坏视为整体,从中可以了解到地方民众在南朝佛教与汉代纪念性建筑之间的选择与博弈。从风格的角度,谢氏认为平阳府君阙上造像的服饰,与希腊式佛教艺术无关,这种左右对称,衣角呈三角形的样式,归根结底是中国的形状,汉代的形状。③

---

① Victor Segalen. *The Great Statuary of China*. Chicago: University of Chicago Press. 1978. p.123.

② 同上书, pp.127—128.

③ 同上书, p.128.

对川西造像的考察中，谢阁兰尤为关注马王洞及夹江千佛岩。马王洞趺跏思维动态的菩萨像，其衣纹样式与姿态，在作者看来是盛期希腊人物雕塑艺术与印度佛教雕刻融合产生的结果。由于龛窟所处的位置狭小，不宜拍照，谢阁兰借用艺术史家的敏锐眼光和颇具艺术表现力的线条，特别对这龛菩萨像进行写生（图 8）。从画面中可以看出他对希腊式薄衣透体风格的偏好与欣赏。由于缺乏铭文，根据风格特征与物质遗存状况，谢阁兰将此定为隋代之前、北周时期的造像。岷江流域在此次调查中被认为并无唐代之前的作品，判定不晚于中唐时期的中岩寺为宋代造像作品。除了夹江被谢阁兰命名为"盛唐风格"之外，其余四川保存的摩崖造像都被其归于"龙门风格"的副本。

对传播路径的讨论

有关四川地区佛教造像的风格来源问题，谢阁兰也是较早提供判断的学者。他并非排他式地坚持"北方说"或"南方说"，作者一方面肯定川北地区以广元千佛岩为代表的造像，属于自北印度经丝绸之路传入中国并中国化了的中原系统，另一方面他还较早注意到重要的南方传统即长江下游建康地区的影响。

在成都窖藏南朝佛教造像批量出现之前，绵阳汉阙上梁朝增刻的小龛是四川有纪年的最早造像遗存。在谢阁兰看来，梁朝造像应从南京经由水路传播到四川地区，但这种传播更多是风格的传播，而非对具体形象的摹移。这也与川北地区特殊的时代和地理背景有关。川北广元与陕南汉中接壤，作为南北对峙的前沿重地，广元也曾先后隶属于南朝、北朝。由于北方少数民族占主导的北朝与汉族主导的南朝之间的斗争，影响到了传统北方丝绸之路上的佛教传播。因此在北魏辖区的丝路沿线之外，从吐谷浑河南国经川西高原阿坝、茂县、松潘等地直抵益州，继而沿长江流域与南朝往来是历史的选择，成都也因此成为北朝与南朝宗教、艺术与文化往来的重要中转站之一。以平阳府君阙为例出现的南朝风格，有可能是经由成都中转，进而反馈回至川北地区的结果。随着成都南朝造像的批量发现，以及南北朝时期崖墓及随葬品的陆续出现,使得蜀地与南方长江下游造像之间的关系也得到进一步确立。

川北摩崖造像虽兼具南朝与北朝造像风格,但由于地缘关系,与关中地区造像风格的关联应更为直接。绵阳位于关中、陕南通往成都的交通要道之上,谢阁兰拍摄了多幅一铺多尊的川北龛窟样式,并将这种北方普遍出现的造像组合,归纳为唐代四川摩崖造像之特色。谢阁兰通过实地调研,认为龙门造像风格是唐代佛教造源头,四川造像好像是龙门石窟主干上分离生长出来的枝干与果实,沿着从陕西到四川的古蜀道,一直延续至川西嘉州府,并在四川遍地生花。

谢阁兰注意到颇具艺术表现力的制作样式,并非源自佛教最初的传统,与“北来说”与南来说不同的是,他注意在制作与传播过程中,人在其中发挥的重要作用,尤其是工匠与画师对同一图像的翻制所具有的主观能动性,因此地方艺术和世俗艺术这两个非佛教因素在造像传播过程中,对区域摩崖风格的形成起到了重要作用。他已自觉考虑到物质的制作与区域风格的影响。

通过实地调查,谢阁兰发现四川保存了梁、北周、隋、唐、宋代多个时代的不同风格摩崖造像,肯定了四川宋代摩崖造像的价值,且预留这一时期造像研究之前景。[①] 通过对装饰图案与造像风格的具体分析,谢阁兰大胆提出佛教进入四川的途线路与途径,认为川北地区以广元、绵阳等地的摩崖造像应主要沿着金牛道从关中、陕南一路进入蜀地,并至腹地成都。不过对于四川地区摩崖造像的技术水准和审美高度,谢阁兰则坦言与北方中原地区大型石窟寺相比,相去甚远。这一研究论断,将事实层面的物质遗存实物特征,加以总结。但如何解释产生这一现象的原因,由于历史的局限性,当时的研究者并未给予更多答案。随着现代学术多学科交叉,以及法国新史学的影响,从人类学、区域史、社会学等角度对缺乏审美意义的四川摩崖造像进行挖掘,是后代学人在方法上给出的探索与回应。

----

① 谢阁兰著、冯承钧译《中国西部考古记》,上海:上海古籍出版社,2014 年,第 33 页。

三　方法与贡献

　　谢阁兰与瓦赞、拉狄格共同署名出版的《图志》中，三分之二的篇幅以摄影图片为主。这也是他进入中国调查石质文物的重要方法。在实地调查与拍照基础上，谢阁兰还会现场打印拓片或对感兴趣的图像局部进行写生。在研究方法上，谢阁兰直言沙畹对他们调查研究的直接刺激与影响。[①] 1907—1908 年沙畹赴华北考察，主要涉及东北、山东、河南、陕西、山西等北方省份，对石窟（云冈、龙门）、墓葬、汉画像（武梁祠、孝堂山）、庙堂（孔庙）及泰山等多种遗迹门类进行考察。此次考察积累的几千张摄影图片和大量碑刻拓片，构成了日后沙畹 *Mission de la China* 的重要材料，他的第一本学术专著也以此为题：*La sculpture sur pierre en Chine au temps des deux dynasties Han*，1893），在此之前中国的石质文物还未真正受到西方汉学家们的重视。谢阁兰曾在法兰西学院受教于沙畹，老师的工作手段及对视觉材料的关注也直接影响到了谢阁兰。

　　早在谢阁兰之前已有 Audemard 及 Jacques Bacot 等涉足长江上游水系与支系，但都没有留下成体系的考古记录与图片信息。谢阁兰为四川摩崖造像拍摄的照片，日后成为学界了解日益漫漶实物的最早图像。如毕肖博（C. W. Bishop）、福开森（J. C. Ferguson）、阿登（H. D'Ardenne）、水野清一等人都有从谢阁兰的工作中受惠。同时期喜仁龙（Osvald Sirén）对中国早期的雕塑研究，更是借鉴了不少谢阁兰中国之旅的成果。由于这些图片是最早带有纪实性质的考古摄影，为文物当时的"原貌"提供参照，也为学者的进一步回溯及研究提供"最早"的图像依据（图 14）。

　　谢阁兰的现场拍摄有两方面的侧重点，一者为有特征的局部；二

---

　　① 　作者在文中言及："La méthod que nous avons suivie, directement inspire de celle qui assura ses fructueux resulttats aux exploration d'Edouard Chavannes, repose sur l'utilisation, préalable à la mise en route, des sources chinoises." Victor Segalen, Gilbert de Voisins & Jean Lartigue. *Mission archeologique en Chine*（1914—1917）. *L'art funéraire a l'époque des Han*. Paris: Paul Geuthner, 1923. p. 6.

者为物象与周围环境、空间的关系。在所拍摄的大量图片中,不乏对单体图像的多次重复拍摄,甚至对细节部分多次近距离拍摄。例如谢阁兰对大型陵墓前动物形象中的翅膀及鬃毛部分尤为关注,并在此基础上绘图。他对同一物象反复拍摄,看似相似的构图或对象其实表现了他对同一物象不同特征的关注。2014 年林圣智在对绵阳玉女泉龛窟进行研究时,就借助谢阁兰最初所拍摄的玉女泉照片,进行原样复原。通过复原研究认为,玉女泉所代表的隋唐之际摩崖造像可视为一种区域性的流行样式,此风格有一定的辐射范围:至潼南地区。而风格来源与关中北方相比,更有可能与成都地区南北朝造像风格有关联。作者将其称为"绵阳风格"。① 除了四川地区,谢阁兰对北方地区很多著名的古迹也有拍摄。无论是陕西、河南,他达到的时间并非最早,但很多古迹的第一张图像照片都出自谢阁兰之手,典型的如秦始皇陵、马踏匈奴。谢阁兰为马踏匈奴留下了第一幅照片,清楚地记录了土丘与石刻之间的空间关系(图 14),并且进行空间布局的手绘示意,为了解茂陵在 20 世纪初的样貌提供重要参考(图 15)。

与文本相比,谢阁兰更关注实物。敦煌藏经洞 20 世纪初的"被"发现,使得大量梵文、巴利文等多语言宗教经典面世,学者可以将丰富的经文版本与《大藏经》比对校勘,相互补益,且成果颇丰。受历史考古学的强大影响,在这场实物与文献的对抗较量中,实物研究屈居其次。在这样的学术潮流中,谢阁兰没有倾注更多心力在语言或文本上。1925 年王国维二重证据法提出之前,谢阁兰就已将目光转向了造像、建筑、陵墓雕塑等不在传统金石学及新兴古物研究类目之下的物质实体。除摩崖造像之外,四川汉代崖墓也是谢阁兰第二次中国之行考察的重点项目。他对中国学者对崖墓的忽视表示不解,无论是地方志还是《金石苑》均少有收录。不仅如此,谢阁兰还亲自参与考古发掘。如对位于广元阆中古城鲍氏三娘墓的发掘(图 13),并

---

① 林圣智:《道教造像与地域社会:四川绵阳玉女泉隋至初唐道教摩崖造像》,收入《中古中国研究》第一卷,上海:中西书局,2017。

在此基础上绘制草图。从中可以看出沙畹研究工作的重要展开方式:实地考察、拍摄照片、收集拓片(图 9),进一步分专题和主题进行学术研究。

与侧重宗教义理、教派和历史研究不同的是,谢阁兰更多将四川摩崖造像置于石质文物和中国早期大型石刻雕塑范畴中,摩崖造像与汉代神道、崖墓、六朝神兽视为具有相同的物质属性、共享相似装饰语汇的物质载体,并从艺术史与考古学的角度,对摩崖造像进行风格与形式研究。四川境内保存了大量且优质的石质文物遗存,汉代崖墓、汉晋墓阙以及唐宋摩崖造像。从材料特性的角度,西方有悠久的石质材料使用传统,并有成熟与完善的石质雕刻技术,因此对中国早期石质文物的研究,有助于探求中西文化在更早与更久的历史中所承担的文化交融使命。西方石刻雕塑技艺如何传入东方,考古学与艺术史可作为解决这一问题的学术依托。造像中出现的任何与希腊风格样式相关的例证,都让谢阁兰兴奋不已,如马王洞具有希腊风格的菩萨像(图 9)。

第三次调查活动展开于 1917 年 2 月至 7 月。与沙畹对南京及周边六朝帝王陵墓雕塑的兴趣密切相关,沙畹亲自指派谢阁兰为这次考察的负责人,谢阁兰也成为对南朝陵墓石刻雕塑进行实地考察的外籍学者。1976 年还曾以此为材料,讨论中国雕塑的起源问题(*Les origines de la statuaire*)。只是这种文化的传播,是单一的自西向东,抑或自东向西,还是在碰撞、交融与变异的过程中,最终在具体的时空中产生藕断丝连的结果,都值得审慎思考。不过由于他过于注重风格、装饰等艺术特征,而疏于对宗教造像本身所具有的宗教本体的讨论,也使得在研究中会出现一些判断错误,如他与建筑学家伊东忠太一样,将以西山观为代表的道教造像都误认为佛像。[①]

19 世纪中期长江上游是欧洲商业扩张的目的地。20 世纪初与谢阁兰同时代的西方人也进入长江上游进行踏访和研究,但多与地

---

① 1929 年曾到广元鹤鸣山,将鹤鸣山这处纯粹的道教造像认作佛像。《世界美术全集》第九集:中央亚细亚,日本株式会社平凡社,昭和四年,第 45、60、61 页。

质学、人类学、民族学的考察有关。正是在这样的研究背景与学术史
语境下,谢阁兰开展了对四川地区石质文物的调查与研究。虽然是
一项考古调查,但他未拘泥于考古学,处理大量的考古调查材料,试
图构建一种类似编年史体系的区域文化发展史,反而是借助形式分
析、装饰纹样等艺术史的方法,从物质文化的材料属性出发,打破不
同物质载体中门类的界限以及年代限定,在更为广阔的时空范围内,
对石质艺术媒介的内在发展逻辑进行考察。通过谢阁兰在四川的考
察活动轨迹,可以发现他尤为关注唐代及之前的石质文物遗存,并认
为即墓葬、建筑、古迹都应该纳入中国考古和艺术史的范畴中。在此
意义上,在四川地区摩崖造像以及中国早期大型石刻雕塑的领域,谢
阁兰应在考古学与艺术史的脉络中获得一席之地。

谢阁兰沿袭他的老师沙畹从周边研究中国历史宗教与文化的路
径,从川蜀摩崖造像入手,观察其与中原及与滇缅之间的文化关联。
以亚洲收藏著称的法国赛努齐博物馆(Musée Cernuschi)主任 René
Grousset 这样评价谢阁兰:他虽然在每一个领域都有卓有建树,但
只有"中国考古学家"的身份足以留名后世,对他来说也是最好的装
饰。① 当然谢阁兰并未完成从周边看中国的愿景,他的考古队甚至
也并未真正展开对云南的调查与研究。

谢阁兰 1914 年四川之行考察列要(结合图 4)

3 月 21 日:自汉中穿越秦岭入川进入保宁府,考察队分两路:谢阁
       兰、瓦赞:沿金牛道到达川北广元,3 月 31 日考察千佛崖、
       皇泽寺以及昭化古城、发掘 3 世纪的鲍三娘墓;拉狄格:
       沿米仓道向南进入大巴山,考察南江与巴中石窟,包括南
       龛、三国严颜庙。

4 月 7 日:两队在保宁府会合。考察张飞墓、佛教经幢、蟠龙山崖墓。

4 月 13 日:沿嘉陵江南下,到达蓬安

---

①   Victor Segalen. *The Great Statuary of China*. Chicago: University of Chicago Press. 1978.

4月15日：到达渠县,考察冯焕阙

4月16日—23日：考察沈府君阙、赵家坪阙等7处渠县汉阙及文庙。

4月30日：成都金堂县云顶山

5月2日：到达成都。考察三国时期汉昭烈帝刘备庙(武侯祠内)

5月14日：离开成都,向东北方向出发。到达新都考察王稚子汉阙

5月16日：东岳庙

5月18日：到达绵阳,考察西山观、大佛寺、崖墓、西山观、蒋琬墓

5月20日：考察梓潼李业阙、杨公石阙

5月22日：考察平阳府君阙

5月26日：返回成都。考察青羊宫、文庙及周边悬崖墓与造像

6月11日：离开成都地区,乘船沿岷江顺流直下。考察黄龙溪大
佛寺

6月13日：彭山江口崖墓、彭祖庙

6月14日：到达青神县,考察中岩寺造像。

6月15日：到达嘉定府,考察乐山大佛。

6月16日：马王洞造像。

6月18日：嘉定崖墓

6月20日：考察白崖山崖墓、杨公阙。

6月21日：夹江千佛岩造像。

6月23日：到达雅安

6月24日：考察高颐阙、芦山樊敏阙。

7月27日：离开雅安

6月29日：踏访雅安天主教堂

7月上旬：途经大相领、清溪县、过泸定桥。

7月22日：到达宁远府。

7月25日：到达宁远(西昌)天主教堂。

7月27日至8月初：沿雅砻江、凉山小高山、盐源高地。进入云南。

附　图

图 1　谢阁兰

图 2　Victor Segalen, Gilbert de Voisins & Jean Lartigue. *Mission archeologique en Chine* (1914—1917). *L'art funéraire a l'époque des Han*. Paris: Paul Geuthner, 1923—1935. 3 volumes.

图 3　冯承钧译《中国西部
考古记》1930 年中文第一
版,上海商务书馆。

图 4　Victor Segalen. *The Great
Statuary of China*. Chicago:
University of Chicago Press.
1978. p. 18.

图 5　西山观局部岩体造像

图 6　西山观女供养人像
谢阁兰拍摄于 1914 年

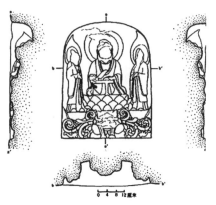

图 7　带有莲台装饰的西山观
玉女泉第 12 龛

图 8　谢阁兰手绘
马王洞交脚菩萨像

图 9　渠县汉阙拓片照片

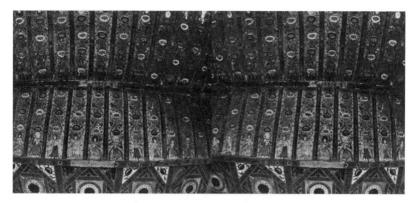

图 10　莫高窟 254 窟人字坡顶椽间绘饰手持莲花、忍冬的天人图案,采自数字敦煌。

图 11　根据莫高窟 254 后坡天人持莲装饰与做镜像处理的藤蔓纹样(笔者绘制)

图 12　青神中岩寺玉泉第 39 龛唐代炽盛光佛并五星造像,采自 *Mission archeologique en Chine* (1914—1917). *L'art funéraire a l'époque des Han*. Paris: Paul Geuthner, 1914, Vol. Ⅱ,图版 130。

图 13　谢阁兰发掘阆中鲍氏三娘墓中的砖塑车马出行图. 采
自 *Mission archeologique en Chine*（1914—1917）. *L'art
funéraire a l'époque des Han*. Paris：Paul Geuthner，1914.

图 14　1914 年谢阁兰拍摄马踏匈奴及周边环境 采自*Mis-
sion archeologique en Chine*（1914—1917）. *L'art funéraire
a l'époque des Han*. Paris：Paul Geuthner，1914.

图 15 谢阁兰手绘茂陵示意图 采自 *Mission archeologique en Chine*
（1914—1917）. *L'art funéraire a l'époque des Han.* Paris：Paul
Geuthner，1914.

附录 2
南山大事年表^①

宋绍兴二十四年(1154):何正言舍地开山造第 5 号三清古洞。

宋绍兴二十四年(1154):何正言与子何浩及妻室镌造第 4 号注生后土圣母龛。

宋乾道五年(1169):陈伯疆在三清古洞右门柱内侧刻"冬至日飨生考题记"。

宋淳熙五年(1178):吕元锡挈家寻仙追凉于此:题记,于三清古洞左门柱中央。

宋淳熙五年(1178):吕元锡游南山诗并跋,位于三清古洞龛外左侧外石壁。

宋淳熙五年(1178):佚名刻题记"和吕元锡诗",位于三清古洞左侧外部石壁。

宋淳熙十五年(1188):梁当之等刻"避暑南山题记",位于三清古洞右龛口上方。

宋庆元六年(1200):曹伟卿题刻:公余雪后三日侍亲游南山,位于三清古洞右侧柱身。

宋宁宗嘉定四年(1211):邓早阅张、何二公诗跋:术者云:南北山童。

宋理宗绍定二年(1229):陈及之省坟过此题记。

---

^① 主要依据材料:四川省社会科学院等编:《大足石刻内容总录》,四川省社会科学院出版社,1985 年;重庆大足石刻艺术博物馆编:《大足石刻铭文录》,重庆:重庆出版社,1999 年;李先逵、郭璇、陈蔚、冷婕:《大足石刻与古建筑群》,重庆:重庆大学出版社,2015 年。

宋端平二年(1235):樊允季题刻"领客避暑终日题记"于三清古洞右外石壁。

宋淳祐七年(1247):何光震等题刻"饯郡守王梦应记碑",位于三清古洞右侧外石壁。

明代正德十六年(1521):佚名造第 1 号真武祖师龛。

清康熙五十八年(1719):刻《田产转让契约碑》于三清古洞左龙柱上部。

清康熙六十年(1721):唐子俊刻装修玉皇古洞天尊碑记,于三清古洞右门柱下方。

清嘉庆二十三年(1818):张澍刻"重九日偕友登高记"于第 2 号碑刻窟右壁面;刻"重游南山题诗并跋"于左壁;题刻"辰秀太清"于石窟左岩"太清亭"内岩壁,题刻"翕然云起"四字于石窟右岩壁。

清同治十二年(1873):知县王德嘉刻"步吕张二公留题原韵诗",位于石窟左岩壁上;第 11 号,题"寿"字于左岩壁;第 13 号题刻"绝尘"二字于石窟左岩石上。

清光绪元年(1875):大足知县王德嘉刻行书碑于三清古洞中心柱右侧外壁。

清同治十三年(1874):王德铭题刻第 10 号"临山谷道人书后汉诗"。

清光绪十五年(1889):杨顺禩题刻第 7 号"福寿"二字于石窟左壁。

清光绪三十三年(1907):大足知县邝国元题刻第 12 号"重九登临题刻楹联",位于左岩壁。

清光绪年间(1875—1908):大足区正堂刻《示禁碑》于三清古洞右外壁。

晚清:梅亭题刻五言诗于第 4 号后土圣母龛外右石壁。

1920 年:大足知县刘灼先题刻第 14 号楹联,位于石窟左岩壁。

1965 年:南山三清古洞窟口顶部岩石及洞窟加固。

1982 年:南山龙洞加固。

1991 年:维修南山三清殿、太清亭,并拆除山门殿,移建中殿堂。

1992 年:新建南山石刻碑亭窟檐,维修三清古洞后殿。拆迁清代所建玉皇观中殿,移至下殿遗址重建。

1993 年:三清殿整体迁建。

附录3
宋代四川地区水旱灾害记录表

时 间	地 点	灾 情	举 措
开宝三年(970)	陕西邠州	夏旱	
乾德四年(966)	益州	自五月不雨,九月林木皆枯	
淳化四年(993)	两川	东西两川大旱 饥民四处暴动	
至道元年(995)	川陕诸路	旱	命宰相祷雨 令川陕诸州埋暴骸
天禧四年(1020)	利州路	旱	
天圣八年(1030)	益州	会岁大旱	令先期倍数出粟予民
明道二年(1033)	梓州路	旱疫	令转运使亲按所部民,蠲其租。
宝元二年(1039)	两川	不雨,民大饥。	
嘉祐三年(1058)	夔州路	旱,饥	名侍御史定谞为体量安抚使
嘉祐五年(1060)	梓州路	夏秋不雨	
熙宁元年(1068)	夔州	天旱	减罪囚一等,杖以下释之,壬辰幸寺观祈雨
元祐元年(1086)	诸路	诸省,春旱	
熙宁七年(1074)	益州	至邛蜀,少雨雪	
元祐六年(1091)	涪陵	冬雪不敷,春雨弗若,逮此孟夏,旱灾如焚	

时　间	地　点	灾　情	举　措
绍兴二年(1132)	夔州路	渝州大旱	
绍兴三年(1133)	潼川路	久不雨,四月星皆有赤色	
绍兴五年秋(1135)	四川郡国	甚旱	
绍兴六年(1136)	夔、潼、成都郡县及湖南衡州	皆旱	
绍兴二十七年(1157)	四川	旱伤	诏诸司察旱伤州县,捐其税,赈其饥民
隆兴二年至三年(1164—1165)	四川	郡县旱至于秋七月,次年饥	
乾道三年(1167)	四川	郡县旱,至于秋七月,绵、剑、汉州、石泉军尤甚。	赐制置司度牒四百,备赈济
乾道四年(1168)	益州	旱	帝将撤盖亲祷于太乙宫而雨。八月,诏颁皇佑祀龙法于郡县。
乾道八年(1172)	夔州路涪州、江南	水旱相继,	民多流入江北寻食。
淳熙元年(1174)	夔州路。涪、忠、万等州	大旱	
淳熙六年(1179)	梓州路	旱	
淳熙八年(1181)	江、浙、两淮、京西、湖北、潼川、夔州路	水旱相继	发廪蠲租,遣使按视,民有流入江北者,命所在赈业之。
淳熙九年(1182)	蜀潼、利、夔三路(合、昌、普、资、渠、利、阆、忠、涪、万州)	不雨、皆旱、饥,流徙者数千人。	
淳熙九年(1182)	合州、昌州	旱	
淳熙十年(1183)	合、昌州、涪、泸	饥,民就振相踩死者三千余人。	

（续表）

时　间	地　点	灾　情	举　措
绍熙元年（1190）	荣县、重庆府	大旱	
绍熙二年（1191）	渝州、涪州简、资、荣州	皆大旱	真扬通台楚滁和普隆涪渝遂高邮盱眙军富顺监皆旱，壬寅，资、简、普、荣四州及富顺监旱。
绍熙三年（1192）	潼川路简、资、普、荣、叙、隆、富顺监	久旱，日、月、星皆有赤气。潼川路不雨，荣州尤甚。	
绍熙四年（1193）	绵州、简、资、普、渠、合州、广安	大旱，亡麦。军旱。	
绍熙四年（1193）	合州、绵州、简、资、普、渠、合、广安君	旱	
庆元三年（1197）	潼、利、夔路十五郡旱	旱	祷于天地、宗庙、社稷。九月，以四川旱诏蠲民赋
庆元六年（1200）		旱	祷于郊丘、宗社。
嘉泰元年（1201）	蜀十五郡、利州路	大旱	祷于郊丘、宗社。戊辰，大雩于圜丘赈之，仍蠲其赋
嘉泰二年（1202）	四川，广安、怀安军、潼川府、梓州路	饥，大亡麦、旱饥	
嘉定四年（1211）	资、普、昌、合州	旱	
开禧元年（1205）	忠、涪州、夔州	大旱	
嘉定元年（1208）	资、普、昌、合州	旱	
嘉定四年（1211）	资、普、昌、合州旱	蜀石泉军饥，殍死殆万余人。资、普、昌、合州旱。	
嘉定十二年（1219）	潼川府	饥而不害	
宝庆二年（1226）	荣县	旱	

（续表）

时　间	地　点	灾　情	举　措
宝庆三年(1227)	潼川路	不雨,荣州尤甚	
绍定二年(1229)	成都、潼川路	岁旱	制司、监司其亟振恤,仍察郡县奉令勤懒以闻。
咸淳十年(1274)	庐州	长乐、福清二县大旱	

注:本表格主要依据《宋史》《续资治通鉴长编》。

附录 4
清代玉皇观田产转让碑①

　　立契约卖田地、山场、房基、阴阳二宅。夏门杨氏同孙夏文莲情因先年得买王甫之田地一分」，地名官田坝，载粮七十三亩承当国赋。因为家下人力不敷公故子亡，遗存孙男年雏，拖」债难填，婆孙商议，情愿将祖置业产出卖与玉皇观。主持僧一念募众男女」万年灯功果会，艮承买常住田一分，当日凭众会首三面议定吹系价艮一百零」八两整，皆夏处婆孙领足，并无货物折算中间，并无押逼，其四至边界踩明无包」卖他人寸土在内。任从玉皇观顶补册名耕种常住供佛，日后夏宅亲族人」等不得异言。如有四至不明，卖主承当。其四至东抵大路为界」，南抵凹口为界，西抵小河为界，北抵张、杨二处田为界。今恐人心不古，立此卖契与玉皇观永」远为据」。实计楼房三间，耳房二间，牛栏、猪圈、仓敖一并在内，其田水原有切路古圳」。住持僧一念」凭中证（唐则圣、王华等六行人名 31 人）」康熙五十八年十二月十五立，卖契田人夏门杨氏、夏文莲，老川」命匠刻碑，僧一铠南禅秀山丹书」。

---

　　① 原碑文参见重庆大足石刻艺术博物馆编：《大足石刻铭文录》，重庆：重庆出版社，1999 年，第 311 页。

附录5
宋元四川战争大事件

乾德二年(964):宋师平蜀

993——995:川西大旱,爆发王小波为首的青城起义。

1001:设川陕四路

建炎四年(1130):张浚领导抗金大军于陕西富平败北退居阆中,陕西五大路丧失,川陕一带成为西线抗金的重要阵地。

绍兴元年(1131):吴玠在宝鸡、和尚原一带攻败金兵,取得仙人关大捷。

绍兴三年(1133):金兵转攻汉中,逼近四川蜀防线。

1235:蒙军伐蜀,次年派兵50万继而攻占成都,川陕四路行政中心从成都移至川东重庆。

1242:余玠扩建二十余座山城,将各州治所移入山城,特别是将合州治移入钓鱼城,之后成为抗蒙的军事重镇。

1257:蒙军攻占成都。

1258:蒙哥汗从汉中兵分三路入蜀。

1259:蒙军在钓鱼台遇阻,随着蒙哥汗在战争中负伤去世,被迫从四川退兵。

1260:忽必烈即位,蒙宋在四川发生激战。

1275:攻陷嘉定、叙州、泸州等要塞,兵分五路围剿重庆。

1279:四川纳入元朝版图。

后　　记

对这个题目的兴趣源自我对川渝地区摩崖造像的几次考察。这些散落田间的小型摩崖造像，以不同于北方大型石窟寺的风貌展现在我面前。艺术史的学习背景，让我习惯于用眼睛引导大脑，并试图用这样一篇小文回应视觉带给我的最初疑问与惊喜。

业师李星明教授允许我跟随他攻读博士学位，让我有机会能以这样的形式解答自己的疑惑。一进校导师就鼓励我多与各个领域的专家学者请教，吸取各方营养。在论文的开题、撰写等诸多重要环节中，都给予我专业上的引导与指正。西安美术学院马晓琳教授一直都对我学业和生活倍加关心，我能做的唯有继续努力。

博士学习期间，复旦大学文史研究院举办的各类学术前沿讲座，为我开阔眼界，拓宽思路。邓菲教授多次为我提供各项学业帮助。葛兆光、吴玉贵、芮传明、董少新诸位教授在毕业答辩阶段提出建设性修改意见。

四川美术学院与大足石刻研究院共同举办的大足石刻国际研习营活动，以及大足石刻国际学术会议，让我有了与诸位专家同道相识请教的机会，他们前期丰硕的研究成果，为接下来小文的撰写提供重要基础；大足石刻研究院黎方银院长对年轻后学给予支持；黄能迁、杨光宇诸位老师为考察提供便利；米德昉老师、未小妹同道提供各项资源和信息。四川大学张良老师多次提供资料，四川文化大学耿纪鹏教授也给予了课题研究的帮助。

美国 Dartmouth College 的 Gil Raz（李福）教授同意我赴美跟随他学习。在访学期间，一起研读文献、讨论论文，并鼓励我做深入的个案研究。Raz 教授鼓励我参加全美宗教学会议,对我关照有加。他的敏锐、敬业、真诚、友好都让我在求学过程中倍感力量和温暖。美国佛罗里达大学王岗教授(Richard Wang)在复旦大学中文系开设的《道教史》课程,让人如沐春风。他鼓励我从宋代道教与社会史的角度重新观看和思考我的研究对象。许蔚老师在道教史相关问题上多次为我答疑。2021 年在美国宗教学会会议上发表南山摩崖造像的相关讨论,得到与会专家的认可和指正。

在论文撰写的最后阶段,赵婧、黄飞、窦瑞敏、罗嗣超等同学给予诸多交流反馈,西安碑林博物馆的杨洁对全文进行了阅读和修订。除了切磋学业外,战友庄程恒、谢一峰、胡嘉麟砥砺前行,学业之余,大家吃遍五角场,用美食缓解焦虑。文史研究院诸位学友对学术的热情和执着,一直感染着我,让我在沉闷的写作中嗅到了一缕茉莉清香。

澳门大学李军教授(原任职于中央美术学院人文学院),在多年前我奔赴西南时,特别提醒我注意地方性材料。我带着这句叮咛坦然地面对陌生与未知。上海三联书店钱震华老师的敦促,是本书付梓的重要助力。

论文原本有四章,在整理成书的过程中,删除第一章宋代之前四川道教摩崖造像的讨论,保留了原本的三章及附录内容。部分文章有幸在《中国美术研究》《艺术设计研究》《美术学报》《贵州大学学报》(艺术版)《大足学刊》等期刊杂志上发表。

挂一漏万,以上遇见的所有人和事,都是为了协助我顺利走出隧道而点亮的灯盏。在这个难得的自我探索和探索自我的过程中,我最大的收获不是退却和否定,而是面对未知和可能时,想要继续尝试探索的勇气和信心。

文中所有错误均由笔者承担。

2018.5.记于复旦北苑

2023.1.1 再记于上海文定

图书在版编目（CIP）数据

造像、仪式与地方集体记忆：大足南山摩崖造像艺术研究/周洁著.
—上海：上海三联书店，2024.

ISBN 978-7-5426-8621-3

Ⅰ．K879.34

中国国家版本馆 CIP 数据核字第 2024QK1119 号

造像、仪式与地方集体记忆
——大足南山摩崖造像艺术研究

著　　者　周　洁

责任编辑　钱震华

装帧设计　汪要军

出版发行　上海三联书店
　　　　　中国上海市威海路 755 号
印　　刷　浙江临安曙光印务有限公司

版　　次　2025 年 2 月第 1 版
印　　次　2025 年 2 月第 1 次印刷
开　　本　700×1000　1/16
字　　数　310 千字
印　　张　22.5
书　　号　ISBN 978-7-5426-8621-3/K・798
定　　价　98.00 元